本书是厦门大学中央高校基本科研业务费专项资金资助项目（20720201062）阶段性成果

MANAGING THE FAMILY BUSINESS

THEORY AND PRACTICE

家族企业管理：
理论和实践

Thomas Zellweger

[瑞士] 托马斯·齐维格 著

任 力 译

厦门大学出版社 国家一级出版社
XIAMEN UNIVERSITY PRESS 全国百佳图书出版单位

MANAGING THE FAMILY BUSINESS: THEORY AND PRACTICE

by THOMAS ZELLWEGER

Copyright: © as per the original edition

This edition arranged with EDWARD ELGAR PUBLISHING LIMITED (EE)

through Big Apple Agency, Inc., Labuan, Malaysia.

Simplified Chinese edition copyright:2022 Xiamen University Press Co. LTD

著作权合同登记号 13-2021-050 号

图书在版编目（CIP）数据

家族企业管理：理论和实践 ／（瑞士）托马斯·齐
维格著；任力译. -- 厦门：厦门大学出版社，2022.8
　　ISBN 978-7-5615-8528-3

　　Ⅰ．①家… Ⅱ．①托… ②任… Ⅲ．①家族－私营企
业－企业管理－研究 Ⅳ．①F276.5

中国版本图书馆CIP数据核字(2022)第034822号

出 版 人	郑文礼
责任编辑	江珏玙
美术编辑	李嘉彬
技术编辑	朱 楷

出版发行　厦门大学出版社

社　　址　厦门市软件园二期望海路 39 号

邮政编码　361008

总　　机　0592-2181111　0592-2181406(传真)

营销中心　0592-2184458　0592-2181365

网　　址　http://www.xmupress.com

邮　　箱　xmup@xmupress.com

印　　刷　厦门市明亮彩印有限公司

开本　787 mm×1 092 mm　1/16

印张　26.25

插页　2

字数　607 千字

版次　2022 年 8 月第 1 版

印次　2022 年 8 月第 1 次印刷

定价　88.00 元

厦门大学出版社
微信二维码

厦门大学出版社
微博二维码

推荐语

齐维格(Zellweger)为家族企业写了一本内容广泛、透彻、可读性很强的著作。他基于四十多年的研究成果,以及引发了讨论和反思的相关案例研究,探讨了治理、继任规划、财务管理和冲突解决方面的问题。他对家族和家族企业文化差异的概述显示了他扎实的理论基础。本书将为学生和积极主动的家族企业主等学习家族企业管理提供一个强有力的知识框架。

约翰·A.戴维斯(John A.Davis),哈佛大学商学院(Harvard Business School),美国

托马斯·齐维格(Thomas Zellweger)是家族企业领域顶尖的国际研究人员之一,他是一位著名的讲师,也是一位深思熟虑的实践者。他成功地完成了一项艰巨的任务,写出一本关于家族企业的书,本书吸引着各个领域的读者。他通过仔细识别对家族企业连续性至关重要的主题,用一种多学科的方法将它们联系起来,这种方法具有智力深度、实际相关性和清晰度。他非常客观地认识到了家族企业的复杂性,以及它们在经济和社会中的重要作用。

卡洛·萨尔瓦托(Carlo Salvato),博科尼大学(Bocconi University),意大利

家族企业管理研究是一项卓越的贡献。作为家族企业学士和硕士课程的教材,本书具有无与伦比的价值。对于那些正在努力应对家族企业管理挑战的从业者来说,本书全面和可行的观点有着意义非凡的帮助。本书所涵盖的范围和讨论的深度对该领域的学者也是有用的。这本书是我最乐意推荐的。

丹尼·米勒(Danny Miller),蒙特利尔大学高等商学院(HEC Montreal),加拿大

这本创新的教材涵盖了家族企业面临的最重要的挑战。它以实践为灵感,以研究为基础,强调实践和理论,同时使用概念、案例和思考题来说明关键主题。

本书讨论了全球家族企业的相关性,家族企业的独特优势和劣势,家族企业的治理、战略管理、继任过程、长期成功的驱动因素和人际动态。它从整体和国际的视角出发,结合管理概念、研究结果、实际例子和案例研究,为学生以及世界上最杰出的商业组织的从业者提供了独特的洞察力和灵感来源。

以"两个健康"促进民营经济高质量发展

——《家族企业管理:理论与实践》译序

我国处于社会主义初级阶段,公有制为主体、多种所有制经济共同发展是基本经济制度。1997年党的十五大报告首次提出:"公有制为主体、多种所有制经济共同发展,是我国社会主义初级阶段的一项基本经济制度。"2002年党的十六大报告,强调坚持和完善基本经济制度时,首次提出两个"毫不动摇",即必须毫不动摇地巩固和发展公有制经济,必须毫不动摇地鼓励、支持和引导非公有制经济发展。基本经济制度是中国特色社会主义的核心内容,是民营经济发展的重要制度基础。党的十八大以来,党中央就民营经济发展做出了新的战略部署,特别地,对民营经济的健康发展做出了新的理论指引。2012年党的十八大提出"非公有制经济健康发展"。2017年习近平在党的十九大报告中明确提出"构建亲清新型政商关系,促进非公有制经济健康发展和非公有制经济人士健康成长",这是习近平首次在党的全国代表大会上做出了"两个健康"的重要论述。2018年11月,习近平在主持召开的民营企业座谈会上再次强调了"两个健康",并赋予了新的理论内涵。2020年9月,习近平对新时代民营经济统战工作做出重要指示,指出坚持"两个毫不动摇",把民营经济人士团结在党的周围,更好推动民营经济健康发展。可见,民营经济的发展在我国经济发展中具有必然性,是有基本经济制度作为保证的。"两个健康"内涵丰富、意义重大,为新发展阶段民营经济的高质量发展指明了方向。全面深刻领会习近平关于非公有制经济(民营经济)"两个健康"的重要论述,可从八个方面来理解。

第一,企业经营要健康。这意味着民营企业生产、经营、税务、制度建设等方面要依法依规。具体包括:企业生产健康,要求企业生产各环节符合技术标准、安全标准、法律标准;企业营销健康,要求企业不做虚假营销,不做过度营销;企业财务健康,企业应形成合理的资产负债结构,经营风险适度、可控;企业税务健康,企业应严格遵守国家税法及其他税收制度规定,不偷税漏税;企业制度建设健康,应体现现代经营的规范要求等。

第二,企业家要健康。这是指民营企业的创建者、接班人等企业家治理团队要健康发展。主要包括,在民营企业中要积极弘扬社会主义企业家精神,厚植爱国爱党情怀,企业家本人及家族成员应依法经营,守信用、讲诚信,精神境界有追求,企业传承可持续,跳出"富不过三代"的怪圈,基业长青,致力于做百年老店,形成稳健、永续的发展理念,把企业塑造为有文化、有内涵、具有现代企业制度特征的民营企业。

第三,处理政商关系要健康。要领会中央关于"亲清"新型政商关系的规定,在商言商，谨守政商交往的边界，不以非法手段获得资源，建设、遵循与优化营商环境，通过合理的政企沟通渠道与沟通互动机制，建言献策，反映企业发展诉求，参与民营经济发展的政策制定。

第四，参与市场竞争要健康。民营经济与国有经济等各种所有制经济不是对立的关系，完全可以在市场竞争中发挥出自身优势，以质量变革、效率变革、动力变革，在竞争中实现企业价值提升。

第五，资本有序发展。中央已经提出规范和引导资本健康发展的问题，民营经济在资本投资、战略布局与实施、技术创新方向等方面要避开资本"红灯"，不做无序扩张，避免形成垄断局面，走资本有序发展的道路。

第六，善尽社会责任。民营经济要致力于为社会提供优质产品与服务，为国家创造财富，创造更多的就业机会，推进环境保护，节约能源资源，维护良好的社区关系，积极参与社会公益事业，做推进共同富裕的践行者。

第七，发展是根本。习近平关于"两个健康"的重要论述，其本质归根到底是促进民营经济发展。这意味着，民营企业要把握新发展阶段的机遇，贯彻新发展理念，构建新发展格局，积极转换经营机制，以创新求发展，加快推进数字化、智能化、绿色化转型，既要注重推动传统产业转型升级，又要致力于发展战略性新兴产业，形成专精特新的民营经济新格局。

第八，坚持民营经济健康发展，就要驳斥、否定"民营经济离场论""新公私合营论""对民营企业进行控制论"等错误言论，把民营经济统一于中国特色社会主义事业中，促进民营经济的高质量发展。民营企业家要坚定信心，排除干扰，坚持发展，把企业做大做优做强。

改革开放以来，民营经济成为推动我国经济发展的重要因素，其贡献具有"五六七八九"的美誉特征，即民营经济贡献了我国经济 50% 以上的税收、60% 以上的 GDP、70% 以上的技术创新、80% 以上的城镇劳动就业、90% 以上的企业数量。民营经济也为我国成为世界上工业门类齐全、产业链完整的大国做出了重要贡献，是"中国制造"的重要力量。家族企业是民营经济中重要的组织形式。从国际上来看，家族企业遍布全球各地，历史悠久，数量众多，无论是在欧美的发达国家还是在东亚地区的发展中国家，家族企业在各个国家与地区中发挥着重要的作用。尽管学术与实践中对家族企业的定义有所不同，但家族企业管理已经越来越受重视。家族企业在公司治理、战略管理、传承发展、价值创造、财务管理等方面具有不同于非家族企业的众多特点。因此，了解与研究家族企业管理的运行规律是非常必要的，宏观上有利于针对民营经济（包括家族企业）发展面临的问题，精准地制定宏观管理政策；微观上有利于针对家族企业特点，构建良好的企业微观运行机制，实现高质量发展。

托马斯·齐维格教授，是国际知名的家族企业研究者，是瑞士圣加仑大学副校长、家族企业中心主任，瑞士中小企业与创业研究所以及家族企业中心主任，曾任美国百森商学院研究员、加拿大英属哥伦比亚大学客座教授，担任德国维滕/黑尔德克大学常任客座教授。他的这本著作就是了解与研究家族企业管理的一本十分优秀的教材或者参考书，曾获得 2018 年欧洲管理学会颁发的"年度最佳图书奖"。本书内容包括：家族企业的界定，家族企业的普遍性与经济贡献,家族企业的优劣势,家族企业治理,家族企业中的战略管理,家族企业传承、变革与跨代价值创造,家族企业财务管理,家族企业中的关系和冲突。这些内容涵盖了家族企业理论与实务应关注的主要方面。

目前市面上关于家族企业管理的著作大多是实务性的,系统性进行理论阐述的书籍很少。本书体系较为全面,理论阐述有深度,文献资料丰富,案例分析透彻,是此类著作中的精品,既可作为民营经济、家族企业等相关学科教学、培训的教材或者参考书供师生选用,也可供我国民营经济、家族企业的企业家、管理者,金融等行业从业人员参考。

2018年10月到2019年10月,我在美国得克萨斯大学大河谷分校罗伯特 C.瓦卡尔商业与创业学院(Rebert C. Vackar College of Business & Entrepreneurship)做访问学者时获得本书,一下就被其完善的体系、广阔的知识视野、深邃的理论论述所吸引,而后推荐给厦门大学出版社。出版社的领导非常重视本书,随后向爱德华埃尔加出版有限公司购买了本书的简体中文版版权,之后开始翻译工作,几经易稿,最终完成译稿。翻译过程中,黄文义、柯晶莹、马欣、杨耀文、于璇、张立洁、张晟参与了本书的翻译工作,我进行复译、校对,当然我对本书翻译承担全部责任。限于个人能力与水平,书中难免存在疏漏和不足之处,请读者对本书翻译提出宝贵意见,以便进一步完善。

值本书出版之际,我再次回想起美国得克萨斯大学大河谷分校的留学访问之旅,我的合作导师周海燕教授不但学识渊博,而且无微不至地关心访问学者,亦为本书的翻译提供了许多宝贵的建议,值得我铭记与感恩!

本书是厦门大学"中央高校基本科研业务费专项资金资助"项目(项目编号:20720201062)的阶段性研究成果,特此感谢。

最后,也是翻译出版本书最大的一个愿望:希望这本书的翻译出版,能够为中国民营经济(包括家族企业)的高质量发展贡献一份知识的力量!

厦门大学　任力
2022年8月

序 言

　　《家族企业管理：理论与实践》一书是本人基于在家族企业领域从事教学和研究的多年积累创作而成的。

　　本书创作的第一个动机是，当我开始寻找一本综合性的教材来支持教学时，总找不到一本让我满意的著作。尽管有许多关于企业家精神、人力资源管理、市场营销和战略的教材，但这些书只涉及家族企业角度的挑战和管理实践的某些方面，涵盖所有相关话题的家族企业课程似乎缺乏支撑材料。我写这本书的目的并不是要取代许多已经存在的重要图书、案例研究和研究论文，我只是试图概述"是什么使家族企业成为一个独特的组织类型"这一问题，整合从专家及学者那里获得的知识，并帮助读者浏览大量可用的材料。因此，本书旨在通过近年来对家族企业的管理和研究所积累的丰富见解来指导学生和从业者。

　　家族企业是高度异质性的组织，其异质性不仅来自家族所有者或家族群体的特定目标，还来自企业所处的不同制度环境。目前的主题、概念模型和案例研究的汇编试图讨论这些公司共有的核心主题的结果，从而探讨家族企业的本质。不可避免的是，有些方面可能被忽视或没有得到充分的说明。我认为，一方面要考虑到这种部分的局限性，另一方面要考虑到在一本书中就家族企业管理的许多核心方面提供深刻见解的机会。

　　促使我写这本书的第二个动机是我与家族企业从业者共事的工作经历。多年来，与我共事过的个人和家族都把他们的故事、挑战和问题告诉了我，包括：应如何处理继承过程？谁应该成为继任者？如何取得长期成功？应该进入父母的公司吗？作为一家家族企业，有哪些竞争优势？家族投资于公司的资本的适当回报是多少？如何做出家族中有关商业决策？当我第一次遇到这些问题时，我无法给出令人满意的答案。但是，随着时间的推移，在许多出色的家族企业研究人员和家族企业从业者的帮助下，我得出了一些可能的答案。

　　我很感激那些帮助我创作这本书的人。首先是圣加仑大学家族企业中心的米里亚姆·伯德（Miriam Bird）、乌尔斯·弗雷（Urs Frey）、迈克尔·加斯卡（Michael Gaska）、马丽斯·格雷米格（Marlies Graemiger）、马克西米利安·格罗（Maximilian Groh）、弗兰克·

霍尔特(Frank Halter)、桑娅·基斯林·斯特雷利(Sonja Kissling Streuli)和梅兰妮·理查兹(Melanie Richards)。非常感谢我在瑞士圣加伦大学小企业和创业研究机构的联席主任乌尔斯·富格里斯特勒(Urs Fueglistaller)，他创造了一种颇具合作性、有趣性和创业性的氛围。我要感谢乔·阿斯特拉汉(Joe Astrachan)、迈克尔·卡尼(Michael Carney)、吉姆·克里斯曼(Jim Chrisman)、阿尔弗雷多·德·马西斯(Alfredo de Massis)、金·埃德斯顿(Kim Eddleston)、马克·范·埃森(Marc van Essen)、路易斯·戈麦斯-梅西亚(Luis Gomez-Mejia)、纳达安·凯默兰德(Nadine Kammerlander)、弗朗兹·凯勒曼斯(Franz Kellermanns)、蒂姆·哈伯松(Tim Habbershon)、罗伯特·纳森(Robert Nason)、马蒂亚斯·诺德奎斯特(Mattias Nordqvist)、潘卡·帕特尔(Pankaj Patel)、彼得·罗莎(Peter Rosa)、比尔·舒尔策(Bill Schulze)、普拉莫蒂塔·夏尔玛(Pramodita Sharma)、菲利普·西格尔(Philipp Sieger)、亚历克斯·斯图尔特(Alex Stewart)、威姆·范德客(Wim Voordeckers)、阿里斯特·冯·施利普(Arist von Schlippe)和约翰·沃德(John Ward)，我从他们那里了解到很多有关家族企业的知识，他们以不同的方式为这本书做出了贡献。还要感谢海因里希·克里斯汀(Heinrich Christen)、彼得·英格利奇(Peter Englisch)、嘉莉·霍尔(Carrie Hall)、帕特里克·奥勒(Patrick Ohle)、圣地亚哥·佩里(Santiago Perry)、约翰尼斯·雷蒂格(Johannes Rettig)、杨月林(Yuelin Yang)和马尼克斯·范里杰(Marnix van Rij)，他们的意见和支持非常宝贵。最后，我对最亲近的家人娜萨莉(Nathalie)、尼古劳斯(Nikolaus)和里奥(Leo)表示最深切的感谢和爱意。

这本书是献给许多有着共同目标——了解是什么使家族企业成为独特而成功的组织——的个人的。

托马斯·齐维格(Thomas Zellweger)

2017 年 4 月，圣加仑和新加坡

目　录

1 前　言

　　编写一本关于家族企业管理的教材是一项特殊的挑战。在全球所有公司中,家族企业无疑是规模最大的部分,但开设家族企业相关课程的院校却很少,这表明本书的读者可能有限。如果您正在阅读此书,那么您很可能是一名职业经理、学者或者大学生,并同我一样认为现有的主流管理类文献对家族企业的描述或不够详细,或无法解决家族企业的管理难题。市面上有许多关于企业家精神、人力资源管理、市场营销、财务管理的教材,但与家族企业相关的十分鲜见。

　　诚然,大多数企业管理的热议对象是所有类型的企业,与它们是否为家族企业并无关联,但家族企业所面临的挑战可能比非家族企业更加突出,或许需要予以不同的解决方法。例如,非家族企业的管理方法主要涉及分散的所有者与数量有限的管理者之间有效的合作架构,而家族企业的管理还包括家族股东之间的有效合作,家族企业所有者(例如父母)对家族企业管理者(例如孩子)的有效监督等。同样,领导者离职一直是企业的热门议题,而继承则一直是家族企业的核心问题。当我们研究企业战略、财务管理甚至人力资源等问题时,会再次发现虽然家族企业与非家族企业面临着相同的问题,但家族企业处理这些问题的方法不同。本书的目标是从家族企业的视角来研究这些管理问题,并提出可行建议来促进家族企业的发展。

1.1　本书的重点

　　虽然本书旨在为各领域的从业者提供指导,但其内容也必然反映了我作为一名管理学学者所拥有的知识体系,为我研究家族企业指引了方法。理想状况下,本书所侧重的理论研究将使相关概念更加清晰和简明。然而,使用管理学上的研究方法可能会忽略潜在的根本原因和理论背景,而正是这些被忽视的原理和理论背景可以解释家族企业的行为。

　　本书旨在采用创新的观点来研究家族企业,但是主要关注的仍然是家族企业的组织过程,以及如何管理家族企业以最终实现企业层面的成功。因此,本书的主要分析层面是企业(尽管本书的最后两章扩大了这一假设),其次是家族本身。书中提出的理论框架主要来自管理学与经济学理论,其次是家族社会学。

　　这是一本专注于家族企业管理的书,因此它探讨的是在家族具有决定性影响下的企业管理问题。本书所包含的是我个人的观点,整本书的写作是一个深思熟虑的过程,力求避免当前许多关于家族企业的思考和研究中常见的陷阱(例如认为家族企业的任何方面或行为都受到家族的决定性影响)。我尝试划分出家族企业中特定的管理实践活动,在这些实践中,家族因素在相当程度上决定了企业运营的有效性。

1.2　本书的读者

这本书的读者是学习家族企业管理的学生以及家族企业的从业者。本书并非一本充斥着从一些家族企业的成功案例中提取出的"成功要素清单"的方法论或实践指南,而是为那些在家族企业管理中遇到棘手的问题,正在寻求指导的人而写的。为此,本书尝试将实践证明的观点与最新研究成果结合起来进行问题的探究。

本书将对以下几类读者产生较大帮助:

(1)就家族企业普遍面临的问题正在寻求统一解决方案的人;

(2)正在学习家族企业管理并且力图加入家族企业的学生;

(3)就应对管理挑战正在寻求经过检验的可行性建议的家族企业所有者或经营者;

(4)正在寻求实践相关研究结果概览的顾问。

倘若您是以下这几类读者,本书也许并不能如您所愿:

(1)正在寻求简单的答案和一刀切的方法来解决复杂问题的人;

(2)没有足够时间去探究实际问题本质的人;

(3)对探讨已有研究成果不感兴趣的人。

1.3　本书结构与教学工具

本书分为以下几个部分:家族企业的定义、家族企业的重要性和经济贡献、家族企业典型的优势和劣势、家族企业的治理、家族企业的战略管理、家族企业的继承、家族企业的变革与跨代价值创造、家族企业的财务管理,以及家族企业中的人际关系。本书的每一章节都应用了多种教学方法:概念框架,研究结果的概述与总结,案例分析,针对学生与从业者的反思性问题以及有关背景材料的阅读建议。

本书参考文献的使用仅限于支持论点所需的相关最新研究,因此并未涵盖所有相关文献,但它们在一定程度上代表了一些十分基本的和具有启发意义的研究和图书。此外,每章最后都附上了一份背景阅读清单,建议读者将其作为背景材料阅读,以便更深入地了解该主题。

2 家族企业的界定

在许多社会科学研究领域,定义一种现象一直是研究者面临的最严峻的挑战之一。对家族企业而言,鉴于家族企业与其他类型组织的区别在于家族对企业的影响,这一挑战尤为重要。[①] 要知道,家族企业和非家族企业之间的区别不在于企业的规模,也不在于它是私有还是公有。相反,家族企业的性质取决于家族控制企业的程度和方式。家族企业的管理方法应该考虑到其自身的独特性:其领导者是一个具有特定目标、偏好、能力和偏见的家族,企业受这个特殊主导联盟的影响。

2.1 家族企业与非家族企业的区别

在区别家族企业与非家族企业这一问题上,学生、从业人员和研究人员都一直在寻找一个简单的答案,即一个分界线。为了寻找这样的分界线,许多人试着为家族在公司中的参与度,例如在所有权或管理方面,设定一些标准。这种尝试背后的基本假设是,这些企业至少需要一定的家族参与度,高于该水平的企业为家族企业,而低于该水平的则为非家族企业。

就所有权控制而言,一些人认为,家族要对公司有决定性影响,就必须拥有多数股权。还有一些人则认为,即使没有多数股权,家族仍然可能拥有对公司的控制权。例如,在上市公司,多数情况下,家族之外的所有权会被稀释,由股民广泛持有,但少数股东的显著所有权仍可能控制公司的重要战略决策(例如任命董事会成员和高层管理人员、企业收购、撤资、重组等决定)。因此,对于公开上市的大型家族企业,越来越多的人认为,20%~25%的股权足以让股东对战略决策产生决定性影响(Anderson, Reeb, 2003; Villalonga, Amit, 2006)。因此,对于大型公开上市的企业而言,所有权的20%~25%的临界值通常被视作区分家族企业与非家族企业的标准。

欧盟委员会表示,如果在一家上市公司中,一个家族拥有了25%的投票表决权,那么该公司就是一个家族公司。最重要的是,在法律允许双重股权结构的国家,即使是更小的持股比例也有可能使该家族有权控制一家公司。例如,在2010年,福特家族的现金流量

---

① 本书中,"family firm"与"family business"这两个词可以互换使用,都译为"家族企业"。

权总计不到福特汽车公司(Ford Motor Company)的 2％，但通过特殊的股票类别，福特家族仍然以 40％的投票权牢牢控制着该公司。因此，我们有理由认为所有权的最低界限应适用于投票权，而不适用于所有者的现金流量权。(参见第 6 章家族企业战略中关于福特家族和福特汽车公司的案例研究)

其他人则认为，只有由家族管理且家族拥有的公司才有资格被称为家族企业。这里的基本原理是，影响力不仅通过正式所有权实现，而且通过领导力来实现，从而也可以通过渗透到公司中的价值观和领导风格来实现。家族管理通常被理解为家族参与公司高层管理人员的工作，在许多情况下甚至包括首席执行官职位。对于小型企业而言，家族参与管理作为家族企业分界的标准尤为普遍。对于大公司，尤其是上市公司来说，家族参与管理很少被视为区分家族企业和非家族企业的因素。

与此同时，大量文献表明，家族企业的独特之处在于注重企业的跨代管理(Chua，Chrisman，Sharma，1999)。也就是说，将公司传给下一代的意愿把家族企业与非家族企业区分开来。跨代观点的确很重要，因为它代表了家族企业与其他类型的寡头控股公司的主要区别。

一些人认为，无论所有权结构或管理结构如何，企业只有在创立之后仍受家族控制，才有资格成为家族企业。实际上，许多实证研究发现，创始人控制的公司与其后代控制的公司之间存在显著差异。例如，越来越多的实验证据表明，下一代控制的公司在股票市场上的表现不及创始人控制的公司。

但是，关于创始一代所持有的公司不是家族公司的说法并未得到普遍接受。许多人会争辩说，在家族成员的参与下成立的公司(例如由兄弟姐妹或配偶团队建立的公司)或创始一代持有的、旨在将控制权转移给未来的下一代家族的公司也应属于家族企业。表2.1 总结了关于家族企业与非家族企业之间看似明确区分的各种论点。

表 2.1　家族企业与非家族企业的区别

影响维度	区分家族企业与非家族企业的临界标准	基本原理
所有权	对于小型公司：至少有 50％的家族投票权； 对于大型公有公司：家族手中至少有 20％的投票权	所有权，特别是投票权，赋予参与者以决定性的力量来改变公司的战略方向
管理	小公司：家族参与高层管理团队； 大公司及上市公司：通常不需要参与	管理层的参与才能使支配性联盟(家族)向公司灌输特定价值并直接影响决策
跨代愿景	公司由家族控制，旨在将其传给下一代	跨代控制的意愿使家族企业与非家族企业区分开来
下一代控制	第一代公司：创始人控制的公司； 下一代企业：家族企业	跨越几代人的控制——不限于创始一代——组成家族企业

表 2.1 中总结的论点表明，家族企业与非家族企业之间没有明确的界限[有关此主题的进一步思考，请参见 Astrachan、Klein 和 Smyrnios(2002)的文献]。在尝试对家族企业下一个明确定义的过程中，一些从业人员和研究人员都人为地将家族企业和非家族企业一分为二，这是可以理解的，但他们也因此陷入过度简化概念的陷阱，即家族企业是什么、

不是什么。这种简化的理解会产生以下三类严重的问题：

1.忽视家族企业的异质性

许多研究表明，家族企业与非家族企业之间有明显的区别，但忽略了不同家族企业之间的异质性。我们会在本章后面看到，家族企业不仅在小型企业中数量众多，在大型企业中也可看到它们的身影，它们存在于各行各业。同时，家族企业并未遵循单一的治理结构模式。一些家族仅通过所有权和董事会参与来行使控制权，而其他家族企业则会积极参与管理；同样，有些家族控制着一家公司，而另一些家族则控制着大型企业集团。

2.简化家族的定义

一种传统的思维方式将家族视为一种社会单位，认为其运作从根本上不同于市场。例如，Bourdieu（1996）在他关于家族在社会中的作用的论文中指出，家族是"一个没有普通经济法则的世界，是一个信任和给予的地方，与市场及其等价交换思想完全相反"。但是，这种对家族的看法忽视了家族在商业中的特殊情况，其中包括他们必须同时处理家族和商业问题的状况。更进一步说，家族不是无法处理财务问题的社会系统，例如，他们会考虑如何在家族成员之间分配收入和财富。

此外，不同文化对家族以及家族成员的定义可能会存在差异。例如，阿拉伯家族在确定家族成员身份方面往往比较包容。在中国，尽管家族扮演着社会角色，但独生子女政策严重限制了家族规模，对诸如家族继承和家族财富的代际转移等决策产生了重要影响。随着社会规范的变化，家族结构也会随着时间的推移而改变，欧美等国的离婚和未婚生育人数不断增加就是证明。

3.低估从不同维度研究家族参与的价值

这种认为有一个明确的标准可以区分家族企业和非家族企业的观点，忽视了研究不同类型的家族影响力的价值。如果能不将各种家族参与方式混为一谈，则研究者会获得一些有价值的见解。比如，我们可能会更好地了解家族企业之间异质性的根源以及改变企业环境所需的管理手段。

总之，无论我们喜欢与否，创建二分法来区别家族企业和非家族企业没什么好处。如果我们想更加了解家族企业如何构成独特的组织，就需要超越这种简单的划分。我们应该自问：家族影响企业的具体方式是什么？

2.2 按家族参与类型定义家族企业

为了回答上述问题，我们可以从考察家族参与公司活动的维度开始。F-PEC 模型是一个特别突出的例子，它试图捕捉家族影响的基本维度（Astrachan，Klein，Smyrnios，2002）。

该模型表明，家族影响来自三个方面。首先，权力维度，涵盖了家族手中所有权控制的程度、管理控制的范围以及家族对治理机构（即董事会）的控制程度。其次，经验维度，主要由企业经历家族多少代继承人控制来表示。再次，文化维度，包含家族与企业体系的文化重叠程度,即家族价值观与企业价值观的重叠程度。

在 F-PEC 模型的基础上,结合家族影响其公司渠道的最新研究,我们可以确定家族参与的五个维度:(1)家族控制量;(2)家族控制的复杂性;(3)业务活动的设置;(4)家族掌权者的理念和目标;(5)家族对公司的控制阶段(即家族与公司相关的历史阶段)。图 2.1 用家族企业评估工具对家族参与的五个维度进行了图解。

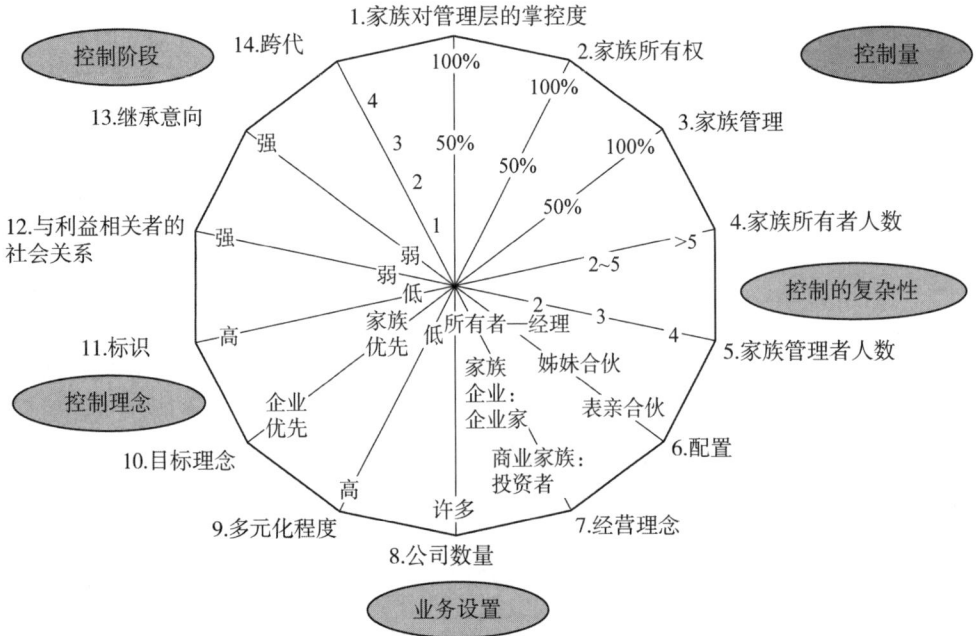

图 2.1　家族企业评估工具

家族企业评估工具并不意味着在五个维度上进行最佳定位。相反,根据这些维度评估家族参与有两方面优势。首先,这五个维度旨在揭示家族企业异质性的根源,特别是各种类型和级别的家族参与所带来的不同的机遇和挑战。其次,该工具使家族企业从业者不仅可以就当前家族参与的状态展开讨论,而且还可以讨论家族未来的参与情况,以及企业在各个影响维度上改变其定位时可能面临的机遇和挑战。

2.2.1　家族控制量

控制维度反映了当前家族对所有权、管理和治理职能方面的参与程度。

当前的家族控制水平决定了家族可以潜在地行使权力并影响重要战略决策的程度。越来越多的证据表明,家族对企业所有权的控制程度,以及对企业治理和管理的参与程度,对企业绩效的影响是不同的,这取决于企业的复杂程度,尤其是企业规模。例如,在一家小公司中,由家族主导的所有权和管理团队可能有助于提高绩效,因为它代表了一种非常有效且精益的管理模式。但是,在较大的公司中,可能有必要向外界开放企业所有权,以便保证资金供应以及提高绩效。此外,鉴于大公司的复杂性和管理所需的专业知识,向非家族人才开放管理权是必不可少的。然而,在这种情况下,为了控制非家族管理者,家族成员需要在治理委员会中占据一席之地,这一点至关重要。根据家族控制的类型和程度,家族企业会面临不同的机会和挑战,如表 2.2 所示。

表 2.2 家族企业在不同家族控制量下所面临的机会和挑战

	属性	机会	挑战
管理	100%非家族企业	拥有丰富的管理人才,可以选择更多的管理人员	代理冲突:控制非家族管理者,需要昂贵的激励措施,损失家族文化
	100%完全家族企业	有效的领导,潜在的默契程度	家族管理成员缺乏专业知识,产生冲突(如利他主义)
所有权	持有少数股权的家族	获得非家族资本和成长机会	减少家族影响,减少对家族目标的关注;短期主义的不利影响
	100%股权的家族	强大的家族地位,严格控制公司及其价值观	滥用职权,限制发展机会
管理/监事会	100%非家族企业	独立决策和控制	家族影响的丧失
	100%家族企业	确保家族控制	无法获得外部的专业知识和外界控制

2.2.2 家族控制的复杂性

控制维度反映了家族控制的数量,而复杂度维度则衡量了家族控制的复杂性。家族控制的复杂性随家族所有者和管理者的数量的增加而增加。传统的"所有者—经理"组合代表一种相当简单的治理形式,即一个人担任唯一的所有者和经理。这种治理形式的优势是决策的速度快和效率高,以及不存在"所有者—经理"的代理问题;劣势则是缺乏外部建议,以及不能通过外部资本来为企业提供资金,还有最常见的继承问题。

随着家族所有者和管理者人数的增加,企业对协调、沟通以及家族治理的需求也随之增加,同时发生冲突的可能性也随之增加。随着每一代人的成长,家族成员的数量也会增加,企业所有者对公司的认同和归属感可能会受到影响。表 2.3 总结了上述思考。

表 2.3 家族控制的复杂性

	属性	机会	挑战
家族所有者的数量	1个	高效快速的决策	缺乏外部资本,财富过于集中
	2~5个	忠诚且有耐心的家族所有者	因僵局可能产生冲突
	5个以上	忠诚且有耐心的家族管理者	家族管理者之间缺乏协调,缺乏对公司的认同
家族管理者的数量	1个	有效的领导和较少的控制问题	关于继承问题:缺乏专业知识和奉献精神的后代
	若干个	支持、忠诚和信任的关系	关系和任务冲突

续表

结构	属性	机会	挑战
	所有者—经理	有效的领导和控制	角色超载，责任过重
	表亲合伙	忠诚和支持的文化	关系冲突，协调和沟通存在问题，缺乏对企业的认同

注：关于所有者—经理、姊妹合伙和表亲合伙阶段的详细讨论，请参阅第 5 章"家族企业治理"。[①]

2.2.3 业务设置

业务设置反映在经营理念、公司数量、企业多元化程度的差异上，如表 2.4 所示。

表 2.4　业务设置

	属性	机会	挑战
经营理念	家族企业：企业家	效率和信誉优势	家族财富单一
	商业家族：投资者	资产多样化，发展机会超过核心企业	投资组合管理复杂，企业集团折价，缺乏专业知识
公司数量	一个	专业化及相关的效率和信誉优势	培育期间可能出现资产减少的情况
	许多	资产多样化，核心企业之外的增长机会，家族成员的职业选择	管理复杂，需要企业管理的专业知识
多元化程度	低	效率和声誉优势，确保家族控制和家族关系，保护社会情感财富	投资组合风险加剧
	高	降低了投资组合风险	管理复杂，缺乏专注力和协同能力，难以认同公司和对公司有情感依赖

（1）家族企业的经营理念各不相同。这种差异意味着家族所有者对企业的定位有不同的方式。一方面，典型的家族企业所有者将自己定位为努力培育企业的企业家，通常这意味着在某一行业内对单一业务企业，即家族遗传企业的积极保护和发展。另一方面，当这家公司不断取得成功时，家族通常会将自我认识从"家族企业"转变为"商业家族"。在后一种情况下，作为控制者的家族不再将自己视为培育者，也不再将自己视为单个企业的保护者。商业家族的特殊性来源于家族不断变化着地、平行地参与到企业发展中。随着时间的推移，这个商业家族会发展出大量业务组合（家族企业集团），这些业务通常由控股公司或家族管理层控制。

与专注于单个业务（大多数情况下是有家族创业史的公司）的创业方式不同，商业家族像一个投资者，会尝试将其资金配置到多个业务中去。这种投资方法的独特之处在于，企业家族试图在较长的周期内收购、建立并最终退出企业。就家族企业而言，家族所有者

---

① sibling partnership，本意泛指兄弟姐妹合伙，本书翻译中，按照汉语习惯，简称为"姊妹合伙"。cousin consortium 译为"表亲合伙"。

通过参与到某一特定企业中来获得其身份,而一般来说,其身份更多的是通过企业家活动来识别,因此他们会减少对特定类型的公司或行业的依赖。

(2)家族的自我认识及其经营方式都与家族控制的公司数量有关。尽管许多家族企业都是"单一企业运营",但随着时间的推移,家族可能会选择投资几家企业。不同数量的自有公司所需能力的差异很大。例如,当一个家族经营单一业务时,行业专业知识至关重要。相反,对于一个经营多个业务的家族而言,深厚的行业专业知识很可能会成为障碍。管理公司的投资组合需要具备开发和最终重新安排业务组合的能力,需要承担重大财务风险,需要投资、发展并最终从各种业务中彻底剥离。

(3)企业的多元化程度。家族企业通常对核心活动、产品和行业表现出强烈的关注。它们的专业化就是它们深入市场、产品和生产技术的证据。尽管这种方式可能会提供显著的效果和声誉优势,从而保护家族所有者的社会情感财富[①],但所有者的单一财富也面临重大的财务风险。

2.2.4 家族控制理念

许多家族企业共有的一个显著特征是,其所有者会追求一套特定的目标,既有经济目标也有非经济目标。这个特征通常被简化为家族企业试图追求家族(非经济)和商业(经济)动机的想法。即使经济目标和非经济目标之间可能存在协同增效作用,许多家族企业仍在为两者之间(可以感知到)的权衡而挣扎。更直白地说,家族企业面临的问题是,它们是应该优先考虑与家族相关的目标,还是与企业相关的目标,以及它们应该坚持家族优先还是企业优先的理念。

在相关文献中,非经济目标被称为"社会情感财富"。这个总括性术语包含一系列被家族视为有价值,但同时又会影响商业领域的非经济目标(Louis Gomez-Mejia et al.,2011)(关于社会情感财富及其对战略决策的影响的进一步讨论,请参阅第6章)。因此,采用家族优先管理家族企业的方法将强调社会情感财富,优先考虑对企业的情感依恋、对企业的培育、对企业的公众形象以及对利益相关者的善意社会关系。企业优先的理念则会将企业创新、变化、增长和利润放在首位,而不是这些非经济目标。

社会情感财富的一个重要因素是家族与企业之间的身份重叠程度,例如以共同的名字为代表。与企业身份高度重叠的家族所有者尤其关心企业的公众形象和声誉。不良的公司声誉对所有者不利,而正面的公司声誉会使所有者受益。家族所有者之间的身份认同和最终的声誉问题通常表现为企业层面的社会行为(例如减少企业对环境的污染或支持当地社会活动)。

善意的社会关系是家族企业中另一个重要的非经济目标和社会情感财富的要素。这些关系代表了对绑定关系的偏好,这种绑定关系强调支持、信任和公司参与者(如经理、员

---

① 社会情感财富被定义为与企业相关的家族情感的总存量,如亲善关系、家族控制、身份和声誉,以及情感收益。更多的细节可以参考 Louis Gomez-Mejia 及其同事的相关文献,这些文献将在第 6 章中进一步探讨。

工、供应商和客户）彼此之间以及与外部利益相关者之间的相互依赖性。对善意社会关系的重视影响着企业行为的许多方面。例如，一个公司如果把善意的关系放在首位，那么公司内部的晋升机会可能会比外部招聘的机会多，公司会特别重视新员工的"组织对个人"的适应能力（最终会以"职位对个人"的适应能力为代价），或者公司会普遍不愿裁员。由于亲善关系在家族中尤为突出，并且会随着时间的推移不断加深，因此在人员配备和晋升决策中，公司会优先选择家族和高级非家族成员，而不是非家族成员，尤其不可能是初级非家族成员。与外部利益相关者的亲善关系可能会使得公司为业务合作伙伴提供帮助（例如通过提供引荐的方式），回报受到的帮助，培养长期相互依赖的关系，而不是仅仅关注公司的短期财务收益。同样，这种重视伴随着机会和挑战，见表 2.5。

表 2.5　家族控制的理念

	属性	机会	挑战
目标	家族优先	连续性、长期取向	对家族成员的无条件偏爱导致其能力出现问题，"搭便车"和滥用家族关系
	商业优先	关注经济发展	忽视了家族企业特有的优势
身份	低	专注经济实况	缺乏作为领导者的信誉，不重视行动的社会影响
	高	关注企业声誉、企业社会绩效	由于担心声誉受损，在提高效率方面犹豫不决
亲善关系	弱	能够在短期内专注于最具经济效益的关系	在困难时期缺乏利益相关者的支持；由于缺乏联系，利益相关者的资源获取受到限制
	强	个性化、信任的氛围，员工流动率很低，"好公民"的行为	无法开除表现不佳的员工和中断活动

2.2.5 控制阶段

在我们的家族控制分类法中，利用阶段维度来评估家族与公司关系的时间方面。该维度将家族所有者与其他类型的控股股东区分开来，例如私募股权投资者。控制阶段的时间范围在两个方向上延伸：它可以追溯过去（持续时间），也可以预测未来（愿景）。

家族所有权的持续时间反映了家族对企业控制的历史。拥有所有权时间长的家族可能会高度关注他们的企业遗产、对企业历史根源的承诺，以及对企业有高度的情感依恋。然而，在某些情况下，特别是当家族不参与经营时，所有者对公司的依恋可能会随着每一代的传承而减少。而对于参与运营的所有者来说，时间的流逝只会加强他们与公司的联系。在这种情况下，企业可能成为真正的"传家宝"，其价值超过了企业的纯财务价值。

家族所有者对企业未来的愿景，与当下的管理者将家族控制权扩展到下一代的愿望有关。如果公司前景暗淡，即使该公司曾有过很长时间成功的商业活动，家族也可能会出售甚至清算公司。在这种情况下，与相信公司未来并希望将其传递给下一代的家族相比，这类家族不太可能关心、发展和投资公司。与前面的维度一样，控制阶段也有其特定的机会和挑战（见表 2.6）。

表 2.6　家族控制阶段特征以及传承意图

	属性	机会	挑战
跨代	初代	创始人强烈的创业精神	缺乏业务可持续性
	后代	家族所有者之间的情感依恋、毅力	过多的遗产关注,创业精神缺失
家族内部传承意图	弱	寻找最有利的退出机会,专注于公司的繁荣而不考虑家族的情况	短期效益主义;所有者—经理的生命周期反映在企业的绩效上
	强	长期专注,保存有价值的网络和知识,保持领导的连续性	传承规划;对下一代的压力;放弃经济上有吸引力的退出选择

　　总之,这个体系旨在捕捉企业中家族影响力的异质性。那么了解这种异质性的来源是很重要的,因为家族参与维度给公司及其所有者带来了特殊的机会和挑战。因此,该体系指的是与家族控制的类型和程度直接相关的管理任务。

　　当每个维度都被清晰地考虑到,当讨论涉及框架中某些职位的控制水平、相互依赖和管理挑战时,家族企业评估工具和相关框架对家族企业从业者最有用。如前所述,家族企业评估工具并不是为了指出某些最佳定位(例如内部与外部循环),相反,它应该被视为一种揭示与家族影响具体方面相关的管理机会和挑战的工具。

2.3　家族影响力的圆圈模型

　　实践者和学者都认为可以将家族企业定义为具有若干子系统相互作用特征的组织。图 2.2 就展示了家族企业的系统性。像这样的圆圈模型可以提醒我们,家族企业是由两个逻辑不同的社会系统(家族和企业)构成的,即使它们的逻辑并非相反。

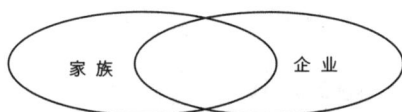

家族制度的假定逻辑　　企业制度的假定逻辑

- 传统
- 情感/非理性
- 裙带关系
- 长期视角
- 非金融价值

- 更新
- 理性
- 精英
- 短期视角
- 财务价值

图 2.2　家族企业制度的双圈模型

　　将家族企业描述为许多互不相容的子系统的组合,突出了这种组织形式所固有的紧张关系。此外,它还表明,家族企业的管理可以等同于企业和家族系统之间争夺影响力的紧张关系的管理。因此,圆圈模型有助于我们理解所观察到的紧张关系的根本原因。这些紧张关系在战略决策的不同层次上变得明显,例如企业层面的变更(如多样化),风险承担、投资和研发,但它们也出现在公司的激励和薪酬体系的结构中。双圈模型表明,围绕这些主题的讨论最终会受到家族企业中两个基本社会系统相互竞争的逻辑的影响。

而家族、所有权和管理构成的三圆模型则常常被用来代替双圈模型(见图2.3)。该模型最初由 Hoy 和 Verser(1994)提出,并在实践中得到了广泛的运用。

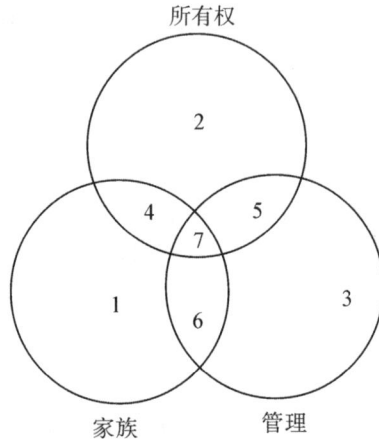

图 2.3 家族影响三圆模型

资料来源:Tagiuri 和 Davis(1996)

三圆模型吸引了许多从业者,因为它帮助他们理解个人在家族企业中所经历的与角色相关的复杂性。总的来说,它确定了个人在家族企业系统中可能扮演的七种角色(对应图2.3中数字1~7,具体意义见表2.7)。

表 2.7 三圆模型中的角色和动机

编号	身份	典型的动机和关注点
1	既不是股东,也不是企业管理者的家族成员	和谐、互助、企业的长期生存
2	既不是家族成员也不是管理者的股东	股本回报率、股息、所有权股份的价值
3	既不是家族成员也不是股东的雇员	工作保障、薪水、激励的工作环境、晋升机会、成为所有者的机会
4	持有股份但不参与管理的家族成员	股本回报率、股息、信息获取
5	持有股份的非家族管理者	有机会从公司业绩和价值增长中获益,管理谨慎
6	参与无股经营的家族成员	了解公司,了解公司内部的职业道路,了解最终成为所有者的方法
7	持有股份的家族管理者	尝试在三种体系中都"成功":家族(团聚)、商业(商业和创业的成功)、所有权(财务上的成功)

2.3.1 圆圈模型的优点

上述圆圈模型是分析家族企业中家族影响力和治理最常用的模型之一,它们的优势在于:

1.分解子系统的底层逻辑

圆圈模型的主要优势在于,它们使家族和企业的基本逻辑变得清晰可见。它们揭示了角色身份、关系模式、个人期望和问题分析的构建和执行的原则,使我们意识到推理、沟通和决策发生的微妙环境。

2.促进关于角色和相关利益的讨论

三圆模型加深了我们对个人在家族企业中所扮演的各种角色的理解。结合对不同角色的期望和动机的理解,它可以帮助我们理清和简化家族企业治理结构固有的复杂性。此模型可以静态评估公司所设计的人员职位,也可以讨论人们如何随着时间的推移在模型中转换角色。

3.增进我们对角色复杂性的理解

表 2.7 让我们意识到这样一个事实:人们不仅会有与他们的角色相关的不同的兴趣,而且还可能身兼数职——他们可能在同一时间扮演不同的角色。这一事实对于帮助我们发现家族企业固有的复杂性,以及困扰许多家族企业沟通的误解和冲突的根源非常重要。

2.3.2 圆圈模型的缺点

尽管圆圈模型具有明显的优势,但它们必然会将现实生活中的现象简化为概念模型,因此,它们也有很多缺点:

1.有缺陷的子系统原型

分配给家族和商业领域的属性在很大程度上被夸大了。例如,家族方面的决策和关系纯粹是感性的/非理性的,而业务方面的决策和关系纯粹是理性的,这似乎不太合理。非家族企业的董事会的行为也可能非常情绪化,家族企业的决策本身也不是非理性的。家族成员之间的关系可能比非家族成员之间的关系更复杂,但不一定会更不理性。在家族方面,财务考虑可能是一个重要的问题(例如在家族内部分配财富和收入时)。因此,圆圈模型将实际上也会发生在企业的特性单单归因于家庭(或者反过来),这是不合理的。

2.有缺陷的功能假设

圆圈模型特别明显的一个缺点是它们隐含的假设,即家族会阻碍企业的成功。也就是说,这些图中所呈现的家族逻辑将令人不安的情绪注入理性的商业决策中,强调传统而限制变革和创新,阻碍了理性决策和成功。最终,人们可能会得出这样的结论:因为企业的目的是合乎逻辑的和有利可图的,最好排除家族的情感方面的干扰(Whiteside, Brown,1991)。

然而,这种观点有两个主要缺陷:首先,在家族企业中,家族参与是必然的。根据定义,在这些组织中,完全分离家族和企业是不可能的。其次,"家族逻辑"中的许多方面在企业环境中同样存在,而且甚至是可取的。例如,支持、承诺、凝聚力和相互依存在家族方面特别突出，而这些人际关系的特征在商业领域也往往受到欢迎。同样，归属于商业领域的某些特性，例如资源的有效利用，是家族准则的一部分（例如节俭的准则和家族提供诸如住房和教育等经济物资的准则）。由于关于家族和商业系统的本质的假设存在缺陷——将它们定义为两个彼此相反的系统，圆圈模型受到了破坏，存在缺陷。

3.家族与企业之间被忽视的协同效应

家族与企业属性的两极化忽略了家族与企业系统的协同效应。控制家族对企业成功的贡献值得特别关注。如上所述，某些社会规则和规范，例如支持、承诺、凝聚力和相互依存，在家族方面特别明显。然而，颇为讽刺的是，这些关系质量在商业环境中——尤其当涉及接纳变故之时——往往被描述得过于理想化了。与家族相关的提供稳定性的系统也被发现是组织变革的重要基础（Feldman，Pentland，2003）。同样，家族通常倾向于长期投资、长期的金融资本，以及对公司非常有价值的网络。圆圈模型赋予家族负面作用和惯性思维，忽略了家族与企业之间的协同效应以及家族属性对企业成功的贡献。

4.角色和沟通的简化视图

圆圈模型往往掩盖了在组织中"身兼数职"的参与者所面临的挑战（特别是三圆模型中的角色 4、5、6 和 7）。例如，如果双方都认识到双方当事人可能都以两种人的身份说话，那么涉及业务的初级（女儿）或高级（母亲）家族成员之间的争端就可以得到更好的理解，并有可能得到解决。当女儿批评母亲的商业决策时，母亲可能会将这种批评理解为下属的不当行为。然而，女儿习惯在家族范围内与母亲公开交流。此外，她想把自己定位成一个坚定的企业家和接班人，能够成功地继承母亲的事业。同样，如果一个家族企业的所有者和管理者的儿子也拥有股份并参与管理，他可能会问自己：当我与儿子谈论企业时，我是以父亲、老板还是共同所有者的身份与他交谈？在非家族企业环境中，我们有熟悉的"标记"来表示我们的身份（在家里作为家族成员，在工作中作为专业人员）。而这些"标记"在家族企业的环境中常常丢失或被隐藏。因此，尤其是在参与者同时扮演多个角色的情况下，圆圈模型往往会低估沟通和决策的复杂性。[①]

2.4 家族企业的识别

有趣的是，并非所有符合上述标准的家族企业都将自己定义为家族企业。例如，Westhead 和 Cowling（1998）在对英国私人家族企业的研究中发现，样本中有 17% 的企业领导者并不认为自己是家族企业的一部分，尽管事实上企业大部分是由家族控制的；而样本中有 15% 的企业领导者认为他们的企业是家族企业，尽管家族控制水平较低。这些发现表明了企业自我认知的重要性。由于金融界和少数股东可能担心裙带关系和控股家族对企业的控制，有些公司可能会因诸如股票市场等合法性问题而希望隐瞒家族的影响。

---

① 为了纠正家族企业沟通中的这种混乱，澄清角色之间的界限并指明在特定时刻说话的角色可能是有帮助的。

然而,其他公司可能会公开地把自己描绘成家族企业,以展现传统、关系质量和可靠的形象。因此,有人认为,家族企业的分类不仅取决于客观的治理标准,还取决于控股家族向其内部和外部利益相关者展示家族企业形象的程度。

2.5 家族企业的定义

上述讨论证明了关于家族企业本质方面的激烈辩论。我们已经看到,将家族影响的各个方面分开来挖掘与家族控制相关的不同机会和挑战具有重要的价值。不过,作为读者,您很可能会问,这本书所界定的家族企业的普遍特征是什么。考虑到这些问题,我们提出以下定义["家族企业"的这一定义与 Chua,Chrisman,Sharma(1999)提出的定义相一致],并强调了两个中心特征:

本书对"家族企业"的定义

家族企业是由家族控股的企业,家族企业的愿景是将家族企业的控制权世代传承下去。

• 家族掌管主要控制权:根据企业的复杂性、规模和年龄以及家族的特定价值体系和目标,执行这种控制的渠道可能有很大的不同,如前文所示。

• 跨代前景(观点):这是区分所有私人控股公司和家族企业的关键。它指出了继承和长期价值创造的特殊相关性,这些方面在非家族企业中要么不存在,要么不太相关。

在本书讨论不同主题时,我们将强调上述定义的不同部分。例如,在关于治理的讨论中,我们将更详细地探讨"主导控制"的要素。在讨论继承问题时,我们将强调和探讨"跨代观"。在探讨家族企业的战略管理时,我们将探讨这两个因素如何共同影响家族企业的战略选择。当然,如何定义家族企业对家族企业在世界范围内的普遍性有着重要意义,这是下一章的主题。

思考题

1.使用双圈模型来描述家族企业有哪些特别的优点和缺点。

2.当一个人仅根据所有权、董事会和管理层的参与来决定家族控制时,会忽略哪些家族影响模式?

3.参与管理的家族业主与未参与管理的家族业主之间的冲突的潜在根源是什么?

4.为什么在家族企业中一起工作的家族成员之间会有这么多的沟通问题?

5.对于一个家族企业,它在家族企业评估工具中的地位是什么? 相关的挑战和机遇是什么?

6.对于家族企业,将家族成员、股东、董事会成员和经理置于三圆模型中,他们的目标和关注点是什么?

背景阅读

Anderson, R. C., and D. M. Reeb (2003). Founding-family ownership and firm performance: Evidence from the S&P 500. *Journal of Finance*, 58 (3): 1301-1328.

Astrachan, J. H., S. B. Klein and K. X. Smyrnios (2002). The F-PEC scale of family influence: A proposal for solving the family business definition problem. *Family Business Review*, 15 (1): 45-58.

Bourdieu, P. (1996). On the family as a realized category. *Theory, Culture and Society*, 13 (3): 19-26.

Chua, J. H, J. J. Chrisman and P. Sharma (1999). Defining the family business by behavior. *Entrepreneurship Theory and Practice*, 23 (4): 19-39.

Gomez-Mejia, L. R., C. Cruz, P. Berrone and J. de Castro (2011). The bind that ties: Socioemotional wealth preservation in family firms. *Academy of Management Annals*, 5 (1): 653-707.

Hoy, F., and T. G. Verser (1994). Emerging business, emerging field: Entrepreneurship and the family firm. *Entrepreneurship Theory and Practice*, 19 (1): 9-23.

Tagiuri, R., and J. Davis (1996). Bivalent attributes of the family firm. *Family Business Review*, 9 (2): 199-208.

Villalonga, B., and R. Amit (2006). How do family ownership, control and management affect firm value? *Journal of Financial Economics*, 80 (2): 385-417.

Westhead, P., and M. Cowling (1998). Family firm research: The need for a methodological rethink. *Entrepreneurship Theory and Practice*, 23 (1): 31-56.

Whiteside, M. F., and F. H. Brown (1991). Drawbacks of a dual systems approach to family firms: Can we expand our thinking? *Family Business Review*, 4 (4): 383-395.

Zellweger, T., K. Eddleston and F. W. Kellermanns (2010). Exploring the concept of familiness: Introducing family firm identity. *Journal of Family Business Strategy*, 1 (1): 54-63.

3 家族企业的普遍性 与经济贡献

Aldrich 和 Cliff(2003)曾在其一篇著名的文章中写道:"一百年前,'business'的意思是家族企业,因此'family business'中的修饰词'family'是多余的。"确实,企业曾经仅仅为家族企业,而且在某种程度上,今天依然如此。以下各节通过分析全球家族企业的普遍性和经济贡献来探讨这一问题[更多讨论请参阅 Bertrand 和 Schoar(2006)的文献]。

3.1 全球家族企业的盛行

根据通常的定义,全球大约 70%～90% 的公司是家族企业。但是,由于在这一问题中缺乏一个统一的定义,因此考虑到估计的误差与国家间的差异,这一数据可信度不高。[①] 对于某些地区,我们拥有更具细粒度的数据,这些数据说明了所使用的定义与家族企业的普遍程度之间的联系。以下小节将更详细地探讨这些联系。

1.美国

在美国,Astrachan 和 Shanker(1996)认为,当家族企业被定义为至少在所有权、董事会和管理方面涉及一定家族联系的企业时,家族企业在美国 2709 万家公司中占比为74.9%[②];当我们把这一定义的要求提高到至少有一名家族成员经营这家企业时,这一比例降低到 45.0%;当定义要求再次提高为企业须至少由一代以上的同一家族控制并且由一个以上的家族成员参与企业经营时,这一比例降低到 15.1%。

2.欧洲

欧盟委员会(the European Commission)对家族企业的定义比较狭窄,认为欧盟所有

[①] 有关各个国家家族企业的重要性和经济贡献的数据,请参见家族企业研究所(the Family Firm Institute)的在线资料库 www.ffi.org,并点击 Global Data Points。

[②] 数据取自:美国人口普查局,2007 年经济普查,企业主调查。

公司中有 70%～90% 是家族企业。[①] 欧盟委员会将一家私人家族企业定义为：

"对于任何规模的公司，如果(1)多数决策权由一个或多个建立公司的自然人所拥有，或者由一个或多个已经获得了公司股本的自然人所拥有，或由其配偶、父母、子女或子女的直接继承人所拥有；(2)多数决策权是间接或直接的；(3)至少一名家族成员或亲属代表正式参与了公司的治理，假设这些标准是可累积的，即一家公司满足以上三个条件，则可将其划分至家族企业这一类别。"

对于上市公司而言，欧盟委员会建议："如果成立或收购上市公司(股本)的人或其家人或后代拥有公司股本规定的 25% 的决策权，则该上市公司符合家族企业的定义。"

有关家族企业在欧洲普遍程度的国家层面的数据，可参见 Mandl(2008) 的文献。以下是欧洲家族企业在所有企业中所占份额的概况(见表 3.1)，改编自 Flören、Uhlaner 和 Berent-Braun(2010) 的文献。[②]

表 3.1　欧洲各国的家族企业所占份额概况

国家	家族企业所占百分比/%
奥地利	80
比利时	70
芬兰	86
法国	75
德国	95
意大利	93
荷兰	69
西班牙	75
瑞典	80
瑞士	88
英国	69

3.亚太地区

该地区有关家族企业的数据不够详尽。其中毕马威会计师事务所(KPMG)的家族企业调查(2013)显示，在澳大利亚所有公司中，有 67% 的公司是家族控制的。而关于中国的家族企业普遍程度的数据则很少。但是，越来越多的研究正在调查中国的上市家族企业，并且有一些证据表明，家族企业这一组织形式是大多数非政府控制的企业的选择。

---

① 有关报告可以从以下网址下载：http://ec.europa.eu/enterprise/policies/sme/promoting-entrepreneurship/family-business/family_business_expert_group_report_en.pdf，该报告为欧洲家族企业的结构和面临的挑战提供了有趣的概述。

② 关于德国家族企业的详细研究，参见 Klein(2000) 的文献。

例如,有人提出,中国家族企业控制着国家经济财富的一部分,其所占比例大于它们在企业人口中的相对份额(Lee,2006)。中山大学和浙江大学进行的相关研究估计,中国有85.4%的私营企业为家族企业。在新加坡,80%~90%的工业企业为家族企业(Lee,2006)。

4.中东/海湾地区

中东地区是研究家族企业的一个特别有趣的区域。据 *Tharawat Magzine* 报道,该地区约75%的私营经济由大约5000个家族控制。在这里,不仅家族企业主导经济,而且家族控制权也集中在少数非常强大的家族手中。这一观察结果指出了一种潜在的社会模式,该模式将中东区域经济与大多数西方经济体(或至少与西方经济体的常见描述)区分开来。虽然在西方世界中,控制企业的家族通常被描述为一种独来独往的封闭群体,但在阿拉伯地区,家族关系的网络往往延伸到直系亲属之外,并涵盖更多的人。这种社会形式反映在一个集中的经济活动网络中,在该网络,企业的最终所有者不是按照狭义的西方术语定义的单一家族,而是一群将经济活动、财富和资源集中在一起的家族成员。

在阿拉伯地区,家族类型与家族的管理方式都在一定程度上对企业起着重要作用。例如,组织的控制结构和管理风格可能取决于所有者的宗教信仰,因为各种各样的伊斯兰教派组织培养了从威权主义到倾向协商性的不同管理风格(Raven,Welsh,2006)。这些不同的风格使得研究者很难对家族企业或家族对企业影响程度做出明确的定义。例如,在威权体制下,具有控制权的家族似乎在执行董事会中所占的份额相对较小,但实际上却可以控制很大一部分权力。

5.拉丁美洲

放眼拉丁美洲,我们再次发现家族企业在该区域经济中扮演着非常重要的角色。数据显示,65%~98%的拉丁美洲企业都是家族企业(Flören,2002)。对于该地区所有企业中家族企业的普及程度而言,我们只能获得有限的研究数据。然而,咨询机构拉丁焦点共识预测(the Latin Focus Consensus Forecast)表明:在巴西,大多数公司都是家族控制的;在智利,家族控制是主要的管理形式,90%的公司都在家族控制之下。

6.非洲

Rosa(2014)提供了一个罕见的机会来让我们了解非洲家族企业的独特性。正如他所报道的那样,直到19世纪,大多数非洲人居住在小型部落社会中,他们进行的是传统的,包括以生存为基础的狩猎、采集和农业活动的混合劳动。大多数非洲人民与欧洲和亚洲的发展隔绝开来,这意味着直到16世纪葡萄牙商人到来,以及之后18世纪荷兰人和英国人到来,家族企业作为经济实体管理资产,以实现货币利润的组织形式在这片大陆上基本上不存在。因此,直到19世纪中叶,在殖民主义的鼎盛时期,非洲的家族企业才真正兴起。

在19世纪,欧洲殖民者打开了非洲某些殖民地的大门,例如当时的南非、安哥拉、莫桑比克、肯尼亚和刚果。Rosa(2014)报告称,仍有两个拥有"欧洲血统"的南非家族在福布斯全球富豪榜上名列前茅,它们分别是拥有奢侈品集团——历峰集团的卢普特家族和拥有戴比尔斯钻石帝国的奥本海默家族。而在其他非洲国家,殖民地政府禁止或不鼓励白人定居,南印度和中东(主要是黎巴嫩)移民往往填补了这一空白。

Balunywa、Rosa 和 Nandagire-Ntamu(2013)的报告指出,在殖民和后殖民时期,欧洲列强和地方政府严重阻碍了非洲原住民自身(家族)企业的发展。在殖民时期,殖民政府的激励政策偏向非非洲人。从非洲民族独立运动时期到 20 世纪 90 年代,许多非洲国家政府的社会主义政策抑制了本土资本主义的发展。许多前殖民地的政治动荡和内战也加剧了这种不利于当地企业发展的趋势。

Rosa(2014)在对非洲家族企业演变的有趣描述中,将今天撒哈拉以南的非洲国家的家族企业分为以下几种类型:

(1)传统的贸易商。主要是穆斯林商人家族,其中许多家族有着可以追溯到中世纪甚至更久远时期的古老贸易传统。这些企业可能仍在某些东非沿海地区、埃塞俄比亚和跨撒哈拉贸易的地区中活跃。

(2)在非洲定居的欧洲人的家族企业。南非最古老的家族可以追溯到 18 世纪,这些企业在前殖民地的白人聚集的区域中最为常见。

(3)亚洲人的家族企业。他们在殖民时期以及更晚的时期来到非洲,建立了自己的企业。这些企业在非洲东部和南部尤为常见。21 世纪初,南亚和东亚的新移民仍在不断涌入,增加了亚裔家族企业的数量。

(4)非洲原住民的小型家族企业。在经过殖民时期和早期后殖民时期的多年打压后,这些企业享有参与商业的自由。这种企业在所有国家中都很普遍,并且在小规模类型的企业中有着相当大的比例与活力。

(5)大规模的本土非洲家族企业。在政府鼓励自由化和资本主义的国家,这类企业蓬勃发展。特别是 21 世纪的企业家一代非常活跃,他们构成了新一代拥有受过高等教育的创始人的非洲本土家族企业的基础。

因此,非洲为研究殖民势力和移民对家族企业演变的影响提供了丰富的背景资料。尽管这些公司的起源存在很大的地区差异,并且对非洲家族企业的研究还处于起步阶段,但迄今为止的研究结果表明,家族企业在非洲的兴起速度非常快,在非洲大陆所有企业中,家族企业所占份额最大。与其他地方一样,微型家族企业是一个特别大的群体。这些小型家族企业,无论是出于必然还是偶然的原因,都对非洲国家的经济增长做出了重大贡献。

总而言之,我们发现了家族企业新兴图景的两个核心方面。首先,无论是在新兴经济体还是在发达的经济体中,家族企业都是全球范围内主要的组织形式。在这一主题研究的所有国家中,即使在家族企业的定义比较狭窄的条件下,家族企业仍占大多数。有了这些证据,就可以合理地假设全球 70%～90% 的公司是由家族控制的。其次,进行家族企业普遍性的国家间对比时较为困难,因为在探索这一主题时,学者们各自使用了差异很大的家族企业定义。一方面,这种可比性的缺乏是令人沮丧的。但另一方面,"一刀切"的定义能否在不同的国家和文化中真实地呈现出家族企业的普遍程度,这一问题的答案也值得怀疑。考虑到企业间不同的管理章程和管理偏好,以及家族定义之间的差异,全球标准化的家族企业定义可能会高估或低估本地环境中的这种现象。

3.2 家族企业的经济贡献

如果根据上文的估计,有70%～90%的企业由家族控制,那么家族企业对经济的贡献就值得引起人们注意了(例如在就业或国内生产总值方面)。家族企业的经济贡献可能取决于这些企业的平均规模。如果平均而言,家族企业的规模小于非家族企业(例如在就业、总资产或销售额方面),则家族企业对经济贡献的份额可能会小于其在企业总数中所占份额。

1.家族企业的规模

家族企业与中小型企业(SMEs)的关系尤为密切,这一特点在全球范围内是一致的。例如,Mandl(2008)在对欧盟国家的家族企业研究中发现,家族企业主要由中小型企业,特别是雇员少于10人的微型企业占领。在德国,年销售额低于100万欧元的公司中,家族企业所占的比例高达97%;在年销售额为100万～500万欧元的公司中,家族企业所占比例下降到86%;在年销售额为500万～1000万欧元的公司中,该比例下降到74%;在年销售额为1000万～5000万欧元的公司中,该比例下降到58%。[①]

但是,这些数据不能说明家族企业不应存在于大型公司,特别是上市公司中。根据中小企业研究所(Institut für Mittelstandsforschung)的数据,在德国,年营业额超过5000万欧元的企业里,多达34%是家族企业。类似地,在卢森堡、挪威和瑞典,研究表明大约30%的大型企业是家族企业。在比利时,家族企业在大型企业中的比例甚至更高,高达50%。国际家族企业研究会(IFERA)在2003年指出,不仅世界上最大的企业沃尔玛是家族企业,而且世界500强企业中有37%也是家族企业。[②]

2.家族企业对就业的贡献

正如我们预期的那样,鉴于企业规模与家族企业的普遍程度存在负相关关系,我们发现家族企业对就业的贡献低于其在全部公司中所占的比例。然而,全球的家族企业还是吸收了很大一部分劳动力。Astrachan和Shanker(2003)认为家族企业雇佣了美国62%的劳动力。在欧盟国家,家族企业中的劳动力约占就业人数的40%～50%(Mandl,2008)。*Tharawat Magzine* 认为家族企业为中东创造了70%的就业机会。即便考虑到现有数据的局限性和各区域之间的差异,这些数字也表明家族企业对全球经济做出了重大贡献。

3.家族企业对GDP的贡献

关于家族企业对国内生产总值(GDP)贡献的现有数据非常有限。Astrachan和

---

① 数据来源:中小企业研究所(Institut für Mittelstandsforschung,IFM,Bonn)。对于英国部分的数据,请参见家族企业研究所(Institute for Family Business,2011)。详见 Flören(1998)、Frey 等(2004)的文献。

② 关于世界上最大的家族企业的相关数据可以参考全球家族企业指数(更多关于世界上最大的家族企业的信息,请访问 www.familybusinessindex.com)。

Shanker(2003)指出,美国家族企业总产值占 GDP 的 64%。对于欧盟,我们找到了各种不同的估计数据。根据家族企业的定义以及综合经济产出相关指标[例如 GDP 与 GNP(国民生产总值)相比],家族企业的份额大约为 40%～70%(Mandl,2008)。家族企业研究所(Institute for Family Business,2011)相关数据表明,在英国,家族企业对 GDP 的贡献约为 25%。与此同时,Zellweger 和 Fueglistaller(2007)估计,瑞士家族企业总产值占 GDP 的份额约为 60%。而据毕马威会计师事务所(2013)相关数据,在印度,家族企业总产值占 GDP 的 2/3,占工业总产出的 90%;家族企业就业人数占有组织的私营部门就业的 79%,占总就业的 27%。[①]

总而言之,我们发现家族企业在世界经济格局中占有主导地位。更具体地说,家族企业在小企业中比在大企业中更为普遍。尽管如此,全球一些大型企业还是由家族控制的。我们估计在全球范围内,家族企业就业人数和总产值约占就业和 GDP 的40%～70%。

3.3 制度环境与家族企业的普遍性

全球家族企业的研究结果存在的差异不仅是由家族企业定义的不同造成的。从根本上讲,家族企业可能在不同地区或多或少地受到潜在社会力量(例如行业或政治环境)的影响。为了证明行业环境与家族企业的普遍程度之间的关系,我们将研究家族企业所属行业环境及其上市公司股票市场情况。

1.家族企业的行业分布

有关家族企业优势的一个耳熟能详的论点是,家族控制使企业具备了特定的能力。例如,家族成员和雇员长期稳定的关系、相互信任的氛围,以及家族企业与当地社区的紧密联系,这些家族企业的特征应该使它们比非家族企业更具有竞争优势。如果是这样,那么家族企业应该会特别成功,并最终在那些人际关系稳定、社区关系值得信赖的行业中普遍存在。以食品零售和烹饪行业为例,在这些行业中,客户更青睐可信赖的零售商、饭店和酒店。对于涉及日常生活重要产品的服务,了解"您所获得的东西"以及"从谁那里获得的"可能尤为重要。在这种情况下,当供应商和客户通过多种互动相互了解时,客户忠诚度就更有可能提高。因此,发现家族企业普遍存在于服务行业也就不足为奇了。在英国,人们发现家族企业在酒店和餐馆(占比达到 85%,仅次于农业)以及批发和零售(占比达到 77%)领域的集中度最高(Institute for Family Business,2011)。同样,一项调查德国和瑞士上市公司行业分布的研究发现,67% 的食品行业公司是家族企业(相比之下,约35% 的上市公司是家族企业)。在批发和零售行业,家族企业数量分别占所有企业数量的70% 和 55%。欧洲其他国家(Mandl,2008)和印度(Ramachandran,Bhatnagar,2012)也报告了类似的关于家族企业在服务业中普遍存在的现象。恰恰相反,家族企业在制造业、高增长行业以及金融服务业等行业所占比例不高(Willers,2011)。

---

① 关于印度家族企业的更多信息,详见 Ramachandran 和 Bhatnagar(2012)的文章。

除服务业外,家族企业似乎在农业领域也尤为突出(Institute for Family Business,2011)。例如,在英国,89%的农业企业是家族企业。印度等其他国家也报告了类似的结果。巴西圣保罗商学院(São Paulo Business School)估计,在巴西,家族拥有的农业企业数量占该国农业企业总数的84%。在智利,家族企业主要集中在农业及相关行业,例如耕种、食品和饮料服务、采矿、纺织、渔业和鱼类加工以及林业等(拉丁焦点共识预测公司的相关研究显示)。

除了服务业和农业部门,还有几个行业因其倾向于家族控制而引人注目。全球啤酒行业就是一个令人印象深刻的例子:百威英博(ABInBev)、南非米勒(SABMiller)、喜力(Heineken)、芬莎(FEMSA)、嘉士伯(Carlsberg)和许多规模较小的公司,仍由其创始家族控股。一些世界上大型的汽车制造商,包括大众、福特、丰田、标致雪铁龙、菲亚特、宝马以及塔塔,也处于家族的控制之下。在美国,7家最大的有线电视运营商中的6家,包括康卡斯特(Comcast)、考克斯(Cox)、有线电视公司(Cablevision)和特许通信公司(Charter Communications),都由创始人或创始人的继承人控制和部分管理。美国12家最大的上市报业公司中,有11家也是家族控股的。鉴于媒体公司可以在国家和地区市场产生重要的社会和政治影响,这一发现尤其值得注意。Villalonga 和 Amit(2010)研究跨行业的家族控制发现,与家族企业在特定的行业中拥有更大的比较优势的假设一致的是,当家族企业的有效规模以及资本密集度较小,或管理环境相对复杂(意味着监控的需求更大),或有相对更小的存货周转率时(反映了投资者更长远的眼光),企业或整个行业更有可能倾向于家族控制。综上所述,我们发现:家族企业在零售、批发、农业、食品制造、烹饪、酒店和媒体行业尤为普遍,但在资本密集型产业和金融行业中并不普遍。

2.家族企业上市

另一个经常听到的观点是:家族控制是应对行业弱环境的有效方法。也就是说,家族控制可以帮助新兴市场国家企业渡过可能经历的产权保护和法治力量薄弱的时期(Gedajlovic et al.,2011)。例如,在产权保护不完善的地区,小股东几乎没有能力对抗大股东的恶性征收,而家族建立的信任可能有助于减少投资者的担忧。同样,在合同法不完善,或执行力量受到限制,或者资本市场效率低下的情况下,以家族为纽带的基于信任的关系、相互的支持以及家族成员带来的资源、人脉等优势可以弥补制度上的缺陷。因此,在对投资者保护薄弱的环境中,家族企业应特别普遍,因为家族成员间的相互信任、家族的声誉以及紧密的社会关系将有助于这些企业执行合同,并帮助其在原本资源匮乏的环境中获得关键资源。

这种观点部分反映在对上市公司中家族企业的分析里面。La Porta,Lopez-De-Silanes 和 Shleifer(1999)研究发现,随着对少数股权所有者保护质量的下降,家族企业在股票市场的普遍程度上升[也可参见 Faccio 和 Lang(2002)的研究]。在少数股东的保护较少的情况下(例如,在有表决权和无表决权的股份的双重股权结构中),对于家族所有者而言,将其公司公开上市可能特别具有吸引力,因为大股东可以在公司上市的情况下保留控制权。总体而言,在制度环境相对薄弱时,家族企业似乎更有优势,这支持了家族企业可能更适合在监管较少的环境中生存的观点。有趣的是,即使是在美国和许多西方国家

（这些地方被认为是制度环境相对完善的地区），在上市的所有公司中，也有高达 30％是家族控制的。

思考题

1.家族企业对 GDP 和就业的贡献有多大？它们在全球公司总数中所占的比例是多少？

2.为什么家族企业在小企业比在大企业中更普遍？

3.家族企业在哪些行业特别突出？原因是什么？

4.为什么家族企业在制度环境薄弱的国家更为普遍？

5.您如何评价许多发展中国家中的大型家族企业对这些国家整体经济发展的主要作用？

6.为什么在制度环境相对不完善的国家，更多的家族企业选择上市？

7.在不同的国家和地区背景下应用相同的家族企业定义有哪些优点和缺点？

背景阅读

Aldrich, H.E., and J.E.Cliff(2003). The pervasive effects of family on entrepreneurship: Toward a family embeddedness perspective. *Journal of Business Venturing*, 18(5):573-596.

Astrachan, J.H., and M.C.Shanker(1996). Myths and realities: Family businesses' contribution to the US economy—A framework for assessing family business statistics. *Family Business Review*, 9(2): 107-123.

Astrachan, J.H., and M.C.Shanker(2003). Family businesses' contribution to the US economy: A closer look. *Family Business Review*, 16(3):211-219.

Balunywa, W., P.Rosa and D.Nandagire-Ntamu(2013). 50 years of entrepreneurship in Uganda, ten years of the Ugandan global entrepreneurship monitor. Working paper, University of Edinburgh.

Bertrand, M., and A.Schoar(2006). The role of family in family firms. *Journal of Economic Perspectives*, 20(2):73-96.

Faccio, M., and L.Lang(2002). The ultimate ownership of Western European corporations. *Journal of Financial Economics*, 65(3):365-395.

Flören, R. H. (1998). The significance of family business in the Netherlands. *Family Business Review*, 11(2):121-134

Flören, R. H.(2002). Family business in the Netherlands. *Crown Princes in the Clay: An Empirical Study on the Tackling of Succession Challenges in Dutch Family Farms*. Breukelen, the Netherlands: Nyenrode University, Chapter 1.

Frey, U., F.Halter, T.Zellweger and S.Klein(2004). *Family Business in Switzerland: Significance and Structure*. IFERA, Copenhagen.

Gedajlovic, E., M.Carney, J.Chrisman and F.Kellermanns(2011). The adolescence of family firm research: Taking stock and planning for the future. *Journal of Management*, 38:1010-1037.

Insitute for Family Business(2011). *The UK Family Business Sector*. Oxford Economics.

Klein,S.(2000).Family businesses in Germany:Significance and structure.*Family Business Review*,13:157-181.

La Porta,R.,F.Lopez-De-Silanes and A.Shleifer(1999).Corporate ownership around the world.*Journal of Finance*,54:471-517.

Lee,J.(2006).Impact of family relationships on attitudes for the second generation in family businesses.*Family Business Review*,19(3):175-191.

Mandl,I.(2008).*Overview of Family Business Relevant Issues:Final Report*.Conducted on behalf of the European Commission,Enterprise and Industry Directorate-General:KMU Forschung Austria.

Ramachandran,K.,and N.Bhatnagar(2012).Challenges faced by family businesses in India.Indian School of Business,Hyderabad.

Raven,P.,and D.H.B.Welsh(2006).Family business in the Middle East:An exploratory study of retail management in Kuwait and Lebanon.*Family Business Review*,19(1):29-48.

Rosa,P.(2014).The emergence of African family businesses and their contribution to economy and society:An overview.Working paper,University of Edinburgh.

Villalonga,B.,and R.Amit(2010).Family control of firms and industries.*Financial Management*,39(3):863-904.

4 家族企业的优劣势

任何关于家族企业的典型优势和劣势的冗长讨论，都无法完全解释这类组织内部的巨大异质性。正如我们已经看到的，家族企业在规模、行业、地区背景以及家族参与的类型和水平方面差异很大。尽管如此，概述家族企业最常见的优势和劣势是有用的，因为它指出了经营家族企业最关键的要素。从实践的角度来看，典型的优劣势可以作为一个自我评估工具，能够指出当前这个公司存在的关键问题和改进的机会。本章讨论的优势和劣势代表了竞争优势和劣势的潜在来源，这对企业的战略定位非常重要。

表 4.1 列举了家族企业的优势和劣势。

表 4.1　家族企业的典型优势和劣势

典型优势	典型劣势
更低的传统代理成本	对家族的依赖
高效率的领导	利他主义导致的代理成本
资源优势	继任挑战
连续性和长期导向	资源约束
承诺和支持的文化	创业倾向减弱
身份和声誉	角色模糊

4.1　家族企业的典型优势

1.企业所有者与经营者之间很少有冲突

家族企业的一个重要优势是同一家族所有者和管理者之间利益的一致。利益一致可以省去家族企业昂贵的监督和激励成本，并减少所有者和管理者之间的代理冲突。然而，要想收获这些好处，必须满足两个条件：第一，家族成员必须同时是所有者和管理层；第二，家族成员之间的关系必须和谐友好。应该清楚的是，并不是所有的家族企业都会满足这些条件，想想媒体对某些知名家族企业冲突的频繁报道，或者你在自己的家族关系中经历过的冲突（即使你的家族还未控股一家公司）。然而，这里的中心论点是，所有者和管理者之间的家族关系通常会带来特定程度的信任和一致的目标,这就为企业省去了一些昂贵的监督和激励成本。

2.高效率的领导

高效率的领导是一种优势,这与上述较低的所有者—管理者代理成本有关,也与家族股东必须确保其资源得到有效利用的动机有关。高效率的领导依赖于管理工作的精益组织,并且应该会使得公司管理更节俭,成本意识更强,总部规模更小。这种品质包括更快地做出和执行决策的能力,这得益于家族的强大地位,以及家族管理者之间的信任关系及共同的目标和价值观。

3.资源优势

受家族影响的资源基础被称为家族性的(Habbershon,Williams,1999),是家族企业竞争优势的另一个来源。资源优势包括以下资源:

(1)人力资本和知识:家族企业在开发和维护有关产品、市场和客户的深入、长期的知识方面可能具有优势。

(2)金融资本:家族企业往往拥有非常忠诚的(家族)股权投资者,这些投资者提供耐心资本(即长期投资于公司且不需要快速回报的资本)。

(3)社会资本:家族企业通常与客户、供应商、行业专家、资本提供者和社区领袖建立了独特的关系网络,可以从中获得支持。

这些只是可能归入家族资源概念的几个例子。其他资源,例如实物资产,也可能符合条件。

重要的一点是,资源优势构成了家族企业重要竞争优势的基础,我们将在第 6 章的相关部分回到这个观点。

4.连续性和长期导向

家族企业倾向于追求长期目标,这反映在高层管理者更低的人员流动率和更长的投资时限上。长期导向允许家族企业追求短期成本高昂但长期利润丰厚的战略(如市场开发、创新和国际化)。对于投资范围较窄的公司来说,这些类型的战略更难实施。此外,家族企业始终如一地追求一种战略的倾向可能会增加它们在利益相关者中的可信度。家族企业倾向于按照选择的战略行动并兑现承诺,而非家族企业由于高层管理人员的频繁变动,可能会做出更不稳定的战略行动。

5.承诺与支持的文化

公司中的家族参与和诸如支持、和谐、仁慈等相关的社会规范,往往会导致一种非常特殊的企业文化的产生。这种文化的特点往往是家族和非家族员工之间的高度认同感。例如,家族企业的员工可能愿意做出超出预期的贡献,并在困难的情况下支持公司,从而提升公司的韧性。作为回报,员工可能赚不到最高的工资,但他们通常会从更好的工作保障中受益。由此产生的信任和相互支持的氛围在许多非家族企业中是缺失的,这往往会促进一种更加客观的企业文化的形成。

6.身份和声誉

家族控股的公司也是独一无二的,因为家族所有者和管理者将他们的钱,甚至他们的个人名字和声誉押在公司上。因此,所有权和公司层更加重视公众对公司及其产品的看法。对家族所有权和管理层声誉的关注转化为公司层面的目标，即维持公司的成功以及利益相关者的尊重和信任。反过来，家族企业往往受益于可信的声誉。考虑到声誉问题，家族企业也会随着时间的推移优先发展强大的品牌。上述家族企业的长期视野有助于企业实现与声誉相关的品牌建设目标。

4.2 家族企业的典型弱势

1.对家族的依赖

家族企业的一个关键特征是，它们依赖于作为利益相关者的家族。控股家族的正式和非正式权力使得它能够决定公司的命运，无论是好是坏。这种权力可以追溯到所有者使用（用益物权）、享受（用益物权）和滥用（用益物权）的经典权力。家族的主导影响力可以作用于整个公司的利益，例如，通过比非家族企业更低的业主经理代理成本为公司减少运营成本。然而，公司也可能被无能甚至不道德的（家族）业主经理剥削或怠慢。正如第4.1 节所述，对家族的依赖对公司可能是一种祝福，但也可能是一种诅咒。

此外，家族成员或分支之间的关系冲突对家族控股下的公司来说，可能极具破坏性。冲突可能会削弱公司做出重要战略决策的能力，并可能导致组织瘫痪。在这种情况下，由于一方退出的代价往往非常高昂——无论是出于财务上还是情感上的原因——公司本身可能会面临风险。

2.利他主义导致的代理成本

经典的论点是家族企业应该有较少的所有者—管理者代理冲突，如上所述。然而，所有者和管理者之间的家族关系可能会引起其他类型的代理问题（利他主义导致的代理成本）。一个突出的例子是裙带关系，在这种情况下，家族成员任职不是因为他们有能力完成特定工作，而仅仅是因为他们是家族成员。裙带关系可能导致不恰当的人员配置决策，从而导致逆向选择问题(Schulze et al.,2001)。此外，它还向其他公司成员发出信号——能力和表现并不是就业或晋升的基本标准，这会影响人们对公平待遇的看法，降低员工（特别是具有极高专业知识水平的员工）的积极性。

与家族相关的机构冲突也可能以家族成员（如子女）搭乘其他家族成员（如父母）便车的形式出现。在公司工作的子女可能会滥用父母的忠诚和爱，例如逃避责任或不遵守治理规则。在这种情况下，当父母拒绝惩罚他们的子女时，例如降低他们的工资甚至辞退他们），子女可能会单方面利用其家族地位。或者，父母可以免费搭乘子女的仁慈和孝顺的便车，例如，仍在公司工作的父母可能会反对年轻一代提出的必要的创新和调整。

综上所述，许多家族企业并没有逃脱业主经理的代理成本，而是以不同的形式产生了这些成本。与家族企业不同，非家族企业可能更容易受到业主经理利益失调的影响，而家族企业更有可能遭受家族成员之间利他主义的不良影响。

3.继任挑战

管理家族企业最具挑战性的部分可能与继承问题有关。Ward(1987)在对美国制造业公司的研究中发现,只有 30% 的家族企业作为独立的家族控股和管理的公司"存活"下来。对于历经三代人的企业,这一比例下降到只有 3%。虽然从家族控股到非家族控股的转变并不一定代表公司的失败,但许多家族企业认为继承是一个重要的问题。这些公司面临以下问题:

(1)家族中是否有人想接管?

(2)如果有,他/她有能力做这项工作吗?

(3)继任者在公司中应该扮演什么角色?

(4)前任在移交控制权后是否应该继续在公司中发挥作用?

(5)年轻的家族成员应该如何融入公司? 他们应该负责什么?

(6)我们如何构建治理、管理和公司的整体结构,以便继任者能够接手?

这些问题的解决方案是高度个性化的,需要采取跨学科的方法,考虑到人际、管理、财务和法律方面的问题,没有家族关系的当事人之间的所有权转移或多或少是标准化的公司交易。

但上述问题同时触及与家族和企业相关的方面,这大大增加了复杂性。在没有家族关系的情况下,公司控制权的转移遵循市场逻辑,也就遵循机会主义、个人利润最大化和自我利益的规范。然而,家族成员之间的所有权转移涉及家族规范,这些规范在很大程度上与市场逻辑相冲突,例如无条件的支持和忠诚。这使得谈判进程具有挑战性,达成共识所需的时间证明了这一点。家族继承通常涉及冲突、权力斗争以及关于正义和公平的情感上的讨论,最终牵扯到爱和金钱。

4.资源约束

在平衡上述资源优势的同时,家族企业也面临着一些资源劣势。例如,依赖家族来填补管理职位限制了非家族人才的可获得性,也可能在非家族管理者中引发一种所谓非家族"玻璃天花板"的失望。如果非家族管理者认为重要的决策总是留给家族管理者,他们可能会得出结论——他们永远无法进入公司的核心层。同样,依赖家族作为金融资本的主要来源可能会严重制约公司的创新和发展。由于他们对公司的大量投资,大多数拥有企业的家族,其财富状况相当单一,这可能会限制他们冒险的意愿——即使是那些最终可能会让公司受益的风险。考虑到这些可能的制约因素,人们应该仔细考虑一个特定的家族企业是否,以及以何种方式面对资源优势(积极的家族性)和劣势(消极的家族性)。
(Habbershon,Williams,1999)

5.创业倾向减弱

根据定义,任何公司都必须具有企业家精神才能生存。企业的创业倾向包括冒险倾向,对新的战略行动的积极态度和自主性的总体目标。然而,随着时间的推移,公司逐渐成熟,由于过去的成功和资源积累,公司及其所有者可能会失去创业动力以及对发展和成功的渴望。在成熟的家族企业中,家族导向,也就是对和谐和连续性的过度关注,可能会导致与企业家精神不相容的自满(Lumpkin,Martin,Vaughn,2008)。创业倾向的减弱是可以避免的,比如通过适当的结构治理以及所有者对创业精神的持续支持。然而,对于许多家族企业来说,让企业家精神世代流传是一个严峻的挑战。

6.角色模糊

在家族企业中，一名成员往往要扮演多个角色。在最复杂的情况下，一名成员可能同时活跃于管理层、所有者和家族中（有关详细信息，请参阅第2章中的三圆模型）。这些角色中所固有的多重的、有时是相互冲突的观点使得决策和沟通复杂化。例如，从家族的观点来看，继续经营失败的业务可能是有意义的；然而，从所有者的角度来看，关闭或剥离失败的单位将增加所有权股权的价值；而从管理的角度来看，试图扭转这个部门的状况可能是有意义的——但这将需要所有者注入新的资本。这些冲突的观点可能在家族企业参与者（特别是家族所有者—管理者）中重合，给相关人员带来严峻的挑战：我应该做什么？在这种特殊情况下我该戴哪种帽子？今天的我是谁？明天的我是谁？

家族企业中的角色重叠，导致无法仅考虑问题的一个方面就解决模糊情况。根据定义，就家族企业而言，不能简单地否定其构成要素之一，家族和企业都是这种组织形式所必需的。当然，可以建立治理结构来减少角色的模糊性。总之，角色模糊给家族企业带来了严峻的挑战，并可能导致行为者之间的困惑、挫败和冲突。

4.3 家族企业特征的二价属性

从家族企业的优劣势中，很容易看出一些潜在的联系和强化效果。例如，长期定位可以增强家族企业建立良好声誉的能力。此外，控股家族的强大地位应该加强对独特战略路径的追求。同时，一项优势可能会限制另一项潜在优势的有效利用。例如，对声誉和合法性的关注实际上可能会限制对新颖、独特和/或未经验证的（行业）标准的战略的追求和及时部署。

此外，优势和劣势之间的区别可能没有明确划分。例如，一方面，拥有管理权和所有权的家族成员的优势在于能使两个群体的利益保持一致；另一方面，由于家族成员之间的利他关系，同样的属性可能会导致利他诱导的代理问题的产生。事实上，大多数优势/劣势并不是纯粹的积极/消极属性。相反，它们具有二价属性，如表4.2所示。

表 4.2　家族企业的二价属性

属性	积极表现	消极表现
管理和所有权的重叠	更少的管理与所有权之间的冲突	利他主义导致的代理冲突
受家族影响的资源基础	资源优势：比如隐性知识、耐心金融资本、社会关系网络	资源劣势：比如有限的金融资本和管理人才
长期导向	创业投资策略，能够容忍不确定性或者愿意等待更长时间直到得到正向回报	自满、惰性、不愿抓住机会快速行动
家族影响的文化	承诺、信任、互相支持	控制、不信任、恐惧
身份共享	忠诚，强烈的使命感	不断地被审视，个人发展空间有限
即时角色	快速有效的决策	规则混乱，决策焦虑，业务决策缺乏客观性

来源：改编自 Tagiuri,Davis(1996)

综上所述,现在应该清楚的是,家族和企业不一定是对立的。正如企业可以成为家族的宝贵资源(例如提供收入),家族也可以成为公司的宝贵资源。那么问题是,一个人应该如何组织家族和企业之间的联系,从而选择合适的治理结构。这将是我们下一章的主题。

案例研究

不仅仅是搬到墨西哥

50年来,艾德(Ed)、迈克(Mike)和约翰·史密斯(John Smith)兄弟相对和谐地经营着他们的服装制造和销售业务。1980年,约翰去世,留下艾德负责制造部门,迈克负责销售部门。艾德和迈克在他们自己的部门内拥有高度的自治权,并且多年来能够就影响两个部门的关键战略问题达成一致。

然而,随着兄弟俩接近退休和后代人的参与增加,这种和谐开始瓦解。迈克觉得他的侄女詹妮弗(Jennifer)(艾德的女儿)有点杂乱无章,她的领导能力很差。艾德觉得他的侄女金伯利(Kimberly)(迈克的女儿)很聪明,但"没有她想的那么聪明",她会不择手段地来摆脱她的表妹詹妮弗。约翰的孩子丹(Dan)和玛莎(Martha),不是这家公司的雇员;然而,丹在董事会任职。史密斯公司的所有权集团关系如表4.3所示。

表 4.3　史密斯公司(Smith Inc.)的所有权集团

	分公司 1	分公司 2	分公司 3
上一代	艾德·史密斯:制造部门的总裁	迈克·史密斯:半退休	约翰·史密斯:已故
继任	詹妮弗:人力资源主管和销售副总裁 罗伯特:无关	金伯利:销售部门的总裁	丹:董事会成员 玛莎:无关

当迈克决定退休并任命金伯利接替他担任购物部主席和董事会主席时,与这些问题相关的紧张局势达到了极点。为了缓和这一紧张局势,詹妮弗和金伯利召开了一次所有权会议,讨论即将到来的领导层换届。艾德的儿子罗伯特(Robert)和约翰的女儿玛莎没有被邀请。

迈克:"我知道有些人对我退休和任命金伯利的决定感到担忧,但她已经准备好了——她在商品部门的表现证明了这一点。事实上,我们需要评估所有家族员工,并根据他们的表现给予补偿。"

艾德:"我们几年前就同意,由于其经营的市场,商品销售部门总是比制造部门更有利可图,我们将平等地对家族成员支付薪酬。"

詹妮弗对艾德说:"爸爸,根据我的表现来评估和支薪是没有问题的,但金伯利和我无法就什么是公平的薪酬计划达成一致。"

迈克对詹妮弗说:"你当然不能。你的部门是一艘正在下沉的船。你已经赔钱三年了,你不想被追究责任。例如,车间废品量高得令人无法接受,并且劳动力成本严重失控。我们需要搬到墨西哥去,就像我们的顾问建议的那样。"

艾德对迈克说："你怎么能这么说？你知道我们在效率上有了很大的提高。当你在这个城市制造的时候，劳动力成本是生活中的一个事实。我不敢相信你还在谈论墨西哥。我以为在那个问题上我们早已经达成共识了。难道你对我们这个大家族没有任何忠诚吗？"

金伯利："如果我们要继续发展，我们必须解决制造方面的损失——将我们的工厂搬迁或海外采购是最可行的选择。只要制造部门是我们脖子上的绞索，我们就不能继续我们的收购战略。"

艾德对金伯利说："你和你父亲一样冷酷无情。此外，我厌倦了这种通过收购获得发展的事情。你知道这对我们的股息有什么影响吗？"

丹："詹妮弗，我们在制造业还要亏损多久？有没有什么计划可以扭转局面？"

会议结束后不久，艾德和迈克开始动用武力威胁对方。

思考题：

1.艾德和迈克平静地经营了50年，他们现在为什么开始吵架了呢？造成这种情况的原因是什么？

2.为什么关于移居墨西哥的讨论如此困难？

3.如果制造部门做得更好，一切都会好起来吗？他们只是在为制造业的损失而争吵吗？

4.影响接班人成功的一些问题是什么？什么时候开始的？

5.与家人进行艰难的有关绩效的对话，成功的关键标准是什么？对这个家族团体来说是不是太晚了？为什么是或者为什么不是？

6.如果你是这个家族企业的顾问，你会建议用什么行动来拯救这个家族企业？

思考题

1.家族企业的典型优势是什么？

2.家族企业的典型劣势是什么？

3.考虑以下陈述："如果家族参与所有权和管理，家族企业自然会受到保护，免受代理冲突的影响。"你同意吗？为什么同意或者为什么不同意？

4.家族企业的长期定位如何才能成为竞争优势的源泉？在什么方面它会成为一个劣势呢？

5.在家族企业的背景下，"角色模糊"是什么意思？为什么这是家族企业的典型弱点？

6.有些人认为，随着时间和世代的推移，家族导向（关注和谐和连续性）超过了创业倾向（关注创新和增长）。换句话说，家族导向最终会阻止创业倾向。你同意吗？为什么或者为什么不？如何确保这不会发生？

7.家族和商业逻辑在哪些方面被反对？它们在哪些方面是互补的？

8.说出一些可能对公司有益的属性、决策标准和规范。它们在哪些方面是有利的？

9.当我们说家族企业具有"二价性"属性时，是什么意思？

10.为什么共享的身份和强大的家族凝聚力并不总是对商业家族和他们的公司有利？

📚 背景阅读

Habbershon，T.G.，and M.L.Williams(1999).A resource-based framework for assessing the strategic advantages of family firms.*Family Business Review*，12(1)：1-25.

Lumpkin，G.T.，W.Martin and M.Vaughn(2008).Family orientation：Individual-level influences on family firm outcomes.*Family Business Review*，21(2)：127-138.

Schulze，W.，M.Lubatkin，R.Dino and A.Buchholtz(2001).Agency relationships in family firms：Theory and evidence.*Organization Science*，12(2)：99-116.

Tagiuri，R.，and J.Davis(1996).Bivalent attributes of the family firm.*Family Business Review*，9(2)：199-208.

Ward，J.(1987).*Keeping the Family Business Healthy*.San Francisco，CA：Jossey-Bass.

5 家族企业治理

治理是指通过控制和监督公司以行使相应的权利和义务的系统结构。因此,公司治理规定了权利和责任在公司不同组成部分之间,特别是在董事会、经理和股东,以及在其他利益相关者(如审计师和监管者)之间的分配。它规定决策的规则和程序,以及制定和实现目标的框架。任何公司的管理条例都反映了其所在的社会、管制和市场环境。归根结底,治理是一种监督公司政策及其执行的机制,旨在协调利益相关者的利益并为其创造价值。

鉴于以上对于治理的定义,我们可能会疑惑为什么要在家族企业的背景下探讨企业治理。毕竟,由于拥有所有权的家族经常参与董事会和企业治理,家族企业应该有内在的激励机制,以确保各方的利益一致。这似乎是一个合理的论点,它可能适用于许多小型家族企业,在这些小型家族企业中,公司管理者、董事会、公司所有权等都集中在一个家族中。

然而,事实证明,这种观点是相当理想化的。在实践中,家族企业已经多次尝试建立完善的治理结构,有许多顾问为他们提供特定的服务以帮助家族建立特殊的治理结构以及制定支撑性文件(例如家族宪章)。基于此,我们在本章一开始提出一个重要问题:为什么家族企业需要特定的治理结构。

5.1 为什么家族企业需要特定的治理结构

在这一节,我们将讨论家族企业需要特定的治理结构的三个主要原因:(1)成为家族所有者动机的考虑;(2)对家族企业特有的治理问题的考虑;(3)传统的治理机制对解决家族企业治理问题的作用有限。

5.1.1 家族领导者的动机

传统的公司治理倾向于对构成公司主导联盟的家族领导者的动机进行简化假设。这种观点认为家族是大股东,也就是公司控股股份的所有者。按照这种正统的观点,股权所有者的主要动机应该是增加他们所持股份的财务价值。因此,家族的个人股东应作为一个统一集体的一部分,且完全致力于实现这一财务目标。

传统的观点还认为,由于控股家族在家族企业中的所有权的集中,其财富地位并不多样化。这种财富敞口的一个自然后果是风险厌恶。与少数非家族股东相比,家族在公司层面上更不愿意承担重大风险,因为一旦失败,家族将面临严重的财务损失。

企业中家族财富集中的另一个后果是,它使得家族谨慎地选择和监督那些受命代表家族治理公司的经理。这里有一个隐含的重要假设,即家族股东不需要具备经营公司的能力。这项任务委托给了家族以外的专业人员。

作为股权所有者的家族也应该拥有相应的权力以及经济动力来监督并最终惩罚低效的管理者。特别地,他们应该保护公司不受居心不良、试图侵占股东权益的管理人员的侵害。

总之,古典委托代理学说倾向于将家族股东描述为天生的管家,他们总是知道什么对公司最有利,并成为推动公司发展的一种积极的力量。因此,家族股东的这种观点认为没有必要监督家族。

将这些理论的特征与家族企业的实际情况进行简要比较,就会发现传统的关于家族股东的假设在实践中往往是不准确的。首先,家族企业从业者和研究人员长期以来一直在讨论这样一个事实:家族企业及其所有者不仅追求财务目标。家族企业的一系列目标还包括对家族声誉、代际的控制及对家族、企业以及股东的内部与相互之间友好关系的维持。我们将在本书的第6章探讨这些社会情感目标之间的相关性。

此外,家族股东之间的冲突会导致他们之间的利益需求不一致。例如,家族中不同的股权所有者可能对公司应承担的风险、各种战略的时间跨度、对公司的情感上的重视以及对股息的需求持不同意见。而且,家族成员之间的关系可能因个人冲突而受损。当每个家族的股东都有权力和动机去争夺公司和家族资产时,这些冲突可能会导致家族集团内部的激烈斗争。因此,家族股东往往不是一个统一的群体,而是代表一群利益和偏好各异的所有者。

而且,家族大股东可以利用自己的权力损害其他股东的利益。例如,家族的大股东可以利用对公司的控制权来提取私人利益(例如用公司的资金来支付家族私人支出),或者出于高水平的家族风险规避目标而采取保守的投资和增长策略,来侵害少数非家族股东的利益(Claessens et al.,2002)。

家族股东的能力问题是另一个争论点。父母一代不一定把出色的管理能力以及企业家才能遗传给孩子。因此,这些能力在几代人中都恢复为总人口的平均值(Bertrand et al.,2003)。因此,对代际控制和家族领导的渴望可能导致逆向选择问题。当家族成员被任命为最高职位时,能力缺乏的隐患将越来越大,因为他们可能高估了自己的能力,选择了不称职的经理和董事会成员,或制定了不合适的监督和激励机制。因此,在实践中,如何确保有能力的家族成员监督并最终管理公司是家族公司面对的主要问题。在缺乏适当的治理法规的情况下,家族成员和其他利益相关者很难限制家族对公司的有害干预。即使在监督角色中也需要称职的家族成员,这挑战了传统的观点,即家族为"天生的管家"以及有自发的力量使得企业聘用称职的管理者。

从以上的讨论中我们可以得到两个结论。第一,传统的代理学说中关于家族股东的角色、偏好、能力的假设并不一定适用于家族的股权所有者。尽管家族的股权所有者有确保企业发展的整体动机，但由于他们的特殊偏好和干预企业的权力，他们可能成为企业的祸根。第二，虽然在非家族企业中，大多数治理工作集中在企业所有者和管理者之间的目标和激励一致性上，家族企业的治理则必须着重于家族偏好和过高的权力的影响。家族的股权所有者通常需要对自己施加约束，使得自身的参与对公司而言有正面而非负面的影响。

5.1.2 家族企业中传统治理机制的功能

家族企业需要治理的另一个原因是，这些企业在一定程度上不受传统治理机制的约束。为了说明这一论点，我们考虑内部和外部治理机制，这些机制通常用于解决企业中的治理问题并提高其效率（见表5.1）。

表 5.1　内部和外部治理机制的作用

	治理机制	治理机制的一般作用	家族企业中的作用
企业内部治理机制	董事会	有监督和指导管理人员的能力和独立性	独立的董事会不太可能出现在家族企业，家族企业中的董事会通常由家族成员或其他内部人士控制
	所有权的集中	股东有动力和权力来确保公司的有效管理	与家族企业密切相关，可能产生两种结果：(1)加强对管理人员的监督，从而减少委托—代理冲突；(2)少数股权所有者(非家族)的利益征收与逆向选择问题(例如委任不称职的家族成员担任要职)
	绩效工资	管理者与所有者利益的一致性	不太可能对家族企业管理者应用，家族通常不太愿意把股份分给非家族的管理人员
企业外部治理机制	产品市场的竞争	表现不佳的公司和产品被淘汰	家族企业经常寻求恰当的商机来保护自己免受竞争，或者由于历史遗留问题坚持使用问题产品
	管理人员的劳动力市场	表现不佳的经理被更有能力的经理取代	通常不太相关，因为高层管理职位是由家族成员担任的(家族成员被解雇的可能性较小)
	来自收购的威胁	表现不佳的公司很容易成为收购目标	强有力的控制权和资产遗传限制外部收购造成的威胁

仔细研究家族企业内部治理机制的功能，我们发现：在家族企业中，特别是在小型家族企业中，董事会的成立可能性较小。即使有，也往往是由家族成员或和家族有关系的成员组成。这些董事会可能会履行确保家族控制的职能，但它们不会帮助企业获得外部专业知识和独立建议。反过来，集中的所有权给予拥有控制权的家族以动力和权力，让它们促进非家族的管理者的行为与家族企业的利益相一致，从而解决一些委托—代理冲突。然而，家族的股权所有者之间的利益错位，以及家族与少数股权所有者(非家族)之间的问题，仍然没有得到解决。在绩效工资方面，家族企业经常选择反对这种薪酬制度。而且，鉴于家族坚持家族控制的强烈愿望，这些公司放弃了最突出的激励机制之一，即给予公司的管理层所有权。

当我们审视外部治理机制时,我们再次发现这些机制对家族企业的作用有限。在非家族企业中,产品和劳动力市场以及收购的威胁是约束机制。如果产品、经理或公司整体表现不佳,市场就会进行干预,替代成更好的产品、经理或所有者。企业的家族控制在一定程度上消除了这些潜在的积极影响。例如,由于遗留问题("这是使我们发迹的产品"),家族的股权所有者可能会坚持使用表现不佳的产品。或者,他们可能不愿意解雇表现不佳的经理,只因为这些经理是家族成员,或者是与家族关系密切的成员。最后,家族企业往往受到严格的家族所有权控制的保护,不受收购威胁。

总之,家族控制削弱了传统内部和外部治理机制的许多潜在的积极影响。公平地说,并非所有家族企业都因不受传统治理机制的约束而受损,但也有许多家族企业深受其害。想要解决这种特定的组织形式导致的治理问题的家族企业,需要制定治理规则并自己遵守这些条例。

5.1.3 家族企业的具体治理问题

到目前为止,我们已经讨论了家族企业的治理是必要的,因为家族的股权所有者的动机,不符合作为治理思想基础的传统的古典委托—代理学说的假设。此外,我们已经看到,许多有益的内部和外部治理机制在家族企业中并不十分有效。如果我们考虑到家族影响可以通过各种看似微妙的方式限制公司的有效运作,那么这种类型的公司对特定的治理结构的需求就更加明显了。表 5.2 罗列了部分家族企业潜在的治理问题。

表 5.2　家族企业潜在的治理问题

潜在治理问题	现象描述
偏袒/逆向选择	家族企业的所有者任命家族成员或有私人关系的非家族成员担任高层职位,这导致企业缺少真正有能力的管理者和有效的管理建议
和谐问题	利他主义的情感和对和谐的关注模糊了决策和企业监督的质量
发展瓶颈	最高职位只允许家族成员担任
特权消费	家族的股权所有者用公司的资金支付私人费用
内幕交易	在上市公司中,家族的股权所有者在与公司股份交易时会利用其特殊信息访问权限
非金融目标	家族的股权所有者追求有损财务价值的社会情感目标,例如支持亏损的历史遗留活动
关联交易	尤其是在家族企业集团中:单个企业的业绩会因为企业负担、对陷入财务困境的企业的救助以及集团公司之间以非市场价格进行买卖而受到影响
掏空	将资金转移到家族企业集团中现金流量权最多的公司
资本成本上升	家族企业的非家族投资者要求对与家族控制相关的各种风险进行补偿

续表

潜在治理问题	现象描述
家族成员参与公司工作的资格水平未指明	未指定希望在公司工作的家族成员所需的资格和入职水平，并导致冲突
对公司的不当干预	家族的股权所有者不遵循公司的治理结构，不当地干涉公司的运作
家族股东之间的冲突	家族的股权所有者在诸如风险、增长、股息和时间范围等话题上存在分歧，这阻碍了公司的进一步发展
无法达成共识	家族所有者无法构建内部沟通和决策机制

通常，这些治理问题的破坏性影响短期内从公司外部几乎察觉不到。但这种破坏性影响可能在以下情景中体现[①]：

• 老实说，我儿子不应该被任命为首席执行官，他根本不能胜任这份工作，但作为一个父亲，我又能做什么呢？他是我的儿子。

• 我哥哥工作不够努力，我俩在职责和工作表现上的差异应该反映在我们的工资上。

• 这真的很让人恼火：我们的优秀员工在公司工作了很短的一段时间就不断流失！

• 我们真的很难找到合格的员工。

• 我们公司中可能有非家族股东，但作为家族成员和控股股东，我们基本上是能在公司中做任何自己想做的事情。

• 即使我没有积极参与这项业务，我仍然拥有公司股份，为什么我不应该获得与业务中的家族成员同等的信息访问权限？

• 你从公司借了 100 万美元是什么意思？

• 如果我的兄弟认为应该提拔他的儿子，但我不同意该怎么办？

• 董事会里有六个家族成员，难道有些人不应该离开吗？

• 如果我的堂兄把公司的股票给了他的妻子，然后他们离婚了怎么办？

• 公司不应该从我这购买团体健康保险吗？我们可是一家人！

许多情景似乎仅仅与家族有关系，例如"我是否可以在公司工作"。但是，这些问题往往可以引出更基本的问题，例如，家族成员进入公司时应该具备哪些资质，家族成员应该从什么层次进入公司。这些问题最终会渗透到公司核心层面，例如，谁将成为下一任CEO，并对公司产生重要的战略影响，例如"我们是否应该进入这个业务"。

上面列出的情景虽不全面，但是可以与四个潜在的治理问题联系起来：(1)利他主义引起的管理问题；(2)企业所有者持股治理问题；(3)多数—少数股份所有者治理问题；(4)家族大股东治理问题。这些管理问题体现在家族企业所有者、管理者和少数股东的三角关系中。

① 感谢英属哥伦比亚大学的大卫·本托尔(David Bentall)提供了本章中的一些例子。

1.利他主义引起的治理问题

第一类治理问题是在家族所有者监督家族管理者时出现的。在家族企业中,家族成员之间的相互作用不仅基于合同协议(如劳动合同),而且还基于家族关系,以及相关的社会规范,如相互支持、仁爱和信任等。在这种角度下,家长更倾向于支持和偏爱孩子而不是非家族成员。反过来,在世代相传的利他主义的社会规范下,孩子有义务赡养父母(Schulze et al,2001)。这样的利他主义会使公司的治理存在问题,因为它会导致:(1)优先考虑家族地位而不是治理才能的逆向选择;(2)难以惩罚一个自己所爱护的人(例如,父母惩罚孩子,反之亦然);(3)鉴于预期的善意和另一方(例如父母)的制裁能力,促使双方(例如孩子)推脱和搭便车。解决这些问题的方法是,:即使在股东和管理层中都存在家族成员的情况下,家族企业也必须建立控制和激励机制,评估家族成员的表现并建立对表现不佳的家族成员的处罚制度。这种冲突和解决方案如图 5.1 所示。

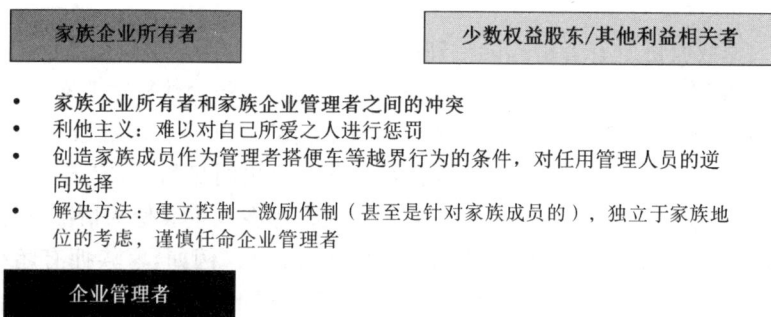

家族企业所有者	少数权益股东/其他利益相关者

- 家族企业所有者和家族企业管理者之间的冲突
- 利他主义:难以对自己所爱之人进行惩罚
- 创造家族成员作为管理者搭便车等越界行为的条件,对任用管理人员的逆向选择
- 解决方法:建立控制—激励体制(甚至是针对家族成员的),独立于家族地位的考虑,谨慎任命企业管理者

企业管理者

图 5.1　利他主义引起的治理问题

2.企业所有者持股引起的治理问题

第二类治理问题是在家族的股权所有者监督非家族成员的企业管理者时出现的。这种治理问题与家族作为具有控制权的股权所有者在公司的权力有关,家族以非常特殊和个性化的方式控制公司。家族的股权所有者的权力使这些所有者有机会按照自己的意愿自由决定公司的命运,无论这对公司来说是好是坏。例如,家族可能会决定不扩张公司,因为这意味着企业需向非家族成员开放管理权。此外,家族可能会任命家族成员担任最高职位,这向非家族管理者发出了一个强烈信号:决定晋升的主要因素不是业绩,而是家族地位。因此,经理和员工将感到所有者的不受约束的权力(即只有家族的股权所有者才能控制公司)使他们面临承担所有者做出错误决定的潜在风险(例如不当行为、多变的性情、机会主义等)。这种所有者主权的后果是,家族企业会发现很难吸引和留住高技能的管理者,也很难激励员工去做更多的工作、做出超出要求的承诺(Schulze,Zellweger,2016)。解决这些问题并不容易,因为家族必须自行决定对自己的权力施加限制。在实践中,家族企业所有者通过任命强大的董事会来"束缚自己的手脚",将自己的个人声誉与公司的声誉捆绑在一起,公开承诺遵守某些价值体系、宗教信仰或管理风格,或者不得不支付固定的高薪来吸引和留住顶级人才(见图 5.2)。

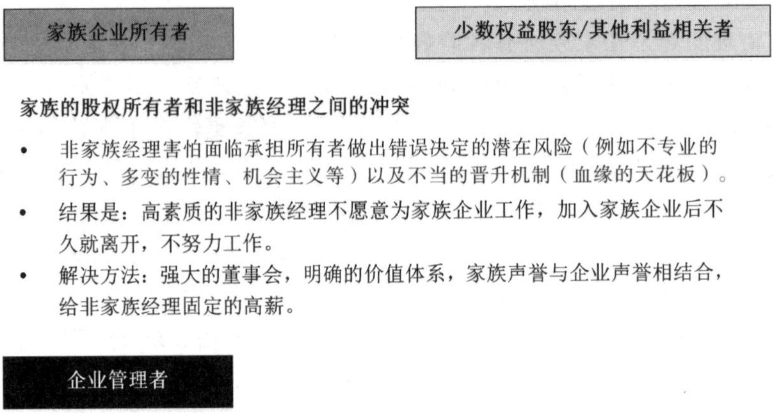

| 家族企业所有者 | | 少数权益股东/其他利益相关者 |

家族的股权所有者和非家族经理之间的冲突

- 非家族经理害怕面临承担所有者做出错误决定的潜在风险（例如不专业的行为、多变的性情、机会主义等）以及不当的晋升机制（血缘的天花板）。
- 结果是：高素质的非家族经理不愿意为家族企业工作，加入家族企业后不久就离开，不努力工作。
- 解决方法：强大的董事会，明确的价值体系，家族声誉与企业声誉相结合，给非家族经理固定的高薪。

| 企业管理者 |

图 5.2　企业所有者持股引起的代理问题

3.多数—少数股份所有者引起的治理问题

第三类治理问题与作为控股股东的家族的所有者、一些少数权益股东，最终与公司的其他索赔人，如债权人一起的关系有关（Claessens et al.，2002）。多数股东和少数股东可能在目标、承担风险的程度和信息获取方面存在分歧。更明显的是，家族所有者可能会滥用他们的权力，把公司当作单独属于他们的来管理。存在双重股份的情况下，这些问题尤其严重，家族通过这种股份对家族企业拥有过度的控制权（例如，家族拥有超级表决权股份）。此外，在企业集团中，如多元化的企业集团，家族可能会利用其权力将资金转移到自己或家族在现金流中持股最多的公司（有关更多细节，请参考本节附录中对家族企业集团的介绍）。设立独立董事和通过法律保护少数股东是解决这类问题的通常办法（见图5.3）。

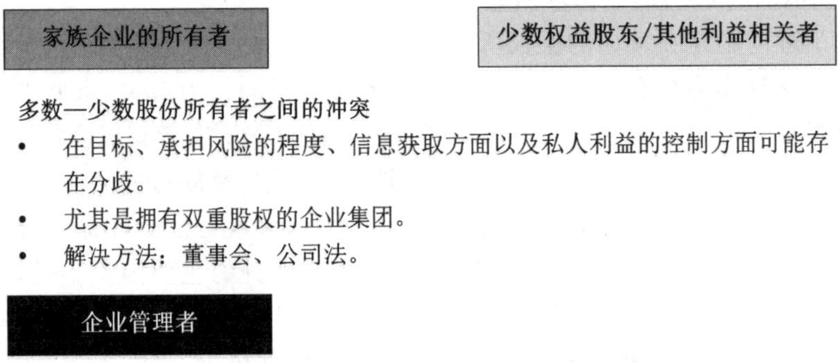

| 家族企业的所有者 | | 少数权益股东/其他利益相关者 |

多数—少数股份所有者之间的冲突

- 在目标、承担风险的程度、信息获取方面以及私人利益的控制方面可能存在分歧。
- 尤其是拥有双重股权的企业集团。
- 解决方法：董事会、公司法。

| 企业管理者 |

图 5.3　多数—少数股份所有者治理问题

4.家族大股东引起的治理问题

第四类治理问题与家族企业所有者集团内部的利益不一致有关（Zellweger，Kammerlander，2015）。家族企业所有者可能在总体战略投资上（承担风险的程度、股息、投资战略的时间范围，以及对企业的感情等方面）存在分歧，也可能在对家族成员的影响方面（例如：董事会代表在家族内部的股权转让、姻亲的参与、家族成员在公司的就职）存在意见分歧（见表5.2）。这些问题通常通过股东协议、董事会代表和家族治理来解决（见图5.4）。

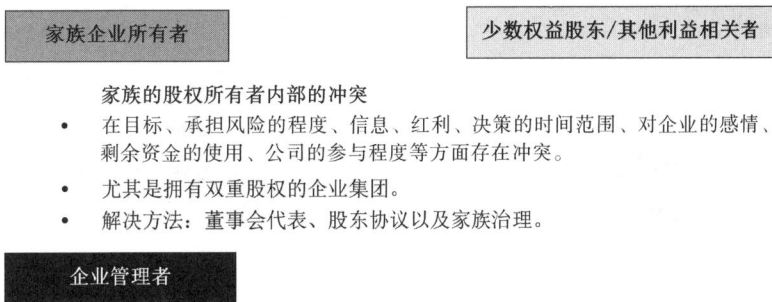

图 5.4　家族的股权所有者内部的冲突

从本质上说,家族企业治理就是要解决以上四个基本问题。

由于这些基本的治理问题主要出现在家族和所有权层面,因此许多家族企业能够在一段时间内隐瞒这些问题。但如果这些问题得不到解决,往往会导致严重的问题。这些问题首先在家族层面出现,然后在企业所有权和管理层面。例如,一些家族成员可能会觉得他们被排除在重要的谈话和决策之外,只能通过其他渠道获得"小道消息"。当不同的人得到不同/不一致的信息时,他们可能根据自己的猜想补充不完整的信息,从而对企业集体失去信任。不再相互信任的家族成员会在家族内外建立联盟,以确保自己的影响力。随之而来的权力斗争会一直延续到所有权层面,并可能由于高退出成本而持续很长一段时间。最终,这些冲突会在管理层面结束(例如,当非家族管理者不得不处理董事会内部的家族争吵)。

企业应对这些问题的一个常见策略就是拖延。然而这种策略反而会加剧冲突,而不是解决冲突。从长远来看,管理者可能会意识到家族成员之间的紧张关系以及他们之间缺乏的沟通。在最坏的情况下,管理者甚至会经历战略惰性,这是控股股东无法或不愿为公司做出重要战略决策的结果,公司的有效运作和业绩可能因此受到影响。例如,最有能力的管理者可能会因为对家族的不满而离开公司。

拓展阅读

家族企业集团中的治理问题

在新兴国家,许多大型家族企业被组织成企业集团,即由家族控股的多元化企业集团。这些家族企业集团——在拉丁美洲被称为格鲁普斯(grupos),在东南亚被称为财阀或经连体系——通常公司的结构为金字塔。在家族企业集团中,掌握控制权的家族位于金字塔的顶端,通过控制链控制各种垂直型投资。家族企业集团是滋生多数—少数股份所有者治理问题的温床。企业集团在新兴国家尤其普遍,但也出现在更发达的国家,这就是为什么特别有必要对其特定治理问题进行进一步评论[更多细节见 Carney 等(2011)、Morck 和 Yeung(2003)的文献。]

📚 案例研究

冠城大通股份有限公司的治理挑战

冠城大通是一家从事房地产开发和漆包线制造的中国上市公司，产品主要销往国内外市场。2011 年，该公司销售了 63100 吨电线，总销售额达 92 亿美元。冠城大通的所有权结构如图 5.5 所示。

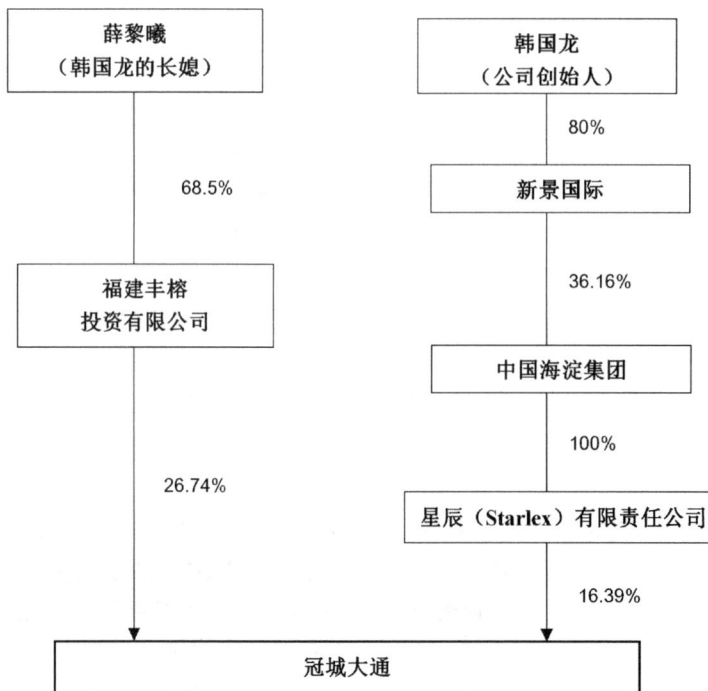

图 5.5　冠城大通的垂直控制链[①]

资料来源：Amit 等（2015）

该家族对冠城大通公司的控制权以及公司的现金流如下：

韩国龙，冠城大通的创始人，拥有冠城大通的 $80\% \times 36.16\% \times 100\% \times 16.39\% = 4.74\%$ 的现金流。但他对冠城大通的实际控制权更大，至少为 16.3% [min(80%, 36.16%, 100%, 16.39%)=16.39%]。之前的所有权/现金流量权（4.74%）等于整个垂直控制链上所有所有权份额的乘积，但实际控制权是由整个控制链上最薄弱的环节决定的。薛黎曦，韩国龙先生的长媳，拥有冠城大通的 $68.5\% \times 26.74\% = 18.32\%$ 的现金流，但对公司的控制权为 26.74% [min(68.5%, 26.74%)=26.74%]。

因此，韩氏家族在冠城大通的现金流量权为 $4.74\% + 18.32\% = 23.06\%$，但是该家族的实际控制权达到 $16.39\% + 26.74\% = 43.13\%$。该家族拥有公司九个董事会席位中的

---

① 百分比指的是现金流量权，在本例中它等于投票权。更多信息请参考 Amit 等（2015）。

四个席位,这代表了其强大的影响力。这个金字塔结构的家族企业集团的案例说明了几个控制增强机制,伴随其后的是多数—少数股份所有者的治理问题。

首先,通过该集团的金字塔结构,该家族能够对冠城大通实施实质性控制(43.13％),这一比例明显大于家族在公司现金流通量中所占份额(23.06％)。因此,家族通过拥有的有限股份,就可以对企业行使不成比例的控制权。

其次,家族有动力利用这种过高的影响力(也称为楔子,43.13％－23.06％＝20.07％)来确保现金流通过控制链,最终累积在金字塔的最顶端。实际上,这意味着家族企业迫使集团内部的企业以高于市场的价格,从家族持有更高现金流利益的其他集团企业手中进行购买。例如,冠城大通有限公司可能不得不从新景国际(XinJing International)购买产品,而韩国龙拥有新景国际80％的股份。同样,该家族可以利用其影响力在整个集团内实施救助贷款或融资。例如,星辰(Starlex)有限责任公司可能不得不以低于市场利息的条件向福建丰榕投资有限公司贷款。

再次,这种结构导致公司治理缺乏透明度,并最终导致公司治理效率低下。对于与家族一起投资集团的部分非家族的股权所有者来说,问题尤其严重。这些少数股东不仅只拥有公司有限的控制权,而且还面临着资金被家族股东转移到金字塔顶端的风险。

最后,有人认为在制度环境薄弱的情况下(新兴国家往往如此),企业集团可以弥补低效资本和劳动力市场的不利影响。在这种观点看来,企业集团应该更擅长弥补"制度漏洞",因为组成企业集团的多家公司在资金、人才和中间产品中互相帮助。家族的股权所有者不应该仅确保其财富、公司及家族的声誉,而应该有一种自发的动机,确保企业集团的财务稳定与业绩发展。

当然,家族股东可以利用他们的影响力来造福所有股东。但有关家族企业集团的大量实证研究的证据支持一种更为消极的观点,即家族利用其在家族企业集团中的强大地位以谋取自身利益,并损害企业自身和企业中非家族成员(金字塔中处于较低层级)的少数股东的利益。

5.2 家族企业的典型治理结构

现在,即使我们通常认为家庭关系能自然地使家庭成员、所有者、董事会和管理团队保持一致,但是家族企业需要某种形式的治理。我们已经看到,一些传统的关于股权所有者的假设并不适用于家族的股权所有者,许多传统的治理机制在家族企业环境中运作效果不佳。家族企业有着其独特的治理问题。

在试图阐明治理实践上的一些方面时,我们必须认识到:首先,家族企业的治理问题会随着家族的发展阶段和复杂性、所有权和管理结构的变化而显著变化。其次,考虑治理复杂度的极端情况。在治理复杂度较低的情况下,单个所有者(同时也是管理者)可以在没有董事会、其他高层管理人员或其他所有者的情况下控制公司。在另一个极端——治理复杂度较高的情况下,一个家族的多个成员可能控制着公司的大量资产。

鉴于家族、所有权和企业结构的异质性，对于家族企业而言，没有一种通用的管理解决方案。在实践中，我们发现通常有四种类型的治理结构。表5.3描述了这些治理结构以及其中出现的问题和相应的治理需求。

表 5.3　家族企业中四种典型的治理结构

	单个所有者（兼任管理者）阶段	与姊妹合伙阶段	与表亲合伙阶段	家族企业集团阶段
定义	企业的所有权和管理权掌握在一个家族成员手中	在兄弟姐妹之间共享所有权和管理权	与表亲一起作为所有者	家族控制一系列的商业活动
典型的企业结构和商业阶段	通常是处于创立阶段的小公司	通常是中等规模的公司	通常是中型到大型公司	通常是一个企业集团，包括大型、跨部门的公司
家族成员构成	一个家族成员（通常是创始人，也就是第一代）积极参与公司事务	来自同一个家族的兄弟姐妹（通常是第二代）参与公司事务	两个或两个以上家族分支的表亲（通常是第三代或更晚辈）参与管理公司	创始家族的后代在各种家族企业治理机构中担任各种职务
所有者的构成	单一式的家族所有者，一些非控股股东可能会参与	兄弟姐妹共同拥有公司，通常是两到三个所有者	表兄弟共同拥有的公司，大多数情况下有三到七个所有者	通常有八个以上的家族股东，最后还有非家族的所有者
管理者的构成	单个所有者兼任管理者	兄弟姐妹共同管理	指定的家族成员和/或非家族成员担任经理	经常被委派给非家族成员的管理者
主要优势	强权控制，可以做出迅速的决策，具有成本效益的治理	兄弟姐妹之间的信任关系，共同的价值观和目标	家族的股权所有者保持相对的敬业和耐心，股东结构的复杂度有限	家族作为企业家和耐心的投资者购买、建立和退出公司
主要挑战	获取和接受外部专业知识，权力滥用，对所有者的依赖，继承事宜	竞争，管理者的资质，互补的能力，责任分配，所有权关系的紧密相连	历史遗留的竞争问题，家族决策，职位和相关资质，认同感，家族凝聚力，企业家精神	企业与投资者角色关系的认同，家族决策，职位和相关资质，凝聚力，业务复杂性
典型的治理政策	董事会，继任计划	董事会，股东协议，雇佣政策，绩效工资，决策的公平程序	董事会，股东协议，家族会议和协议，培养专业的所有者，培养与公司的情感纽带，建立共同愿景，培养企业家精神	董事会，股东协议，家族会议及协议，培养专业的所有者，家族理事会，基金会，家族理财小组，树立共同愿景，培养企业家精神

在单个所有者（兼任管理者）阶段，家族企业主要关注公司治理。在对公司进行全面监督的同时，获得独立的外部专业知识尤为重要。此阶段的关键挑战是获得和接受外部咨询以及继任计划。

当一个公司进入与姊妹合伙或与表亲合伙的阶段时,家族和所有权层级的治理需求就会增加。股东协议规定了家族所有权的进入、转让和退出(所有权治理)。在家族层面,家族可以共同确定他们在公司的价值观和规划远景,制定家族成员的就业政策,建立与公司的情感纽带和认同感,确保对下一代的教育,并试图逐步在日益疏离公司业务的年轻一代中培养企业家精神。在家族企业集团阶段,企业、所有权和家族治理变得越来越复杂。家族企业集团面临的一个特殊挑战就是从家族企业的思维模式(由家族世代一直掌控公司)转换成商业的思维模式(认为自己是一个企业投资者,会购买、建立企业,但也会退出企业)。这种模式使得所有者很难对公司产生认同感,因为它现在包含各种各样不断变化的业务活动。通常,除了上述列举的家族企业管理工具以外,现在的家族管理组织结构还包括其他形式,如家族理事会(管理大家族的业务和企业所有权相关事务的家族成员小组)、家族理财办公室(管理家族财富)以及家族基金会(从事慈善活动)。

在经历几代人更迭的时间里,四个阶段中家族企业往往会经历一个以上。然而,随着企业活动和控股家族的发展,家族企业也可能停留在其中一个阶段。例如,一个公司可能保持小规模,并从一个所有者(兼任经理)传递到下一个所有者(兼任经理)手中。但随着业务活动规模的扩大,通常会出现多部门公司或家族企业集团。与此同时,家族股东的数量也在增长,并将公司推向复杂的治理结构。上述动态演化过程如图 5.6 所示。

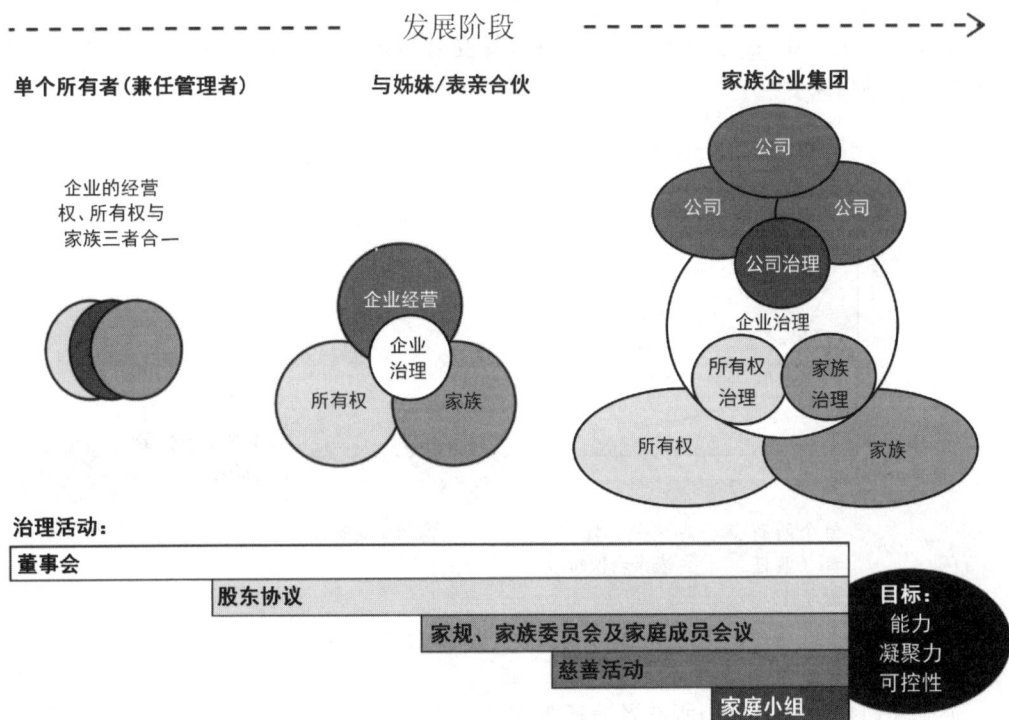

图 5.6 企业治理阶段以及相关治理活动

图 5.6 显示,家族企业治理不存在放之四海而皆准的解决方案。根据企业所处阶段的不同,治理活动的复杂程度也会随之波动。然而,与所处的阶段无关,家族企业治理服

务于三个首要目标：

（1）能力：确保来自家族的作为任何商业活动的最终决策者的能力。有解决业务相关问题的能力对于做出符合利益相关者（尤其是家族本身）最大利益的决策至关重要。

（2）凝聚力：集体的社会和经济力量在很大程度上取决于该集体的凝聚力。只有一群团结一致的家族成员才能保持步调一致，并按照理想的战略方向指导业务活动。

（3）控制权：重要的是，治理活动帮助家族的股权所有者行使控制权，例如通过监督管理。控制权不应该被完全转移。授权决策可能是公司发展的先决条件，但是作为最终的股权所有者，家族不应该对公司经营完全放权。

5.3　家族企业的治理结构对业绩的影响

上一节重点介绍了家族企业在经历单个所有者（兼任管理者）、与姊妹合伙、与表亲合伙、家族企业集团的阶段所面临的不同的挑战。通常，家族企业所有者对于"什么是企业目前的最佳阶段"都有非常强烈的看法。通过一些实证研究，我们发现家族企业治理规模（由家族股东数量代表）与财务业绩之间存在 U 形关系（见图 5.7）。事实证明，姊妹合伙企业和表亲合伙企业（在较小程度上）是最容易受到治理冲突影响的，这最终会给公司带来负面的业绩后果。

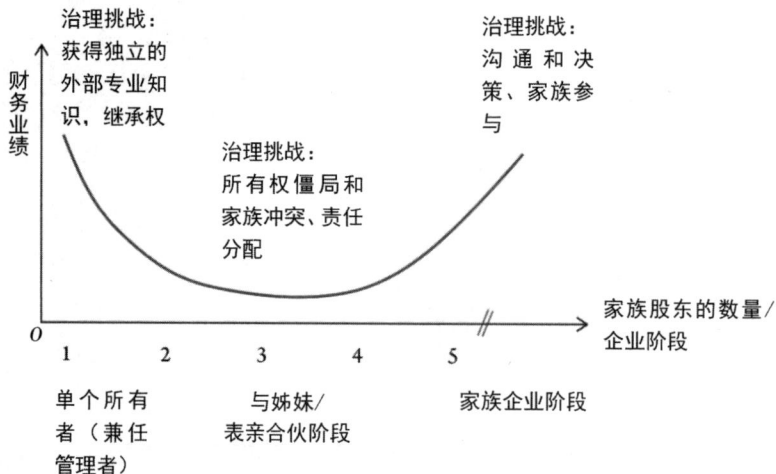

图 5.7　典型的家族企业规模与业绩影响

企业家们常常认为单个所有者兼任管理者是最优治理形式，因为它最能协调所有者和管理者的利益。在这种企业结构里，人们可以迅速做出决策，与公司相关的兄弟姐妹竞争和家族冲突很少或不存在。在许多情况下，这些优势确实会给公司经营带来显著的优势。但是，这些优势也会被其他潜在的缺点所抵消，例如公司对企业所有者本人的智力和体力以及获得（和接受）独立外部专业知识的能力的依赖。此外，公司严重依赖其所有者使得继任成为一个特别关键的问题。继承问题的挑战可能同时来自企业所有者(希望根据喜好来塑造组织,因此可能不愿意放手)和继任者(不愿意"填补"前所有者的位置并承担其职责)。

姊妹合伙以及表亲合伙的企业似乎特别脆弱。企业在这个阶段受到家族成员之间管理角色分配不明确以及强大的家族股权所有者之间关于所有权僵局的威胁。姊妹合伙通常由两到三个来自同一代的家族成员组成,他们都担任管理角色。不幸的是,这些角色往往没有明确分工,导致误解、竞争和最终的冲突。这种冲突也会发生在企业所有权层面,出现"50∶50"或"33∶33∶33"的僵局,导致决策的惰性以及公司业绩下降。

在这样的企业阶段中,家族成员有时会面临道德上的挑战:他们应该主要关注自己核心家族或分支的利益,还是整个家族的利益从而实现公司的整体成功呢?通常情况下,拥有控制权的家族不是一个统一的群体,而是一个目标不同的家族子群体的松散集合。这些家族倾向于过分关注家谱中利益的垂直分布,即各个家族分支的不同利益。但是,伟大的企业家族往往倾向于横向思维,也就是说,创建一个统一的家族股权所有者群体,或者如詹姆斯·休斯所说的"横向社会契约"(Hughes,2004)。

在家族企业中,如果他们希望创造持久的企业价值,则统一原本松散的,有时甚至是敌对的家族子群体的不同目标,并进入家族作为一个统一的企业家和大股东角色的家族企业集团阶段,可能是他们面临的最大挑战之一。

大多数家族企业在家族企业集团阶段的表现优于姊妹合伙/表亲合伙的企业阶段。在家族企业集团的阶段,因为家族内部的股权通常比较分散,上面所说的所有权的僵局不太可能发生。现在,企业治理的挑战变成了在数量众多的家族成员之间构建沟通的桥梁和进行决策。为了应对这一难题,许多家族成立了一个成员有限的家族委员会。许多公司还发现,在此阶段建立关于如何以及何时允许家族成员在公司内部担任管理职务的规则非常重要。

虽然姊妹合伙/表亲合伙的企业阶段似乎比单个所有者兼任管理者和家族企业集团的阶段在管理方面要求更高——特别是考虑到它们对公司业绩的负面影响——但是在实践中我们仍然观察到大量的家族企业在这些过渡阶段中也表现良好。因此,我们不能简单地判定公司处于哪一个阶段中发展最好。相反,如果公司有人认识到与企业所处阶段相关的治理挑战以及解决方案,公司将有更好的发展。

5.4 对公司、所有权、家族和财富治理问题的处理

上述对于家族企业典型的治理体系的概述表明,并非所有家族企业都需要复杂的治理工具和活动。但是,尤其是在姊妹合伙、表亲合伙和家族企业集团阶段,家族企业必须处理四个不同的领域:公司、所有权、家族和财富。如表5.4所示,这些是不同的治理领域,具有特定的目标、相关主题、不同的治理组织和议事会议。请记住,并非所有公司都需要进行所有类型的治理。与社会体系必然的复杂性这一理念相一致,家族企业治理的复

杂度(这一复杂程度不仅包括公司治理,还包括对所有权、家族和财富进行治理)将取决于企业和家族的复杂性。通过这种方式,本章所讨论的方法可以帮助你在知情的情况下选择与你、你的家族企业或你的客户最匹配的管理结构。

家族企业在管理方面的独特之处在于增加了家族和财富管理这两个非家族企业所不具备的管理领域。因此,在下面的章节中,我们将特别强调家族和财富管理。结合家族、财富、所有权和公司治理,我们将在本章中构造一个完整的框架,如表5.4所示。

表 5.4　公司、所有权、家族和财富治理概述

	公司治理	所有权治理	家族治理	财富治理
目标	股东、董事会和经理层的有效合作	家族的股权所有者之间的有效合作	家族成员在公司事务上的有效合作,奉献与认同	有效管理家族财富
主要问题	高层管理人员的选择、监督和建议,为企业提供战略指导	企业股东的进入和退出,公司股权的行使	家族对公司董事会、管理层以及所有权的参与,新的业务活动,慈善事业	财富管理的组织,集体与个人的财富管理,财富的获取与分配,家族偏好的不同
管理组织	董事会	股东团体	家族委员会	家族委员会/投资委员会
决策组织	董事会会议	股东大会	家族会议	投资委员会
领导者及其角色	董事会主席:家族企业的管理者	发言人:家族股权的管理人	家族委员会主席:家族价值观的管理者	家族财富管理者:家族财富的管家
指导性规则	董事会规章和战略方针	股东协议	家规	家规;建立财富治理方法

5.5　公司治理

公司治理关系到董事会、经理和股东的有效合作。由于这一主题的大量文献涉及所有类型的公司,我们将把讨论范围限制在家族企业治理最核心的部分。

公司治理体系大致可分为两类:单层和双层结构的董事会制度。在单层董事会制度中,董事会成员(有时也称为治理层或监事会)可以同时担任执行董事(公司的高级管理者)和董事会成员。相反,在双层结构的董事会中,有一个执行董事会(也称为管理董事会,仅由执行董事组成)和一个单独的治理委员会(不包括执行董事)。美国、英国、加拿大、巴西、日本和澳大利亚等国采用的是单层董事会制度,而德国和荷兰等国采用的是双

层董事会制度。[1]

股东、董事会和管理层之间的权力和角色分配对于确保这些企业的有效合作极为重要。全体股东任命一个董事会,其职责是促进股东获益;反过来,董事会任命、建议、监督并最终可以解散最高管理层,尤其是首席执行官。这种角色和职责的分配如图5.8所示。

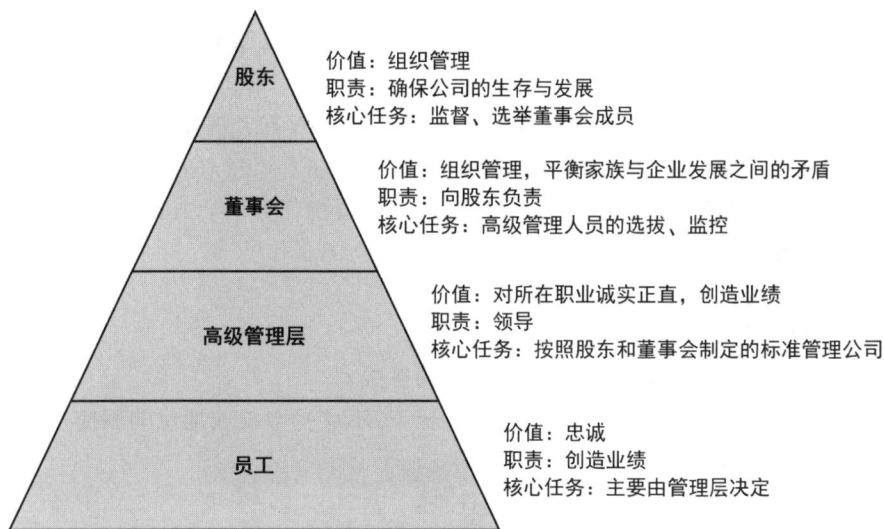

图中金字塔结构:

- **股东**
  - 价值:组织管理
  - 职责:确保公司的生存与发展
  - 核心任务:监督、选举董事会成员

- **董事会**
  - 价值:组织管理,平衡家族与企业发展之间的矛盾
  - 职责:向股东负责
  - 核心任务:高级管理人员的选拔、监控

- **高级管理层**
  - 价值:对所在职业诚实正直,创造业绩
  - 职责:领导
  - 核心任务:按照股东和董事会制定的标准管理公司

- **员工**
  - 价值:忠诚
  - 职责:创造业绩
  - 核心任务:主要由管理层决定

图 5.8　公司治理参与者的角色和职责分配

资料来源:乔·阿斯特拉罕(Joe Astrachan),肯尼索州立大学

尽管公司治理的金字塔结构在不同角色之间划定了明确的界限,但在家族企业的实践中,这种界限往往是模糊的。家族成员可能同时担任多个角色——例如,家族所有者可能是董事会成员并在最高管理团队中任职,而非家族成员则担任首席执行官。个人同时出现在公司治理的金字塔结构中的不同层级,很容易导致人们对谁有权发言或做什么感到混乱。因此,这种结构可能会从根基上破坏企业权力和监督的明确分配,而这恰好是有效公司治理的重要组成部分。

在家族企业中,角色歧义的问题更为严重,因为家族成员通常拥有正式和非正式的权利,可以对各个层级的员工下达命令。虽然家族的实质参与是关心、控制和认同公司的积极信号,但超越预先设定的治理角色的权力范围很容易引发不满。例如,一位非家族的首席执行官(CEO),他/她对员工的命令效力经常被家族的股权所有者(如前家族企业的首席执行官或有权势的家族所有者)削弱,而后者给员工的命令又自相矛盾。家族还需要意识到,首席执行官(而不是家族的股权所有者)将(也应该)成为员工的主要联系人。

如果拥有股权的家族很大,则并非所有家族成员都应与首席执行官保持密切联系。家族应遵循上述的公司治理职能,并且最终可能成立家族委员会等组织,与多层次的员工进行恰当的沟通。

---

[1]　德国的双层董事会制度要求股东和雇员在董事会中拥有平等的代表权。例如,详见第5.10节中关于哈尼尔(Haniel)的讨论。

1.为董事会挑选合适的人选

在较大的家族企业中，家族通常不会让家族成员担任管理职位。在这种情况下，家族主要通过在董事会中的代表来行使控制权。由家族成员将家族的观点带入董事会，并确保家族、股东和公司利益之间的一致性，而非家族成员则可能贡献敏锐的商业头脑和行业专业知识。

对于许多家族的股权所有者而言，聘请家族的会计师或律师为董事会成员可能很有诱惑性。毕竟，这些人对家族的个人和业务状况了如指掌。但是，他们的潜在利益可能与家族或公司并不完全一致——例如，与股东或者小部分所有者群体之间建立自己的持久商业关系。在某些情况下，他们可能不够独立和/或可能不愿意对家族成员采取批评的态度。以下标准可以帮助家族企业决定候选人是否适合担任董事会成员：

- 是否有相应的技能、知识和时间来处理董事会的工作？
- 能否在平等的基础上与管理者沟通？
- 是否具备必要的管理技能？
- 是否了解家族变化的动态和企业面临的挑战？
- 为什么愿意成为董事会成员？理想情况下，不应受金钱或地位的驱使。

2.董事会的角色与作用

在大多数国家，企业董事会负责下列任务：

- 根据股东的指导方针制定管理战略，包括：董事会和最高管理层的行为准则，增长目标，融资（杠杆/评级），股票上市，薪酬体系。
- 任命、监督和解雇高层管理团队成员，包括首席执行官。
- 发起股东会议。
- 制定分红政策（基于股利水平与其稳定性）
- 与最高管理层共同审查公司战略。

以下的例子可以为家族企业董事会的角色和职责的定义提供一些指导。这些公司的规章制度写在企业的章程中，需要与当地的司法管辖相一致。值得注意的是，商法也对公司的治理规则做出约束，例如董事会和最高管理层的不可分割的职责。因此，家族通常不是简单地遵守章程，还需要遵守法律规定。

与最高管理层的合作对于董事会有效运作至关重要。董事会必须控制管理团队，而不是反过来。因此，董事会和最高管理层之间的关系不应过于密切。但是，与此同时，这种关系也不应是不信任或者是令人恐惧的，这可能会促使管理层向董事会隐藏关键信息，而不是征求其建议。良好的董事会可以在必要的限度内保持与管理层的密切程度，但是不会超过这一限度。

📚 **案例研究**

治理规则以及董事会的作用

1.董事会的使命

(1)董事会被定义为一个审议议题以达成共识的机构。

(2)本条例所阐述的原则将构成适用于各个公司级别的所有董事会的指导方针。

2.董事会的形成与构成

(1)根据公司章程和本公司集团的规定,董事会应由××人组成。

(2)在签署本章程时,董事会应由先导家族的成员和创始人的配偶组成。

(3)每个家族分支都应该在本公司集团中有代表。在签署本章程时,已故××的家族分支由创始人的配偶在董事会中代表。董事会如有空缺,以致某一家族分支没有适当的代表,则应选举受影响的家族分支机构的代表作为董事会成员。在提名家族成员进入董事会时,应考虑个人对家族的承诺以及为整个家族增值的能力。

(4)董事会成员的任期为5年,届满后可以连选连任。

(5)强制退休年龄为65岁。

(6)董事会应从其成员中选举一名主席,主席任期三年。

(7)董事会可选举或任命一名秘书,最好是初级委员会的秘书。

(8)如董事会未能履行其对家族的使命和责任,股东可投票解散董事会,并以股份多于××%的多数书面决议重新选举新董事会。

3.董事会会议

(1)董事会应在董事会主席的支持下每季度召开一次会议

①讨论并做出投资、撤资和新投资的重大决定。

②讨论并商定业务的战略计划和修订。

(2)为妥善召开董事会会议

①会议议程由董事会主席制定,并在会议2周前交予董事会成员。董事可以向主席提交他们希望列入议程的议题。这些文件应在会议日期18天前提交主席,以便将它们列入议程。

②财务摘要应由主席编制,并在会议前连同会议通知和议程分发给所有董事会成员。

(3)董事会会议应当做会议记录。会议记录由主席和秘书负责。所有协议要点,以及商定的行动要点,到期日和负责跟进人员的姓名,都应记录在案。为避免对已达成的协议产生误解,所有董事均应签署本协议。

4.董事会的权力

(1)董事会有权行使其认为合适的所有经营本公司集团的权力。

(2)董事会应通过简单多数表决做出决定并达成协议,除非章程另有规定。

5.董事会主席的角色

(1)董事会主席负责:

①董事会会议的组织和邀请。

②会议议程的准备。

③会议纪要的准备和将其分发给所有董事会成员。

④妥善保管一份所有董事会成员签署的董事会会议记录的副本。

⑤董事会会议的管理。

⑥与股东的沟通。

（2）董事会秘书将协助主席在董事会会议上执行行政和相关程序职能。

3.董事会参与制定战略

公司战略的制定伴随着董事会与管理层之间合作质量的提高。在一些公司中，董事会制定战略，然后由管理层执行；或者，管理层可以在不咨询董事会的情况下制定战略。这两种方法都不理想。在第一种情况下，董事会可能缺少有助于制定战略的业务方面的资料，并且管理层可能并未完全致力于该战略的实施。最重要的是，过度参与战略制定的董事会可能会失去纠正该战略错误的能力，因此，在监督管理和保护股东利益方面效率可能会降低。在第二种情况下，董事会被排除在决策过程之外，无法发挥其建议作用。这两种方法之间的一个隐藏的折中方案就是图5.9中展示的方法。

董事会根据家族股东的指导为企业战略确定了大致方向 ➡ 管理层提出战略计划 ➡ 董事会与管理层讨论计划并提供建议 ➡ 管理层执行修订后的战略计划，并受董事会监督

图 5.9　董事会与管理层的战略合作

良好的董事会并不是一个一成不变的角色，而是根据不同的情况机动地调整他们对业务的参与。在极端被动的董事会中，其活动、参与和责任有限，董事会主要对管理层做出的决定做出批准，因此将首席执行官置于一个特别重要的地位。与此相反的是，在相对主动的董事会中，由董事会做出主要决定，要求管理层实施并填补管理专业知识的空白。

5.6　所有权治理

法律上规定了与公司相关的所有权方面的管理。家族参与所有权的一般原则，例如整体所有权战略（如对公司的严格控制或宽松控制，是否进行公开发行股票）以及家族成员可以成为所有者的年龄等（家族治理可能涵盖了这一点，我们将在下一节对此进行研究）。然而，许多家族需要一份具有法律约束力的股东协议（Ward，Aronoff，2010）。因此，由股东协议将一般的所有权原则（由所有者定义，例如在家族治理中定义）转变为具有法律约束力的文件。此类股东协议通常涵盖以下内容［有关股东协议内容的更详细概述，请参见Chemla、Habib和Ljungqvist（2007）］。

1.表决权的行使

投票协议通常是股东协议的核心。家族成员可以集中他们的投票权，以控制股东大会的投票结果（例如，在选举董事会成员时）。比如，家族股东可能包括不同家族分支的代表。每个分支有时独立于其股份限额，可被允许委派一名代表出席董事会。或者，家族股东们可把自己作为一组独立的所有者群体，并从中任命一位最合适的代表作为董事会成员，而不考虑家族分支的代表。

2.股份转让

股东协议应解决以下有关股份转让的问题：

• 家族成员何时有权利或有义务出售股票？"附加"条款确保了如果向大股东发出收购其股份要约，小股东可以决定是否以相同的条件将其股份出售给同一收购人。而"强卖"条款确保如果大股东希望出售其股份，他/她可以迫使小股东以相同的条款将其股份出售给同一收购人。

• 当一名家族的股权所有者想要出售股份时，对于股份认购谁有优先取舍权？是所有者的核心家族，其次是他/她的家族分支，然后是按照目前的持股比例排序的其他分支吗？

• 在什么情况下公司有权回购股票（例如，股东去世）？

• 如果企业/有优先取舍权的股东无力赎回愿意出售的所有者的股份时该怎么处理？

• 如果一名股东想要出售股权，他/她必须提前多长时间通知其他所有者，而其他所有者必须在多长时间内使用其优先取舍权？

• 股票的估值公式是什么？是否存在家族折扣，即当股票在家族内部转移时与估计的市场价值相比的折扣？

3.僵局

股东协议也可以包括在发生冲突时的收购协议。股东之间的冲突可以通过第三方评估或其他条款解决。例如，一项强制条款允许一名股东为其他股东的股份提供一个特定的每股价格。然后，其他股东必须要么做出决策让步，要么以该价格购买该股东的股份。[①]

4.股东协议的解除

在什么情况下（例如，设定家族的股权所有者协议的股权百分比、到期日）股东协议可以被解除？当家族股东去世时，股东协议会发生什么变化？

如前所述，股东协议是具有法律约束力的文件。鉴于各国国家法规和所有权体系的多样性，以上概述应被视为一般性指导，具体情况应同法律专家对其进行调整。

5.7 家族治理

在深入研究家族治理之前，我们应该还记得，在5.2节中提到，复杂的家族治理规则在单个所有者兼任管理者、姊妹合伙、表亲合伙和家族企业集团中并没有同等的相关性。以下关于家族治理的讨论，对于正处于或希望进入姊妹合伙、表亲合伙或家族企业集团阶

---

① 有关"散弹枪条款"缺点的有益讨论，请参见维基百科关于"散弹枪条款"的条目（2014年12月19日通过）。

段的家族密切相关。在此,我们将探讨各种家族治理工具,这些工具的复杂性正日益增加
[详见 Koeberle-Schmid,Kenyon-Rouvinez,Poza(2014)]。

5.7.1 家族治理的目标和主题

家族治理的首要目标是确保家族在与公司有关的事务中的有效运作。与任何其他类型的治理规则一样,家族治理定义了组织或社会团体内部协作的首选方式。然而,家族治理也涉及一个更基本的问题,即家族的价值观和核心信念。定义家族价值观基础对随后的定义家族治理规则(该规则涉及解决如家族参与企业活动等内容)十分重要,主要有两个原因:(1)它赋予家族成员以充分的理由团结在一起;(2)它为家族治理的细节提供了一个共同的出发点。

从广义上说,家族治理涉及下列主题:家族的基本价值观和目标,家族在董事会、管理和所有权方面的参与,家族对新创业活动的立场,慈善事业。并非所有这些都与所有公司和家族有关,家族价值观和家族对管理、董事会和所有权的参与才是主要的话题。

其他的话题将或多或少地取决于家族和公司的规模/复杂程度。图 5.10 描述了这些关于家族治理的主题,下一节中将对此进一步说明。

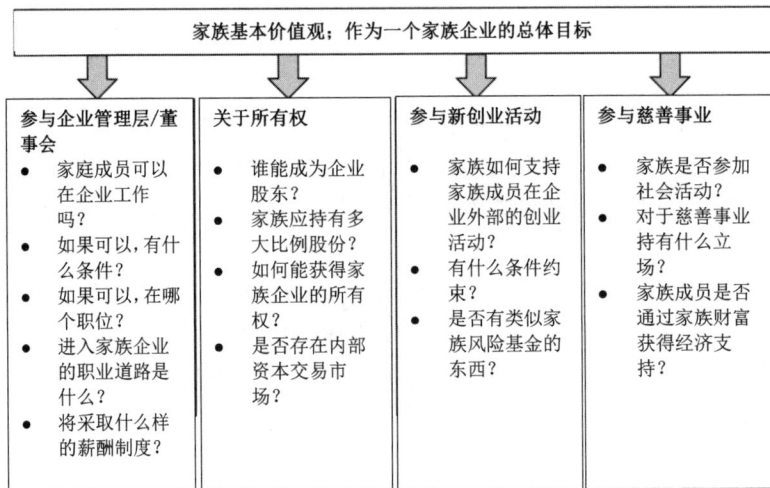

家族基本价值观;作为一个家族企业的总体目标			
参与企业管理层/董事会	**关于所有权**	**参与新创业活动**	**参与慈善事业**
• 家庭成员可以在企业工作吗? • 如果可以,有什么条件? • 如果可以,在哪个职位? • 进入家族企业的职业道路是什么? • 将采取什么样的薪酬制度?	• 谁能成为企业股东? • 家族应持有多大比例股份? • 如何能获得家族企业的所有权? • 是否存在内部资本交易市场?	• 家族如何支持家族成员在企业外部的创业活动? • 有什么条件约束? • 是否有类似家族风险基金的东西?	• 家族是否参加社会活动? • 对于慈善事业持有什么立场? • 家族成员是否通过家族财富获得经济支持?

图 5.10 家族企业治理的主题

5.7.2 家族价值观和目标

在建立和完善复杂的治理结构之前,企业中的家族应该反思他们的基本价值观和信仰。建立一套标准非常重要,因为它在以后对定义治理规则有所帮助。例如,一个家族可以考虑以下主题:

• 总体价值观:作为家族的核心价值观是什么? 我们应该尊重什么价值观? 我们应该拒绝什么价值观?

- 使命：作为一个家族，我们的总体目标是什么？家族可以阐明他们对于家族联合行动与个人行动的立场，或者阐明家族控制一家公司，或更普遍地说，经营企业对于家族的重要性。
- 我们是谁：家族作为社会群体，往往非常关注家族群体边界的划定。谁是这个家族的一分子，而谁又不是？在生活的哪些方面，我们希望大家共同努力；在哪些方面，我们希望以个人行动者的身份去行动呢？
- 商业价值观：广义而言，家族在业务增长、承担风险和创业方面的目标是什么？即使在讨论的初期阶段，家族也应努力阐明其对企业的立场。

如上所述，通过该讨论建立的价值观可以作为所有后续家族治理的指导。同样重要的是，价值观的陈述代表了家族成员致力于共同事业的重要原因，从而创造出凝聚力。

5.7.3 家族在管理方面的参与

家族治理应明确家族在公司治理中的参与程度。例如，家族可以设法解决以下问题：
- 家族成员可以在家族企业工作吗？

一些家族允许，甚至鼓励家族成员参与企业经营活动，而另一些家族可能会禁止家族成员在企业中就业，以避免产生负面影响。
- 如果允许，以及需要可以在什么职位呢？

家族不妨就企业所必需的职位等级和相关资格做出说明。一些家族坚持这样的理念：只要家族成员以与非家族成员相同的程序申请职位，就应该允许他们在公司工作。最终的标准应该是各相关家族成员是否具备该空缺职位所需的资质。其他家族可能会将家族成员的任职限制在高级管理岗位上，以确保家族对公司运营的控制，并避免在聘用家族成员担任雇员的同时，聘用一名地位更高的非家族成员的经理所引发的冲突。
- 如果允许的话，什么样的职业道路可以进入家族企业？

有些人可能会认为，为了详细了解企业，家族成员应该从基层（或同等级别）进入企业。但是，一旦家族成员进入公司，他/她将不可避免地被视为家族的一分子，并且很可能不会被视为正式员工。处于进入初级职位的家族成员可能不会收到独立的工作反馈，仅仅因为他们是家族的一员，就可能被提升（或不被提升）。家族成员以较低的层级进入公司还可能卷入内部权力斗争，在这种斗争中，非家族成员的管理者试图通过其控制下的家族成员为自己的利益进行游说。

或者，当进入公司的高级管理层时，家族成员可以有很大的影响力，因为他们代表家族在公司发声。虽然进入管理层可以使下一代家族成员更容易融入公司，但他们可能需要更加努力地工作才能被非家族成员的管理者所接纳。家族成员可能很快就会晋升到高级管理职位，而非家族成员则很难获得这些职位，这会导致怨恨和不公平感。此外，对于那些在公司内部（也可能在公司外部）经验有限的家族成员，非家族成员的管理者可能会犹豫是否承认他们的正式任职。

解决这个两难困境的折中方案是使下一代家族成员横向进入企业。在这种模式下，家族成员首先必须在家族企业之外的工作中获得重要的高级管理经验。然后，当一个高级管理职位在家族企业中出现时，家族成员就会通过一系列的见习岗位进入公司，让他/她接触到公司的各个部门/活动。这个阶段可能会持续几个月到几年。最后，家族成员被完全提升到高级管理职位。我们将在第七章中再次回顾这些观点。

• 家族成员应如何获得薪资？

家族治理的守则中应该包括关于家族成员薪酬水平的说明。该声明应该参考与该职位的责任相称的市价薪酬[有关家族企业薪酬的更多详细内容，请参阅 Aronoff、McClure 和 Ward(1993)]。

• 如果家族成员的工作表现不佳，应如何终止雇佣？

家族治理条例还应考虑家族员工未能达到绩效标准时该怎么做。对于高级管理职位，传统的公司治理章程可能要求由董事会(包括家族成员和非家族成员)做出决定。至于其他职位，家族的股权所有者应将决定权交给相关家族员工的直接上级。

家族雇佣政策示例

以下政策摘自一个家族宪章。

家族雇佣政策：

家族和睦是我们的首要任务。在对家族企业的研究中，家族冲突频发的领域就是家族雇佣，这一点已得到充分的认可和记录。

为了确保能尽可能地提供高质量的就业机会，同时减少潜在冲突，制定以下规则适用于本集团的家族雇佣。

1.我们的理念是，鼓励所有家族成员尽其所能为家族的发展做出贡献。他们参与家族企业应该是一种积极的经历，并有助于个人、企业和家族关系的发展。

2.我们鼓励 XXBB 的直系后代在符合入职条件并且有适合的职位空缺的前提下进入家族企业中工作。但是 XX 集团的公司和家族(集团)控制的所有其他业务将不会为家族成员的姻亲提供工作。商业环境是滋生误解的温床，我们珍惜与姻亲之间的亲密关系，因此选择将姻亲排除在集团工作之外，以保持良好的家族关系。本规则不适用于在本家族章程签署前就已被聘用的具有姻亲关系的员工。

3.在本集团工作的家族员工须符合下列条件：

(1)拥有 2～3 年在家族企业以外的工作经验。

(2)从基础的工作做起或者职位需与其受到的培训与教育相适应。

(3)拥有大学学士学位。

(4)签订一份具有法律约束力的雇佣合同，从事全职工作。如有特殊情况，需经过董事会的批准。

(5)可以获得市价薪酬。

4.被本集团聘用的家族成员的绩效应根据各自的工作角色和聘用合同的要求进行评估。

5.在任何可能的情况下，家族员工都不应直接向父母汇报工作。

6.欢迎并鼓励创始人的所有直系后代在学校/大学假期期间到家族企业实习。

资料来源：瑞银家族顾问(UBS Family Advisory)

5.7.4 家族的企业所有权

　　家族治理还应就家族的所有权策略发表声明。但是请注意,作为家族治理的一部分,与所有权相关的声明必须与最终股东协议中具有法律约束力的规定保持一致。作为家族治理的一部分,家族在所有权方面的声明能够明确规定家族打算共同持有该公司的股权比例(包括目前和以后的),家族对于企业上市的立场,家族成员的下一代如何继承股份以及股权在家族内部怎样转移等等。

　　许多家族都希望能永久持有企业所有权。尽管如此,还是建议家族的股权所有者不时审查其所有权策略。例如,由于家族内部的继承,下一代家族的股权所有者(可能兼任管理者)可能希望巩固其所有权地位并随着时间的推移收购分散的家族股权所有者(这种活动被称为"修剪族谱")。另一种选择是,家族可能会抓住一个有吸引力的机会出售股份,或者这个家族可能希望通过首次公开募股(IPO)推动新的增长。

　　家族企业通常使用分支机构以在家族内部转让股份。这意味着必须首先在同一家族分支机构内出售股票,然后再根据当前所有权按比例分配给其他分支机构。

　　诸如家族宪章之类的家族治理条例规定了家族参与所有权的一般原则。虽然家族宪章试图在家族成员之间建立承诺和责任制,但由于其缺乏对细节的规定,因此只有在情感上有约束力。[①] 股东协议将家族宪章中概述的所有权治理原则转变为具有确切法律约束力的义务,并规定家族股东如何在股东大会上行使股东权利。有关家族股东协议的进一步详情,请参阅第 5.6 节。

　　综上所述,家族治理应解决以下所有权问题:
- 当前和未来的所有权战略。
- 家族成员在何时以及如何成为股东?
- 家族成员必须满足某些要求才能成为股东吗?
- 姻亲可以成为股东吗?
- 非家族成员的经理人是否可以持有股票?
- CEO 应该拥有的基本股权百分比是多少?
- 整个家族应拥有的基本股权百分比是多少?
- 第一次婚姻和第二次婚姻的后代在所有权的继承方面是否有所不同?
- 一个信托基金可以为了家族或其他人的利益而持有股份吗?
- 是否有类似家族内部资本市场的东西? 如果是,它是如何组织的?

---

　　① 尽管家族宪章和其中的家族所有权规定可能看起来没有法律约束力,但看看法院将如何对这个问题做出裁决会很有趣。

家族参与企业所有权示例

以下准则摘自一份家族宪章：

1.一般原则

(1)以下规定涉及家族控制企业中家族的股权,金融资产等其他资产不包括在内。

(2)该规定适用于公司创建的条款、公司章程以及股东协议。

(3)起草的股东协议应使每个家族分支持有相同的股份,如果可能的话,这些股份将保留在该家族分支中。在分支内部,决策由简单的多数表决决定。

(4)我们鼓励家族成员在家族控制的企业集团中拥有股权。

通过各自家族分支赠与的集团股份进入股东团体的直系后裔应该受到欢迎。当配偶作为家族的一分子也成为股东时,配偶也将同样受到股东的欢迎。

(5)所有股东将签署一份股东协议,其目的是确保家族持续控制企业。

2.股份转让及处置

股东对集团股份的转让和处置受家族股东协议、公司章程和集团公司章程的规定管辖。如有异议,应适用股东协议的规定。

(1)各股东受股东协议的约束,该协议将在收购或赠送本集团股份时签署。所有现任股东将在正式启动本家族章程的仪式上签署股东协议。

(2)达成股东协议的目的是使每个家族分支的股份保留在该分支中。

5.7.5 家族参与新的创业活动

家族治理可以决定家族支持下一代家族成员的创业活动的方式。对于老一辈的家族成员来说,发现下一代在继承家族企业的遗产方面落后于预期的情况并不少见。同时,希望在家族的保护伞下发展新业务的新一代家族成员也可能发现很难推出他们的商业计划(Au,Cheng,2011)。

一些家族解决了这一难题,并通过家族风险基金来支持下一代的创业活动。为了获得资助,家族成员必须提交一份的商业计划(例如,向董事会的非家族成员),并对其商业可行性以及与家族主要商业利益的最终协同作用进行审查。家族宪章可以通过确定拟设立的企业的评估程序和标准、资助条件和最大资助数额来帮助建立风险基金。结构良好的家族风险基金很有价值,因为它们为家族成员提供了一个尝试创业的机会,而无须冒大笔投资的风险或让家族企业面临风险。

案例研究

香港莫氏的家族风险基金[1]

香港的莫氏家族设立了一种形式复杂的家族风险基金。约翰·默克(John Mok)

---

[1]　这个例子来自 Au,Cheng(2011)。

博士为家族的下一代设立了一个家族培育的分拆计划,让家族成员与家族企业保持一定的联系,同时开始自己的创业。该计划并不是一种吸引新一代成员加入新企业的一次性工具。相反,它应该被视为一个由学习文化、跨代领导力发展计划、家族天使基金和专业管理支持的系统。该系统本身应该是可持续的,而不是需要持续的家族投入(见图 5.11)。

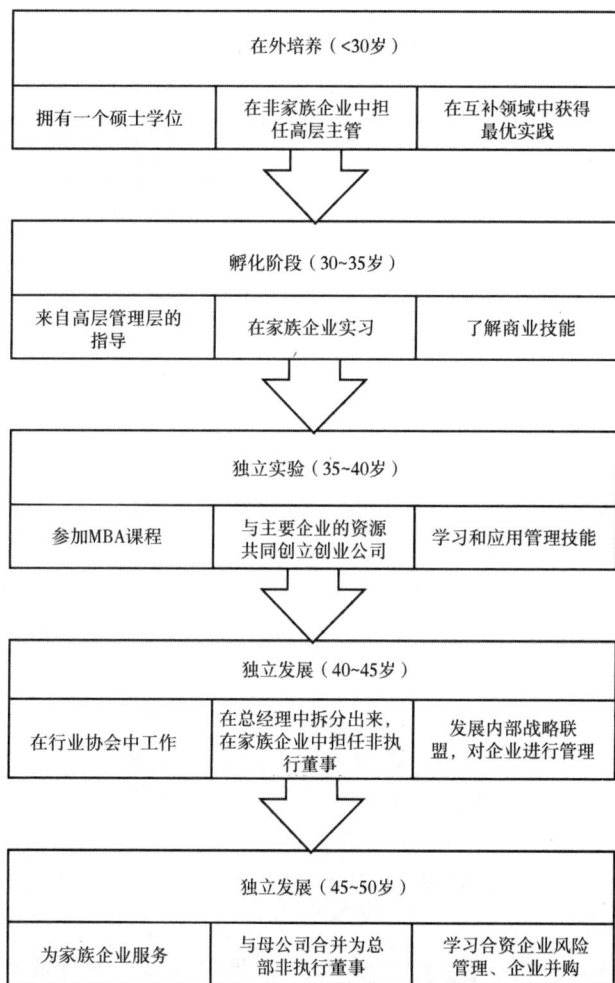

图 5.11　中国香港莫氏家族培育计划

　　在新一代家族成员难以在家族企业之外寻找资本、人际网络和知识的情况下(例如在欠发达国家),采用复杂的计划来支持下一代家族成员的新创业活动有着特别的意义。当下一代成员可以在家族企业之外找到这些资源时,家族企业计划可能会变得不那么紧迫,与之相关的机会也就不那么有吸引力了(在发达国家中通常如此)。

5.7.6 家族参与慈善事业

家族治理有助于确定家族(共同)参与慈善事业的程度。为此,家族可以具体说明其慈善活动的总目的,也可以就有需要的家族成员的最终资助而发表声明。相应的,家族可以通过教育计划来支持其成员的教育。

家族的股权所有者往往高度关注企业和家族的社会影响,如第 6 章关于"家族企业战略"所述。因此,许多家族企业选择参与某种慈善活动也就不足为奇了。慈善活动除了对社会产生直接的积极影响外,通常还可以免税,而且其对家族的形象塑造作用不可低估。对于不参与公司经营的家族的股权所有者来说,慈善活动可能是他们致力于公司及其目标的另一个理由。如此一来,慈善活动也可以发挥其治理作用。

5.8　财富治理

迄今为止,家族企业治理的第四大支柱——财富治理尚未在家族治理中被足够重视。乍一看,家族财富治理似乎是一个财富管理的话题,属于理财顾问、房产规划师和银行的范畴。然而,仔细审视后我们会发现,家族财富治理随着时间的推移,会直接影响到家族积累和保存财富的能力。因此,家族财富治理面临的问题是,家族应如何有效地组织和监督其财富管理,才能使其财富长期保存和不断增长(Zellweger,Kammerlander,2015)。

家族企业中的治理思维大都隐含着团结和睦的家族控制着一家公司的假设。这个发现让我们开始了对于家族财富治理的思考。对于比较年轻、规模较小的企业来说,这种假设可能适用,但对于发展到一定阶段的家族和企业来说,这种简述并不恰当。

将家族视为一个统一的整体的假设,消除了个别家族成员之间存在不同利益、目标和偏好的可能性。因为那些看似和谐团结的家族背后,每个家族成员的利益都可能不同,比如在时间范围、流动性需求、风险厌恶、对公司的情感依赖程度以及如何处理家族财富等方面。

同样,关于家族只控制一项资产的假设,需要进一步思考和审视。实际上,成功的老牌资本家族拥有的资产往往远远超过一家公司的范围。商业活动的多样性反映在对家族企业组织(Carney,Child,2013)和跨代企业家精神(Zellweger,Nason,Nordqvist,2012)以及家族财富管理和遗产规划的研究中。这些研究会优先考虑创业家族的扩展和复杂的资产基础(Amit et al,2008;Rosplock,2013)。然而,资产多样化不只是家产富有的家族所独有的,也不是只对富有家族形成挑战。多数情况下,即使是控制着规模较小公司的家族所拥有的实际财产也多于他们在公司的资产(即他们所持有的股份),比如还有房地产和流动资产。

因为这些家族所有者所拥有的财富多于公司股份,并且他们之间的利益不同,所以企业在管理资产时遇到了挑战。商业家族迎接挑战的第一种方式是制定股东协议,以规范家族企业股份的获取和转让。然而,这样的合同协议无法处理不在公司旗下的资产。为了在资产基础上或多或少地协调家族成员的不同利益,越来越多的商业家族采取专业资产管理结构的方案来管理他们的财富(Carney,Gedajlovic,Strike,2014),例如设立家族办公室或家族信托(Rosplock,2013)。

家族选择的财富管理结构在分离家族成员与其财产的程度上各不相同。家族成员与其财富的分离越强,家族获得财富的机会就越有限,因此,未结盟的家族成员之间的破坏性内斗的机会就越少。由此来看,限制财富获取(例如通过家族信托)的财富管理工具,对许多财富创造者(如企业创始人)具有吸引力,因为它们限制了拥有不同利益的家族成员(如子女)之间冲突的爆发。

把家族与财富分开需要听从财富治理专家的建议。资产基础复杂而庞大的企业会有更迫切的需求,即通过将监测和资产合并功能委托给专家和专门的管理人员(即某种信托)使控制结构正式化。聘请专家管理家族资产会产生直接成本(如聘请专家的工资),以及由于家族财富的所有权和管理权分离而产生的典型代理成本。如果家族成员有能力担任受托人,那么这些费用可以减轻一部分。然而,在大多数情况下,如果受托人不是家族成员,那么这个管理者作为资产所有者(家族)和资产管理者(例如,各种资产,比如说家族企业的管理者)的中介,地位将十分重要。当所有者将资产交给可信任的顾问或专门的管理公司(例如,家族办公室和信托)这样的中介机构时,他们会在自己和各种资产的二级管理者之间插入一个一级代理,进一步分离所有权和控制权。

建立信托并将家族财富管理委托给职业经理人(一级代理人)的好处在于,这些受到激励的专家将监督和监控各经理人(二级代理人)的行为。但是,随之而来的问题是,当家族所有者派一级代理人来监管二级代理时,一级代理人会把自己当作企业所有者来进行管理。盲目的信任、严格保密的氛围、能力欠缺的家族所有者以及限制所有者对资产的自由裁量权的法律制度(例如,普通法国家的信托,或大多数民法国家的基金会),为受托人的自利行为提供了机会。通常,受托人只需要与几个家族成员建立信任关系,并确保获得他/她的授权,以便像委托人一样进行一些管理活动(Zellweger,Kammerlander,2015)[1]。

受托人可运用所赋予的权力,对自己的行为做出有利的解释,并将自己的利益与二线服务供应商的利益联系起来,以占委托人的便宜,而不是保护他们的利益。诚然,受托人可以以一种中立的、没有私利的方式运用他/她的影响力,来维护家族社会关系(Strike,2013)。但是,由于受托人通常是在相对宽松的监管下进行工作[2],并且安全地处于与各类经理和顾问之间的合同关系网的中心,因此他们有机会默许二线代理商,为其所承揽的服务收取一定的回扣或获得一些与业主的利益背道而驰的优惠。家族所有者要想减轻这种双重代理成本就必须与多层代理商打交道,而这些代理商有可能去做一些与家族所有者利益相悖的事,所以这种方式代价高昂(Zellweger,Kammerlander,2015)。

---

① 想想黑手党电影中著名的"军师"。

② 在美国,根据《多德-弗兰克华尔街改革和消费者保护法案》(*Dodd-Frank Wall Street Reform & Consumer Protection Act*),家族理财室不受适用于银行和其他资产管理公司的各种报告和监管义务的约束[即 1940 年《美国投资顾问法案》(*US Investment Advisers Act*)中所谓的私人顾问豁免]。

　　总的来说,家族财富治理涉及家族财富的维系。而家族财富面临着被家族成员瓜分的威胁,尤其是在后代中,这些家族成员对利用资产持有不同的看法。家族所有者常常选择将家族与资产分开,以保存财富并调整家族成员的利益。但这样做代价高昂。家族不仅要承担寻找中介机构管理家族资产所产生的直接费用,而且还要承担一级代理的专业监督员对二级代理进行监督所产生的双倍代理费用。因此,在财富管理方面,家族需要折中:要么找到方法解决了家族成员之间利益失调的问题,要么将自己从资产中分离出来。但是,在家族和资产之间建立这样一个缓冲,并设立一个一级代理人(如中介或受托人),会导致双重代理成本。

　　实际上,家族通常会在四类资产管理方式中进行选择。这些方式在不同程度上将家族与资产分开,从而在不同程度上消除了异质性家族利益的干扰作用。家族与资产的分离越强,双重代理成本就越普遍(见图5.12)。在下文中,我们将进一步了解这四种治理方式。[①]

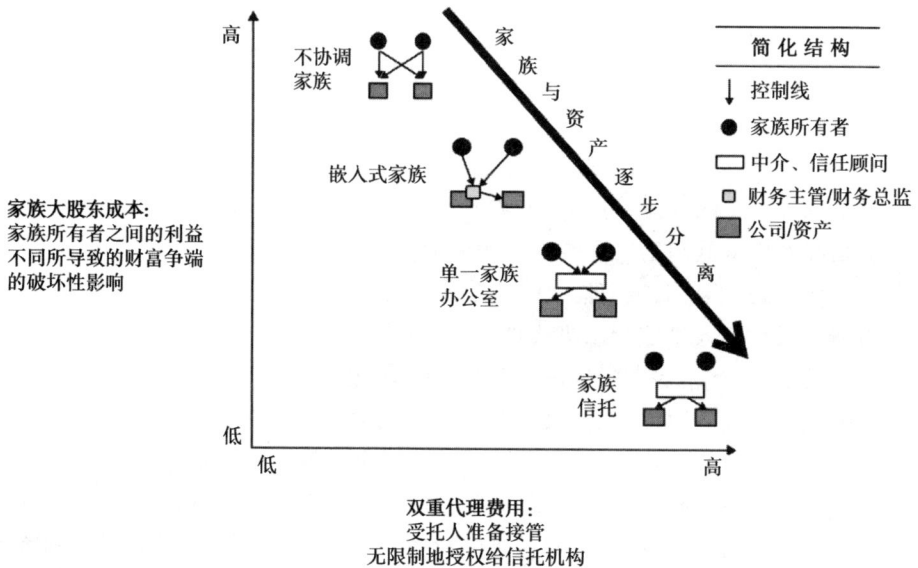

图 5.12　四种资产管理方式

资料来源:Zellweger 和 Kammerlander(2015)

5.8.1 未协调家族

　　未协调家族是一种将家族财富管理的控制权掌握在家族手中,而没有对家族成员的利益进行任何协调的管理形式。严格来说,这种形式下家族和资产没有分离。如果没有异质家族利益的协调,每个家族所有者在法律范围内(例如,婚姻法、继承法和遗嘱法,继

----

　　① 四种治理方式的描述取自 Zellweger 和 Kammerlander(2015)。

承合同)都可以不经调解和不受限制地获取家族资产。这种组合普遍存在于拥有绝对掌权者的族长或母权家族中,或者存在于家族历史和资产复杂性有限的家族中,这使得家族所有者利益一致就没有必要了。因此,这种方式在创始人和第二代人之间的作用十分重要。然而,拥有更复杂所有权结构的后代家族也可能无法或不愿将家族及其资产分离,例如,他们会尽量减少建立和运行资产管理系统的相关费用,并确保隐私的安全(Zellweger,Kammerlander,2015)。

然而,缺乏协调会对家族造成严重的不利影响。最重要的是,协调机制的缺乏为家族冲突的出现提供了肥沃的土壤。家族成员的异质利益和获取财富的途径,为他们提供了动机,让他们在其他家族成员能够这么做之前,就将资源收入囊中。这些动机可以以明争暗斗的形式体现在争夺家族财富上,或者更微妙地表现在对节俭、奢侈和浪费的生活方式的向往上。因此,利益分歧引发了家族资产争夺战。许多家族成员好像认为为争夺权力和金钱进行不体面的内部斗争是合理的。

因此,我们明白了这种家族资产管理方式尽管在减少开支、增加隐私以及消除双重代理成本(由于没有中间人)方面具有优势,但极易引发一系列家族冲突。此外,在这种方式中,家族福利的损失源于规模经济和知识优势的缺失,这将使家族所有者不得不在资产管理和联合监控方面尊重专业人士的意见并进行协调活动,以此来将家族作为一个统一的整体进行管理。

综上所述,未协调家族构成了一种非常脆弱的资产管理形式。从长远来看,它会表现为家族财富的瓦解和家族作为财富集体所有者的衰落(Colli,2003;Franks et al.,2012)。一个强势的家族代表,如家族财产的创始人或对其他家族成员拥有无可争议的权威的族长的介入,可能会暂时缓解未协调家族的脆弱性。或者,遗嘱可以阻止家族成员的越轨行为和对家族财富的无限制获取。但是,一旦这些限制解除(创始人或家长的去世),争夺家族资产的破坏性力量便会四处兴起。同样,不良的资产表现将使未协调的家族承受更大的压力。只要家族企业的业绩还令人满意,家族成员就有动力去维持现状,并使其个人利益服从于家族利益。但是,一旦家族企业业绩下滑便会带来利益分歧,从而刺激家族成员各自退出。友好汽车租赁公司(U-Haul)的案例研究进一步阐明了这些论点。

案例研究

家族纠纷拖累了 U-Haul

1990 年 8 月 6 日凌晨,44 岁的伊娃·伯格·舒恩(Eva Berg Shoen)在科罗拉多州特柳赖德(Telluride)的豪华木屋中被枪杀。为什么会有人杀了这个出生于挪威、金发碧眼、可爱迷人的女人?她的公公伦纳德·塞缪尔·舒恩(L.S.Shoen)称,这是一场"暗杀"。他曾在 1945 年创立了友好(U-Haul)卡车和拖车租赁帝国。该公司的年销售额接近 10 亿美元。他向当局建议,这起谋杀案可能与家族对公司控制权的长期争斗有关。

伊娃的丈夫山姆·舒恩博士,案发当晚碰巧不在。山姆·舒恩(Sam Shoen)卷入了这场家族纠纷,并在三年前辞去了友好汽车租赁公司总裁一职。镇上的一些人怀疑凶手可能是想谋杀山姆而不是伊娃。

疯狂的家族争斗已经使兄弟姐妹之间(其中有12个是由3个不同的母亲所生)以及其中一些人与古怪的族长之间产生了矛盾。近年来,双方在董事会和法庭上发生了激烈的争执——确切地说,在去年的年会上,兄弟几个中的一些人打了起来。

事实上,这起谋杀案发生时,两派正在为一桩诉讼而争斗。这起诉讼是由友好环球公司(U-Haul International)及其母公司爱美可(Amerco)提起的,诉讼内容是伦纳德·塞缪尔·舒恩及其儿子山姆、女儿玛丽安娜(Mary Anna)和儿子迈克(Michael)向外人透露了公司的机密财务信息。该诉讼还称,这几人可能是出于将公司出售给外部人士的目的,秘密策划了一场收购,同时诽谤该公司,导致公司信用评级下降。该诉讼要求有3000万美元的损害赔偿。伊娃·舒恩本人不是爱美可公司的股东,也没有实际参与到这场争端里。

这场金钱、权力和自我的战斗多年前就已经埋下了种子。伦纳德·塞缪尔·舒恩的第一任妻子去世后,留给舒恩6个孩子,随后他和第二任妻子结婚,又生了5个孩子。与第二任妻子离婚之后,他再次结婚并生了一个孩子。考虑到他的孩子们最终将共同经营这家公司,他开始将爱美可公司的大量股票转让给他的七个儿子和五个女儿。他们最终持有95%的股份,而他只剩下2%的股份,这就为他为这场争斗埋下了种子。

20世纪70年代中期,他的四个儿子——山姆、迈克、爱德华·乔已经进入了公司高层,并开始了这场争端。随着伊娃·舒恩的死亡,舒恩家族的仇恨急剧转变。仅仅是家族成员参与策划谋杀的暗示就激怒了那些在U-Haul的内部人士。他们猛烈回击,使人想起了电视剧《达拉斯》(Dallas)中肯尼迪(J.R.Kennedy)和鲍比·尤因(Bobby Ewing)之间的撕扯战。

听大多数人说,伊娃·舒恩很有魅力,并且对人友善。她用心教育子女,不断做志愿者工作,还喜欢滑雪和养狗。凶杀案发生后,已不再行医的山姆·舒恩悬赏25万美元,希望能找到可以将凶手逮捕并定罪的线索。他计划举行追悼会,但禁止他的同胞竞争对手,即友好汽车租赁公司的内部人士参加。

思考题:

1.家族内部对公司控制权产生冲突的根本原因是什么?

2.家族冲突如何影响公司?

3.在这个案例中,你认为有哪些代理问题?

4.原本可以采取什么措施来避免冲突?

5.在其他的商业家族中,这种极端情况的要素是什么?

6.对比今天的友好汽车租赁公司,家族如今应该如何控制公司?

资料来源:1990年9月4日《洛杉矶时报》,玛莎·格罗夫斯(Martha Groves)的文章。

5.8.2 嵌入式家族理财室

在嵌入式家族理财室的情况下,家族从现有的资产结构中任命一名受托人来管理其财富。正如在实践中经常看到的,家族可能会要求家族企业的会计、司库或首席财务官也管理家族的财富。这样,家族将部分家族事务的管理委托给非家族成员,但在原来的结构内这样做。例如,除了在公司运营中的工作外,嵌入式家族管理人员还被委托管理家族的流动财富和房地产,并负责个人簿记和税务申报等相关服务。因此,该家族与其资产之间的分离程度较低(Zellweger,Kammerlander,2015)。

这种治理结构对家族企业中有值得信赖的经理人的家族特别有吸引力,这些经理人希望找到一种便捷、经济、高效的方法,来解决家族财富治理方面的问题。这种结构从核心家族企业的逐渐成功和家族财富随时间和世代的积累演变而来。

虽然嵌入式家族理财室将单个家族成员的财富管理活动捆绑在一起,但在如何处理家族成员利益分歧方面,他们仅提供有限的指导。此外,嵌入式家族理财室往往会刺激家族所有者(甚至未持有股份的家族成员)提高他们对嵌入式家族理财室补贴服务的个人需求,特别是当嵌入式家族理财室免费或以低于市场的成本向家族提供服务时。

然而,与此同时,被任命的家族理财室管理人员将优先接触企业所有者及其最隐秘的财务状况,从而成为一个有影响力的信息和权力经纪人。这样的嵌入式家族资产管理人员可能会试图将决策引导到一个主要服务于他/她自己利益的方向,扩大他/她的影响范围,削弱他/她所汇报的首席执行官的地位。如果大部分家族财富通过嵌入式家族理财室管理,这种双重代理成本负担将会非常重(Zellweger,Kammerlander,2015)。

除了对于成本的考虑,我们也要明白嵌入式家族理财室服务于两个主体,即家族和企业,这两个主体在某些情况下会有利益分歧。这种分歧会使家族办公室的管理人员陷入不同形式的困境,如进行私人的风险投资的家族成员会从公司寻求资金支持,家族成员偏爱利用税收结构保护他们的私人利益从而损害公司利益,又或者在公司需要额外注资时却要承担支付股息的压力。考虑到家族的影响,嵌入式受托人又很难反对家族的意愿。这种治理效率低下对公司的少数股东、债权人和其他家族所有者来说代价高昂。此外,由于被嵌入的受托人直接接受 CEO 和家族所有者的命令,该受托人既是 CEO 的下属,又是 CEO 上司的直接顾问,而 CEO 夹在中间十分难受。这种混合的层次结构与明确有效的控制结构形成了鲜明的对比。所以,家族企业的首席执行官所处的这个代价高昂的下属管理层,实际上并没有为公司服务,更没有在他的职能管理之内进行工作,而是处在家族所有者的保护之下。这就导致企业的资源分配将会按照家族的政治标准来而不是基于企业运作效率的标准,对于企业的少数股东、债权人以及无法接触企业内部顾问的家族所有者来说,这无疑会加重企业的低效运行(Zellweger,Kammerlander,2015)。

案例研究

嵌入式家族理财室

罗斯普洛克(Rosplock)的《富裕家族指南》(2013)强调了嵌入式家族理财室的重要性。她提出,在美国,有 9000 个单一家族理财室和 12000~18000 个嵌入式家族理财室。嵌入式家族理财室对其他国家的家族财富的管理也发挥着作用。例如,瑞士信贷(Credit Suisse)和圣加仑大学(University of St.Gallen)研究发现,德国中型家族企业的首席财务官平均管理着家族私人财富的 60%。

2011 年，来自福克斯（FOX）家族理财室交易所（Family Office Exchange）的弗拉纳根及其同事在一份呼吁将私人财富从家族企业中分离出来的重要报告中指出，从公司内部管理私人财富会带来与税收相关的法律风险。根据美国法律，个人或家族不能因管理企业内部的个人事务而获得税收减免。此外，嵌入式家族理财室可能被视为一个股东关系部门，属于注册投资顾问的范畴，从而会给公司带来监管负担。最重要的是，拥有或通过公司来为个人财产提供保险的责任使企业容易遭受家族内部纠纷和基于家族成员行为的外部诉讼。

5.8.3 单一式家族理财室

富有的家族通常将他们的私人资产集中起来，交由家族办公室来管理。而单一式家族理财室则只为一个家族管理这些事务（与家族和企业相关的事务），多户理财室为多个家族提供服务。家族独立办公室是作为一个独立的组织实体而设立的，在个体家族成员的利益和家族资产之间起着组织中介的作用。设立家族独立办公室的动机是多方面的：

（1）独立于第三方，尤其是银行。

（2）保密性强。

（3）更好地控制资产、控制投资。

（4）进行大额投资时有成本优势。

（5）税收义务最小化。

（6）对于家族资产和复杂资产有专业化的管理。

（7）家长们担心下一代缺乏管理家族财富的能力。

（8）家长希望限制家族成员个人获得家族财富的途径，认为这种途径会损害他们的主动性、自尊和社会关系。

总体来看，单一式家族理财室涵盖以下服务：资产管理、投资规划、控股规划、报告、税务筹划、房地产管理、继任规划、资产配置、家族治理、私募股权、公司金融和慈善事业。[①]家族企业单一式家族理财室的服务水平主要取决于家族财富的数量和复杂性，以及家族理财服务的需求。

最后，家族理财室必须根据其为家族带来的收益和成本接受评估。然而这是一项十分具有挑战性的任务，因为某些收益具有部分非经济性，例如防止初级家族成员奢侈的生活方式或协调家族内部获得财富的机会，从而防止家族纠纷的产生。单一式家族理财室能否争取进行财富管理将取决于以下几个因素：（1）家族财富量；（2）家族财富的复杂性；（3）家族对保密的需求；（4）服务的范围；（5）服务的排他性；（6）定制的需求；（7）完成特殊任务的能力。这些需求越明显，就越有理由设立一个单一式家族理财室。否则，采用金融机构和其他服务提供商的外包解决方案更合理。

---

① 这些服务与欧洲单一式家族办公室的相关性正在下降。在美国，慈善事业往往扮演着更为突出的角色，而在许多亚洲家族办公室，慈善事业扮演着次要角色。

家族理财室的主要好处之一是它能凝聚家族的力量:它能阻止家族内部的离心力、企业换代变动和随之而来的财富稀释,从而使家族保持其凝聚力和权力。单一式家族理财室也不太容易受到损害少数股东和债权人利益的成本影响。与嵌入式家族理财室不同,嵌入式家族理财室的费用至少会部分转嫁给少数股东和债权人,而单一式家族理财室的费用则由家族自己支付账单。

但这些优势是有代价的。例如,在现有资产结构之外实施和运营家族理财室会产生直接成本。虽然单一式家族理财室规模较小(在美国,家族企业单一式家族理财室的平均雇员大约 5~8 名),但其产生的人工成本、办公室和技术基础成本占所要管理的财富比例,会使家族所有者不得不重视它。例如,波士顿咨询集团(Boston Consulting Group,2013)估计,家族企业单一式家族理财室每年的总运营成本约为 100 百万~200 百万美元。其他机构估计,家族企业单一式家族理财室每年的总运营成本约为管理资产的 0.70%~1.50%。[①] 因此,在美国和欧洲,只有当管理着数亿美元的流动财富时,才有必要建立一个单一式家族理财室。[②] 这些数据解释了为什么随着时间的推移,许多单一式家族理财室会转变为多户家族理财室。

家族理财室的整体效率是家族关注的重要问题,这激励了家族所有者监督家族企业理财室工作人员的成本意识行为。因为家族所有者受到激励后会主动监督家族理财室的成本效率并且会追究家族理财室工作人员的责任,所以家族所有者与家族办公室受托人之间的代理费用会很容易核实。

然而,同样的,单一式家族理财室应该会容易产生双重代理成本。对于家族所有者来说,家族理财室工作人员与各种服务提供商(如由家族负责人聘请的资产管理公司)之间的关系的监管和控制会更难。由于家族所有者对家族理财室人员与服务提供者之间的关系了解有限,因此家族理财室人员有很多机会做出自私自利的行为。例如,服务提供商和资产管理公司可能会贿赂家族办公室人员,通过提供各种诱惑使得家族理财室人员购买他们的服务,从而获得家族财富。二级代理利用委托人有限的洞察力和自己显著的信息优势,可能会与一级代理串通一气,以牺牲委托人的利益为代价追求自己的利益。

诚然,这些双重代理成本在一个可信赖的顾问的存在下是不太值得关注的,他会上升到一个纯粹理性、无私的管理状态。然而,单一式家族理财室容易产生管理家族理财室的直接成本,也容易产生将家族事务的管理委托给聘用专家的双重代理成本。

📚 案例研究

雅各布斯家族

雅各布斯家族最初的业务是咖啡贸易,在几代人的时间里经历了几次收购和撤资。到 2013 年,家族企业和财富的组合结构如图 5.13 所示。

---

① 请注意,这些估计数不包括直接记入家族成员投资组合的资产管理费和其他费用。

② 关于家族理财室的成本结构,参见 Rosplock(2013)和波士顿咨询集团(Boston Consulting Group,2013)的研究。

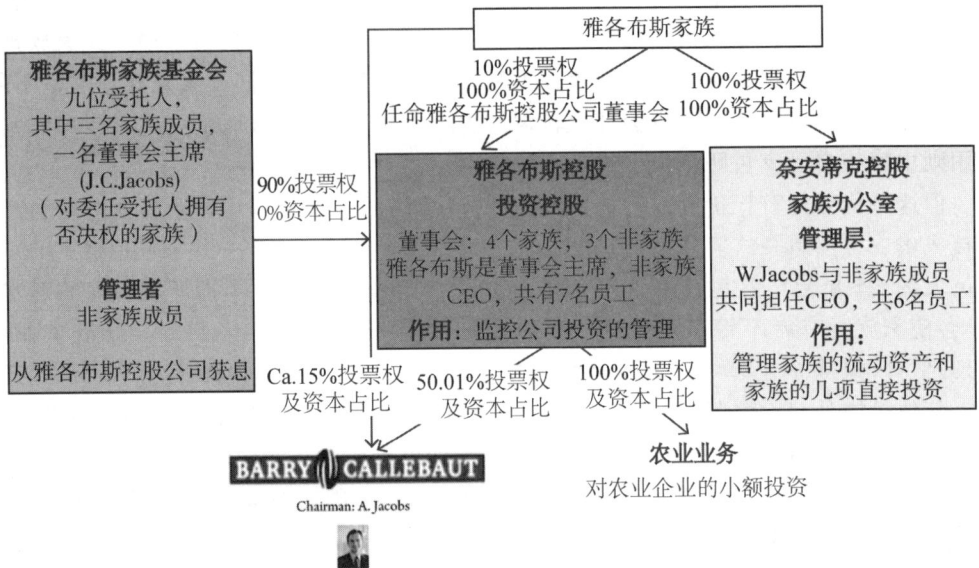

图 5.13　雅各布斯家族综合管理结构图

雅各布斯控股公司是该家族的投资控股公司,管理着该家族的主要企业资产[目前的主要投资是全球最大的巧克力生产商百乐嘉利宝(Barry Callebaut)]。该家族还拥有另一个机构——奈安蒂克控股(Niantic Holding),负责管理家族的大部分流动资产和规模较小的私人家族投资。

该家族直接持有雅各布斯90%的股份,剩余10%的股份由雅各布斯基金会持有。雅各布斯基金会持有雅各布斯控股100%的资本,是雅各布斯控股产生收入的主要财务受益方。雅各布斯基金会是一家由该家族成立的慈善组织,旨在促进儿童和青少年的创新。除了这个基金会,他们还是德国不来梅的雅各布斯大学的主要赞助人,不来梅是他们的故乡。该家族派出多名成员到基金会董事会中,包括其总裁,但只占董事会全体成员中的小部分。

正如组织结构图所示,该家族通过雅各布斯控股公司(Jacobs Holding)持有的50.01%的股份,以及家族成员直接持有的15.00%的股份,来严格控制百乐嘉利宝。在核心投资中,该家族的掌门人安德烈亚斯·雅各布斯(Andreas Jacobs)担任董事会主席。他们的农业业务拥有几家规模较小的企业,包括马匹育种服务机构纽塞尔(Newsell)。

思考题:

1.雅各布斯家族是如何控制其资产的? 各董事会/组织实体在组织图中各自的角色是什么?

2.该治理结构如何缓解家族内部利益分歧的可能性?

3.雅各布斯家族如何应对这种复杂的资产和家族结构可能产生的业主经理和双重代理成本?

5.8.4　家族信托基金会

　　家族也可以选择将很强的控制权委托给中介机构的管理形式。通常,在使用普通法的国家中,如美国、英国、日本、苏格兰、以色列和一些拉丁美洲国家,这是一种信托形式。在大陆法系国家,包括大多数欧洲大陆国家,都有关于信托关系,比如基金会的规定。这些安排的共同之处在于,转让人(在信托中称为委托人)将信托财产或基金会中的财产分配给接受者(受益人)。为此,转让方设置一名经理(受托人),该经理人承诺完全按照转让人的事前指示管理受让人部分的财富(Sitkoff,2004)。

　　在国际上各种类型的信托法中,受益人都放弃了放在信托内的财富的所有产权,并且对受托人的监督能力非常有限。受托人,而不是受益人,对信托行使所有权。受益人对受托人的依赖,以及对信托细节的低可视性,都促进了受托人对财富的保管权。受托人对信托享有控制权,而受益人承担全部风险。

　　在家族企业的背景下,家族信托是构建家族事务的常用工具,因为它们具有一些吸引人的特征(Zellweger,Kammerlander,2015)。在某种程度上,家族可能会因为税收的原因而选择信托。例如,在美国,信托免除了家族的联邦财产税和隔代遗产税。大多数情况下,父母为了孩子的利益而建立信托。他们这样做是为了限制孩子们获得财富,因为他们担心孩子们会毁掉资产(例如,家族企业),或者相反,这些财富会毁掉孩子们(例如,诱使他们沉溺于奢侈的生活方式或破坏他们的学习和工作的主动性)。人们通常将信托作为一种避免家族大股东冲突的手段,这种冲突既不利于资产治理又不利于家族和谐。在很大程度上,信托还允许委托人维持现状,并将他们一生的成就铭记于心,从而满足人们对家族和企业不朽的渴望。综上所述,信托具有以下优点:

　　(1)保护公司不受家族成员争吵和不合格家族成员的影响。

　　(2)保护家族远离挥霍财富和奢侈的生活方式。

　　(3)安全控制:限制退出机会和财富分散。

　　(4)保证家族所有者利益的一致性。

　　(5)税收优惠。

　　(6)保密性强。

　　(7)现金池的规模经济效应。

　　(8)协调家族的意愿,比如家族成员的教育、设施投资或慈善。

　　尽管有严格的法律标准,但在多数情况下,法律还不足以代替对受托人的监督。受益人实际上对受托人的行为没有控制权,并且通过将资产从受托人的控制中移除而退出关系的能力有限。例如,在美国法律中,没有保护受益人的监督机制(如法院监督或上市公司的股价)。换句话说,信托公司不能利用重要的内部和外部治理机制来监督和制裁企业界的管理者。

　　因此,信托会产生三种控制费用。第一,任命一名或多名受托人管理家族财富,会导致因信托形式财富官僚化而产生的直接成本。为了管理多样化的资产组合,受托人必须是具有资产管理专业知识的专业人士,并需要对他们的服务给予相应的报酬。

第二，如上所述，信托产生了巨大的委托代理成本；更准确地说，它们产生了财产委托人—受托人和受益人—受托人的代理费用。前者指的是受托人可能不会忠于建立信托的委托人的事先指示。后一种冲突指的是受托人对受益人的潜在的不忠诚，以及他/她可能存在的自私行为。这两种类型的委托代理成本是不可能通过传统的监控和激励契约来解决的。实际上，管理层持股是一种特别有效的激励机制，但它对信托公司不适用。此外，私人信托公司的股权没有有效的市场，这样就提供了一种价格信号，从而成为受托人业绩的指标。至少在某种程度上，受托人因此没有成为所有者的经理人。

第三，信托也可能会导致严重的双重代理问题。当管理者接到一项任务时，他有很大的自由裁量权，而企业又没有密切的监督，要确保二级代理人与受益人的利益保持一致是极其困难的。对受托人来说，将来自二线代理的丰厚费用分配给信托主体，并与资产管理公司进行串通交易，会很有吸引力。换句话说，因为第一级代理人已经有了重大的自利行为机会，第二级代理人更不可能与受益人的利益相一致，甚至可能与受托人串通，损害受益人的利益。所以，家族所有者在建立信托时，必须牢记这个双重代理问题还有另一个重要的方面：受托人必须谨慎管理信托主体，即托管在信托中的资产。根据美国信托法，这种谨慎义务就是对信托所持资产进行保守分配。这种义务与那些不能轻易进行股票交易的公司进行的投资所要获得的利益背道而驰。创业投资的风险很大，而引导受托人规避风险、实现财富多元化的信托，与具有内在风险的创业投资并不一致。因此，信托实际上允许家族所有者获得家族对资产的控制权。虽然信托可能是一种适当的管理流动资产的法律形式，例如为一些慈善活动提供资金。但从宏观经济的角度来看，对于信托基金是会导致次优投资，而不是将资本用于创造价值和创业用途的再投资这一说法，人们还是有很大争议，详见 Zellweger 和 Kammerlander(2015)、Sitkoff(2004)的研究。总之，控制公司的家族信托/基金会有以下一些缺点：

(1)行政成本。

(2)受托人对财产委托人和委托人的指示缺乏忠诚。

(3)受托人的机会主义行为，表现得好像他/她是信托资产的所有者。

(4)信托资产管理缺乏效率，缺乏监督和外部约束压力。

(5)由于害怕承担责任，受托人不愿承担企业风险。

5.8.5 哪种财富治理形式最好？

那些控制部分资产并由多个成员组成且经济利益相互交织的企业家族，必须仔细权衡所选择的任何资产管理形式的利弊。一方面，财富治理方式可能会受到家族所有者利益分歧的影响，从而导致家族利益冲突（未协调的家族，以及部分嵌入式家族理财室）。这些冲突削弱了家族的联合权力行使，破坏了对家族财富的保存，或许会导致家族随时间的推移而迅速解体。另一方面，财富治理的形式可能会产生双重代理成本，同时家族理财室受托人会开始像家族所有者一样行事（单一式家族理财室、家族信托）。在这些情况下，家族财富是集中在一起的，但家族需要付出巨额治理成本。

如果家族企业所有者希望在几代人之间保持财富，未协调的家族会是一种问题很多的治理形式,因为它无法激发家族成员之间的协调行动。这尤其适用于拥有众多成员和大量资产的家族。

由于许多商业家族都希望财富世代相传,我们应该考虑四大财富治理方法的稳定性,以及它们随时间推移而逐渐消解家族财富的趋势。在未协调的家族结构中,每个家族成员都有在其亲属之前攫取大量家族财富的动机,因此家族财富很可能被迅速地分解并分配给各个家族成员。在嵌入式家族理财室里,家族财富保持不变,但却面临着由家族政治而非基于效率的标准管理财富的风险。单一式家族理财室能够保护家族财富,但要付出巨大的行政和治理成本。最后,信托公司可以维持家族财富,但鼓励以高昂的代理费用进行风险规避管理。这样的话,家族财富会随着时间的推移消耗殆尽。

以上讨论的四种财富治理形式不是管理家族财富的唯一手段,但也不是相互排斥的。例如,一些家族可能希望将其财富和治理复杂的一部分外包给多家族理财室,同时自己管理剩余财富。或者,家族可以同时使用多种形式来管理他们的财富。例如,他们可以建立一个单一式家族理财室来管理流动财富,同时为他们的慈善活动建立一个信托/基金会。

实际上,许多在短短几代人的时间里创造了大量财富的家族,都是这样做的:从未协调的家族到嵌入式家族理财室,再到单一式家族理财室的方式。在任何特定阶段,家族都需要仔细评估财富治理方式的利弊,并通过为家族成员和最终的官员制定行为规则和建立适当的监督机制来应对可能会发生的管理问题。对于嵌入式的家族理财室,特别是单一式家族理财室,家族成员还必须监督受托人与二级代理的往来。从 Jacobs 家族的案例中可以看出(见上文的案例研究),长期成功的家族建立了一种精细平衡的治理结构,以控制所有者—管理者、家族大股东和双重代理成本。

5.9 治理文件:行为准则和家族宪章

在阐述了家族、所有权、公司和财富治理这四个治理领域之后,我们现在讨论它们的整合。家族巩固这些部分并记录其所选择的治理结构的方法是制定家族宪章。

家族宪章是家族企业中最常用的管理工具之一(Montemerlo,Ward,2010)。[①] 如上所述,家族宪章并不是一份具有法律约束力的文件,但它在情感上把家族成员约束在一种对企业、所有权、家族和财富的共同和协调的治理之下。根据家族及其业务操作的复杂性,家族宪章在细节和复杂程度上有所不同。因此,在先前对四个管理领域的讨论基础上,家族宪章可包括下列内容。

建议经商的家族,尤其是那些面临分离威胁的家族,应该对家族成员阐明那些重要的价值观。家族价值观的探讨和形成是家族企业治理的重要基石。价值陈述是使企业治理更为正式的重要一步,这一点毫无争议。价值陈述也为家族成员创造了凝聚力,提供了一种参考和身份的证明。此外,它们还可以用作其他各种问题的指导原则,如公司的继承和

---

① 家族章程和家族宪章可以作为同义词使用。

战略问题。在价值观陈述中,家族会希望阐明家族和企业的价值观以及家族成员之间的一致性。例如,关于家族作为社会团体和家族成员个人作用的重要性,家族和企业的前景,道德标准,发展,冒险承担,企业家精神等方面的陈述。

有些家族甚至制定了一套行为准则。与家族宪章相反,行为守则不仅规定了对家族重要的价值观念,而且设法确保这些价值观念的实现。为了真正"实践"家族价值观,家族可能希望维护某些传统,比如家族聚会,它象征并传递家族内部的家族价值观,特别是从老一辈到年轻一代。这些价值通过家族聚会或家族慈善之类的特定活动得以体现。有些家族甚至会审查家族成员对行为准则的遵守情况。行为准则可以在不监督家族成员的情况下,有助于审查家族成员对家族规范和价值观的遵守情况。例如,行为准则会有助于规定家族成员应如何与媒体沟通,以及他们应如何代表公司出席公众活动。重要的是要不时地审查行为准则和价值观声明。在某一时间点看似合理的价值观和行为准则可能会过时。

<h2 style="text-align:center">家族宪章的结构和内容</h2>

1.家族宪章的目标

2.家族价值观

3.公司治理(请参阅第5.5节)

  (1)董事会的作用

  (2)董事会的任命

  (3)任命最高管理人员

4.所有权治理(参见第5.6节)

  (1)表决权的行使

  (2)股份转让

  (3)僵局

  (4)股东协议的解除

5.家族治理(参阅第5.7节)

  (1)家族参与管理/董事会

  (2)家族参与所有权

  (3)家族参与新的创业

  (4)家族参与慈善事业

  (5)家族会议/家族理事会

6.财富治理(见5.8节)

  (1)家族共同管理家族财富的愿望

  (2)首选财富治理形式

  (3)家族成员参与家族财富治理的资格

7.家族的社会活动

  (1)适应家族需要

8.治理文件

  (1)家族宪章:文件的建立和最终变更

（2）其他文件：建立和最终更改文件

9.签名

10.附录

   （1）家谱

   （2）法律背景信息：婚姻结算规则，继承，赠与合同

所以，家族应根据公司和家族当前面临的挑战和信念，定期（每隔几年）对行为守则的功能进行审查。

例1：行为准则

- 尊重他人。
- 不在公共场合散播家族负面言论。
- 每年参加一次联合活动。
- 会议/沟通原则：做好准备，倾听理解而不是逃避回应，一次一人发言，不要人身攻击，保持自信，不断提升自我。

例2：行为准则——莫吉家族信条

- 第一条：家族成员应该认识到和谐是最重要的……促进相互尊重……允许家族成员专注于生意上的繁荣和家族财富的长久。
- 第七条：每个员工都应该受到公正的对待，并根据其能力和成就被安排在最合适的位置……
- 第十四条：开始一项新的业务时，应与家族成员协商。
- 第十六条：从你的个人收入中拿出尽可能多的钱给社会。

该示例应作为涉及此主题的家族宪章的指南。如上所述，家族宪章所涉及的主题及其详细程度因情况而异。综合来看，所有这类活动和文件的目的都是确保一个有凝聚力的、有能力的和可控制的家族。

5.10　治理机构：家族会议、家族理事会

在将企业、所有权、家族和财富治理结合在一起时，大家族有时会与特定的治理机构合作，如家族大会和家族理事会。

家族会议由一定年龄以上（例如，18岁以上）的所有家族成员组成。在许多商业家族中，家族大会的成员同时也是家族股东。然而，有时非持股家族成员也参加家族会议。

家族议会可根据家族股东和成员的人数，从其成员中选出家族理事会。家族议会是家族会议的理事小组，负责管理家族的业务和财务。更具体地说，家族理事会的作用是：

- 作为家族会议的执行委员会。
- 代表家族大会制定和修改家族宪章。
- 确保遵守家族宪章中规定的治理准则。

- 管理家族活动,确保凝聚力、能力和控制力(如家族会议、下一代聚会)。
- 就家族的价值观和目标,为家族所有者和企业董事提供指导。

通常,家族理事会成员有资格成为家族企业治理委员会的成员。如图 5.14 所示,可以想到各种组合。首选的组合将在很大程度上反映了家族的复杂性(家族越复杂,越需要协调家族内部,因此需要建立家族理事会)和业务的复杂度(业务越复杂,越需要专家参与董事会)。

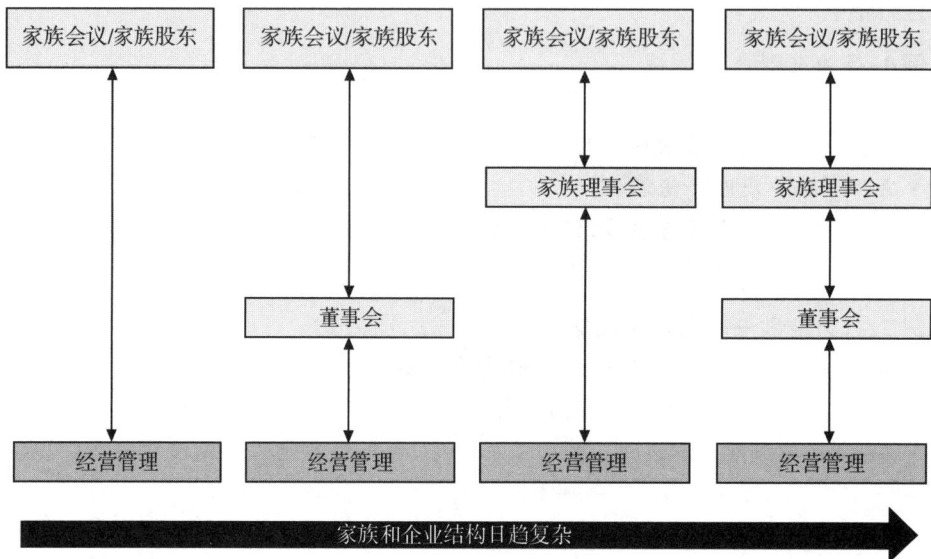

图 5.14　家族企业治理的主体

资料来源:改编自 Kormann(2008)

图 5.15 是一个控制了一家上市公司的美国家族的治理结构示例。现在这个家族的

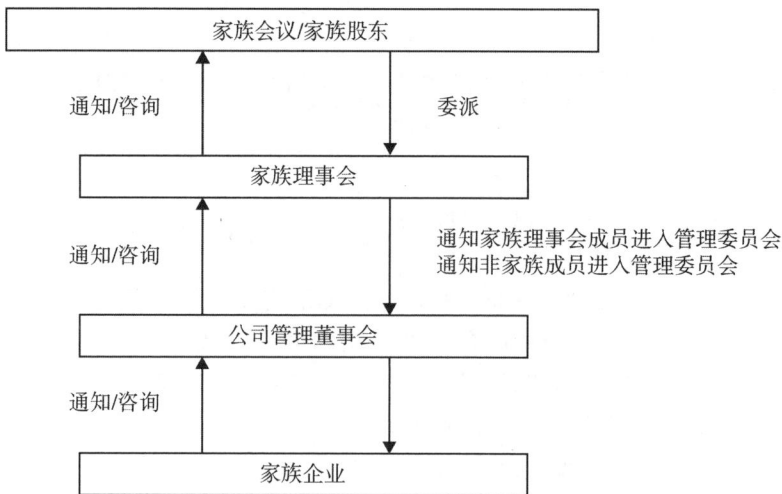

图 5.15　美国家族企业治理结构示例

第三代家族股东大约有 30 名,其中 4 人是家族理事会的成员,2 人在董事会任职(其中一人是家族理事会的成员,另一人不是)。由于该公司是上市公司,除了董事会中的 2 名家族代表外,还有 3 名董事代表少数族裔、非家族所有者。

哈尼尔(Haniel)是一家拥有大约 600 个家族股东的德国私有企业,可以说是一个极端例子。如图 5.16 所示,该家族采用了一种复杂的治理结构,这种结构决定了其控制公司的方式。家族股东大会任命 30 名成员为家族理事会成员,家族理事会的一小部分成员任命家族成员和非家族成员为公司董事会成员。哈尼尔家族在其家族治理中明确规定,家族成员不得在公司内部工作。根据德国法律,哈尼尔公司的董事会必须由同等数量的所有者和员工代表组成。

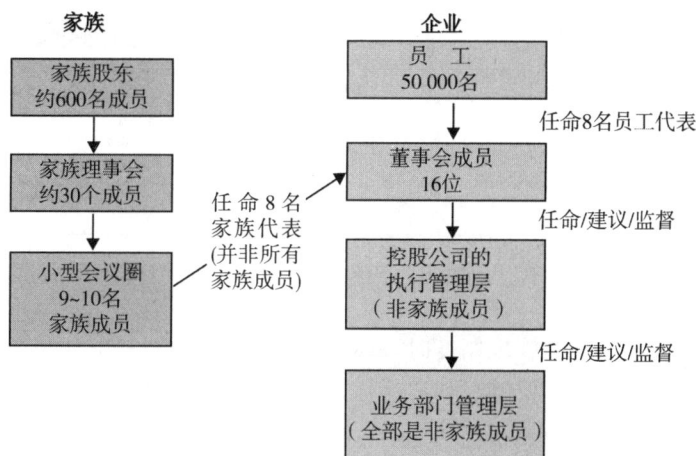

图 5.16　哈尼尔(Haniel)的综合治理结构

5.11　家族企业的综合治理

到目前为止,我们已经分别阐述了四个治理领域(公司、所有者、家族和财富)。然而,有效的治理可以确保这四个治理领域保持一致,并形成一个整体的治理系统。

我们将以家族治理为出发点,其中包括家族的价值观和总体目标。在这个治理领域中,家族规定了其成员在公司的管理和所有权的参与规则。这些治理声明是所有者关系治理的指导性文件,例如形成股东协议的基础。家族治理也是公司治理的基础,例如为董事会和最高管理层的人员配备决策制定标准,或制定股息政策。最后,家族治理对财富治理的影响主要表现在家族内部对财富管理的协调和对家族财富的治理。

作为家族治理的指导性文件,家族宪章将这些要素结合在一起,勾勒出家族、企业、所有权和财富治理的核心原则。图 5.17 描述了这种治理的综合视角。

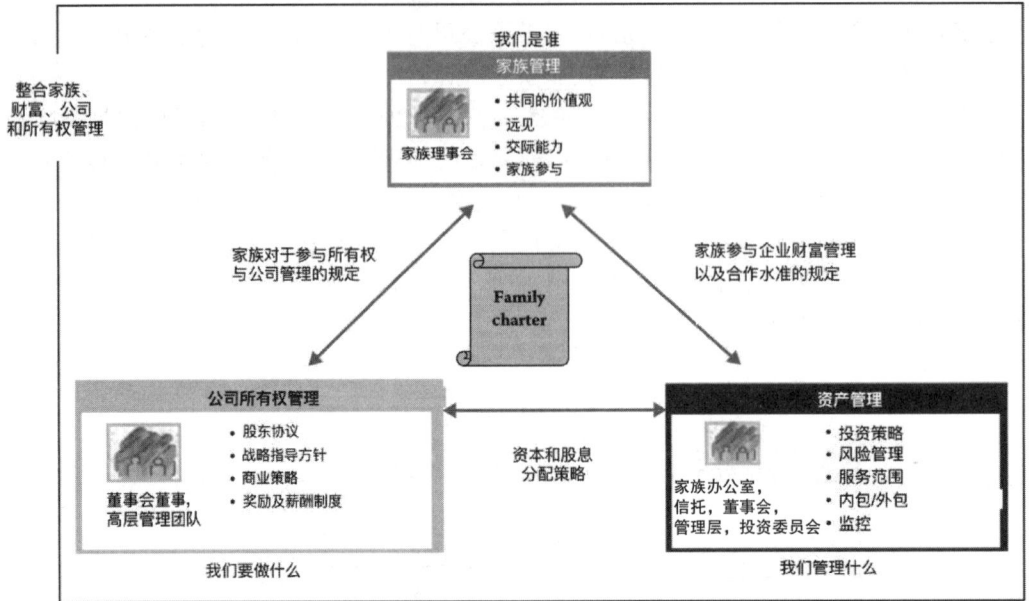

图 5.17　综合治理框架

　　在发展这样一个综合的管理制度时,从我们关于行为守则一节所讨论的家族的首要价值观和信念开始是十分重要的。如前所述,这些价值观对更详细地制定公司、所有权、家族和财富治理法规做出指导。

　　在制定这四个领域的治理规则时,确保它们是一致的和互补的是很重要的。例如,如果家族宪章规定了一些关于内部股权转让的规定作为家族治理的一部分,这些规定应该反映在股东协议中。记住,股东协议是具有法律约束力的文件;因此,任何其他治理规则(如家族宪章)都必须与其规则保持一致。

　　在一个家族定义了其基本的家族和所有权原则之后,它必须为企业和财富治理制定适当的指导性文件。在这些指导文件中,应特别注意家族成员参与公司和财富治理的规则。在公司治理方面,董事会的形成、组成、决策和权力的规则尤为重要。大型上市公司通常会将这些规则纳入董事会法规中。当然,家族在制定公司治理规定方面并非完全自由,在这一过程中必须尊重法律的约束条件。

　　在财富治理方面,家族成员必须说明他们是否要协调财富治理,如果要协调,他们将通过哪种治理方式(例如,嵌入式家族办公室、单一式家族办公室、信托或其他一些组合)来实现。

　　总的来说,这种程序性的方法应该能够建立一个与控制家族的总体价值观、信念和目标相一致的综合治理结构。在最终的发展阶段,对于控制着大量公司和非公司资产的大型家族来说,往往会形成一个由控制公司资产的控股公司和控制非公司资产的家族理财室组成的双重结构。这种结构是由家族、公司、所有权和财富治理条例共同构成的(见图5.18)。

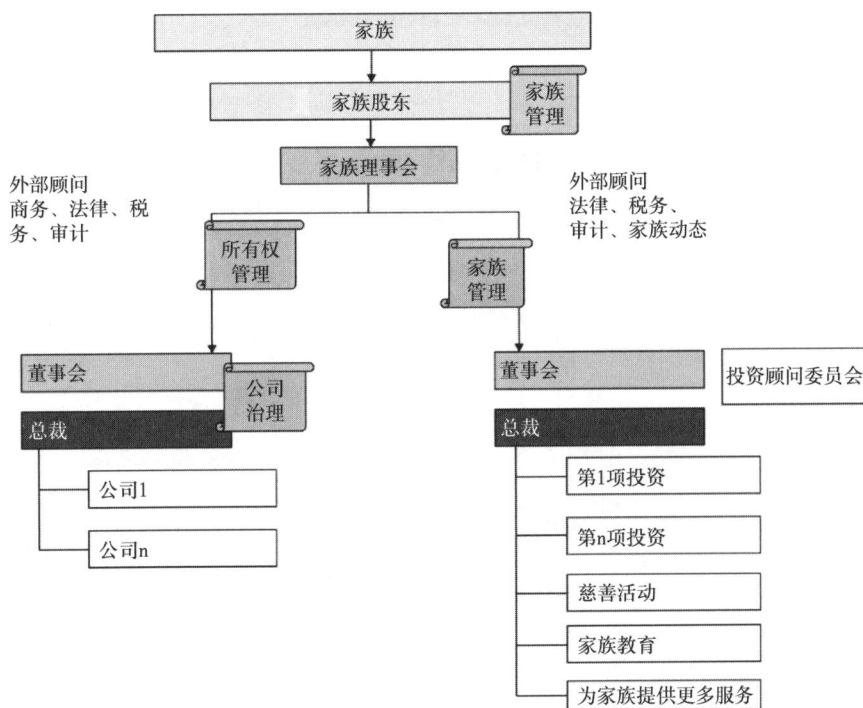

图 5.18　公司综合治理图示

案例研究

贝雷蒂控股公司(Beretti Holdings)
——不仅仅是一个退休决定

贝雷蒂控股股份公司(Beretti Holdings AG)是由贝雷蒂(Beretti)家族控制的公开上市公司。该公司最初由彼得·贝雷蒂(Peter Beretti)于 1920 年成立。多年来,公司发展迅速,现已发展成为一家多元化的控股公司,年营业额约为 9 亿美元。该公司的活动包括屋顶瓦、涂料液和工业冷却设备的生产以及生产设备的租赁。该家族目前控制着公司 60%的股权,其余股份则由各种公共投资者持有。

贝雷蒂控股股份公司在过去 20 年的成功主要归功于该公司的长期首席执行官马库斯·曼德尔(Marcus Mandell)的管理才能,以及监事会主席罗伯特·贝雷蒂(Robert Beretti)的商业头脑。马库斯·曼德尔是非家族雇员,而罗伯特·贝雷蒂是第三代家族成员。两人的年纪都为 60 来岁。贝雷蒂家族的另一位成员——托马斯·布伦南(Thomas Brennan,45 岁)负责工业冷却部门的管理,年销售额约为 1.5 亿美元。监事会由罗伯特·贝雷蒂(总裁)、托马斯·布伦南和三位非家族成员组成。贝雷蒂控股股份公司当前的治理结构如图 5.19 所示。

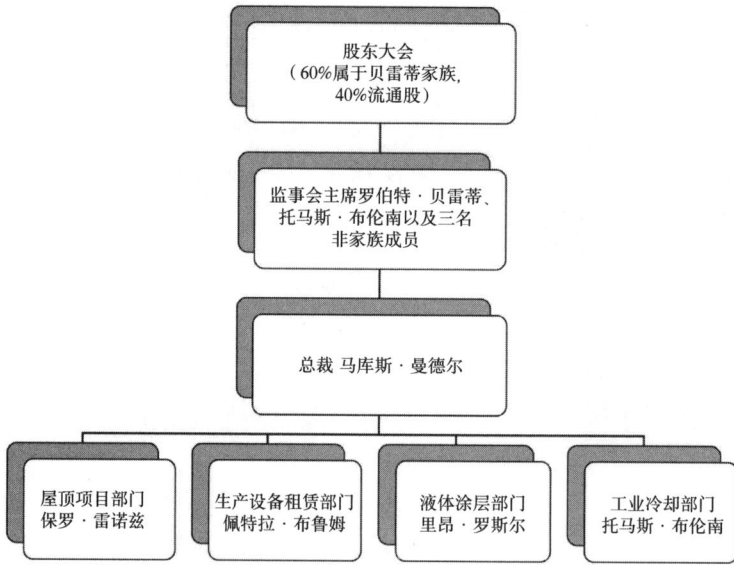

图 5.19　贝雷蒂控股公司的治理结构

家族股东受股东协议约束,该协议规定了优先购买权,尤其是股权转让的估值原则。优先购买权规定,股份应由家族股东持有。在进行股份转让的情况下,所有者的核心家族成员应拥有优先购买权,然后将其股份提供给家谱同一分支中的其他家族,最后提供给其他家族分支。贝雷蒂家族的结构如图 5.20 所示。

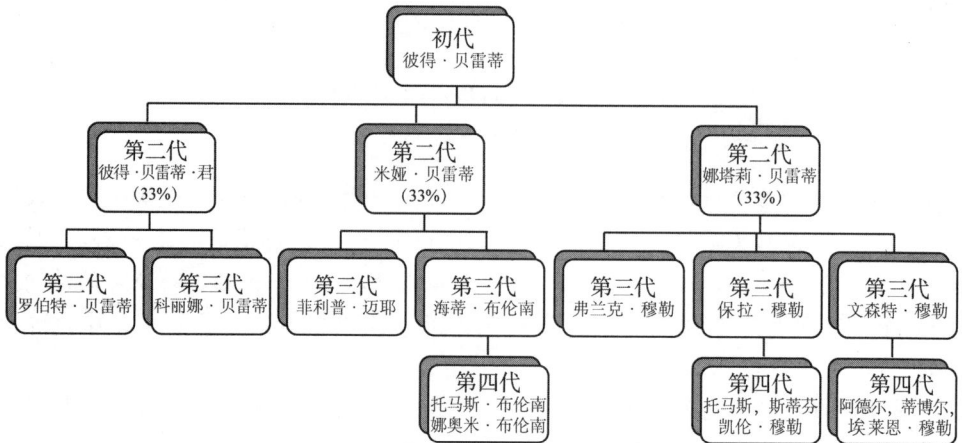

图 5.20　贝雷蒂家族家谱:家族分支之间的所有权分配

罗伯特·贝雷蒂在去年的监事会会议上宣布,他将于明年退休。现任首席执行官马库斯·曼德尔也宣布将于明年年底退休。随后,贝雷蒂家族对如何填补这些职位产生了分歧。在此之前,家族股东传统上一直遵循罗伯特·贝雷蒂的领导。

近年来,公司股权结构的复杂性发生了巨大变化。以前有 3 个第二代家族股东拥有 33％ 的相等股权,而现在有 18 个第三、第四和第五代家族股东。该家族总共约有 40 名成员,包括非持股配偶和子女。这种复杂度非但没有促进公司决策,反而使得家族股东无法做出决策。

关于监事会主席的选择,家族股东中有两个阵营:第一个阵营主要由米亚(Mia)和纳塔莉·贝雷蒂(Nathalie Beretti)的家族分支机构代表,主张每个家族分支机构都要派一个家族代表到监事会的解决方案;第二个阵营主要由彼得·贝雷蒂的家族分支组成。他们建议组建一个单一的家族股东库,由他们独立于家族分支的隶属关系,选出一些代表参加监事会。

关于首席执行官继任的讨论同样具有争议性。一群家族成员正在敦促托马斯·布伦南(Thomas Brennan)担任首席执行官。他们争辩说:"托马斯非常了解公司。他已经在监事会中任职,所以没有理由不兼任首席执行官。他是家族中的一员。"在闭门讨论后,他们补充道:"托马斯将尽最大努力担任首席执行官,因为如果他表现不佳,他知道他很可能会失去家人和工作。"其他家族代表提出了不同的方法:"我们应该聘请能够在没有家族偏见或负担的情况下经营公司的专业首席执行官。托马斯作为工业制冷部门的负责人做得很好,但我们不希望他继续担任首席执行官。"家族股东之间的沟通并没有出现好的效果。一边用漫长的、结构自由的电子邮件来征求 23 位家族股东的意见。另一边,几个家族股东开私人会议,来讨论出一个他们认为是最终的,并且对所有股东都具有约束力的解决方案。种种事项使其他家族成员感到无力,所以他们建议建立治理机构,以便可以有意义地组织和讨论和最终的决策。那么问题来了,什么类型的治理机构才可以呢?当贝雷蒂夫妇最终决定由一位家族代表代替监事会的罗伯特·贝雷蒂时,这个家族经历了更加严峻的挑战。这个家族有两名候选人。第一位是罗伯特·贝雷蒂的妻子茱莉亚(Julia),现年50 岁,她是人力资源顾问。罗伯特和茱莉娅·贝雷蒂没有孩子。第二位候选人是第四代家族的私募股权顾问蒂博·穆勒(Tibor Mueller)。该家族雇用了一家猎头公司来确定哪位候选人最适合担任监事会主席,猎头公司认为茱莉亚是最能干的。然而米亚和纳塔莉·贝雷蒂的家族分支不愿支持茱莉亚。他们争辩说:"其他两个家族分支机构是时候该参与其中了。"最后,蒂博·穆勒当选为监事会成员。

思考题:

如果罗伯特·贝雷蒂打电话给你,请你帮助家族应对这些与家族治理问题相关的挑战。在与罗伯特和一位非家族监事会成员进行了长时间的交谈后,你决定回答以下问题:

1.监事会的选举过程应该是怎样的?具体来说,你如何看待这两个阵营的建议?

2.关于首席执行官的选举,你有什么建议?谁应该成为 CEO?你提出的解决方案有哪些优点和缺点?

3.需要哪些治理机构,它们各自的职责是什么?

4.家族应如何组织建立更好的治理结构的流程,以确保结果得到相关家族股东的支持?

案例研究

哥伦比亚家族企业的家族风险基金

哥伦比亚一家大型多部门家族企业的所有者家族决定设立所谓的"种子基金"。该基金的设立有两个原因：(1)为当前的商业运作提供新的创业思路；(2)帮助下一代家族成员开始自己的创业生涯。在设立种子基金时，家族确定了下列目标：

(1)促进家族成员发展新的独立公司。

(2)在家族、员工、客户、供应商和其他方面建立下一代家族成员的企业信誉。

(3)建立企业家的自尊心。

(4)发展技能，储存经验。

该基金的结构形式是不可撤销和可持续的循环信托。信托基金的管理由三名投资银行家组成，他们都是非家族成员，在家族或公司的治理中没有其他角色。家族成员有权向该委员会提出商业计划，并且每个商业想法可获得最多 7 万美元的贷款。三位受托人决定是否批准这些贷款，这些贷款将以低于市场利率约 50% 的利率偿还。"种子基金"专门支持商业创意，它不支持家族成员的教育或任何其他非商业相关的活动。

贷款的执行情况由银行和三位受托人进行监督。家族委员会每年与受托人会面一次；在这次会议上，委员会收到了关于信托的整体报告，但没有关于个别贷款或公司的细节。

多年来，"种子基金"帮助创办了零售、餐饮、农业、工业生产和汽车维修等行业的多项新业务，这些行业都由家族成员经营。

思考题：

1.建立这样一个"种子基金"的利弊是什么？

2.为什么"种子基金"没有受到家族委员会的直接监督？

3.在何种法律和文化条件下，这种家族"种子基金"会特别成功？

思考题

1.家族企业中四个典型的代理问题是什么？

2.家族、所有权、公司和财富治理的核心领域是什么？

3.解释以下家族企业的治理规则的动态演变，该家族的治理规则依次经历了以下几个阶段：所有者—经理人，姊妹合伙，表亲合伙，最后是家族企业。

4.举例说明家族治理问题如何渗透到所有权层面，并最终影响管理层。

5.有些家族企业在决策时采用分支结构。例如，在为董事会选择家族成员时，他们给予家族树的每个分支任命一人进入董事会的机会。这种结构的潜在优点和缺点是什么？

6.下一代家族成员进入家族企业的基层有哪些优势和劣势？进入最高管理层有哪些优势和劣势？

7.姻亲应该包含在所有权中，还是应该被排除在外？为什么？

8.家族财富放在信托基金或基金会有什么利弊？

9.过去几年，私营制造企业米勒有限公司(Miller Ltd.)取得了长足的发展。非家族成员的首席执行官和首席财务官就为非家族成员的企业高管设立股权补偿计划的可能性与家族企业所有者进行商讨。作为家族所有者，你认为这个建议有什么优点和缺点？

10.设立家族宪章的总体目标是什么？

11.请描述一下家族宪章的主要内容。

12.一个拥有多个成员、少量公司和资产的企业拥有的家族,会因为您在家族治理方面的专长而求教于您。你被要求为这个家族制定家族宪章提供建议,你将如何完成这项任务?请列出一个流程模型,说明你将如何与家族一起完成宪章。家族宪章应解决哪些问题?

📚 背景阅读

Amit,R.,Y.Ding,B.Villalonga and H.Zhang(2015).The role of institutional development in the prevalence and performance of entrepreneur and family-controlled firms.*Journal of Corporate Finance*,31:284-305.

Amit,R.,H.Liechtenstein,M.J.Prats,T.Millay and L.P.Pendleton(2008).*Single Family Offices: Private Wealth Management in the Family Context*.Research report.Philadelphia,PA:WhartonSchool.

Au,K.,and C.Y.J.Cheng(2011).Creating 'the new' through portfolio entrepreneurship.In P.Sieger,R.Nason,P.Sharma and T.Zellweger(Eds.),*The Global STEP Booklet*,*Volume I:Evidence-based*,*Practical Insights for Enterprising Families*.Babson College,17-21.

Bertrand,M.,S.Johnson,K.Samphantharak and A.Schoar(2003).Mixing family with business:A study of Thai business groups and the families behind them.*Journal of Financial Economics*,88(3):466-498.

Carlock,R.S.,and J.L.Ward(2010).*When Family Businesses Are Best:The Parallel Planning Process for Family Harmony and Business Success*.Basingstoke,UK:Palgrave Macmillan.

Carney,M.,E.R.Gedajlovic,P.Heugens,M.Van Essen and J.Van Oosterhout(2011).Business group affiliation,performance,context,and strategy:A meta-analysis.*Academy of Management Journal*,54(3):437-460.

Carney,M.,E.Gedajlovic and V.Strike(2014).Dead money:Inheritance law and the longevity of family firms.*Entrepreneurship Theory and Practice*,38(6):1261-1283.

Carney,R.W.,and T.B.Child(2013).Changes to the ownership and control of East Asian corporations between 1996 and 2008:The primacy of politics.*Journal of Financial Economics*,107:494-513.

Claessens,S.,S.Djankov,J.P.H.Fan and L.H.P.Lang(2002).Disentangling the incentive and entrenchment effects of large shareholdings.*Journal of Finance*,LVII(6):2741-2771.

Colli,A.(2003).*The History of Family Business*,*1850-2000*.Cambridge:Cambridge University Press.

Flanagan,J.,S.Hamilton,D.Lincoln,A.Nichols,L.Ottum and J.Weber(2011).*Taking Care of Business:Case Examples of Separating Personal Wealth Management from the Family Business*.London:Family Office Exchange(FOX).

Franks,J.,C.Mayer,P.Volpin and H.F.Wagner(2012).The life cycle of family ownership:International evidence.*Review of Financial Studies*,25(6):1675-1712.

Hughes,J.E.(2004).*Family Wealth-Keeping It in the Family*.New York:Bloomberg Press.

Koeberle-Schmid,A.,D.Kenyon-Rouvinez and E.J.Poza(2014).*Governance in Family Enterprises*.New York:Palgrave Macmillan.

Montemerlo,D.,and J.Ward(2010).*The Family Constitution:Agreements to Secure and Perpetuate*

Your Family and Your Business.New York：Palgrave Macmillan.

Morck，R.，and B.Yeung(2003).Agency problems in large family business groups.*Entrepreneurship Theory and Practice*，27(4)：367-382.

Rosplock，K.(2013).*The Complete Family Office Handbook：A Guide for Affluent Families and the Advisors Who Serve Them*.New York：Bloomberg Financial.

Schulze，W.S.，M.H.Lubatkin，R.N.Dino and A.K.Buchholtz(2001).Agency relationships in family firms：Theory and evidence.*Organization Science*，12(2)：99-116.

Schulze，W.，and T.Zellweger(2016).On the agency costs of owner-management：The problem of holdup.Working paper，University of Utah and University of St.Gallen.

Sitkoff，R.H.(2004).An agency costs theory of trust law.*Cornell Law Review*，69：621-684.

Strike，V.M.(2013).The most trusted advisor and the subtle advice process in family firms.*Family Business Review*，26(3)：293-313.

Ward，J.，and C.Aronoff(2010).*Family Business Governance：Maximizing Family and Business Potential*.New York：Palgrave Macmillan.

Zellweger，T.，and N.Kammerlander(2015).Family，wealth，and governance：An agency account.*Entrepreneurship Theory and Practice*，39(6)：1281-1303.

6 家族企业中的战略管理

家族企业的战略管理问题到底有多重要？也就是说，这是研究人员和实践者需要解决的问题吗？为了找出答案，我们可以思考以下两个条件是否适用：第一，家族企业的战略决策是否与非家族企业的战略决策不同；第二，家族企业与非家族企业的竞争优势的来源和最终水平是否不同。本章专门讨论这两个问题。

我们将从一些关于家族企业战略决策的观察开始。更具体地说，在本章的第一部分，我们将探讨控股家族的特定目标如何影响家族企业的战略决策。在本章的第二部分，我们将研究几个概念，以解释家族企业竞争优势和劣势的来源。

6.1 家族企业所做的战略性决策

许多家族企业从业者和研究人员关注的一个重点是：家族企业在追求财务目标的同时，会追求非财务目标。事实上，这一特殊特征甚至被认为是家族企业的决定性因素（Chua，Chrisman，Sharma，1999）。然而，关于公司的非财务目标究竟是什么，这个问题仍然存在争议。此外，尽管许多人认为这些目标对战略决策以及家族企业的最终成功很重要，但需要更深入地了解这些非财务目标如何改变战略决策。

6.1.1 社会情感财富

多年来，许多研究人员试图解开家族企业非财务目标的本质。在今天的学术中，"社会情感财富（SEW）"被广泛用作描述家族企业中非财务目标现象的涵盖性术语。社会情感财富的定义是家族赋予公司的情感总存量（Gomez-Mejia et al.，2007）。从根本上来说，这可以归结为家族对公司的情感依恋，类似于"情感价值"的概念（Zellweger，Astrachan，2008）。

社会情感财富由四个不同的维度组成，每个维度都反映了家族企业所有者通过控制公司而获得的非财务价值的特定方面（见图6.1）。

1.代际控制

代际控制通过控股公司来获取家族拥有的效益，目的是将其传递给家族后代。最重

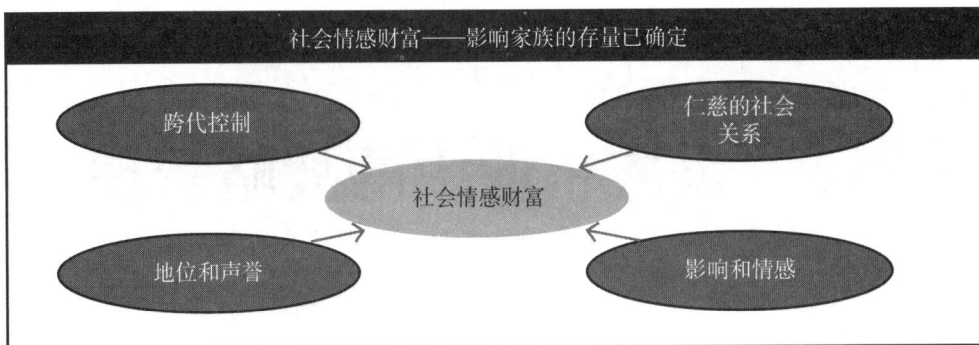

图 6.1　社会情感财富(SEW)的维度

要的是,这意味着当前的家族所有者重视将公司传给后代的机会。然而,对于多代家族企业来说,情感依恋也可能源自家族控股公司的创业传统。代际控制允许家族企业所有者将一笔宝贵的资产代代相传,从而建立家族遗产。请注意,这种控制形式与长期控制本身是不同的。虽然代际控制隐含着强调长期的观点,但正是家族跨代人手中的长期控制使其成为一种独有的特征和感知价值的来源。

2.乐善好施的社会关系

乐善好施的社会关系反映了控股家族的成员在多大程度上重视与以善意、相互支持、仁慈和忠诚为特征的个人关系。乐善好施的社会关系代表了一种人性化的互动方式,强调长期的重要性,注重相互引荐和相互支持。其与冷漠的契约逻辑形成鲜明对比,在这种逻辑中,只有在短期内提供物质回报的情况下,才能维持关系(Berrone,Cruz,Gomez-Mejia,2012)。培育善意社会关系的人不一定是无私的人或纯粹的利他主义者。但他们确实倾向于认为,在参与者相互支持的情况下,包括他们自己在内,从长远来看,结果对所有参与方都是最好的——即使一方在短期内出现了一些不利因素,比如不能立即得到回报。乐善好施的社会关系通常与家族中的健康关系联系在一起。但这些联系也可能超出家族范围,例如与长期员工、客户、供应商或其他业务伙伴的联系。

3.身份和声誉

身份和声誉是社会情感财富的第三个维度,表现为控股家族从身份认同或与公司认同中获取价值的程度。例如,在当地环境中,一个人的社会地位可能通过他/她与控制某家公司的家族的联系而提高。如果公司支持社交或慈善活动,或者如果公司是该地区的重要雇主,这一点可能尤其正确。随着时间的推移,控股家族可能会从公司作为社区中重要和受人尊敬的参与者的声誉中受益。当然,家族和公司身份交织在一起是一把双刃剑。例如,如果公司被公开指责在财务或道德上存在不当行为,家族的声誉就会受到损害。然而,当公司受到好评时,家族就会受益。在家族和公司共用一个名字的情况下,这种影响会特别明显。

在这里我们应该注意到,声誉的正面和负面影响不仅可以作为家族感知到的社会情感财富的来源,而且还可以作为一种制裁机制,推动家族企业遵守一定的道德标准。我们将在讨论家族企业竞争优势的来源时更详细地探讨这个问题。

4.情感与影响

家族企业所有者可能会从愉快的情绪或情感中获得非财务价值,因为他们与公司有关联。例如,家族企业所有者可能会对他们与公司的联系以及他们帮助公司成长的努力感到满意。这种联系也可能引发骄傲和幸福。家族企业所有者与公司和家族创业活动的关联,往往是非家族成员之间所缺乏的。从这个意义上说,公司是所有者亲密承诺的珍贵财产。

社会情感财富的四个维度不太可能彼此完全独立。例如,积极的声誉很可能与积极的感觉相一致。然而,与此同时,可以想象的是,一个家族可以重视代际控制,但很少经历善意的社会关系(例如,如果公司不得不削减当地劳动力)。这种可能性表明,将社会情感财富的所有四个维度合成为一个因素是有待商榷的。尽管最近有一些重要的批评,例如,Schulze 和 Kellermanns(2015),Chua、Chrisman 和 De Massis(2015),Miller 和 Le Breton-Miller(2014),但在现阶段,社会情感财富是一个有用的概括性概念,可以帮助我们了解家族企业的战略偏好及其根本原因。

社会情感财富的维护(以及更少见的增加)是家族企业的一个重要关注点。这一事实对于我们理解家族企业的战略决策具有重要意义。在经济方面,社会情感财富是家族所有者的主要参考点之一,其次是金融财富关注,进而是他们公司的战略决策。因此,决策的吸引力在一定程度上取决于它对社会情感财富的影响;在所有其他条件相同的情况下,决策对社会情感财富的影响越负面,决策的吸引力就越低。家族企业只有在以下情况下才愿意接受社会情感财富方面的损失并采取减损其利益的行动:(1)公司和/或其所有者以与社会情感财富中感知的损失相称的方式获得补偿,例如当决策从财务角度具有高度吸引力时;(2)需要采取行动来拯救公司,它本身就是所有社会情感财富和金融财富的来源。人们通常会理解,追求社会情感财富形式的非财务目标通常会减损财务目标。因此,在追求金融财富和维护社会情感财富之间存在假定的权衡。[①]

6.1.2 财务和社会情感观的差异

知名的家族企业研究表明,家族企业同时关注财务目标(最大化财务财富)和社会情感目标(维护社会情感财富)。然而,当家族企业必须将一个目标置于另一个目标之上时,社会情感考虑往往胜过财务考虑(Gomez-Mejia et al.,2007)。要理解家族企业战略决策的特殊性,我们必须明确区分财务和社会情感观点。

从纯粹的财务角度来看,公司应该试图通过最大化所有者的财务财富来改善自己的地位。评估是否应该采取某种行动的管理者应该评估他们的决定对股东未来财务财富的影响。在这种评估中,行为者应该是完全理性的,因为他们可以获得所有相关信息;也就是说,在考虑到相关风险的情况下,他们应该把重点放在最大的预期回报上。从这个角度来看,冒险是可取的,因为风险可以有足够的回报作为补偿。

---

① 稍后我们将放宽权衡假设,但它在这一点上是有用的,有助于澄清我们关于社会情感财富核心特征的争论。

社会情感观点在根本上不同于这个观点。采纳社会情感观点的行动者努力保持家族目前的社会情感财富天赋。他或她不是在最大化财务业绩，而是满意度，也就是说，行为人的目标是根据其对公司业绩的特定期望水平达到一个财务业绩水平（Cyert，March，1963）。这一期望水平很可能取决于公司为确保继续追求社会情感财富而需要达到的最低财务业绩。因此，家族企业的所有者和管理者可能会问：要保留我们家族目前的社会情感财富——例如，为了确保公司未来仍在家族控股下——我们需要达到什么样的绩效水平？这些行为人将不是以他们对某些（不确定的）未来财务回报的期望为指导，而是以他们为维护现状所需努力的经验为指导。

请注意，从这两个角度来看，财务表现都很重要。一个优先考虑社会情感财富的人员明白，这些财富取决于公司的长期生存，而长期生存又取决于财务表现。但是，对于财务动机的参与者而言，财务绩效是相关的输出指标；而对于社会情感动机的参与者而言，它是一种输入指标，他/她将把财务表现视为公司活动是否达到确保其非财务目标所需水平的指标。行为人对财务绩效的看法与他或她的冒险倾向有关，在财务制度下风险偏好较高（风险导致更高的预期财务回报），而在社会情感财富制度下则较低。在社会情感财富制度下，参与者规避风险，因为在其他条件相同的情况下，风险会威胁现状，因此会影响社会情感财富。表 6.1 中呈现了两个相反的观点。

表 6.1 财务和社会情感观的指导原则

	财务观	社会情感观
行动模式	状态提升	状态保持
财富集中	未来的财富	现有财富
财务绩效的信息角色	产出	收入
选择的主旋律	最大化	满足
行为人的理性	理性	有限的理性
与选择有关的维度	在给定风险下可达到的表现	为保持现状所需要的表现
选择的基础	对于未来机会的期望	对于过去成就的经验
冒险激励	高	低

虽然上述考虑对个人或家族层面的决策有一定的启发，但对公司层面的战略偏好的影响更有意义。例如，以人力资源实践为例：财务观点将强调纯粹基于候选人的技术资格进行选择，而不考虑该候选人是内部还是外部的。社会情感财富的观点，强调资历和经验与公司和关系的联系，将更重视内部候选人。从这个角度来看，内部候选人更有价值，因为他/她大概很了解公司，符合公司的文化，并且从公司的其他人那里赢得了一定程度的信任。随着时间的推移，他/她获得更多的信任、经验和功绩，并在公司的层级中晋升。在一家持社会情感财富观点的公司，薪酬更有可能在管理者之间是固定和平等的，因为个人业绩与集体业绩和工资水平是平衡的。在社会情感财富制度下，决策风格也可能不同。例如，强调社会情感财富的人员宁愿妥协，保全面子，保持和谐，也不会发起对抗。

社会情感财富观点对公司层面的战略具有重要影响。多样化被视为对社会情感财富不利,因为它降低了公司的形象和声誉,限制了家族的身份认同机会,削弱了管理者对先前亲密关系的关注,需要更多样化的专业知识,并降低了家族和公司内部单一历史活动和相关知识库的价值。类似的逻辑也适用于国际化,国际化做法往往会受到批评,因为它会削弱公司的本土根基,并且需要公司去适应不太熟悉的文化和人员进行接触。一般来说,在社会情感财富的观点下,人们通常会"固步自封"。

6.1.3 社会情感财富怎样影响战略决策制定:一个框架

总之,我们可以得出结论,社会情感财富中反映的非财务目标对家族企业的战略决策有着深远的影响。考虑到一个典型的决策过程,我们预计社会情感财富会偏向于战略选择的优先次序,对结果行动的执行和监测,以及对这些行动结果的解释(见图6.2)。

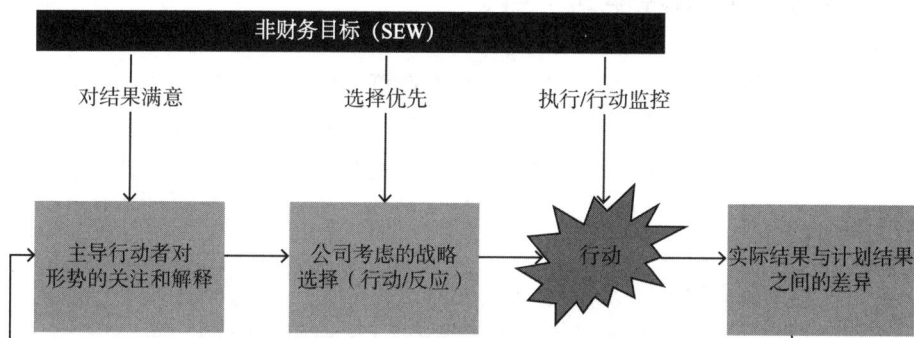

图6.2　社会情感财富影响战略决策制定的进程

因此,社会情感财富制度至少在三个重要方面改变了要考虑的战略选择的优先次序。首先,它支持保留社会情感财富的选项,即使这意味着金融财富不会最大化。其次,社会情感财富可能会改变执行和监视操作的方式。社会情感财富会导致对渐进式和微妙的变化的偏好,并密切监控所采取的行动的后果。最后,一旦行动的结果变得清晰,参与者将检查期望的结果与实际结果之间的差异。

对于决策过程的这一部分,社会情感财富会促使参与者满足;也就是说,他们将努力实现足以继续追求社会情感财富的财务结果。如果实际业绩不能满足期望,家族企业将进行变革;但如果实际业绩超过期望,家族企业可能认为没有必要采取行动。

6.1.4 关于家族企业行为中存在社会情感财富的一些证据

家族企业真的按照社会情感财富框架的预测行事吗? 来自对私人和公共家族企业的各种研究的证据表明,在其他条件相同的情况下,社会情感财富确实是家族企业的一个关键参照点。例如,我们发现:

(1)家族企业的多元化程度低于非家族企业,即使其拥有集中财富头寸的所有者将受益于多元化带来的投资组合风险降低(Anderson,Reeb,2003)。

（2）家族所有权与研发（R&D）投资呈负相关，尽管家族企业通常会从此类投资中受益（Chrisman，Patel，2012）。

（3）家族企业进行撤资的可能性较小，尽管这样做将从预期的积极业绩影响中受益（Feldman，Amit，Villlonga，2016）。

（4）家族企业更愿意保持独立，即使选择另一种组织形式（例如加入合作社）会降低商业风险（Gomez-Mejia et al.，2007）。

（5）家族企业所有者倾向于高估他们公司的财务价值，以防他们希望将公司传给未来的家族世代（Zellweger et al.，2012）。

这些只是众多研究中的一小部分，这些研究支持了家族企业将社会情感财富作为其主要参照点的想法，对组织的战略管理具有重大影响。

6.1.5 脆弱性下的偏好逆转

尽管社会情感财富观点普遍存在，但家族企业可能愿意优先考虑财务观点，并在某些条件下接受社会情感财富损失。例如，在上述研究中，研究人员发现，当家族企业及其所有者变弱时，他们可能倾向于多样化，投资研发，进行撤资和改变组织形式。脆弱性导致家族企业改变其通常的偏好，追求更标准的经济战略。家族企业脆弱性可能表现为各种形式，例如当：

- 公司业绩下降，威胁到公司整体的生存；
- 公司拥有有助于缓冲商业风险的低水平闲置（未使用）资源；
- 有公众压力（如媒体压力）要求应用更标准的经济决策标准。

在这些情况下，家族企业可能会参与变革，面对经济事实，并承担重大风险来改变和改善其状况。图 6.3 描述了在一种脆弱性信号下，即呈现出下降趋势之时的偏好逆转的观点。我们发现，如果事情进展顺利，业绩超过期望水平（通常被概念化为公司当前业绩与过去业绩相比或与竞争对手当前业绩相比的差异），家族企业几乎没有改变的意愿。在期望水平上的实际表现向家族所有者发出信号：社会情感财富是安全的。然而，当业绩恶化时，家族所有者会感受到越来越多的紧迫感，因为社会情感财富以及金钱可能处于危险之中。受到威胁的家族企业表现出更高的变革和冒险倾向。由于担心失去完整的"传家宝"，家族企业愿意冒很大的风险来扭转这种不受欢迎的局面。

仅就家族企业面临脆弱性的行为，得出家族企业总体上是风险厌恶的结论是过于简单化的。诚然，家族企业在脆弱性较低的情况下不太倾向于冒险，例如当业绩超过期望水平时，冒险会危及社会情感财富。当业绩超过期望水平时（图 6.3 中 A 点的右边），承担风险几乎没有收获，但却有很大的损失。但是当公司受到威胁时（图 6.3 中 A 点的左边），这种偏好就会逆转，财务观点得到优先考虑；此时损失不大，收益很大，面临威胁的家族企业转向紧急行动模式，并承担重大风险。

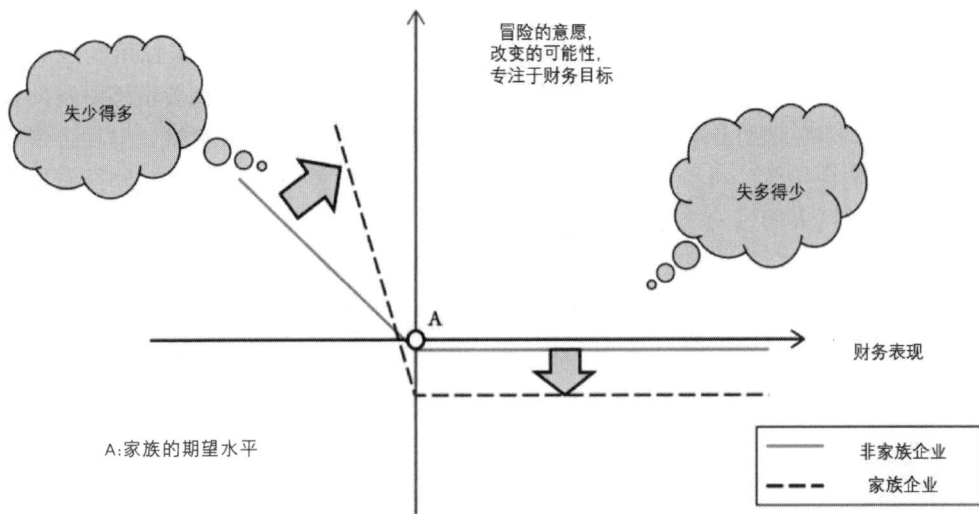

图 6.3 脆弱性下的偏好逆转

案例研究

汉高(Henkel)的根廷(Genthin)工厂

汉高是一家公开上市的德国家族企业,其历史可以追溯到 1876 年。该公司在全球范围内运营,在三个业务领域拥有领先的品牌和技术:洗衣和家族护理、美容护理和黏合剂技术。

汉高公司拥有宝丝(Persil)、施瓦茨科夫(Schwarzkopf)和乐泰(Loctite)等知名品牌,在消费和工业业务领域占据全球领先的市场地位。公司总部设在杜塞尔多夫(Dosseldorf),在全球拥有约 47 000 名员工。

在公司的历史上,根廷(Genthin)的生产基地有着特殊的地位。该公司的创始人弗里茨·汉高(Fritz Henkel)在 1921—1922 年建造了这个基地。1923 年,第一款 Persil 洗涤剂——今天该公司的顶级消费品牌之一,推出了清洁皮带的产品。1944 年,该厂的年产能为 16 万吨。然而,1945 年,根廷工厂被苏联军队从汉高征用,并在 1949 年成为德意志民主共和国(东德)控制下的国有生产设施。1989 年东德和西德统一后,汉高于 1990 年重新收购了根廷基地。在这次重新收购时,家族所有者非常清楚根廷工厂的历史意义,家族成员甚至听说现场仍然有刻有弗里茨·汉高名字的家具。在随后的几年中,汉高在该工厂投入了大量资金更新生产设施并努力使其盈利。然而,尽管基地运转一直没有停下,该计划还是失败了。在经历了多年的重大亏损后,该基地于 2009 年关闭,一些剩余资产被出售。

思考:

在汉高的根廷工厂的故事中,你在哪些地方看到了社会情感财富方面的考虑?

综上所述，我们已经看到，社会情感财富是控股家族的非财务目标的概括性术语。社会情感财富是家族企业所有者的参照点，由四个不同的驱动因素组成：代际控制、乐善好施的社会关系、身份和声誉，以及情感和影响。总体而言，家族企业寻求保留其现有的社会情感财富禀赋，即使这可能会部分降低财务表现。在战略层面上，社会情感财富的维持导致家族企业避免威胁社会情感财富的行动，如多样化、撤资和缩小规模。对社会情感财富的追求通常会导致公司层面的风险厌恶。然而，当一个家族企业受到威胁时，它的所有者就会愿意冒巨大的风险来拯救公司，因为公司是所有财务财富和社会情感财富的来源。

6.2　家族企业竞争优势的概念化

社会情感财富观点无疑有助于解释家族企业的战略偏好，特别是当涉及它们表面上的非理性行为时。至少到目前为止，同样的观点对于解释竞争优势和劣势的差异以及最终家族企业的绩效并没有很大帮助。大规模的实证研究发现家族企业之间的绩效存在重要差异（Carney，et al.，2015；Gedajlovic，2011）。例如，安德森和瑞布（Anderson，Reeb，2003）发现家族企业的表现优于在美国股市上市的非家族企业。后来的研究发现，只有在创始人仍然是 CEO，或者创始人是董事长并与受雇的 CEO 一起工作的情况下，公共家族企业的表现才优于非家族企业（Villlonga，Amit，2006）。还有其他研究表明，对家族企业业绩真正重要的是创始人是否必须与他/她的亲戚打交道，而且在许多情况下，那些只有一位创始人的公司表现得更好（Miller et al.，2007）。

世界各地进行的许多家族企业绩效研究发现，家族企业不仅表现良好，而且经常优于非家族企业［有关家族企业绩效研究的综述，见 Amit 和 Villlonga（2013）的文章］。然而，各类研究对家族治理形式并不都持有积极态度；一些人认为，牢牢占据其地位的家族管理者和所有者可能会拒绝努力，或者倾向于通过消费私人控制权利益来征用组织利益相关者（例如少数所有者）。还有一些人认为，家族企业表现出资源限制，例如在获得金融资本方面，这会阻碍增长。

总体而言，家族影响力和公司业绩之间的联系是一个极具争议性的联系。考虑到围绕这个问题的困惑，在直接比较家族企业和非家族企业绩效的方法中退一步，并提出以下问题可能会更有帮助：

（1）家族影响在多大程度上有利于企业绩效？（程度观）。

（2）在什么条件下，家族影响有利于企业绩效？（权变观）。

（3）何种组织过程上驱动家族企业绩效？（过程观）。

程度观假设家族影响本身不是好的或坏的。相反，这种观点假设家族影响作为一种力量展现出来并到达一定程度。超过这个阈值水平，负面影响就会出现，阻碍绩效。这一观点的支持者认为，在低水平的家族影响力下，绩效会受到影响，因为家族可能无法监督自私的管理者，或者不愿意为公司提供宝贵的资源。然而，在某个转折点之上，业绩也会受到影响，因为家族限制获得外部资本和专业知识，并认为公司不一定是财富创造的引擎,而是在财务和非财务方面能够提升家族自我的工具。

相比之下,权变观提出的问题是:在什么情况下家族企业的表现更优?这种观点寻找背景和组织因素,或者加强或削弱家族影响和绩效之间的联系。例如,我们可以审查社会层面的制度变量,例如保护少数股权所有者、公共市场上的财政和人力资本的可用性、执法和整体经济发展。权变观点假设,家族企业在某些制度下特别成功,例如,在薄弱的制度环境下,它们能够填补机构"空白"(Khanna,Palepu,2000)。除了这些社会层面的偶然性变量之外,在组织层面上,我们可能会考虑是否存在控制增强机制(如双重股权或金字塔结构),董事会是否独立于家族,或创始人是否存在。

最后,过程观试图打开家族影响和公司绩效之间的黑箱,并询问家族企业为了竞争而设置了哪些特定的组织流程。这里一个突出的观点是资源基础观,认为家族企业在与家族互动的情况下拥有一套独特的资源和能力[例如,Habbershon 和 Williams(1999),Sirmon 和 Hitt(2003)]。家族影响力驱动绩效的另一个渠道是制定非一致性战略的能力,因为家族控股为企业提供了更高的自由度,比如追求长期目标,而不是短期目标[例如,Carney(2005),Zellweger(2007)]。还有一些学者认为,家族企业的竞争力可以与它们适应和利用表面竞争力量之间的协同效应的能力联系起来,例如家族和企业之间的协同效应,传统和创新之间的协同效应,或开发和探索之间的协同效应[例如,Schuman、Stutz 和 Ward(2010),Stewart 和 Hitt(2010)]。此外,认同感和品牌建设作为竞争优势的进一步来源的观点属于过程观。家族企业通过家族成员和非家族成员(如长期员工、更广泛的利益相关者群体,尤其是客户)之间的高度认同获得绩效优势[例如,Dyer 和 Whetten(2006),Miller 和 Le Breton-Miller(2005),Zellweger、Eddleston 和 Kellermanns(2010)]。过程观还包括这样一种观点,即家族企业在创新方面可能具有某些优势。家族企业在特定组织或生产过程方面可能具有强大的显性知识,以及特别的隐性知识。这些公司接受创新的时间比他们的非家族同行晚。然而,一旦对创新达成一致,他们就会更快更持久地接受它(König,Kammerlander,Enders,2013)。

在下一节中,我们将详细介绍最突出的观点,以进一步揭示家族影响和竞争优势之间难以捉摸的联系,从而特别强调上述程序和权变观点。

6.3 代理观

代理观是最常用于解释家族企业竞争力的方法之一。事实上,家族企业文献既积极运用了代理观,又促进了其发展。代理理论主要关注企业的有效治理,特别是所有者和管理者之间的合作。所谓的"委托代理成本"是指如果所有者希望确保管理者为所有者的利益行事而产生的成本。代理理论已经逐步扩展到探索其他类型的治理关系,特别是多数所有者和少数所有者之间的关系,以及所有者和债务资本的贷款人之间的关系。今天,这一理论对家族企业的有效治理做出以下预测。

6.3.1 家族所有者和家族管理者的利益一致

传统上，认为家族企业具有较低的委托—代理成本。这一论点根植于关于家族企业治理的两个假设：第一，在许多家族企业中，所有者也是管理者（即所有者管理的家族企业），由此所有者和管理者的利益自然地保持一致。拥有这家公司的人也会管理它，这使得昂贵的监督和激励计划变得没有必要。第二，即使所有者和管理者不是同一个人，而是属于同一个家族（例如，当父母是所有者，孩子是管理者），家族关系所独有的信任、仁爱和信息交流也可能使他们的利益保持一致，并再次使控制和激励系统变得不必要。

考虑到这两种机制，拥有家族成员的家族企业在所有权和管理职位上都可能具有天然的竞争优势。家族企业可能比非家族企业表现得更好，因为它们可以省去昂贵的管理者监督和激励薪酬。因此，在这些公司寻求改善业绩的杠杆的从业者应该问：

- 是否有一种信任的氛围，确保家族成员在所有权和管理方面的利益保持一致？

6.3.2 家族所有者和家族管理者的利益错位

以上讨论的积极观点受到了深入研究家族关系本质的学者的质疑。通过对标准代理假设的限定，舒尔茨（Schulze）和他的同事（2001）认为，当所有者和管理者是家族成员时，家族企业会遭受根植于利他主义的明显的代理问题。有人认为，利他主义可能会破坏参与所有权和管理的家族成员的有效合作。首先，利他主义迫使父母照顾他们的孩子。但是，即使利他主义促进了信任和相互支持，受益于（父母）利他主义的孩子（或其他家族成员）可能会有搭便车和逃避责任的动机。发生这种搭便车和逃避行为的原因是，父母不愿监督和制裁他们的孩子（或其他近亲）的不当行为，例如降低他们的工资或因为表现不佳解雇他们（"我不能解雇我的孩子"）。这样做会损害父母的家族关系。

利他主义也会让父母产生偏见（"我的孩子们都很努力"或者"我的孩子太聪明了"），家族成员很可能会基于家族关系而不是基于业绩的标准任命管理者，这种现象已被称为逆向选择。

这一观点挑战了标准的代理观点。后者认为家族拥有和管理的公司应该从提高的绩效中受益。相反，前者认为家族企业的绩效可能会因为利他主义诱导的代理成本而受到影响。因此，即使在家族企业中，也应该有必要在家族所有者和家族代理人之间建立一种监督和激励协调机制，这会抑制公司的绩效。

因此，当家族同时参与所有权和管理时，寻求改善公司绩效的杠杆的从业者应该问：

- 虽然利他主义是家族关系的一个重要方面，但它是否破坏了在公司工作的家族成员之间的专业工作关系？
- 孩子们是靠父母的善意免费"搭便车"的吗？
- 父母是靠孩子的善意免费"搭便车"吗？

- 我们任命管理者是基于他们的能力还是基于家族关系？
- 我们是否必须为在公司工作的家族成员制订某种监督和激励计划（例如，基于绩效的薪酬和股票所有权计划）？

6.3.3 家族所有者对于非家族成员管理者的伤害

正如在关于治理的第 5 章中已经提到的那样，家族企业经历的效率损失与雇用、留任和激励熟练的非家族管理者相关的问题有关。这是因为非家族管理者迟早会明白，这家公司最终是一个家族事务，因此控制所有权的家族对如何经营公司保留了完全的自由裁量权。事实上，由于只有所有者可以控制公司中的所有者，控股家族完全可以根据自己的喜好以非常特殊甚至非专业的方式运营公司。非家族管理者，无论是在与家族企业签订雇佣合同之前还是之后，都会逐渐认识到——至少在某种程度上——家族企业仍然是一个两级组织。作为一名非家族管理者，你将永远受家族所有者的摆布，他们可以改变想法，不信守承诺，一旦他们在雇主身上投资，便单方面剥削管理者，比如当员工在公司外已经掌握了一些不那么有价值的技能时，或者一旦他已经在雇主附近买了一套房子。这种所有者持股（Schulze, Zellweger, 2016）并不总是由于所有者利用从属员工/管理者的机会主义而发生的，也可能是由于对模棱两可的信息的解释存在坦诚的分歧而发生的。

后果是，家族企业将很难吸引和留住高技能的管理者，并激励他们的员工做出更多努力，做出超出要求的承诺。解决这些威胁并非易事，因为家族所有者必须对自己的自由裁量权施加限制。在实践中，家族企业所有者通过任命有权势的董事会，将个人声誉与公司的声誉捆绑在一起，公开承诺某些价值体系、宗教信仰或管理风格，或者支付高额固定工资来吸引和留住顶尖人才，从而"绑住了他们的手"。

因此，当考虑到阻碍雇用、留用和激励熟练的非家族管理者的所有者持股威胁时，寻求改善公司业绩的杠杆的从业者应该问：

- 我们是否运用专业的管理实践来经营我们的公司？
- 我们对员工信守诺言了吗？
- 我们如何确保管理者们能在我们公司有职业生涯？
- 我们如何确保我们的公司被视为一个很好的工作场所？

6.3.4 家族企业所有者监督非家族成员管理者

家族倾向于在他们的公司中拥有控股权，并且对这些公司的控制相当严密。在许多情况下，即便不是 100% 的所有权股份，家族也持有多数股权。在公开上市公司中，一个重要但低于 50% 的股权足以决定公司的命运。此外，在大多数情况下，家族在公司的所有权代表了家族财富的最大份额。因此，家族所有者是与他们经营的公司联系在一起的财富状况不多元化的区块所有者。最终，他们有权力和财务激励来限制管理者的自私行为——这就是所谓的"就地监督"的论点。因此，在家族持有控股权但不参与管理的情况下，寻求改善公司业绩的杠杆的从业者应该问：

- 家族对公司的控制有多严格？
- 我们能接触到公司的所有信息吗？
- 作为所有者，我们是否有能力挑战管理层的观点并解雇不满意的管理者？
- 作为所有者，我们是否具备必要的技能来评估公司的战略决策？
- 我们如何激励我们的管理者？
- 我们如何避免管理者的过度冒险？

6.3.5 所有者剥夺非家族的少数股权所有者

家族控股股东可能并不总是以使所有股东财富最大化的方式行事。事实上，他们可能会以各种方式剥削非家族少数股权所有者。家族股东可以从公司中提取私人利益，例如公司支付其家族所有者的私人费用。他们可能会迫使公司从事服务于家族财务利益的活动，例如与家族控股的其他公司以不利的价格进行交易，而家族并不是这些公司唯一的所有者。家族可以实施双重股权计划，这限制了非家族所有者的影响力。同样，公司可能会被迫参与家族的偏好型项目，这有助于提高家族的社会地位，但会降低财务表现。这些措施的共同之处在于，它们对家族所有者很有价值，但对非家族所有者来说代价高昂。鉴于他们的高度控制，家族大股东因此将其他所有者作为"人质"。这些代理冲突被称为委托人—委托人冲突或多数所有者和少数所有者之间的代理冲突，并已被发现会显著降低公司价值（Claessens et al.，2002）。这种代理冲突的条件表明，集中的家族所有权——家族集团所有权——应该对公司绩效不利。

当然，控制权的私人收益对非家族所有者，以及最终对其他利益相关者（如公司的债权人）都是不利的。然而，这些非家族股东可能愿意接受从家族中获得的一定程度的私人控制权收益，以换取对（非家族）管理者的适当监督。

因此，寻求改善公司业绩杠杆的从业者应该问：

- 家族是为了所有股东和其他利益相关者的利益而使用其权力，还是仅仅是为了自身利益？
- 我们从公司中获得的控制权私人收益的类型和水平是什么？
- 考虑到公司的成功，公司的规模以及与竞争对手的比较是可以接受的吗？
- 获得控制权私人收益的最终利处，以及短期和长期的弊端是什么？

6.3.6 相互冲突的家族成员所有者

家族大股东并不总是以团结的方式行事。家族大股东之间的冲突代表了大股东之间的利益错位，即家族所有者之间的利益错位。在上文讨论的多数—少数—所有者代理冲突中，个别少数所有者面临集体行动问题，因为少数所有者承担其行为（例如监督）的所有成本，但考虑到他们在公司中的股份很小，其从此类活动的结果中获益非常有限。因此，少数所有者几乎没有动力反对多数（家族）所有者对他们的剥削。

相反,由于冲突的大股东倾向于控制资产的重要份额,并将大量个人财富投资于公司,因此他们有权力和动机影响关键的战略决策,从而实施他们的个人偏好。例如,即使家族所有者可能在增加其所有权股份价值的总体愿望上一致,他们仍然可能在重要的战略问题上表现出不同的偏好,例如那些关于风险承担、股息、多样化、雇用家族成员等的问题(Zellweger,Kammerlander,2015)。

因此,家族大股东可能会利用他们的显赫地位来强制反对其他家族大股东,以加强对公司资金的控制。例如,他们可能会让不受欢迎的董事和董事会成员下台,修改有利于他们的规章制度,并强制改变其个人利益的方向。由于涉及的风险很高,大股东有动机使冲突升级,这使得缓解冲突的成本特别高。

家族控股冲突对公司绩效有负面影响,因为掌权的控股股东有大量机会以牺牲其他控股股东的利益来获取控制权的私人利益。家族大股东之间的斗争也可能在董事会成员和非家族管理层之间产生忠诚度冲突,以决定要遵循哪一位大股东的意见。更重要的是,家族大股东冲突创造了一种对公司未来的不信任和不确定的气氛,这可能会导致战略选择上的惰性,并阻碍公司的灵活性和最终的竞争力。此外,家族大股东集团内部的冲突对家族本身来说也是代价高昂的,因为它们削弱了家族统一行使权力的能力,从而削弱了对非家族管理者的有力监督。家族所有权集团内部的分歧也可能使公司更容易成为收购目标,因为一些家族成员可能会得出结论:最好是出售,如果可能的话,卖给非家族买家。最后,这些家族内部的离心力损害了家族的凝聚力,破坏了家族对公司的持续控制。

因此,在存在多个家族大股东的情况下,寻求改善公司绩效的杠杆的从业者应该问:

- 不同家族大股东的利益和观点如何一致?
- 共同行动的障碍是什么?家族大股东的观点是什么?
- 我们应该建立什么样的家族和所有权治理机制来协调所有家族所有者的利益?

6.3.7 总结和案例研究:从代理观看家族企业的竞争力

总而言之,代理观点认为家族企业的竞争优势取决于公司的治理形式。也就是说,它取决于所有者和管理者的或多或少有效的合作,以及股东集团内部的合作。有关概述见图 6.4。

结合上述论点,可以得出这样的结论:家族控股达到一定水平会导致绩效优势,因为它减少了传统的代理冲突,并允许有权势的股东监督管理者。然而,上面概述的负面影响开始发挥作用,如图 6.5 所示。

各种研究都探讨了股权集中度对公司财务绩效的影响。总体而言,就公开上市公司而言,这些研究显示,控股的最佳范围是在 $30\% \sim 50\%$ 之间。

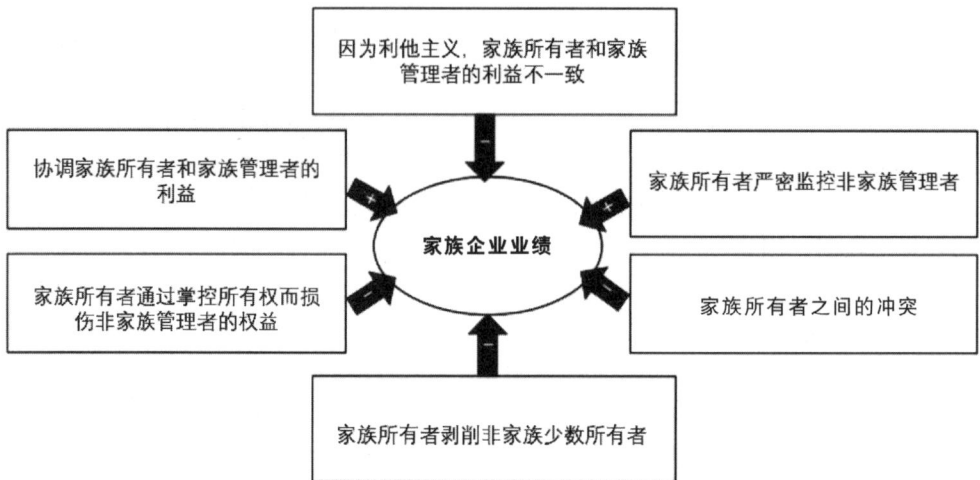

图 6.4　家族企业代理成本一览

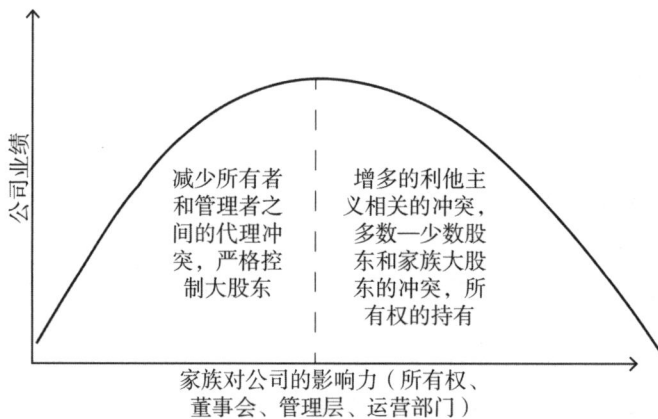

图 6.5　合并的代理视角

案例研究

福特家族是如何控制福特公司（Ford Motor Company）的

　　到 2010 年 12 月初，亨利·福特（Henry Ford）的继承人在福特汽车公司持有的股份从未如此之少。今天，福特家族总共拥有这家汽车制造商不到 2% 的股份，但是——就像 1956 年公司上市时一样——他们仍然掌握着控制权，通过一种特殊的股票类别拥有 40% 的投票权。

　　这笔股份的价值比 2008 年金融危机期间高出 10 倍，而且家族对公司的影响一如既往的强大。创始家族所持股份的相对规模已经缩小，特别是在过去几年，因为福特发行了新的普通股以筹集资本，并在数十年来最严重的行业危机中保持其流动性。

这有那么糟糕吗？由于通用汽车（General Motors）和克莱斯勒（Chrysler）都在危机中屈服，福特家族保留其企业遗产的渴望无疑帮助福特在2009年免于破产。在竞争对手应对政府纾困的同时，福特抢占了超过两个百分点的市场份额，恢复了盈利能力，并开始修复其杠杆率很高的资产负债表。现在，所有股东都在受益，福特的股价从2009年2月行业危机最严重时的1.58美元攀升至2010年的每股16.50美元左右。截至2010年12月初，福特汽车的价值为570亿美元，高于两年前的48亿美元。家族所持股份的价值也从2009年初的1.33亿美元增长到2010年的12亿美元。

但企业监管机构随时都会担心存在两种不平等的股票，尤其是当像福特这样的创始家族尽管拥有这么一小块公司股份，却拥有如此巨大的影响力时，他们尤其担心。"在2%的情况下，他们为什么要发号施令？"特拉华大学公司治理中心主任查尔斯·梅·埃尔森（Charles M.Elson）教授说。"考虑到他们在这一点上的经济利益，他们为什么要站在其他98%的人前面？"专门研究公司治理问题的公司图书馆（The Corporate Library）的联合创始人内尔·米诺（Nell Minow）补充说，"这就像是拥有君主制而不是民主政体"。她承认，最近，福特似乎进展顺利，其董事长小威廉·卡·福特（William C.Ford Jr.）在2006年担任首席执行官时聘请了一位局外人——艾伦·穆拉利（Alan Mulally）。"但我认为（双重等级）制度在这家公司并不总是运转良好。"

福特拒绝置评，但提到了此前发布的一份声明，以回应股东提出的消除双重阶层结构的提议。"福特家族对公司的参与使所有股东都受益匪浅，福特家族参与福特汽车公司的长期历史一直是其最大的优势之一。"

他们今天怎么只有2%？股权稀释在第一次发生时呈逐渐之势，但在过去十年中加速了。2000年，比尔·福特（Bill Ford）出任董事长后不久，公司经历了复杂的资本重组，其中包括100亿美元的特别股息和约6亿股新普通股的发行。这一举措将家族的持股比例从当时的5.9%稀释至3.9%，但通过保护他们的B级股票不受稀释，福特家族巩固了他们对公司的控制。

因此，在2006年，当福特试图扭转局面时，它开始了一系列的融资行动，包括可转债卖出，发行新股票和认股权证。福特开始以比美国政府印钞更快的速度印制股票证书：2007年发行2.86亿股新股，次年发行2.17亿股，2009年发行9.25亿股。2010年，福特又发行了2.74亿股普通股，作为19亿美元债务转换的一部分。随着流通股数量的增加，家族的相对股份减少了。

2010年，86个大家族成员持有全部7100万股B类股票，外加少量普通股。福特公司的流通普通股总数，包括B类股票，约为38亿股。抛开稀释不谈，所有这些额外的股票都帮助挽救了公司。有了额外的流动性，福特今年能够减少128亿美元的债务，年化利息成本降低了近10亿美元。更健康的资产负债表反过来帮助推高了福特的股价。

机构股东服务特别顾问帕特里克·麦格恩（Patrick McGurn）表示，考虑到通用汽车之前破产股东的遭遇，投资者可能会忽略这样一个事实，即通用汽车的股票在家族仍然根深蒂固的情况下被稀释。他说："看到自己的所有权随着时间的推移而被稀释是一回事，看到它完全消失是另一回事。"

思考题：

1.福特家族如何控制和影响公司？

2.你认识到哪些代理问题？

3.各种代理问题可能会如何影响福特的业绩？

4.福特家族控股的利弊是什么？

5.总体上,福特家族对公司的控制是诅咒还是祝福？

6.你会购买福特股票吗？

6.4　资源观

基于资源的观点认为资源是企业持续竞争优势和绩效的基础(Barney,1991)。资源包括公司的有形资产和无形资产。为了产生可持续的竞争优势,企业必须拥有并组合有价值的、稀有的、不可模仿的和不可替代的资源(通常被称为资源的 VRIN 标准)。正是这些属性的累积组合对公司的成功至关重要。

在他们试图利用资源建立可持续竞争优势的过程中,公司必须采取一种动态的方法,可以构建、获取、重新配置、交易和处置资源。当涉及资源时,没有一家公司可以完全自给自足:至少在某种程度上,每个公司都依赖外部资源("资源依赖")。随着时间的推移,资源的有效使用会产生能力,并最终形成核心能力。

6.4.1 家族性

将基于资源的观点应用于家族企业使得对其竞争优势有了新的认识。例如,一些学者认为,家族企业拥有独特的资源类型,这是家族与企业之间相互作用的结果。这种想法被称为"家族性"(Habbershon,Williams,1999)。

家族性的定义:由于家族和企业之间的相互作用,公司所拥有的独特的资源组合。

最近的统计表明,不仅家族对资源的贡献对业绩很重要,而且家族的资源配置也很重要(Sirmon,Hitt,2003)。虽然企业的资源禀赋可能很重要,但这些资源也必须通过适当的战略进行有效配置,以获得竞争优势。因此,家族在两个层面上干预资源管理过程。首先,家族为公司贡献了一定的资源,例如金融资本、网络或知识。其次,家族通过资源配置,即通过资源选择、部署、捆绑、利用和剥离干预资源管理过程(Sirmon,Hitt,2003)。家族参与资源贡献和配置的过程如图 6.6 所示。

家族性概念预见到家族提供的资源既是竞争优势的潜在来源,也是竞争劣势的潜在来源。例如,虽然深层的隐性知识(人力资本)可能是力量的源泉,因为它很难模仿,但它也可能变成劣势,因为它也很难增殖,这会阻碍增长。同样,强大的关系网在一个相当稳定的本地市场中可能是有价值的,但在进入新市场(例如,国际市场)时,相同的关系网可能会变得过时,甚至会阻碍公司的发展,因而在这些市场中必须建立新的关系。因此,家

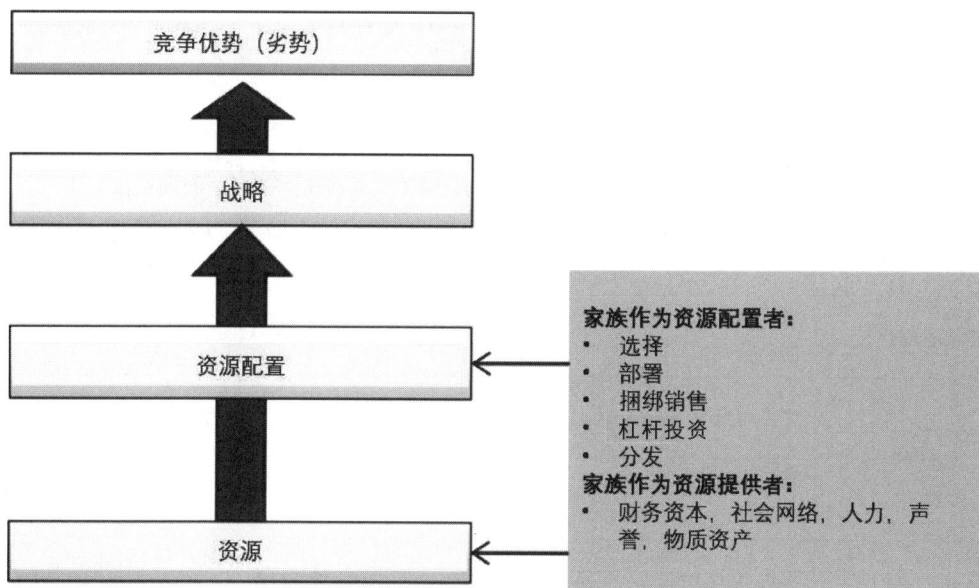

图 6.6　资源管理过程中家族的参与

族提供的资源可以转化为积极或消极的家族性。此外,家族影响可能会阻碍某些关键资源的获得或开发,例如在股市上快速获得资金或雇用"顶尖人才"。

6.4.2 家族作为资源提供者

家族通常为他们的公司提供一套独特的资源,其中最突出的包括金融资本、人力资本、社会资本、物质资本和声誉。

1.金融资本

家族提供金融资本对家族企业至关重要,它们与非家族企业的区别恰恰在于或多或少地严格控制跨代人的家族所有权。家族提供的金钱的性质可能有不同的方面,超出纯粹的名义金额。例如,金融资本的形式和"质量"可以随类型(权益/债务)、数量、可用性、成本和投资范围等维度而变化。

但是,除了这些明显的特征之外,家族提供的资金还有一些独特的契约特征,这些特征是必须认识到的,因为它们可以直接与竞争优势和劣势的来源联系在一起。这些特征如表 6.2 所示。

表 6.2 显示了家族企业金融资本的独特性。家族可以提供的资本数量往往是有限的,因为家族是公司的主要资本市场,除非公司公开上市。这种资源限制通常被视为这类公司的劣势。同时,有限的可用性鼓励所有者高效而节俭地使用资源。

表 6.2　金融资本的家族性

资源供应方面	家族企业的典型特征	竞争优势的来源	竞争劣势的来源
资本数量	一般情况下有限	节俭和效率	有限的资源阻碍发展
成本	更低	贷款人在财务回报上做出让步，以换取社会情感回报，比如由于家族利他主义	由于感知到还款人的压力，放款人给予了宽松的利润纪律
投资回报期	长期的	长期资本使创业活动具有不确定性和更长的回报	缺乏行动力/惰性，缺乏严格的利润纪律
合同规范性	不完备（比如向父母借钱创办公司）	允许逐步灵活地适应环境	还款人搭便车
付款（还款）的严格性	还款可能会有暂时延迟	通过临时冻结支付来实现灵活性	还款人搭便车
幂规律	家族内部的（非资本市场或法律）	快速有效的协议，尽管没有充分指定的合同	家族冲突的升级与锁定，父母的互惠期望
可转让性	不可转让给家族外部人员	有价值、不可替代、不可复制的融资优势	相互依赖，搭便车建立在放款人信任还款人的基础上
再谈判的可能性	可能的	根据投资进度重新定义条件，从而获得灵活性优势	还款人搭便车

　　家族成员可能愿意提供低于市场回报率的资本，以换取社会情感优势，特别是公司在家族手中延续之时。总之，许多家族企业中的金融资本，特别是私营企业，往往具有独有的特征，这些特征可以转化为竞争优势（积极的家族性），但也会转化为劣势（消极的家族性）。

　　因为家族提供的资本往往有更长的投资期限，也就是说，家族投资者愿意比非家族投资者等待更长的时间来获得回报——它通常被称为"耐心资本"（也可称为长期资本，译者注）。因此，家族提供的资本可以作为一种竞争优势，因为它能够实现难以模仿的长期战略。当涉及投资回收期不确定的项目（如创新或更一般的创业项目）时，这些战略是有价值的。

　　从家族向其控制的企业提供金融资本是特别独特的，因为借款人和贷款人之间一般的松散型关系缺乏一些契约特征。例如，合同的规范可能不包括所有可能的细节和后果，如利率和投资回收期，还款/付款可能缺乏严格的定义，因此可能会暂时推迟。权力规则遵循一种家族逻辑，即协议通常不会在法律上强制执行，而是在家族内处理，这可能在解决争端方面提供成本和速度优势。优先进入家族资本市场的机会仅限于家族成员，这使得这种类型的资源不可转让，因此难以模仿。融资条件可以重新谈判，这为家族借款人提供了灵活的优势。

　　2.人力资本

　　人力资本代表一个被允许采取独特和新颖的行动的人获得的知识、技能和能力。家族企业为人力资本创造了一个截然不同的环境（既有积极的，也有消极的）。有人认为，家族企业人力资本的数量和质量都是有限的。例如，当家族所有者因为他们的家族关系而任命不合格的家族成员担任最高管理职位时,他们会耗尽公司劳动力的质量。此外,合格的管理者可能会避开家族企业,因为它们的排他性继承,职业成长潜力有限,缺乏专业意识,股权参与受到限制(Sirmon,Hitt,2003)。

虽然当以高等教育来衡量质量时,家族企业可能拥有不太合格的劳动力,但其人力资本的质量得益于长期员工,特别是那些经验丰富的员工(尽管不一定是训练有素的)。例如,家族企业员工可能对生产流程和客户需求有深入的公司特定知识,这通常可以弥补外部培训的不足。在这些公司,工作经验和隐性知识,再加上信任的氛围,支持知识转移和相互学习,这反过来又推动了竞争优势的创造。

除了员工外,家族成员本身也可以被视为人力资本的一个重要和独特的来源。尤其是当一位长期任职、忠于职守的家族首席执行官从头开始了解公司,熟知公司、产品和客户的时候,他就是公司的掌门人。此外,在许多情况下,由于他们对公司的个人认同感,家族成员愿意表现出非凡的承诺(例如,如果需要的话,工作时间比约定的时间长得多)。

3.社会资本

社会资本涉及个人之间或组织之间的关系,并被定义为嵌入网络中的实际资源和潜在资源的总和,这些资源在网络中可用并源自网络。社会资本可以影响许多重要的企业活动,如资源交换、智力资本的创造、学习、供应商互动、产品创新、市场准入和资源以及创业精神[有关概述,请参阅 Hitt 等(2001)的文章]。

社会资本由三个维度组成:结构性、认知性和关系性。结构维度基于网络关系和网络配置,认知维度基于共享的语言和叙述,关系维度基于信任、认同和义务。这些维度中的每一个都嵌入家族内部以及家族企业与利益相关者的关系中(Sirmon,Hitt,2003)。例如,多年来,家族在行业内和行业之间建立了强大的关系网络联系(例如,与其他创业家族)。鉴于他们共同的语言、生活经历和历史,家族成员往往能很好地相互理解。此外,由于家族内部的信任和共同价值观,家族社会资本趋于强大。家族成员的长期实际存在及其与关系网络伙伴的长期关系,支撑着在家族企业中创造更多的社会资本。

因此,家族特别擅长创造社会资本,并可以利用这一资源优势为他们的公司谋利。例如,家族企业可以与客户、供应商和支持组织(例如银行)建立更有效的关系。通过这样做,该公司从其关系网络中获得了资源。因此,家族企业在获取关系网络回报方面可能特别有效(Sirmon,Hitt,2003)。

这些考虑表明,社会资本的可用性可能是积极的家族关系的一个强大来源。然而,我们又一次发现,在某些条件下,竞争优势的来源可能会变成劣势的来源。例如,社会资本可能会"老化",随着时间的推移失去其影响力、能量和价值。此外,当环境稳定时,关系网络最有价值。在不断变化的环境中,特别是在快速变化的环境中,长期关系对公司来说往往变得不那么有价值,甚至是有害的,因为公司需要建立新的联系和关系。本质上,捆绑的关系可能会变成盲目的关系。封闭和信任的关系网络,曾经是公司成功的基础,现在却对现状的优化产生威胁,并导致惰性,从而变成消极的家族性。

4.实物资本

实物资本包括有形资源,如财产、厂房和设备,并且可以以厂房、商店或建筑的特定位置或设置的形式出现。基于位置的实物资产可能是有价值的,因为它们天生难以模仿。

例如,位于市中心购物区的零售店可以通过优先的客户访问提供持久的竞争优势。同样,工厂的位置可以确保其获得在别处无法获得的生产材料(例如,矿物、食品或化学产品等原材料)。实物资产还可以通过提供较低的采购或生产成本而获得竞争优势。

鉴于其历史根源,许多老牌家族企业都拥有独特的实物资产。这些资产可能以不动产形式出现(例如,独特历史位置的老式酒店或国际运输路线沿线的物流设施)。多年来,家族企业可能也建立了难以复制的生产机器和产能。然而,根据行业和地区的不同,这些实物资产的价值可能会随着时间的推移而耗尽。曾经是一个有吸引力的地方可能会因为经济、政治或环境的发展而变得不那么有价值。如果公司所有者没有及时认识到这种演变并做出反应,以前的资产可能会变成负债。

5.声誉

家族企业通常被认为拥有独特的声誉和品牌(Miller,Le Breton-Miller,2005),是值得信赖的和质量是有保障的。家族企业在市场上以及在更广泛的利益相关者群体(例如,当地意见领袖、供应商和竞争对手)中的可靠度和可信度通常与家族成员在其公司内的个人参与和存在感有关。

对于同名公司,即以家族或家族创始人的名字命名的公司,似乎尤其如此。一家公司不一定会因为它是一家家族企业而从价格溢价中受益。然而,客户会重视家族与公司的长期个人接触——例如,在更高的客户维持和推荐、提及方面——这是一种难以模仿的资源(Binz et al.,2013)。在这里,再一次强调要考虑事物的另一面:尽管家族企业可能在可靠性和质量方面享有盛誉,但它们也可能代表着对变革的抵制,以及停滞和过时的业务流程。因此,相关的问题不是一家公司是否具有家族商业声誉,而是这种形象是积极的还是消极的家族性的来源。

一些人认为,还有一种更值得注意的资本类型,称为生存性资本,定义为家族成员愿意为家族企业的利益而贷款、贡献或分享的合并的个人资源(Sirmon,Hitt,2003)。生存资本可以采取免费劳动力、借出劳动力、额外股本投资或货币贷款的形式。强调企业的持续的成功,特别是跨代生存,生存性资本可以帮助公司在经济不景气的时候维持下去。考虑到家族对企业的忠诚度,生存性资本作为一种安全网或保险机制,公司可以利用它来应对财务危机。

上面的资源列表并不要求完整性。进一步的资源,如公司的企业文化或组织流程和惯例,也可能很重要。但为了节约起见,上述关于财务、人力、社会、物质和声誉资本的讨论应该是有帮助的。

当然,并不是所有的家族企业都表现出上述家族性特征。对于较大的公司,尤其是上市公司,与人力资本相关的家族性应该不那么相关。但即使是大型家族企业,家族对股权的控制,以及由此提供的金融资本,也可以成为竞争优势的来源。还要记住,家族性特征并不总是表现为竞争优势。家族性可能在某些资源中缺失,甚至可能是竞争劣势的来源,如表6.3所述。

表 6.3　多样资源池中的家族性

资源类型	定义	家族性的正面效应	家族性的负面效应
金融资本	没有短期流动压力的长期资本	长期忠诚投资,有效率压力,扶持创业策略因而无短期盈利压力	家族资金有限,员工无股权参与
人力资本	员工已获取的知识、技能、经验	难以复制公司特有的知识和长期经验	缺少受过正规训练和教育的人员
社会资本	通过关系触达的,植根于社交网络的资源	获取知识、创新和新业务	过时和封闭的网络
物质资本	财产、工厂、设备	首选地点,实物资本,采购成本优势	过时的工厂和机器
声誉资本	可靠的公司形象	紧密的客户关系,信息获取,客户忠诚度和推荐	不愿改变、停滞不前和过时的进程的声誉

6.4.3 作为资源管理者的家族

如上所述,家族不仅充当资源提供者,而且还充当资源分配者。资源分配考虑到公司绩效不仅取决于可用的资源量(例如金钱),还取决于组织有效利用这些资源的能力。在 Sirmon 和 Hitt(2003)对资源分类的基础上,我们考虑了以下资源分配时需要考虑的因素。

1.选择资源

家族企业倾向于谨慎选择适合于组织文化和路线的资源(例如,他们通过选择适合公司文化和生产流程的员工来了谋求个人和组织的契合。鉴于用于获取资源的资金有限,家族企业有动机确保选择正确的资源,即可以有效利用的资源。因此,家族企业在选择和添加资源的准确性方面应该具有优势。然而,资源异质性的有限可能会使公司付出代价,阻碍公司的创造力和创新。

2.部署资源

资源部署是指组织中新资源的采用、推广和实施。家族企业在资源部署方面面临挑战,因为其长期建立的流程和决策模式阻碍了新资源和能力的采用。参与者可能会将新的做事方式视为一种入侵,并将其视为决策者不再信任他们的能力的标志。此外,路径依赖导致参与者坚持已被证明但最终也已过时的传统做事方式。

3.捆绑资源

资源捆绑是指资源的创造性(重新)组合,特别是公司内部可用的资源。家族企业的亲密和信任的关系,其组织成员的强烈承诺和员工之间的社区意识促进了知识和思想的跨等级转移。这就创造了一种对公司内部事务的深刻和共同的理解。也就是说,家族企业中的参与者非常了解组织内部谁拥有哪些技能和专业知识。众所周知,家族企业的员工和管理者拥有高水平的公司特定的隐性知识,这些知识是他们在组织中的长期任职期间积累起来的。隐性知识反过来对资源配置和捆绑非常重要,并可以提高家族企业的创新能力(König,Kammerlander,Enders,2013)。

4.利用资源

家族企业可能有充分的权限来利用资源,也就是说,使资源得到有效利用。在已建立的核心能力的基础上,家族企业应该能够以一种对公司的竞争优势做出积极贡献的方式评估资源的价值,并有能力利用它。家族企业的资源配置通常以节俭为指导,这使得效率更高。资源的限制以及家族同时希望保持对公司的最终控制,促使家族企业努力实现审慎的资源配置。家族企业较低的治理成本——这源于家族所有者密切监控最高管理者的能力,以及高度的灵活性和非官僚主义——进一步实现了资源的有效利用,例如用于创新(Duran et al.,2016)。

5.削减资源

由于情感纽带、怀旧情绪和最初提供某种资源的行为者之间承诺的升级,家族企业在削减资源方面尤其犹豫不决。如果这些资源不能产生收入,这种犹豫不决会变得代价高昂。此外,参与者不愿意将有价值的资源提供给能够更有效地利用它的人,可能会导致公司放弃创造价值的机会。

总而言之,家族企业似乎在资源选择、捆绑和杠杆方面具有优势,然而,通常在部署新资源和剥离现有资源方面处于劣势。

6.4.4 将家族性转化为商业战略

基于资源的观点在家族企业理论和实践中得到了广泛的应用。归根结底,这种观点将帮助我们理解业务战略是如何将受家族影响的资源与竞争优势联系起来的。图 6.7 提供了三个基于积极家族性的商业战略示例。

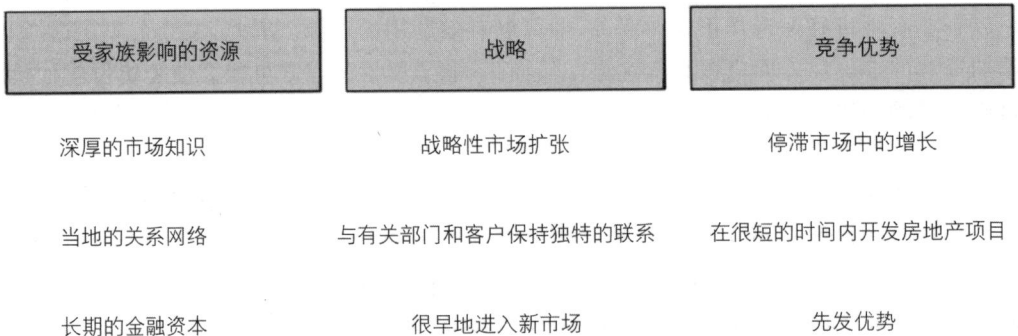

受家族影响的资源	战略	竞争优势
深厚的市场知识	战略性市场扩张	停滞市场中的增长
当地的关系网络	与有关部门和客户保持独特的联系	在很短的时间内开发房地产项目
长期的金融资本	很早地进入新市场	先发优势

图 6.7　将积极的家族性与竞争优势联系起来

第一个例子是希尔蒂(Hilti),一家钻机和其他建筑设备的生产商,年销售额约为 40 亿美元。该公司位于列支敦士登,由希尔蒂家族通过马丁·希尔蒂(Martin Hilti)家族信托公司控制。希尔蒂及其控股家族一直强调同客户的亲近,这在公司的直销活动、全资拥有的商店和复杂的客户关系系统中都很明显。该公司为有复杂建筑需求的客户提供建议的能力,以及其最近针对钻机和其他机械的车队管理解决方案,有助于希尔蒂以客户为中心战略的施行。虽然希尔蒂许多市场的整体建筑业和建筑供应行业停滞不前,但由于其对市场独特的了解,希尔蒂保持着增长并吸引着市场份额。

温特莱思嘉和桑斯(Ventresca& Sons)是另一家将竞争优势建立在积极的家族性基础上的公司。作为一家在希腊农村拥有约25名员工的小型建筑公司,它对当地房地产市场有着独特的洞察力。在与地方当局和房地产代理商的密切联系的支持下,该公司在开发交钥匙房地产项目方面取得了巨大成功,其速度和地点是竞争对手无法匹敌的。

最后,私人和家族控股的德国公司雷蒙迪斯(Remondis)自20世纪50年代成立以来,取得了显著的增长。该公司积极从事废物处理和可再生能源业务,2012年的销售额约为68亿欧元。作为一家私营公司,这种令人难以置信的增长是由于家族愿意向公司投入长期的金融资本,并随着时间的推移进行持续再投资。在过去的20年中,该公司收购了1000多家公司。家族对资源的利用使公司得以迅速扩张,成为第一个进入新市场,特别是东欧市场的公司。

虽然家族性可能是上述例子中所概述的独特优势的来源,但它也可能成为严重弱势的来源。在图6.8所示的第一个例子中,公司的竞争劣势源于公司层面的持续停滞,这是由家族所有者—管理者不愿授权引起的。这家公司的所有重大决策都必须经由企业家过目,随着时间的推移,这已经成为公司的威胁。当一些最具活力和创业精神的管理者决定离开时,公司的竞争劣势变得明显起来。

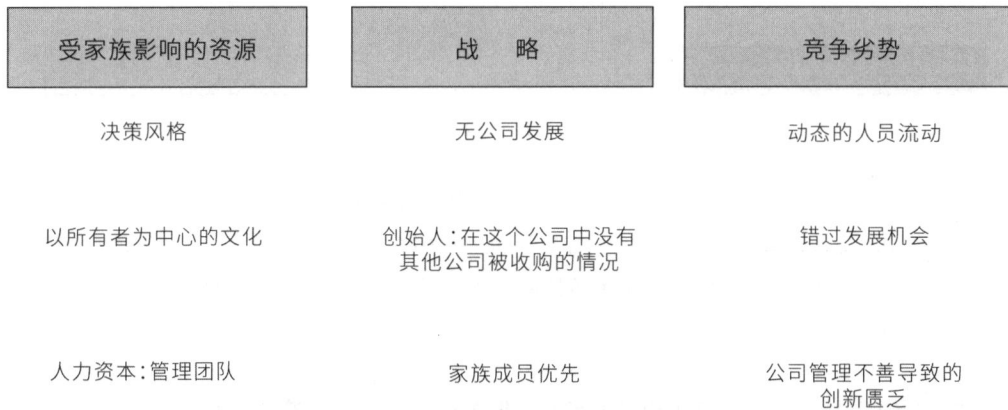

受家族影响的资源	战　略	竞争劣势
决策风格	无公司发展	动态的人员流动
以所有者为中心的文化	创始人:在这个公司中没有其他公司被收购的情况	错过发展机会
人力资本:管理团队	家族成员优先	公司管理不善导致的创新匮乏

图6.8　将消极的家族性与竞争劣势联系起来

第二个例子见证了一个有着非常专制的商业文化的家族企业。例如,控股家族及其对适当管理的观点有如下声明:在我们公司,我们永远不会再收购其他公司。这乍一听可能不像是不利因素的来源。然而,随着时间的推移,这家企业因为不愿退出其日渐衰落的业务,也不会抓住新的商业机会(例如通过收购)而被市场淘汰了。

最后一个例子讲述了一个家族企业不愿任命非家族成员进入最高管理层团队的故事。该公司确实有一个管理委员会,名义上包括非家族成员。然而,该委员会从未在公司的管理中发挥过积极作用。虽然家族管理一般不应等同于非专业管理,但在这种特殊情况下,公司显然缺乏合格的高层管理人员。

对从业人员来说，评估企业的家族状况的一个有用的方法是在寻找积极的和消极的家族来源的同时，审查企业的资源基础。当然，家族可能不会对公司竞争所需的所有资源产生影响。对于大公司来说尤其如此。

下面我们将介绍一家由家族控股的食品生产公司的家族概况。我们发现这家公司在长期融资、忠实的客户和强大的企业文化方面有着积极的家族性。与此同时，我们也在拥有这家公司的两兄弟之间的紧张关系、陈旧的劳动力、减慢了生产过程的过时的建筑和设备中发现了消极的家族性。图 6.9 显示了从消极到积极的家族性的各个方面。

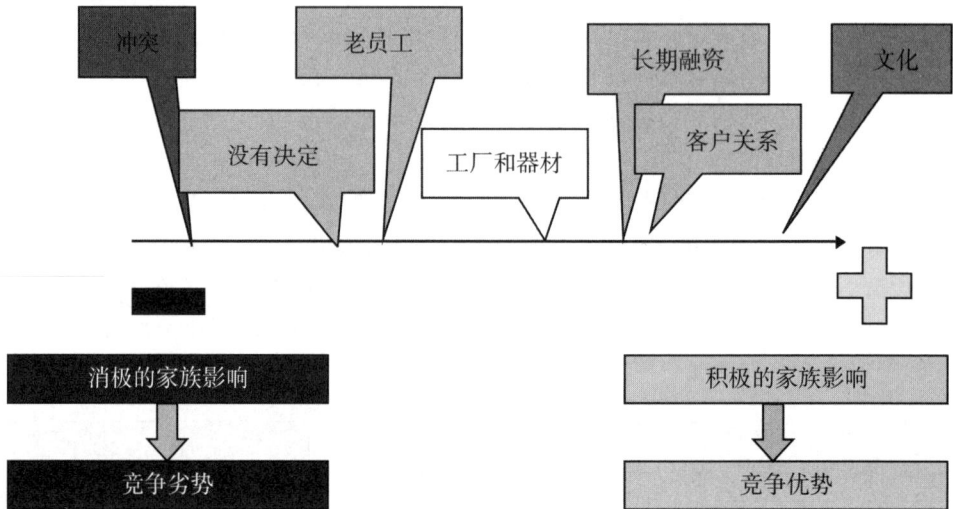

图 6.9　家族性概要举例

这一评估帮助该公司和其所有者就未来成功的杠杆展开对话。在积极的家族性层面，讨论集中在如何进一步巩固积极的品质，如公司强大的企业文化。在消极家族性层面，所有者讨论了阻碍公司发展的具体问题。他们还讨论了如何消除消极的家族性，以及在这个过程中有哪些障碍。

6.4.5　总结与案例研究：资源基础观的家族企业竞争力

综上所述，资源基础观解释了家族企业之间的绩效差异，认为家族企业在不同程度上拥有有价值的、稀有的、不可模仿的和不可替代的资源（VRIN 资源）。积极的家族性，定义为家族对企业资源基础的积极影响，通常表现为长期的金融资本、深厚的隐性知识、经验丰富的员工、强大的网络、独特的实物资产和声誉资本。然而，成功的关键不只是资源禀赋，还有资源配置能力，如资源选择、捆绑和利用。家族企业通常在这些领域具有优势。然而，家族企业通常在部署新资源和削减现有资源方面处于不利地位。通过追求配置资源的业务战略，家族性与企业的竞争优势紧密相连。

试图基于资源观点解释或构建企业业绩优势的实践者应该问自己：

• 我们公司现在和未来的关键资源是什么？

- 家族如何影响这些资源？我们在哪里有积极的、中性的和消极的家族性？
- 我们如何利用积极的家族氛围？我们可以用什么策略把积极的家族性转变成竞争优势？前进道路上的障碍是什么？
- 我们如何克服消极的家族性？我们面临哪些障碍？我们可以合作或获得新的资源吗？

案例研究

家族企业的家族性分析

以家族企业为例——甚至是你自己的家族企业——探索它的家族性概况。在此过程中，请考虑以下问题，这些问题应该能让你将公司的家族性概况与战略目标联系起来：

1. 公司的核心战略目标是什么？

2. 实现这一目标需要哪些资源？

3. 家族如何影响这些资源：积极的、中性的还是消极的？为你的公司勾勒一个家族性画像（例如，见图 6.9）。

4. 你如何确保或加强积极的家族性？

5. 如何克服消极的家族性？潜在的障碍是什么？

6.5　组织身份认同观

资源基础观关注企业如何通过特定的资源及其配置来获得竞争优势。与此相反，组织身份认同观关注的是组织所代表的内容以及人们如何看待组织。组织身份认同抓住了组织最核心、最独特和最持久的方面（Albert，Whetten，1985）。它描述了企业的集体行为和身份，并提供了连续性和独特性。组织身份据说存在于组织的历史和价值观中，并通过公司内部和公司外部的参与者之间的互动不断地表达出来。它是由公司的战略决定的。

除了确定作为一个组织"我们是谁"（相对于组织外部的那些人），组织身份认同还决定了公司的成员应该如何表现以及外部人员应该如何与他们联系。当员工认同公司时，他们会有一种对整个组织的归属感；换句话说，组织成为员工自我的象征性延伸〔组织身份的概念基础参见以下研究：Albert 和 Whetten（1985）、Ashforth 和 Mael（1996）、Ravasi 和 Schulz（2006）〕。为了将组织身份与企业的竞争力联系起来，我们必须问一问企业的身份——进一步而言，它的形象和声誉——是如何推动企业绩效的。

6.5.1 家族和企业的认同交织

许多小公司，甚至一些大公司，都积极宣传他们是家族企业。例如，世界上许多葡萄园和餐馆,都自豪地标榜自己是"家族庄园酒庄"或"家族经营餐厅"。但为什么像庄臣(SC Johnson)和玛氏(Mars)这样的大型跨国公司也会主动表明它们是家族控股的公司呢？家族企业身份(并将该身份投射给股东)和企业成功之间是否存在正相关关系？要回答这些问题,我们需要先退一步,先问问为什么组织认同在家族企业中特别重要;然后,我们可以将我们的观察与家族企业的行为联系起来。

1.家族企业中身份和认同的特殊关联

控股家族倾向于强烈认同他们的公司,从而将他们的家族身份与公司联系起来。下面,我们概述了这种身份联结的几个可能原因。

家族的历史往往与公司的历史紧密交织在一起,因此家族和公司的形象和声誉也紧密相连。如果公司与拥有公司的家族同名,这种情况可能尤其严重。在这种情况下,家族和企业的身份变得相互依赖,客户、供应商和更广泛的公众等观察者直接将控股家族与企业联系起来,反之亦然。

许多家族企业发展起来的强大的本地根基以及与社会社区的联系,进一步促进了身份的交织。例如,与客观结构化的养老基金相比,家族所有者很容易被识别,而且很容易成为企业的象征。因此,家族可以对公司的行为负责。

家族成员也可能对公司产生强烈的认同感,因为离开家族或公司十分困难。即使没有积极参与公司事务的家族成员也会因为家族关系而与公司的身份联系在一起。当家族成员直接在企业从事工作时,离开往往会带来严重的个人损失,包括所持股份的销售状况不佳,家族企业外部的工作环境不太吸引人,甚至会破坏家族关系。

当家族成员将他们的身份与公司联系起来时,他们可能会从公司的声誉中受益。被视为家族企业成功的一部分,将增强家族成员的自尊。家族企业的身份成为一个非财务来源,也就是社会情感财富。当然,这种影响是双向的:有利的家族企业身份会对家族产生积极的影响,而不利的家族企业身份则会损害家族的身份和公众声誉。

虽然家族企业所有者对企业的整体认同感往往比非家族成员对企业的认同感更强,但并非所有家族企业都决定传达家族企业的形象。有的家族企业不重视家族企业地位,有的甚至隐瞒家族企业地位。其他家族企业,包括庄臣公司和许多打出"我们的家族为您的家族服务几代"等口号的小公司,都非常重视家族企业的身份。

下面我们列举了一些在其公司网站上着重强调其家族企业身份和地位的家族企业[例子摘自 Binz 和 Schmid(2012)]。

庄臣(SC Johnson):"我们理解家族,因为我们就是一个家族。不是那种在后座争吵的家族(好吧,不总是),而是一个欢聚一堂的家族。所以我们能理解你每天感受到的快乐和压力。"

柏克德(Bechtel):"我们建立在一个跨越 100 多年的家族传统之上,我们将继续由积极的管理和坚定的价值观引导。"

玛氏(Mars):"作为一家拥有近一个世纪历史的家族企业,我们遵循五项原则:质量、责任、互助、效率和自由。"

沃尔玛(Walmart):"沃尔玛成长的核心是沃尔顿先生建立的独特文化。他的经营理念就是把客户放在第一位。他相信,优先满足客户的需求,他的企业也会为员工、股东、社区和其他利益相关者带来利益。"

科赫工业（Koch Industries）："科赫工业公司是以弗雷德·C.科赫的名字命名的,他在 1927 年发明了一种将重油转化为汽油的改良方法。他的创业精神为这家公司成为美国最大的私营公司奠定了基础。"

2.将家族企业身份与企业声誉联系起来

认同公司的家族成员必然会关心公司的声誉。家族与企业之间的历史联系、家族在当地的根基、家族不断增加的退出成本,以及对企业可能损害家族声誉的担忧,都促使家族担心公众如何看待企业、企业产品及其战略决策。因为大量的利益相关者（包括客户、员工、供应商和媒体）塑造出公司以及整个家族的名誉,所以家族有动机去创造良好的企业声誉,让他们"对家族是谁和家族所做的事情都感觉良好"（Deephouse,Jaskiewicz,2013）。这种由家族引发的企业声誉的担忧在公司层面有两个显著的后果,首先,家族企业应该倾向于参与企业社会责任（CSR）行动,来让利益相关者们满意（Zellweger et al.,2013）;其次,家族应该对公司产品的品牌建设感兴趣。下面我们将探讨这两个含义。

6.5.2 家族企业的企业社会责任

家族对企业的高度认同,以及由此引发的对家族和企业声誉的担忧,所以家族企业会努力让自己被视为"良好的企业公民"。因此,家族企业有投资企业社会责任的动机。实际上,Dyer 和 Whetten（2006）发现,与非家族企业相比,家族企业具有更强的社会责任,并且在多个企业社会责任维度上表现优于非家族企业。类似地,Berrone 等（2010）认为,家族企业在反污染活动上的投资比非家族企业要多,即使这需要付出巨大的代价。为了在当地社区保持良好的声誉,家族企业特别愿意采取对社会负责的行为。

最近关于家族企业社会责任活动的报道已经超越了对企业社会责任活动水平的调查,而是探讨了家族企业实施社会责任行为并由此获得合法性的途径。例如,在巧克力、咖啡和茶业,生产者面临重大的社会和环境问题,例如不负责任的劳工行为（如童工）和生态上不可持续的生产方法（如过度开发自然资源、砍伐森林等）。在这种情况下,认证符合国际企业社会责任标准的标签已经成为大多数生产商向客户和更广泛的社区传达其社会责任行为的首选方式。

然而,仔细观察巧克力、咖啡和茶叶行业的家族企业,会发现有相当一部分企业没有选择采用合规标签（Richards,Zellweger,Gond,2016）。事实上,这些家族企业中有一些会以与他们家族地位相关的其他合法化策略为依据积极反对产品标签。例如,瑞士一家中等规模的巧克力生产商兰德瑞斯（Laederach）,其产品的营销口号是"兰德瑞斯——巧克力家族"。当被问及这一口号的背景时,家族所有者表示,从农民到消费者的生产链是基于信任、责任和相互尊重等价值观的家族式网络的一部分。该公司的网站宣称:"我们了解国内外的合作伙伴,重视他们的工作。亲密度、专业知识和责任是真正面向社会、生态和经济的伙伴关系的基础。兰德瑞斯因此采用了另一种方式来表示可信度,而不是（至少不是主要）基于传统的标签策略。该公司试图通过其家族企业的地位来获得合法性,这种地位转化成的价值观和行为至少与瑞士莲（Lindt）和雀巢（Nestle）等竞争对手所采用的标签策略一样可信——而且，与合规的标签不同，这种地位是不可能被复制的。

6.5.3 家族企业的品牌化

家族对企业的认同不仅体现在企业的社会责任行为上，还体现在企业的品牌建设上。对公司的高度认同，一个跨越家族世代的长期稳定的治理结构，以及由此产生的对可持续、一致和可信的形象的关注，为品牌的发展创造了完美的基础（Miller，Le Breton-Miller，2005）。虽然每个家族和家族企业的身份在一定程度上是独特的，但在一般层面上询问家族企业能够带来什么样的信号（例如，与客户）是有用的。当顾客从家族企业购买产品时，他们的期望是什么？

1.家族企业形象：关系品质的特殊作用

探索上述问题的研究表明，家族企业会有随之相伴的特殊的关系品质（Binz，et al.，2013）。例如，一些人认为，保护家族企业声誉的愿望促使家族企业提供优质的客户服务。客户和公司长期雇员之间的持续互动创造了一种信任的氛围，并促进了人际关系。家族企业通常被认为是值得信赖的、支持公益事业、关心环境的好雇主（Craig，Dibbrell，Davis，2008）。这些"软"属性对客户偏好有积极的影响。

对客户偏好有积极影响的家族企业关系品质：（1）有同情心的；（2）可靠的；（3）私人的；（4）真实的；（5）值得信任的。

有趣的是，与非家族企业相比，家族企业在创新能力和整体绩效方面表现更差。Binz等（2013）认为，关系品质（如富有同情心、值得信任、可信和以客户为中心）远比业务相关品质（如创新或吸引优秀人才）更能提升家族企业在客户中的声誉。建立在这些关系品质上，似乎可以让家族企业在市场上与非家族企业竞争者区分开来。

2.家族企业是品牌的缔造者

在开发家族企业关系品质中，家族企业可以利用以下品牌的"成分"建立独特的品牌：

（1）传统

例如，安德伯格（Underberg），一个草药消化饮料的生产商，在其产品的传统基础上建立了一个独特的品牌。自1846年以来，所谓的"总是如此"的声明向客户表明了一种不变的、可靠的、传统的生产过程，尽管自公司成立以来，生产过程实际上已经进行了重大的革新和现代化。尽管如此，该公司的产品仍受益于安德伯格的传统光环。

（2）诚实、信任和可靠

里昂比恩（L.L.Bean），美国的服装和五金零售商，有一个终生100％的客户满意度保证，此举有助于树立公司的诚实、信任和可靠的形象。家族企业在塑造这种形象方面处于独特的地位。在里昂比恩，其可信的形象和相关的品牌推广活动可以追溯到该公司的创始人里昂·比恩（Leon Bean），他声称："我认为只有当商品用坏了，而客户始终保持满意，这笔交易才算完成。"

（3）质量

喜宝（HiPP），婴儿食品生产商，服务于一个高度重视信任和质量的市场。毕竟，父母都想给他们的孩子最好的食物。喜宝（HiPP）的质量承诺很简单，但很有说服力。克劳斯·希普(Claus Hipp)是该公司的一位家族成员,他出现在每一件产品的发布会上,并宣称:"100％有机——我个人保证。"家族的个人品质承诺帮助喜宝产品从与雀巢(Nestle)等竞争对手的竞争中脱颖而出。

(4)人际关系

对人们来说,没有什么比物质财富的安全更重要的了。私人银行满足了这种微妙的需求,其中一些最成功的银行是由家族控股的。例如,起源于黎巴嫩的萨夫拉银行(J. Safra Bank)是一家家族控股的私人银行,旨在与客户建立长期的私人关系。作为一个家族的银行家关乎信任,只有在公司和客户之间建立了个人关系之后才能得到回报。家族成员和非家族成员的长期任期支持了这些关系。

(5)品牌一致性

考虑到家族企业在家族和企业层面上保持一致的声誉,家族企业有动力确保一致的品牌战略,以避免品牌承诺的淡化。例如,家族控股的化妆品公司雅诗兰黛(Estee Lauder)就有一本150页的手册,解释如何在全球范围内一致地销售其产品。

(6)品牌保护

同样,公司对保持一致的形象和声誉的关注应该确保品牌保持真实。新产品只有在经过广泛测试的情况下,才能以家族品牌的名义出现。家族品牌往往与一个狭窄的产品或市场生态联系在一起,在这个生态中,它们往往具有标志性的地位。品牌延伸到新市场和新产品乍一看可能很有吸引力。但家族所有者可能更愿意保护核心品牌,这种选择可能会限制增长,但会确保进一步渗透核心市场。

(7)保密

密切的个人关系,特别是在小型和私人的家族企业中,使市场和营销知识、销售数字和生产配方更容易保密。家族产品和品牌往往是无法复制的,因此受益于独特和排他性的光环。例如,赛发(Sefar),一家全球家族控股和管理的技术过滤纺织品生产商,正在犹豫是否要为它的生产知识申请专利。家族首席执行官解释道:"如果我们用最新的技术申请专利,我的竞争对手肯定会开始抄袭我。我们宁愿对最重要的生产技术保密。作为一个私有的、本地嵌入的家族企业,我们在这方面有一定的优势。很明显,我们的产品和品牌受益于这种独一无二的完美光环。"

(8)价值观灌输

维护一个品牌需要在持续一致的基础上强化品牌的承诺和价值。家族的个人存在和参与确保了品牌的承诺和价值不是空话。理想情况下,家族成员是公司及其产品的行为和价值观的榜样。公司也可能精心挑选符合公司文化和价值体系的员工。因此,家族企业在激励员工坚持其独特的价值体系和兑现其品牌承诺方面应该具有优势。

拓展阅读

奢侈品行业的家族企业

在米尔沃德和布朗(Millward & Brown)编制的2013年最具价值奢侈品牌榜单中,

我们发现，在 10 个最具价值的品牌中，有 7 个是家族控股的。路易威登（Louis Vuitton）、爱马仕（Hermes）、古驰（Gucci）、普拉达（Prada）、劳力士（Rolex）或香奈儿（Chanel）等品牌都处于家族控股之下。它们中的大多数已不再掌握在创始家族手中，而是为酩悦·轩尼诗-路易·威登集团（LVMH）或历峰集团（Richemont）等大型家族控股跨国企业所有。

在奢侈品行业建立一个强大的品牌需要特殊的能力。为了对奢侈品收取高额的溢价——相对于定位较低的竞争产品而言——企业必须树立一种精湛技艺的形象，这种形象反映在产品的卓越品质上。这个谱系最理想的情况是来自一个独特的血统和遗产。

然而，奢侈品也必须有高效的定位。奢侈品需要有一定程度的稀缺性才能达到排他的地位。此外，为了成功，他们必须传达一种特定的个性，并与一定的社会地位相联系。

家族企业在进入奢侈品市场方面处于有利地位。他们建立品牌的能力（通过关注传统、诚实、质量和个人参与）和保持品牌的能力（通过个人参与、一致性、保护、保密和价值观灌输）完全符合这个特殊的行业环境。

6.5.4 家族企业形象如何推动财务业绩

我们对家族企业关注声誉动机的思考，提出了这样一个问题：这种关注是否也能在财务方面得到回报，即业绩方面。事实上，家族的身份和声誉问题通过各种外部和内部的过程来推动公司的业绩，更多细节参见 Zellweger、Eddleston 和 Kellermanns（2010）。

1.以客户为中心

通过他们在同情、信任和真实性方面的优势，家族企业可以创造一个无法复制的形象和声誉。因为每个家族在一定程度上都是独一无二的，即使是其他家族企业也无法复制一个特定的家族企业形象。这种形象可能是一个非常有价值的资源，因为它积极影响客户满意度、忠诚度和购买量。持续的、可信赖的客户关系带来的关系利益使得家族企业能够以更低的成本引进新产品和服务。以家族为基础的品牌识别增强了公司说服客户根据感知到的卖家属性做出购买决定的能力（Craig，Dribbell，Davis，2008）。然而，尽管有这些好处，但家族企业在创新、增长和国际化领域的可信度较低，限制了家族企业对其家族控股地位收取溢价的能力。塑造家族企业形象的财务利益通过上面讨论的基于关系的利益，以及通过以客户为中心（而不是产品）来实现（见图 6.10）。

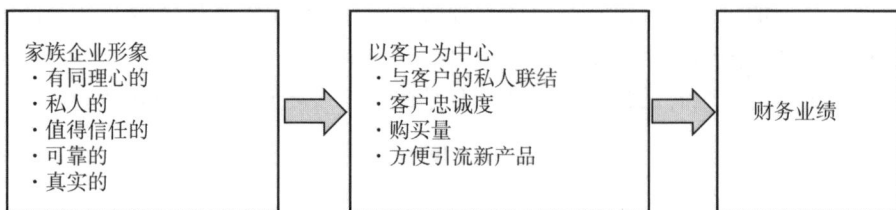

图6.10 家族企业形象，以客户为中心，财务业绩

2.利益相关者大家族和嵌入性优势

家族对企业的认同,以及企业对可持续商业实践的渴望,建立了一个由利益相关者(如供应商和客户)组成的"大家族",他们支持企业的原则(如忠诚、公平和尊重)。这可能为公司提供重要的嵌入优势,例如,以客户推荐和新的商业机会的形式积累。然而,考虑到家族企业在当地的联系和企业家的声誉,它们也可能获得尚未开发和不相关的商业机会(例如,与另一个家族企业成立合资企业或收购另一家企业)。嵌入性优势可以通过在困难时期对家族和公司的支持来体现。这种支持来自家族和公司与当地社区建立的互惠交流。

3.优先的资源通道

家族对商业活动的奉献是可持续的,可以持续很长一段时间,最终跨越几代人;它对声誉的关注以及对企业内部的良性关系的鼓励,将能够吸引独特的资源。

例如,上述特征导致家族企业谨慎管理其财务资源,履行对银行的财务承诺。银行可能明白,家族企业看重的是未来有一个安全的融资机会,这一事实降低了家族企业违约的可能性,银行也因此可能有理由以优惠的利率贷款给它们。实际上,Anderson、Mansi 和 Reeb(2003)在对标普 500 公司(S&P 500 firms,美国上市公司)的研究中发现,家族企业的债务成本比非家族企业低约 0.40%。家族企业未被充分发掘的一个优势与它们作为雇主的形象有关。对于那些重视忠诚、连续性和信任的员工来说,在家族企业工作似乎特别有吸引力。家族企业品牌标志着一种个人工作环境,在这种工作环境中,个人绩效与人际关系、团队绩效以及运营和关系的长期可持续性一起受到重视。因此,对于寻求长期雇佣关系的员工而言,家族企业可能是值得拥护的人性化雇主。

4.激励员工为家族管理者和所有者工作

个人、家族和企业声誉的相互交织,在企业内部的家族成员中形成了一种共同的非金钱激励机制,促使他们以个人或集体的方式来表现,并确保企业的绩效。这种表现的意愿在困难时期尤为明显,此时家族成员有更大的动力坚持下去,从而使公司更具适应能力。

5.家族管理者和所有者的共同观点

认同公司并参与其中的家族管理者和所有者会形成一种共同的观点。这进而促使更高的凝聚力、共同的战略共识和快速决策的能力产生。

6.非家族管理者的管理行为和目标一致性

如果更广泛的组织,特别是全体员工接受家族的价值观和目标,企业可能通过管理和创业行为实现独特的优势。此外,员工对家族企业身份的接受确保了家族和非家族管理者的理念、目标和能力的结合和一致。

6.5.5 家族企业认同的阴暗面

不幸的是,对家族企业形象的正面描述不可能是无限制的。当家族和企业的身份融合在一起时,企业和家族都将面临严峻的挑战。

1.较低的创新、变革、成长和国际化能力

家族企业的形象不仅有积极的一面。当然,在绝大多数情况下,家族企业被认为是值得信赖的、可靠的、真诚的，如上所述。但与此同时，在创新、变革和成长能力方面，与非家族企业相比，家族企业的可信度较低。家族企业也被认为是相当小的地方组织。这些被赋予的属性对产品市场是不利的，因为在这个市场中，规模、创新和增长都很重要。因此，只给家族企业形象赋予积极的属性是短视的。

2.公司的从众压力

鉴于家族企业的高知名度，它们成为公众舆论一致压力的目标。作为雇主、重要纳税人和/或地方舆论领袖，家族企业及其所有者可能会受到媒体或政客的压力，要求他们满足自己的要求。在经济繁荣时期，媒体可能会使家族形式的治理合法化。然而，在更困难的时期，媒体和更广泛的公众可能会放弃家族和参与公司的家族成员，并对他们的合法性或与公司相关的决策的适当性提出质疑（Berrone et al.，2010）。这种从众的压力可能会使公司在采取大胆的战略时犹豫不决，从而导致其采取保守的战略，以维护在公共领域的理想形象。

3.家族的从众压力

研究表明，家族控股和对公司的强烈的家族认同感会让继承人感到被公司束缚和依赖。如果继承人尽管有所保留或有个人偏好，但仍感到加入家族企业的巨大压力，他们可能会怨恨自己对公司的依赖，以及缺乏来自家族的自主权。特别是，显赫家族的下一代成员可能会因为参与家族和公司事务而感到窒息。他们可能会觉得公司是一个阻碍他们独立发展的"家族枷锁"。

4.管理者之间的群体思维

对公司和家族的高度认同可能会使管理者产生群体思维，即对群体内部和谐或一致的渴望（即对公司和家族的高度认同），导致了次优决策结果。在这种情况下，团队成员会将自己与外界的影响隔离开来，并尽量减少冲突，在没有对其他想法或观点进行批判性评估的情况下达成一致决定。群体思维还会导致个人创造力和独立思考能力的丧失。"内群体"功能失调的群体动态会产生一种"无懈可击的错觉"，或者是一种对做出了正确决定的过度自信。因此，"内群体"的成员（也就是家族和其长期非家族管理者）严重高估了自己的决策能力，严重低估了外人（"外群体"）的能力和观点。因此，群体思维创造了一种控制的幻觉，在这种幻觉中，行为者将他们情感上的僵化，基于规则的假设的稳定性与外部世界的稳定性混为一谈。

5.剥削非家族利益相关者

媒体可能会报道家族企业的正面例子，但也经常会报道参与有害利益相关者行为的家族企业。研究表明，强烈的家族认同感可以创造出一种"我们 VS 他们"的心态，导致家族将他们的需要置于非家族利益相关者的需要之上。强大的家族企业身份可以鼓励家族成员忽视或消除防止欺诈的控制，甚至使欺诈合理化。虽然社会关系通常倾向于减少负面行为，但高水平的群体凝聚力实际上可以刺激越轨行为。具体来说，牢固的联系有时会产生与普遍（社会）行为标准相冲突的组织规范。因此，即使违反了普遍标准，家族成员也会感到遵守组织规范的压力。家族企业的规范往往非常强大，可以成为遵循"家族优先"哲学的家族成员的主要参考点。事实上，异常的规范被认为是家族企业欺诈行为和丑闻的根源（Kellermanns，Eddleston，Zellweger，2012）。并非所有强烈认同其公司的家族都希望为其利益相关者带来积极影响；事实上，有些人可能自私地利用他们的环境。

6.家族管理者的角色模糊

除了上述企业层面的劣势外，强大的家族企业身份也可能导致家族层面的劣势。Sundaramurthy 和 Kreiner(2008)的研究表明，家族为企业存在或企业为家族存在，是整合型家族企业面临的一个尤为突出的困境。这个问题会导致相当多的模棱两可和冲突，而角色模糊引起的紧张会引发诸如分裂、压抑或否认等防御。分裂导致了两极分化的行为和亚群体的形成，而否认则包括忽视紧张和假装它不存在。

7.家族安全问题

控制大型企业的家族成员通常被视为所在社区的富人。在极端情况下，特别是在不安全的体制条件下，控股家族可能受到勒索、抢劫甚至绑架的威胁。例如，一个印度控股家族将其股票出售给纽约证券交易所(NYSE)的一家上市公司，该家族在纽约证券交易所的网站上找到了其家族成员的名字和每个成员从出售中获得的金额。出于安全考虑，这家人决定在幼儿园用假名为孩子登记。

6.5.6 家族企业形象与绩效关系的实证研究

一些研究结果可能有助于巩固我们对家族企业形象利与弊的思考。显然，正如上面所讨论的，家族企业的竞争优势来自对业绩有积极贡献的特性。然而，忽视家族企业身份带来的弊端是不恰当的。通过研究一组瑞士私人家族企业的家族企业形象和企业表现之间的联系，我们发现当公司强调的不仅是自己的家族企业形象，同时也愿意承担创业的风险，这些公司业绩(用公司的增长率来表示)是最高的。因此，有一个双重的绩效过程：一个建立在过去的基础上，由此塑造了家族企业的形象；一个建立在公司未来的基础上，代表企业的风险承担。与创业路径相比，家族企业形象路径与企业增长的联系更弱。这种双增长路径被发现是由控制家族对成功管理公司的期望驱动的。

6.5.7 总结与案例研究：从组织身份认同观看家族企业竞争力

认同观点解释了家族企业之间的绩效差异，它认为家族与企业之间不可分割的认同联系构成了家族企业成功的基础。人们认为，家族对公司的高度认同在家族和公司两级造成了高度的声誉关注。这不仅会带来品牌和企业社会责任方面的努力，还会带来切实的绩效效益。

通过强大的客户关注、利益相关者大家族、优先的资源获取、家族管理者的激励、管理行为、非家族管理者的目标一致性和参与性决策，家族企业从其身份中受益。

但闪光的不一定都是金子：家族企业的形象(被称为家族企业)也有缺点。对企业来说，劣势在于：从众压力，较低的创新、改变和成长能力，群体思维，以及对非家族利益相关者的剥削。总的来说，我们已经看到，如果家族企业的形象与企业承担创业风险的意愿相匹配，那么它对业绩的贡献最大。这个组合视图如图 6.11 所示。

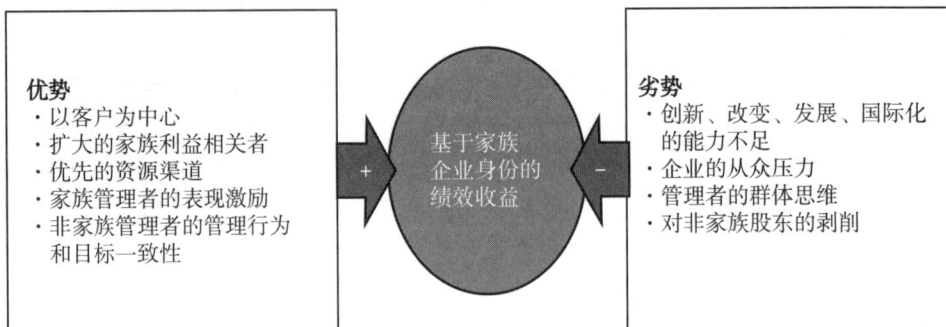

图 6.11　家族企业的优势和劣势

试图从家族企业身份的角度解释和建立竞争优势的从业者应该问自己：

- 我们是家族企业吗？
- 我们家族企业形象的利与弊是什么？
- 我们怎样才能最好地将属于我们的品质——我们公司富有同情心、人性化、值得信赖、可靠和真诚——转化为竞争优势？
- 我们在多大程度上利用家族企业的身份优势？
- 谁是我们最重要的利益相关者？我们是否获得了他们的好感？
- 我们如何利用我们是一个就业市场上的家族企业这一事实？
- 我们是否在家族内部和公司内部形成了一个共同的观点，即公司代表什么，我们想要实现什么？
- 我们是否激励管理行为？
- 改善决策过程，让每个人分享意见和发挥创意，对我们有好处吗？
- 如何避免家族企业形象的负面影响，如：
- 缺乏创新、变革、成长和国际化的能力。
- 群体思维：认为我们自己对环境的看法总是正确的错误假设。
- 对非家族利益相关者的剥削。
- 我们如何将对自身身份和历史根源的关注与对创新、变革和冒险的着重强调结合起来？

 案例研究

喜宝(HIPP)的品牌建设和企业社会责任

下面是企业网站 www.hipp.com 的截图。喜宝由喜宝家族全资拥有，主要生产婴儿食品和儿童产品(见图 6.12)。该公司最初成立于德国，如今已在全球范围内销售 100% 有机食品。

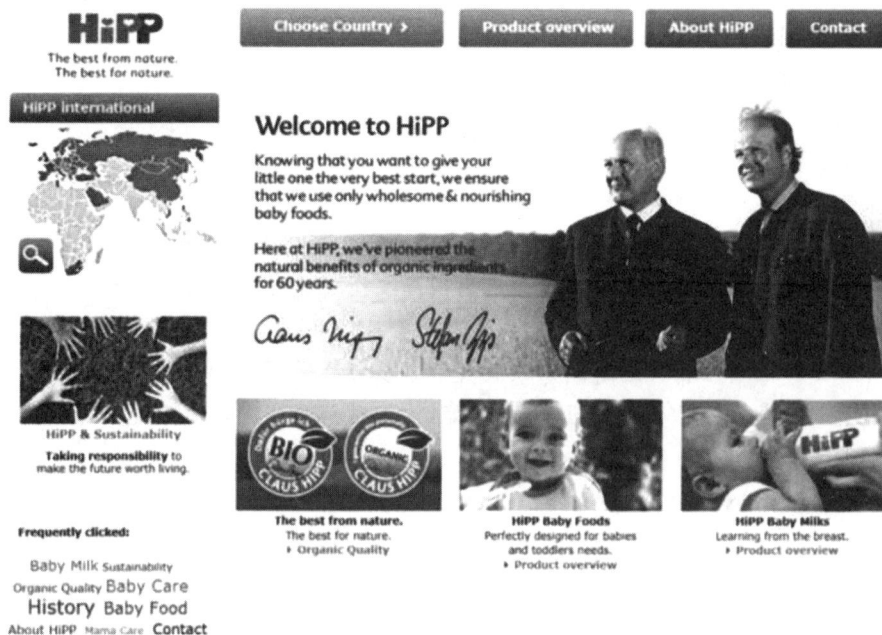

图 6.12　喜宝(HiPP)网站截图

在该公司的网站上,第四代家族成员克劳斯·希普(Claus Hipp)表示:

在喜宝,我们 60 年来一直致力于有机原料的天然功效。喜宝有机农场始于 1956 年,当时格奥尔格·希普(Georg Hipp)把家族农场改造成了欧洲最早的有机农场之一。当其他人进入集约化农业时,格奥尔格坚持他的信仰。他想为婴儿创造出最好的食物,用最优质的有机原料精心制作而成。美味可口的食物可以帮助他们健康快乐地成长和发展。

关于有机食品和企业社会责任,喜宝网站上说:

比欧盟(EU)有机更严格:喜宝有机保证代表最纯净的品质。婴幼儿是高度敏感的,所以有机食品是他们饮食的理想选择。然而,仅凭法定的有机质量标志并不能保证原料真正不受污染。因此,我们对我们的产品进行了极其严格的检测,采用的标准超出了有机食品的法律规范。原材料从我们的工作人员那里直接接受首期检验。如果我们的检查员有任何投诉,货物甚至不被接受。我们的目标是只使用最纯净的成分,所以我们对它们进行分析,寻找 1000 多种不同物质的踪迹。只有通过我们全面检验体系的产品才能获得喜宝有机质量认证并最终进入我们的罐子。

在网站上,克劳斯·希普(Claus Hipp)自己承诺:

作为家族的第四代,我们对未来负有特殊的责任。我们希望我们的子孙后代继承一个值得生活、值得爱的世界——这个目标激励了我们 50 多年。

谈论可持续性是一回事,但每天都把它当作创业行动的核心责任是另一回事。每当我们做决定和开发新产品时,我们做的第一件事就是问:它们将对未来世界产生什么影响? 公司的理念是:保护自然,尊重自然的宝贵资源,保护生物多样性。我们的产品主要是为那些想让自己的孩子吃得尽可能健康,给他们一个值得生活的未来的父母设计的。

在过去六十年中，我们尽了最大努力在这一重要任务中向他们提供最好的支持。但我们的责任也延伸到供应商、员工和他们的家人。因为我们从经验中知道，长期的成功需要一个强大的道德价值观基础——包括对所有创造的责任。

思考题：

1. 喜宝试图向市场展示什么样的形象？

2. 你觉得这个形象可信吗？为什么可信或为什么不？

3. 你愿意为喜宝产品支付更高的价格吗？如果是，原因是什么？

4. 您是否认为喜宝没有或只是部分采用国际安全食品标签是有问题的？

5. 从顾客的角度来看，让家族企业积极参与企业的品牌建设有什么好处？

6. 员工等其他利益相关者看到家族成员亲自参与公司事务，会有什么好处？

7. 由于家族成员公开参与公司事务（例如，他们对产品质量的个人保证），他们可能面临哪些机会和威胁？

6.6 制度观

在他们著名的著作《现代公司与私有财产》（*The Modern Corporation and Private Property*）中，Berle 和 Means（1932）假设随着公司的成长，集中的（家族）所有权将被所有权和控制权的分离所取代。股东结构原子化、管理委托给专业人员是不可避免的趋势，这一观点得到了 Fama 和 Jensen（1983）的赞同，他们预测，一个组织如果不能将所有权和控制权分开，就会受到惩罚。换句话说，所有权和控制权集中在家族手中应该不利于绩效，并最终导致这类组织的衰落和消失（Morck，Wolfenzon，Yeung，2005）。

然而，Peng 和 Jiang（2010）指出，这种演变并没有实现，或者至少没有达到预期的程度。事实上，即使在美国，也有 20% 的上市公司是家族控股的。在北美、欧洲、亚洲和拉丁美洲的上市公司样本中，家族企业占总样本的 30%（Peng，Jiang，2010）。而 La Porta、Lopez-De-Silanes 和 Shleifer（1999）指出，在世界范围内，所有权和控制权的分离实际上是一个例外，而不是常态；事实上，公司通常是由家族控股的。与此同时，这些作者发现，在家族企业的存在和最终的成功方面，存在着显著的国际差异。例如，虽然所有在墨西哥股市上市的公司都是家族控股的，但在英国，这一比例降至 0%[有关东亚和欧洲的进一步比较，请参考 Claessens、Djankov 和 Lang（2000）以及 Faccio 和 Lang（2002）]。

制度观点已成为解释家族企业在不同制度体制下存在差异并最终取得成功的另一重要观点。制度观点的倡导者认为，由正式和非正式的"游戏规则"（North，1990）；Scott（1995）所定义的制度，既可以促进也可以约束组织行为。对于经济制度主义者[例如，North（1990）和 Williamson（1985）]来说，制度之所以重要，是因为它降低了交易成本和不确定性。对于社会学的新制度主义者[例如，DiMaggio 和 Powell（1983）、Meyer 和 Rowan（1977）]来说，与机构的一致性赋予了合法性，而缺乏合法性会导致利益相关者撤回他们的支持。因此，不合法的企业可能会缺乏获取资源的渠道，并最终导致组织绩效下降。

制度观点基于这样一种观点,即当企业能够适应其所处的制度环境时,它们的表现最佳。例如,制度思维认为,如果家族企业在特定的社会环境中遵守"如何做生意"和"企业应该如何经营"的社会公认准则,那么它们就可能表现得最好。换句话说,如果企业遵守公认的"游戏规则",它们就会表现出色。

这一论点在微观层面(个别公司的战略选择与某一领域内普遍接受的战略选择)和宏观层面(国家等经济系统中某些类型组织的存在/缺失)得到了进一步的发展。我们将在下面讨论这两种观点。

6.6.1 微观视角:家族企业的战略整合

制度理论的微观视角认为,企业的治理结构将决定其战略决策是基于战略原理还是制度原理。在家族企业的案例中,战略原理意味着企业决策的不一致性。例如,不受公众股东短期关注的家族企业,可以根据控股家族独特而强大的影响力,采取独特的战略(Carney,2005)。许多强调家族企业独特资源的家族企业文献反映了这种战略思维(Arregle et al.,2007)。

相比之下,制度观点认为,家族企业应该与更高的合法性和一致性追求相关联(Miller,Le Breton-Miller,Lester,2013)。家族企业采用因循守旧战略的程度可能取决于该企业是私有企业还是公共企业。与在股市上市的公司相比,私营企业可能更容易采取不墨守成规的策略,因为它们面临的公众监督较少,尤其是媒体、外部投资者和分析师的监督。相比之下,上市公司发现,它们的行为经常受到普遍接受的商业准则的审查(任命外部董事、采用国际报告标准、透明度规则、高管薪酬计划、通过收购或剥离进行投资组合优化等)。外部利益相关者,如媒体,尤其是金融分析师和评论员,往往对家族企业持怀疑态度,因为他们往往不遵守有关上市公司应如何运营的经典机构标准。家族企业倾向于维持家族控股、任命家族高管和追求社会情感财富,这引发了非家族利益相关者对合法性的担忧。

当一个家族企业上市时,它的利益相关者基础可能会因为家族逻辑和商业逻辑的交织而感到不安。

最终,家族企业可能会担心他们将难以获得外部支持(例如,获得资金、高质量的求职者或媒体和分析师的有利报道)。根据制度上的论点,家族企业可能有强大的动机来弥补其非正统的治理结构,通过努力显得合法,并采取标志一致性的策略(Miller,Le Breton-Miller,Lester,2013)。

然而,家族企业追求墨守成规的战略,不仅仅是为了弥补源于这些企业有些不同寻常的治理机构的合法性缺陷。此外,遵守普遍接受的规范,如生态法规,可能直接有利于所有者家族本身,因为它对声誉和社会情感财富的影响更广泛。

最后,制度观点认为,一致性在更好的资源获取、来自利益相关者的更多支持和更好的绩效方面具有积极的结果。在一项测试这些预测的研究中,Miller、Le Breton-Miller和Lester(2013)确实发现,家族企业更有可能遵守行业规范,并延伸到更大的企业环境。随着家族影响力的增强,企业的资本密集度、研发与销售的比率、广告与销售的比率、财务杠杆和股利政策将更接近各自的行业中间值。这些一致性策略最终导致更高的资产回报率(ROA)。然而,有趣的是,这些策略并不影响公司的股票市场表现。

更广泛地说,微观层面的制度论点认为,家族企业之所以采取因循守旧的策略,是因为公众的监督和怀疑,以及家族所有者让自己显得合法的内在动机。这些策略反过来又通过优化资源获取和利益相关者的支持来促进绩效发展(见图6.13)。

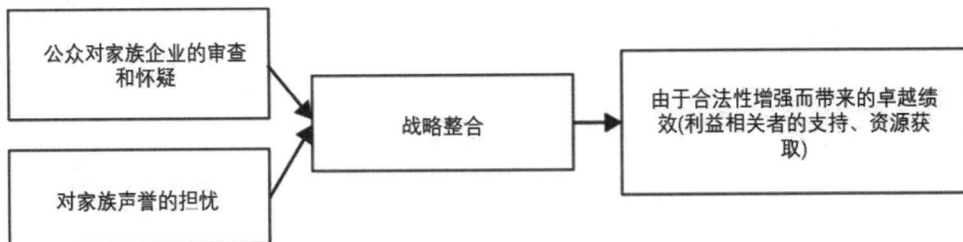

图6.13 从众压力和家族企业绩效

6.6.2 宏观视角：各种制度体系下的家族企业

除了上述的微观视角外,制度观点也被用来解释宏观层面的差异,尤其是全球某些地区家族企业的盛行和繁荣。宏观视角在分析新兴国家,特别是亚洲和拉丁美洲的家族企业和家族企业集团时特别流行。这些国家的特点是体制薄弱,对财产权的保护不足(例如对少数所有者的保护)、执法武断或不足,以及金融和劳动力市场不发达(见本章开头有关代理问题的讨论)。

该代理观点认为,这种环境是地方精英滥用权力的理想温床,他们可能会剥削公司的利益相关者,尤其是少数股东。这一观点强调了家族控股股东可能拥有贪污、滥用权力和利用其地位谋取个人经济利益而损害其他利益相关者利益的机会。从代理的观点来看,新兴市场家族企业被描述为寄生虫(Morck,Wolfenzon,Yeung,2005)。

而制度观点对弱制度环境下的家族企业行持更持乐观态度。这种观点认为家族企业是典范(Khanna,Yafeh,2007),并认为家族企业应该非常适合填补在缺乏强有力制度的情况下出现的制度"空白"。在宏观层面上,制度争论的核心是家族企业可以提供补偿实践,以弥补企业在薄弱制度环境下经营时所面临的劣势。这些补偿措施有几种形式:

1.社交网络

在缺乏或有不可靠的正式制度(如法院、证券交易所、银行系统和劳动力市场)的环境中,社交网络,尤其是非正式关系至关重要。在要素市场失灵的情况下,认识合适的人并能够依靠他们的支持是至关重要的。转型经济中对家族企业和非家族企业的研究表明,家族企业拥有更强的社会资本,能够更好地利用私人的和非正式的关系(Miller,et al.,2009)。

2.基于信任的关系

家族企业往往擅长发展那种值得信任的长期关系,这种关系在合同难以执行时尤其有价值(Gedajlovic,Carney,2010)。事实上,当正式的法律和监管制度功能失调时,最好建议创始家族直接经营自己的公司。在低信任度的情况下,如果将管理权授予非家族成员,职业管理者可能会遭到不当对待和盗窃。家族关系提供了非正式的规范,如无条件的信任、相互支持、尊重家族权威和利他主义,这在缺乏正式的市场支持制度时尤其有助于降低交易成本(Banalieva,Eddleston,Zellweger,2015)。

3.通过中介资源自助

在制度环境薄弱的情况下,企业必须依靠"自救"来替代缺失的制度功能。在这样的环境中,家族影响力可能是一个关键的资源,因为家族可能更愿意用所需的资源支持他们的公司(Gedajlovic et al.,2011)。通过向企业提供内部和外部融资、中间产品、人力资本和知识,家族影响力可以将与制度缺陷和资源稀缺相关的问题最小化。在这种情况下,少数股东认识到家族在确保企业生存方面所起的作用。

4.声誉

在没有监管保护的情况下,潜在股东可能只愿意将资金委托给他们认识、尊重和信任的所有者。当一个公司寻求获得资源和发展贸易伙伴时,它在社区中的声誉就成为关键。控股家族的声誉保证了合作行为,这是尊重互惠和促进贸易伙伴之间长期的持续交易所必需的。因此,在正式制度(如商法)薄弱或缺失的环境中(Aguilera,Crespi-Cladera,2012),更大的家族影响力和相关的家族声誉是可靠的合同启动和执行机制。

5.严密稳定控制

长期任期使家族领导人能够与外部利益相关者建立持久的关系,并将公司资源用于"握手"。外部合伙人倾向于将家族成员视为公司的稳定代表,因为他们有影响力做出承诺并有能力兑现承诺(Verbeke,Kano,2010)。

总而言之,在制度薄弱、外部机制对公司治理帮助不大的环境中,家族所有制是企业价值的关键和积极驱动力。

请注意,代理和制度的观点都预测,在不发达的制度环境中普遍存在家族企业。代理观点认为,这种盛行是由于家族大股东有机会剥削非家族利益相关者,特别是非家族投资者,这将导致公司业绩下降。制度观点则将家族企业的普遍存在归结为家族企业在制度环境脆弱时所具有的内在优势;在这个观点中,家族参与对所有的利益相关者都是有利的,并且会带来更好的公司业绩(见图6.14)。这两种观点都得到了一些实证支持。然而,总体而言,越来越多的证据表明,家族企业在薄弱的制度环境中表现尤其出色。

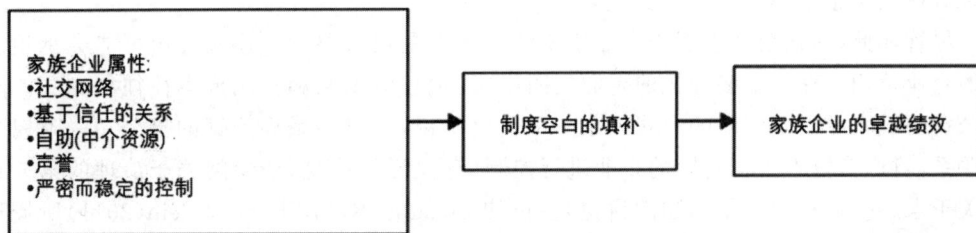

图6.14 家族企业属性、制度空白的填补和绩效

家族企业属性:
•社交网络
•基于信任的关系
•自助(中介资源)
•声誉
•严密而稳定的控制

制度空白的填补

家族企业的卓越绩效

6.6.3 家族企业集团：制度观

家族企业集团在许多国家和地区的盛行是一种有利于某些组织形式的制度环境的直接结果。企业集团的定义是：尽管在法律上是独立的，但通过正式和非正式的关系联系在一起，并习惯于采取协调行动的公司（Khanna，Rivkin，2001）。这种类型的公司在许多国家以及部分地区都很普遍；例如，日本的企业联盟（keiretsus）和财阀（zaibatsu），韩国的财阀（chaebols），拉丁美洲的集团（grupos），中国香港的商行（hong），印度的企业（business houses），中国台湾的关系企业（guanxiqiye），俄罗斯的寡头（oligarchs）和中国的企业集团（qiyejituan）（Carney et al.，2011）。虽然联合大公司和多部门企业也是复杂的相互关联的组织，但企业集团的不同之处在于，它们展示了一个更复杂的协调机制网络，例如高层管理人员之间的多重互惠股权、债务和商业联系。

许多人将企业集团在某些国家和地区的主导地位归因于市场失灵和低质量的法律和监管制度。根据这一观点，在缺乏可靠的贸易伙伴或法律保障的情况下，企业集团会将交易内部化。一般来说，企业集团被认为在弱制度环境下有优势，因为它们的规模和范围通过内部中介来弥补市场的不足；例如，它们可以为其成员公司提供信用检查、内部交易和汇集的资源。在他们对企业集团绩效的重要研究中，Carney 等（2011）表明，子公司在以劳动力和金融金融市场制度的"软"空白为特征的环境中表现相对较好，但也指出，在缺乏"硬"基础设施（例如电信和交通）的环境中，企业集团没有增加价值，并在事实上损害了子公司在法律制度不发达的环境下的绩效。

企业集团内部领导圈内的家族关系可以增强集团的中介作用，对集团绩效做出贡献。事实上，家族企业集团的核心圈子往往由具有家族关系或其他亲属关系的人所主导，例如共同的地区或家乡，这创造了一种相互交流和支持的氛围（Luo，Chung，2005）。集团领导之间的亲缘关系使得财务和人力资源的共享以及技术和信息的交流变得更加容易。因此，家族企业集团在内部化活动方面处于特别有利的地位，否则，由于一个社会的金融、法律和劳动力市场制度的限制，可能会危及与之保持一定距离的贸易伙伴之间的产品和服务交换，这些活动就无法进行。在这样的背景下，家族企业集团的联系缓解了制度缺失所带来的问题，在出现财务问题时起到保险的作用，并提供非附属公司无法获得的资源（Carney et al.，2011）。从制度上看，隶属于家族企业集团对子公司具有显著的优势。这些优势在大型企业集团中往往更显著。

尽管如此，承认公司隶属于企业集团的劣势也是很重要的。连属公司可能会承担沉重的企业负担。在非常多样化的企业集团中，这种官僚主义和控制成本往往特别高。附属公司的成本也以金字塔的形式出现——也就是说，通过一系列连锁的母公司—附属公司关系，对许多资本投资有限的企业进行控制（有关详细信息，请参阅关于治理的第 5 章中关于家族企业集团控制问题的讨论）。正如 Masulis、Kien Pham 和 Zein（2011）所概述的，处于企业集团金字塔底部的小公司从内部资本市场和集团声誉中获益最多。相反，处于金字塔中间的公司受集团从属关系的影响最大，因为它们充当援助和中间机构，经常被要求支持其他集团附属机构。成本也通过掏空的方式体现出来，在这个过程中，占主导地位的股东将资产或利润从外围公司转移到他们拥有相对较多股权的核心公司。关联公司往往比他们的独立同行更杠杆化、多样化和本地导向,这也在一定程度上解释了许多关联公司遭受的绩效折扣。

6.6.4 一些国际比较

鉴于上述关于在各种制度体制下家族企业普遍存在的讨论,探讨这种普遍存在如何随时间变化是很有趣的。Carney 和 Child(2013)经过研究家族企业 1996—2008 年在东亚的公开市场的存在表明,家族控股略有减少,但仍然是最主要的所有权形式(见图 6.15),家族企业在该地区的总份额从 1996 年的 51.6% 下降到 2008 年的 46.1%。他们的研究结果进一步表明,政府已经成为更为重要的上市公司所有者。

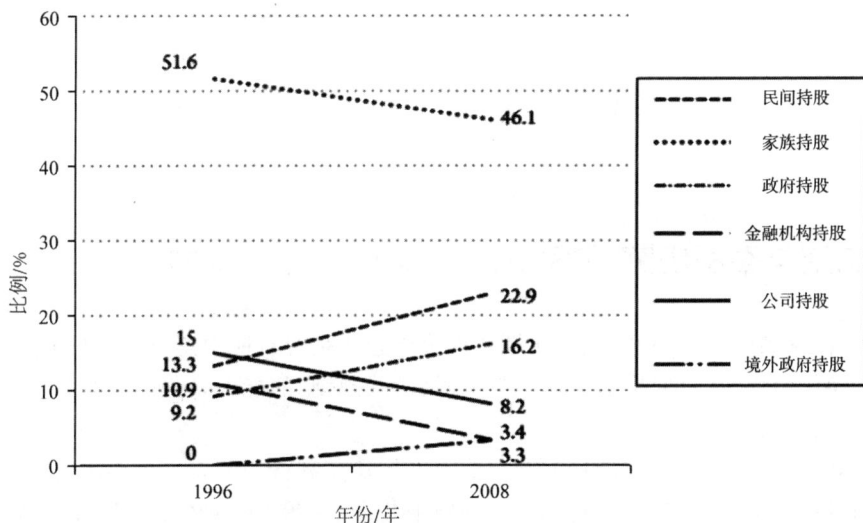

图 6.15 1996—2008 年东亚地区组织类型的比例①

来源:Carney 和 Child(2013)

尽管总趋势是这样,各地区之间仍有很大的差异,如图 6.16 所示。中国台湾和泰国的家族企业下降幅度最大,而菲律宾的家族企业则更为普遍。有趣的是,即使在制度健全的日本,家族企业的数量也在增加。

---

① 包括中国香港、印度尼西亚、日本、韩国、马来西亚、菲律宾、新加坡、中国台湾、泰国(Carney,Child,2013),所有列出的上市公司的家族企业股份。

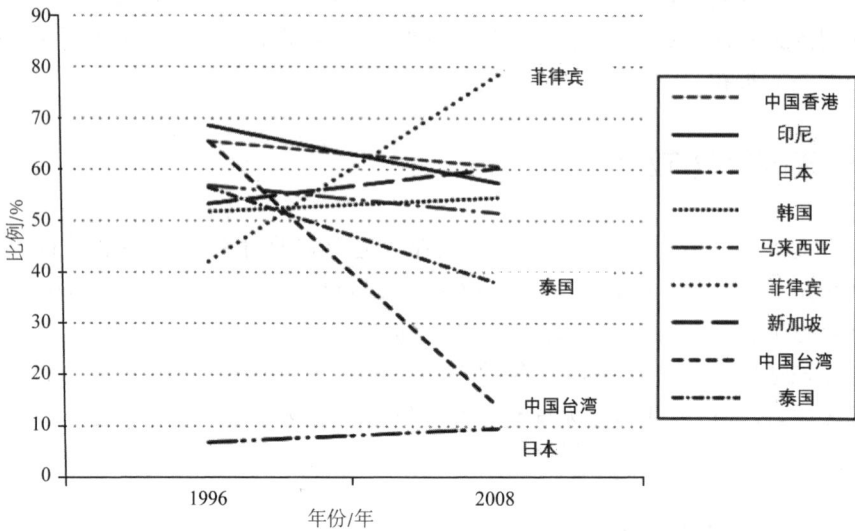

图 6.16　1996—2008 年东亚地区家族企业盛行率的变化[1]

来源：Carney 和 Child（2013）

6.6.5 总结与案例研究：制度观下的家族企业竞争力

总而言之，制度观表明，家族企业绩效取决于企业是否有能力遵守和适应其所处的制度环境。换句话说，绩效取决于企业有效应对"游戏规则"的能力，这种规则在企业所处的社会环境中普遍存在。

制度观点下的微观观点表明，家族企业有动机从其利益相关者那里寻求合法性，他们通过遵循行业标准普遍接受的经营方式（如行业规范、基准、遵守质量认证和报告标准来达到这一点）。家族企业寻求一致性，是因为它们作为上市公司所面临的公众监督和质疑，也因为它们的声誉问题（即，希望以合法和知名玩家的身份出现）。通过优化资源获取途径和公众支持，追求一致性最终有助于提高绩效。

制度视角下的宏观观点强调，家族企业尤其擅长填补制度空白，例如当产权保护不足或劳动力和资本市场功能失调时。从它们的社交网络、基于信任的关系、自助、提供中间资源的意愿、声誉和严格而稳定的控制，这些公司能够弥补制度质量的不足。在制度薄弱的环境中，家族企业往往被组织成家族企业集团。家族企业集团特别适合将一些活动内在化，而这些活动由于社会制度的限制而无法进行，因为这些限制会危及与贸易伙伴之间的交易。

试图从制度的角度解释和建立竞争优势的从业者应该问自己这么几个问题：

1.从微观制度的角度来看：

•我们在多大程度上符合行业标准和普遍接受的经营方式？我们如何从这种战略中获益？

- 作为一家家族企业,我们如何才能提高公共合法性?
- 根据我们的遵从行为,我们可以获得哪些资源?
- 我们需要什么其他资源来弥补我们目前所缺乏的?
- 如果我们遵循普遍接受的经营方式,而不是追求我们自己独特的战略路径,我们会面临什么样的威胁和错失什么样的机会?

2.从宏观制度的角度来看:

- 在产权保护、少数股东保护、执法、股权和债务资本市场、劳动力市场、交通运输和电信等方面,我们的制度环境如何发展?
- 我们怎样才能利用以下因素来弥补制度上的漏洞?
  - 社交网络
  - 基于信任的关系
  - 自助和愿意提供中间资源
  - 声誉
  - 严密和稳定的控制
- 我们的管治架构是否切合我们的制度环境?作为一个企业集团的利弊是什么?

案例研究

三星集团

下面是 2010 年三星集团股份的概况,2014 年简化为更传统的控股结构(见图 6.17)。

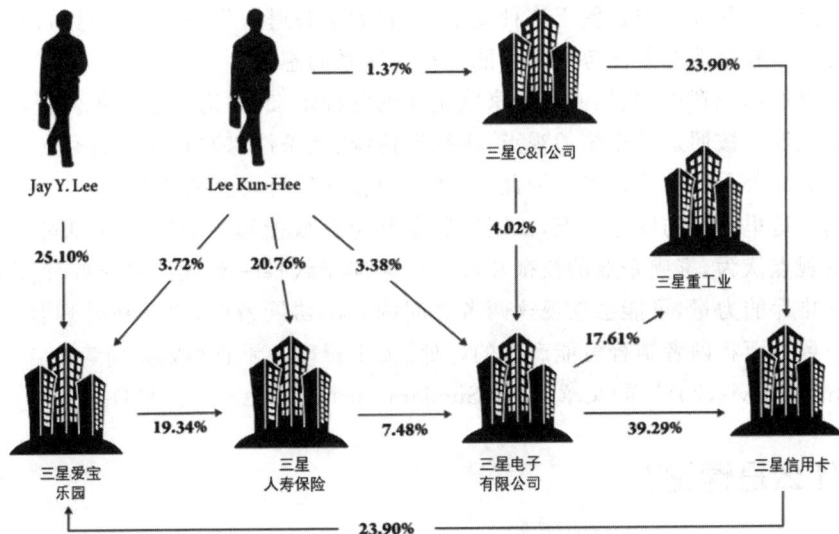

图 6.17　2010 年三星集团的持股情况

问题反思:

1.你认为这样的结构会给家族所有者带来什么问题和机遇?

2.与三星家族企业集团有关联的各个公司有哪些优势和劣势？

3.假设你是三星电子（Samsung Electronics）的非家族小股东，你对投资这家公司有什么顾虑和希望？

6.7 悖论观

尽管人们曾无数次试图在家族参与和公司业绩之间建立联系，但结果却惊人地不一致。诚然，不一致的实证结果在社会科学中并不少见。这些发现可以部分归因于定义问题、计量方式、样本组成，以及更广泛的环境因素。然而，在家族企业研究和实践中特别令人不安的是，关于控股家族如何有助于企业业绩的概念和理论争论存在不一致性。

有趣的是，我们到目前为止所讨论的所有试图解释家族影响和绩效之间联系的概念都包含了正面和负面影响的论据。例如，在代理理论中，家族所有者和管理者的结盟可能会使更高的绩效产生。但是来自利他主义的问题会破坏这些优势。同样，家族企业也可能从积极的家族性中受益。但是也要记住，公司的资源基础可能会受到负面的家族影响（负面的家族性）。同样，组织认同方法也适用于对家族影响的积极但也更悲观的解释。例如，想想家族对公司高度认同的必然结果，比如对变革的抵制和集体思维。

不管一个人对家族影响的看法是积极的还是消极的，他必须承认这两者之间的联系并不像预期的那样简单。积极和消极的观点都得到了坚实的支持，这体现在简洁的理论推理和广泛的经验证据中。鉴于这种复杂性，我们不妨退一步，回顾一下我们最初关于家族影响力与家族企业竞争优势之间可能存在的联系的想法。

在本书的第二章中，我们回顾了家族企业的各种定义，讨论了家族和企业是部分不相容的社会制度。按照这种正统的观点，将强调传统、无条件忠诚和支持的家族制度引入企业制度会破坏公司的有效运作。因此，家族导向会导致公司业绩的下降。

我们在这里介绍的悖论观点，试图克服家族企业权衡和偶然性观点中固有的紧张关系。悖论观点认为，家族企业的权衡和权变观倾向于线性一致性。将家族和商业视为并存和相互排斥的力量，可能会忽视这两者之间内在的协同效应，以及在处理紧张关系、矛盾和不一致方面将两者结合可能产生的好处［关于管理中矛盾和紧张局势的背景阅读，参考 Smith 和 Lewis（2011）的文章，以及 Sundaramurthy 和 Lewis（2003）的文章］。

6.7.1 什么是悖论？

悖论的观点假设，在不断发展的系统（如公司）中，紧张关系持续存在，并且这些紧张关系可以被用来提高组织的效率。虽然权变理论侧重于确定组织在何种情况下更受某些因素的驱动（例如，家族与商业利益），但悖论的观点则探寻企业如何同时应对这些竞争因素。

因此,悖论的观点偏离了不相容维度同时存在的观点,在这种观点中,管理者被敦促克服分歧。相反,悖论的观点认为,行动者应该在这些看似不相容的维度之间寻求协同效应,并努力从复杂性中利用效率优势(Zellweger,2013)。

Smith 和 Lewis(2011)将悖论定义为同时存在并长期存在的,相互矛盾但又相互关联的要素。这一定义突出了矛盾的两个组成部分:(1)潜在的紧张关系,也就是那些单独看起来合乎逻辑,但当并置时却自相矛盾甚至荒谬的因素;(2)管理者和公司试图从看似竞争的力量中获得协同效应的反应。

这种悖论的观点暗示了这样一种观点,即我们经常面临的管理挑战既相互矛盾又相互补充,在这种挑战中,一种力量使另一种力量成为可能,并帮助构成另一种力量(例如,中国古典哲学中讨论的阴阳)。

6.7.2 家族企业背景下的紧张关系和悖论

对家族企业和非家族企业的管理者来说,处理紧张局势都是一个核心挑战。例如,短期和长期重点、集中和分散、内部和外部来源、区域和国际重点、勘探和开发等等之间可能存在紧张关系。但是,鉴于家族与企业在这类组织中存在着不可分割的内在联系,这种悖论观点似乎在一定程度上影响了对家族企业的研究。对无条件的爱、长期的专注和稳定的需求通常来自家族领域,而对精英管理、短期的专注和适应的需求通常来自商业领域(Stewart,Hitt,2010)。如图 6.18 所示,家族企业所面临的特殊挑战是如何将家族与企业最佳地联系起来,以实现两个系统之间的协同效应。

注意,图 6.18 中的列表并不是一个完整的列表,所列出的紧张关系的任何一方都不能单独归因于家族或商业系统。

在处理家族企业的紧张关系时,我们可能会倾向于寻求简单、线性和单向的解决方案,因为我们相信,这样的解决方案最能解决生活的复杂性。部分原因可能是这些规则很方便:它们为我们提供了在特定情况下该做什么的简单而可行的建议。它们似乎也源于经验主义的管理方法,这些方法源于自然科学,而不是社会科学传统。例如,考虑机械和定量方法,如成本效益分析、净现值评估、目标绩效比较和标杆管理。这些方法提出了输入和输出之间的单向因果关系,规定了一个问题存在唯一正确的解决方案,主张可以(最好)用定量方法找到这个解决方案,并认为推导出解决方案所需的所有信息都可以用货币形式来量化。我们被教育按照这些思路进行推理:我们被训练成有逻辑的、一致的、精确的和明确的,并根据错误的答案进行思考。

然而,不幸的是,图 6.18 中描述的许多紧张关系,以及因此而产生的许多日常管理中固有的挑战,并不适合这种简单的推理。

6.7.3 从悖论观看家族企业管理

解决图 6.18 中列出的紧张关系的一种方法是:让我们忘记左侧,只关注右侧。人们很容易将左侧的属性归为家族、非理性和功能障碍领域,并将它们视为影响做生意所需的

集体荣誉感	←→	个人自由
非正式	←→	正式
收获	←→	投资
隐私	←→	透明
核心竞争力	←→	新的能力
社会情感财富	←→	金融财富
平等	←→	功绩
家庭	←→	工作
信任	←→	控制
直觉	←→	计划
人道的	←→	呆板的
业余性	←→	专业性
功能扩散	←→	功能具体
主观	←→	客观
开拓	←→	探索
传统	←→	创新
结构	←→	灵活性
归因于	←→	实现
培育	←→	竞争
长期	←→	短期
内部的	←→	外部的
保持	←→	增长
中心的	←→	去中心化
本地的	←→	国际性的
从众性	←→	个性
消费	←→	生产

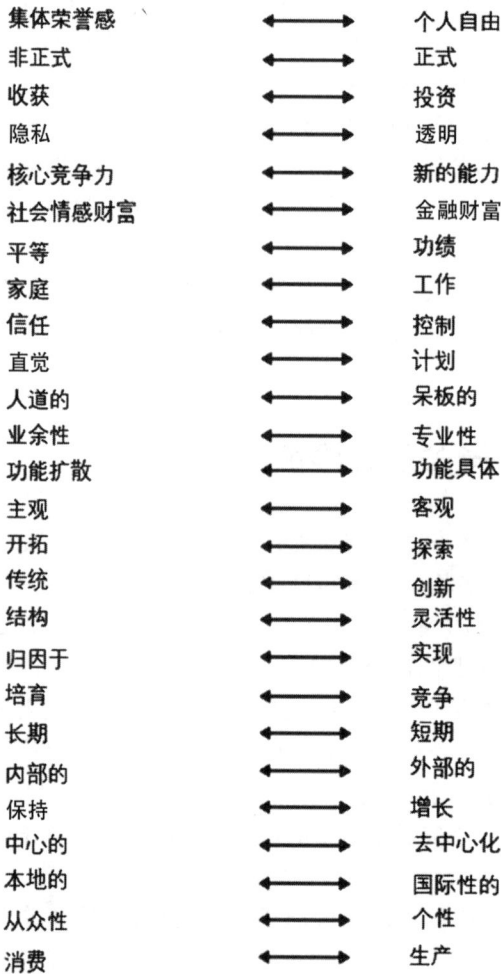

图 6.18　家族和企业结合所产生的矛盾的紧张关系

理性决策的特性而不予考虑。然而，如果我们这样做，那么我们就会忽视相反的力量，而只是选择另一个极端作为主导范式。这种非此即彼的方法与你必须在家族企业之间做出选择的观点是一致的，你必须决定你是"家族第一"还是"企业第一"的家族企业。

这种非此即彼的方法可能会导致次优和功能失调的解决方案。一个试图利用家族和企业之间的协同效应悖论方法，似乎对管理家族企业更有用，原因如下（Zellweger,2013）。

首先，家族和企业系统之间似乎有一个很大程度上被忽视的共同点。虽然某些社会规则和规范，例如支持、承诺、凝聚力和相互依存，在家族方面特别明显，但它们既存在于企业领域，也不妨碍企业领域的有效运作。实际上，这些规范所描述的关系在企业环境中通常是非常理想的。同样重要的是，企业领域的某些特性，例如资源的有效利用，也存在于诸如节俭以及提供诸如住房和教育等经济产品的家族准则中。

许多关于家族企业的研究都无法立足，因为它们关于家族和企业社会系统本质的本体论假设存在缺陷，它们一开始就将每个系统定义为另一个系统的对立面。这一研究方向往往赋予家族消极和惯性的角色。然而,即使是经常与家族联系在一起的稳定供给系统,也是组织变革的基本依据[详见 Feldman 和 Pentland(2003)]。特别是,家族可能在促成和吸收变革方面发挥作用。家族和企业系统不是正交的,它们各自的社会规范的不兼容性在很大程度上被夸大了。

其次,家族企业在世界各地的经济中普遍存在,这对家族与企业目标之间的权衡提出了挑战。如果大多数家族企业追求在家族层面积累的社会情感目标,如家族专制控制、慈善关系、积极影响和声誉,这些非财务目标不仅只会降低财务业绩。如果他们这样做了,家族企业作为一种组织形式早就消失了。

再次,家族也不可能完全剥夺公司的必要资源。如家族企业文献所述,家族企业往往为企业提供独特的资源,如长期资本、生存能力资本、隐性知识等,是企业获得竞争优势的基础。此外,由于家族企业所有者不仅关心金钱,而且还关心声誉和社会资本等资源,所以家族企业不会无休止地争夺相同的资源。因此,家族应被视为关键的资源提供者,而不是系统的资源"榨取者"。

最后,在更普遍的基础上,对家族企业管理的简化主义方法忽视了与家族和企业结合的相关机会,而这些机会有助于避免破坏组织有效性的功能障碍。事实上,组织理论家[如,Bateson(1972)和 Cameron(1986)]提出,没有组织中同时存在的对立面之间的张力,熵就会发生。也就是说,有一个自我强化的过程,在这个过程中,组织中的一个属性会持续存在,直到它变得极端,并最终失效。效率不是通过相互排斥的对立面的存在来实现的,而是通过这些对立面所带来的创造性飞跃、灵活性和统一性来实现的。因此,解决组织中同时存在的矛盾并追求逻辑上的一致性,实际上可能通过消除矛盾所产生的创造性张力而抑制企业绩效。

考虑到这一切,我们建议家族企业的"专业"管理应该从家族控股的权衡或一致性观点转向悖论观点(见图 6.19)。

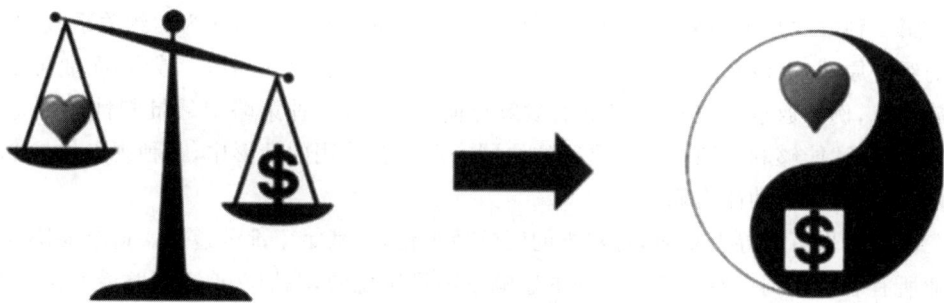

图 6.19 从权衡观点到悖论观点

6.7.4 处理紧张关系的管理方法

基于以上观点,我们得出了四种基本的方法来应对将家族和企业系统观点结合起来的挑战(见表 6.4)。

表 6.4　处理家族和企业系统的不同观点的策略：从选择到综合

	战略	定义	战术	机会	威胁	例子
选择　综合	避免	避免与另一种观点发生冲突	隐藏，忽略	（暂时）持简化的观点	在不适宜的时间以不适宜的形式再次出现其他观点	声称家族在企业中没有发言权的家族企业
	采用	采用另一种观点	模仿，让步	避免冲突	缺乏批判性和创造性的论述（主流观点变得极端和功能失调）	隐藏家族方面的家族企业；"我们是一家以家族为重的家族企业"；"我们是以公司为重的家族企业"
	妥协	如果方便或者部分符合，则部分采用另一种观点	谈判，思考，安抚，分割	涉及多个观点	多个观点之间的冲突，实现妥协所需的昂贵和耗时的过程	家族雇佣政策
	合成	将两种观点合成为一种新的观点	允许看似对立的观点，寻求共同点和目标	理解不同的观点，结合两种观点的精华之处，合成一种新观点	为新的综合观点创造合法性的挑战	家族成员的绩效工资；家族企业上市

　　第一种方式是完全避免另一种逻辑（因此，是隐藏和忽略）。那些声称自己是"家族至上家族企业"或"企业至上家族企业"的企业就属于这一类。这种激进的选择性战略吸引了许多高管，因为它表明，家族企业的领导层是简单和单一理性的。这可能是一个暂时的解决方案，但另一种观点的需求迟早会出现，而且推迟的时间越长，适应这些需求就越具有挑战性。

　　第二种方式是采用另一种观点。例如，家族关系可能会被简化为契约关系，遵循冷冰冰的经济原理，而没有通常在家族成员之间普遍存在的温暖和同情。或者，企业可以模仿家族规范，例如通过避免责任和拒绝绩效导向。然而，这种策略缺乏批判性和创造性论述，这些论述能够利用两种观点之间的协同作用。在采用的情形中，一种观点仍然会变得极端，并最终变得功能失调。

　　决策者也可能寻求妥协，将双方的问题最小化，并满足于部分遵从。追求妥协的家族企业所有者意识到一些家族对企业的影响是不可避免的，他们在追求利益最大化的同时，注重限制家族的负面影响。类似地，家族企业所有者可能会寻求暂时分割家族影响力（例如，将更多的家族参与推迟到以后的日期）或从组织上（例如，将家族成员转移到他们不会造成伤害的业务部门）（Schuman，Stutz，Ward，2010）。为公司雇佣家族成员制定政策就是这种策略的一个例子。

　　最后，有些人可能希望将家族和企业的观点结合起来，形成一个新的、综合的战略。遵循这一战略的公司强调家族和企业的共同基础和共同目标（例如，两个系统的长期成功），培养对他们的不同观点的共同理解，并强调结合两者的优点创建一个综合的观点的机会。例如,遵循一体化策略的参与者可以尝试利用业务系统的绩效和问责制的关注,以及对相互支持的关注和对家族系统固有的长期关注。一体化战略很难实施,因为它要求行动者承认并重视两种世界观,而单独考虑这两种世界观时,只能部分兼容。但是,在这些尝试中成功的公司,其企业文化和经营方式将是很难复制的。例如,上市的家族企业将金融市场的需求与家族大股东的稳定性结合起来。最终,实现家族与企业一体化的家族企业将避免"家族优先"或"企业优先"的口号,而是选择将自己描述为家族和企业优先。

避免和采用是处理家族和企业视角之间的紧张关系的更会被选择的方法,而妥协和合成是更综合的方法。对家族企业的战略管理采用一种综合而矛盾的方法,其指导假设是:

(1)家族企业本质上是矛盾的组织。考虑到家族企业与企业相互交织的本质,家族企业不得不面对两股看似相互竞争的力量。

(2)然而,家族和企业不一定是相互竞争的力量。事实上,通过将这两个视角联系起来,可以实现协同效应。

(3)鉴于家族和企业是相互交织的,家族企业之间存在着创造协同效应的机会,家族企业应该问问自己,如何才能利用企业中的家族因素。

(4)以一种协同的方式将家族和企业联系起来,最终将增加企业的竞争优势。

6.7.5 悖论管理如何驱动企业绩效

商业领域中研究得最多的悖论之一是探索与利用之间的悖论。关于这个主题的研究一方面考查了管理创新、根本变革和寻求长远解决办法的挑战,另一方面考查了效率的提高、边际改善和寻求近期解决办法的挑战(March,1991)。只专注于探索可能是危险的,因为一家公司可能会进入一个不断尝试和犯错的恶性循环,而无法在短期内为这项试验提供必要的资金。同样,仅专注于利用可能是危险的,因为它可能导致公司坚持当前的运作方式,而忽略了技术和商业模式这些对于未来发展至关重要的因素(换句话说,这种策略可能相当于重新排列在泰坦尼克号甲板上的椅子)。同时进行探索和利用的能力被称为"双巧手",据说这种能力能给公司带来卓越的业绩。

处理矛盾:以家族雇佣政策为例

家族企业面临着一个特殊的两难境地:是任命家族成员还是非家族成员担任管理职位。应对这一挑战的决策者有以下选择:

1.避免/选择:决策者选择一方(家族或企业)。例如,公司可能会决定不允许家族成员在运营部门工作。

2.采用:允许家族成员选择自己在公司的工作。

3.妥协:例如,家族成员在公司外工作两年后可以在公司内工作。或者,每个家族分支有两名成员(只有两名)被允许在公司工作。

4.整合:所有者同意在就业政策上寻求家族与企业之间的协同效应,而不是在固定的规则和没有规则之间进行选择。家族成员并没有被明确地排除在公司之外,但是他们的加入被期望着会产生协同效应(即它应该提高公司的整体效率)。例如,家族成员可以在该公司工作,但必须申请职位空缺。在申请高级管理职位时,家族成员必须评估自己的优势和劣势,并制定职业规划。任何想在公司工作的家族成员都必须了解这样做的好处和坏处,以及相关的期望(例如,成为一个榜样)。

资料来源:改编自 Schuman、Stutz 和 Ward(2010)。

虽然"双巧手"的论点适用于所有类型的企业,但家族企业在处理探索/利用悖论方面应该尤其在行。事实上,在最近对瑞士大约 100 家中小型私人家族企业的研究中,我们能够证实这一假设。我们发现,家族企业的领导者比非家族企业的领导者更能意识到企业管理中存在的内在矛盾,也更乐观地认为这些矛盾能够以富有成效的方式得到解决。这种态度对企业的双元性有积极的影响,因此对同时进行探索和利用也有积极的影响。因为家族企业比非家族企业更倾向于接受这些固有的紧张关系,因此他们也看到了更高的利润。

对传统的关注和对创新的关注之间也存在着类似的矛盾。许多家族企业似乎利用了这种紧张关系,以表明它们可以从悠久的传统中汲取养分,同时跟上时代,拥抱未来。就像"双巧手"的观点一样,传统/创新悖论假设传统和创新在某种程度上是对立的力量。最好的家族企业意识到,这种紧张关系带来的"问题"无法解决,但它是可以管理的;因此,他们从事的活动同时具有创新性和传统性。这种矛盾的策略使得家族企业能够从自身的内在优势中获益,并以一种既成功又难以模仿的方式定位自己。图 6.20 描述了传统与创新之间的权衡。

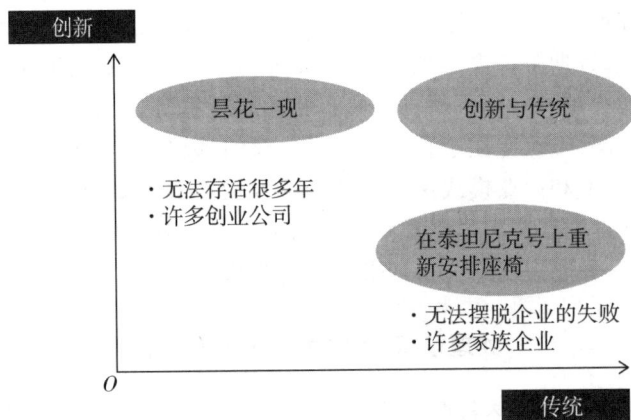

图 6.20　家族企业中的传统和创新

6.7.6　悖论观的应用:家族企业创新

研究家族影响的悖论性的一个特别有趣的背景是家族企业的创新。一方面,家族企业倾向于规避风险,因此可能会避免在研发和创新方面的风险投资。然而,另一方面,这种保守的立场似乎并不会损害业绩——总体而言,(私人)家族企业的表现似乎优于非家族企业(Carney et al.,2015)。问题是:家族企业在投资创新方面的保守态度与为了在市场中生存而必须创新之间的矛盾该如何处理?

1.在祖先的脚下——研究揭示传统创新的力量

是什么帮助家族企业实现突破性创新?为了回答这个重要的问题,研究人员 Alfredo De Massis 和 Josip Kotlar 发现创新模式挑战了传统的关于如何最好地实现创新的思维。更具体地说,这两位研究人员表明,传统的创新方法强烈面向未来,并通常鼓励管理者淡化过去——"抛弃它,为了给新的事务让路",这两位研究者在 2014 年兰开斯特大学(University of Lancaster)的一份新闻稿中这样说。然而,他们在研究中发现,一家公司的过去和历史传统可以成为创新的源泉。在他们对高度创新的家族企业的研究中,比如贝瑞塔(Beretta,一家意大利军火制造商,成立于 1526 年)和维布兰姆(Vibram,一家生产橡胶鞋底和化合物的公司,成立于 1937 年),研究人员发现这些公司采用四种不同的做法来利用他们过去进行当前的创新。

(1)历史故事

公司的历史和传统被积极地传达给外部人士,更重要的是,传达给内部人士。网站、书籍、历史档案、多媒体和其他技术被用来不断地回忆过去,由此唤起的记忆对员工和管理者来说就像对家族一样强烈。例如,贝瑞塔在公司最古老的地方就有一个企业博物馆。寇特拉(Kotlar)说:"这背后有一个非常明确的意图:也就是说,为了让公司内部的革新者理解过去,翻译和使用过去,他们必须在文化上接近那些过去的元素。"

(2)保留祖先的印记

家族历史中比较伟大的成员们在公司中的存在感也非常强。德马西斯解释道:"这些公司往往会颂扬他们的祖先,并利用象征将传统融入创新者的头脑中。他们讲述祖先的故事,在工厂里挂他们的画像。所以整个新一代,所有的家族成员,真的有这样的愿景。他们非常擅长把祖先塑造成神话人物。"

(3)诱发情绪

事件和共同的经历被用来灌输传统意识,确保它成为新一代生活方式的一部分,并使他们产生强烈的情感依恋。在维布兰姆家族中有一个传统,一起去一座山上徒步,这座山是被他们的祖先首次征服的。一些成员甚至希望光着脚徒步旅行,这也正是五指鞋的灵感来源——这款产品已经成为公司在市场收入方面的一个突破性产品。同样,在贝瑞塔,每年夏天都有一次家族郊游。这家人用这个地方来传达过去的价值观。每一代新人在 15 或 16 岁左右都会和亲戚一起打猎,这几乎是一种仪式。De Massis 和 Kotlar 认为,这些习惯是为了激发人们的情感,而这些情感对于培养人们对这些习惯的特别依恋和对公司未来成功的持续参与是很重要的。

(4)公司治理

除了公司治理之外,家族治理似乎是家族企业创新的又一关键因素。换句话说,这些做法有助于维护家族价值和身份,并保持与过去的联系。De Massis 和 Kotlar 研究的家族似乎建立了或多或少制度化的过程,战略性地思考他们是谁,他们是干什么的,他们在做什么。这在家族和企业中都会发生。

其他公司能从这些例子中吸取教训吗?作为可持续竞争优势的源泉,传统之美在于它不易被模仿——传统是公司特有的。然而，De Massis 说，其他公司的创新管理者仍然可以从这种方法背后的原则中学习。他说，只要一家公司有某种传统，无论是在公司内部还是在当地，创新管理者都可以模仿这些做法。

这些见解指出了管理传统和创新之间的紧张关系的能力。在这方面，贝瑞塔是一家特别有趣的公司，因为它的座右铭——"审慎和胆识"——实际上包含了这种基本的紧张关系。"审慎"表示一种小心、谨慎的心态，而"胆识"则强调无畏和冒险。2013 年，贝瑞塔的销售额约为 5 亿欧元，它仍小心地处理着其他一些矛盾，比如生产过程中的工艺和自动化，或者它在意大利的本土根基和产品的全球影响力之间的矛盾。在贝瑞塔，问题不在于是强调创新还是传统。相反，创新就是一种传统。

贝瑞塔和维布兰姆的例子表明，家族企业似乎有独特的方式来实现创新，这挑战了关于如何最好地实现创新的标准假设。标准实践表明，实现创新的理想途径是增加研发投入。但是，尽管一些家族企业具有高度的创新性，但将研发投资最大化似乎并不是家族企业的首选途径。为了解开这个谜团，我们区分了创新投入和创新产出，就像我们在对家族企业创新性的研究中所做的那样（Duran et al.，2016）。

2.家族所有者的风险规避导致创新投入降低

许多关于组织创新行为的研究都集中在创新投入上，创新投入被定义为致力于探索和利用新机会的资源，如资金和劳动力。创新投入的相对规模（例如，研发投入占收入的比例）主要取决于组织中关键决策者的风险倾向。尽管创新投入对企业的长期可持续发展是必要的，但它经常被视为一种风险投资。

家族企业的决策者一般都是风险厌恶型的，因为家族成员经常将大部分财富投资于企业，因此缺乏资产多样化。因此，家族企业倾向于在资本支出（CAPEX）方面进行风险较小的投资，如生产机械和建筑（Anderson，Duru，Reeb，2012）。此外，由于研发项目往往需要外部投资者的资金（例如，提高银行债务和/或任命外部管理者和顾问），家族成员可能会认为这种努力会导致控制权的丧失，从而对他们的社会情感财富构成威胁。虽然研发方面的不投资可能会使公司的长期可持续性面临风险，但研发方面的投资会直接对家族的社会情感财富产生负面影响。因此，我们发现家族企业的创新投入低于非家族企业并不奇怪。

3.有效地节约资源则会带来更高的创新产出

虽然创新投入通常应该提高创新产出（例如，专利或新产品的数量），但将创新投入转化为创新产出的能力因企业而异。一些公司在分配和利用研发投资方面可能特别高效，这一过程被称为资源编排（Sirmon et al.，2011）。在我们的研究中，我们发现家族企业在将创新投入转化为创新产出方面效率特别高，主要有三个原因（Duran et al.，2016）。

第一，家族企业特有的人力资本和知识支持资源的有效利用。众所周知，家族企业的员工和管理者都具有高度的企业特有的隐性知识，这些知识是在他们较长的任期内积累起来的。此外，家族企业的典型特征，如企业以信任为基础的文化、组织成员的强烈承诺和社区意识，也能促进知识和思想的跨阶层转移，从而促进创新行为。虽然较长的员工任期和较强的承诺可能会阻碍激进式创新，但它们对渐进式创新有积极的影响。

第二，家族企业的外部网络使它们特别适合创新活动。家族企业的非财务目标，包括与外部利益相关者(如供应商和客户)保持紧密联系,有助于它们建立强大的社会资本。反过来,社会资本帮助这些公司将研发资源转化为创新产出。例如,有知识的网络合作伙伴可以帮助识别有前途的趋势和发明,并在整个开发过程中提供有价值的、及时的反馈。这种支持可以帮助降低复杂性和开发成本,并加速开发周期(例如,通过优先接触主要客户、测试早期创新成果以及向新供应商和客户推荐)。

第三,家族企业的资源投资和配置通常遵循节俭原则(Carney,2005),这使得效率更高。家族企业的决策者努力谨慎和有效地使用资源,部分原因是资源约束和希望保持对企业资源配置的控制。较低的治理成本——源于家族所有者密切监督高层管理人员的能力,以及更大的灵活性和更少的官僚作风——进一步促进了对致力于创新的资源的有效利用。综上所述,家族企业的隐性知识形式的人力资本、社会资本和节俭的指导原则使得家族企业比非家族企业获得更高的创新产出(Duran et al.,2016)。

家族企业能够将较低的创新投入转化为较高的创新产出,这一事实引出了一个有趣的悖论。显然,家族企业面临着创新投入减少的约束。但是,这种情况并没有造成明显的劣势,而是通过高级的资源管理技能转变为优势(见图6.21)。这是一个特别有趣的案例,在这个案例中,家族和企业看似对立的力量可以被综合成一种竞争优势。

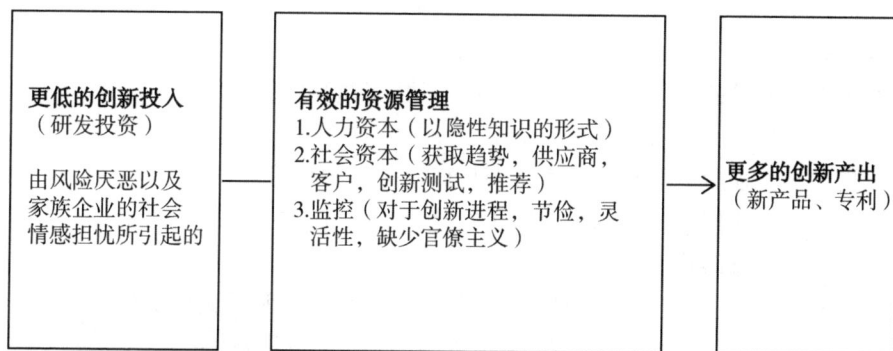

图 6.21 将家族企业较低的创新投入转化为较高的创新产出

6.7.7 如何处理矛盾:集体的正念

从孩提时代起,我们接受的训练就是问题是要解决的,我们的任务就是让它们消失。然而,像图6.18中所描述的矛盾的情况所面临的挑战是,它们不能被解决——只能被管理。要找到这些矛盾的"解决方案",就需要我们选择表面冲突的一方,从而放弃另一方的利益,以及两者之间的协同效应。有效处理这种矛盾的能力需要我们所说的家族的"集体理念",或者控股家族利用矛盾思维来寻求家族和企业之间的协同效应的能力(Zellweger,2013)。以下行为和态度表明控股家族的正念:

• 家族参与的二元属性意识。
• 犹豫要不要选择家族或企业优先的观点。
• 接受甚至欣赏矛盾的情况。

- 对模棱两可的容忍：矛盾不可能迅速得到解决。
- 愿意参与建设性的辩论。
- 对有偏见的观点保持警惕。
- 避免基于规则的环境假设，如清单中经常看到的。
- 优先考虑恢复力、可靠性和可承受的损失。
- 公司所有者的责任感。

6.7.8 总结与案例研究：从悖论观看家族企业竞争力

总而言之，提出的悖论观点并没有否定家族和企业系统是逻辑部分矛盾的社会系统的观点。相反，悖论的观点认为，家族和企业之间的潜在紧张关系，以及企业内部其他矛盾方面之间的紧张关系，是实现表面上相互竞争的力量之间的协同效应的途径。

因此，试图从家族企业悖论的角度解释和建立竞争优势的从业者应该问问自己：

- 我们在哪里可以找到家族和企业之间的协同效应？
- 我们是赞成"家族第一"、"企业第一"还是"家族企业第一"的哲学？
- 我们怎样才能最好地把传统与创新结合起来？
- 我们同时关心企业的长期生存和短期的变化吗？
- 在考虑可承受的最大损失时，我们是否承担了风险？
- 我们是否接受甚至欣赏矛盾的情况？
- 我们在多大程度上能够容忍模棱两可而不去寻求权宜之计？
- 是否愿意在我们的家族和公司中进行建设性的辩论？
- 我们是否不愿简化？
- 我们是否避免了基于规则的环境假设，就像清单中经常看到的那样？

案例研究

管理矛盾

根据 Simon 等（2005）的研究，家族企业面临以下七个矛盾：

1. 家族影响力是企业的资源和威胁。
2. 忠诚于核心家族和大家族。
3. 把短期投资者的利益和公司的长期生存结合起来。
4. 满足家族对平等待遇的期望，在企业环境中由于个人成就的不同而遵循不平等范式。
5. 确保成长和独立。
6. 确保企业环境的适应性和家族传统的连续性。
7. 在家族环境内提供保护，并要求企业环境内的绩效和个人表现。

思考题：

站在家族企业的所有者和管理者的角度思考,他们必须处理这些矛盾。

1.对于每一个矛盾,通过选择冲突的一方而忽视另一方来"解决"矛盾所涉及的威胁是什么?

2.你将如何处理每一个矛盾?

6.8　家族企业的一般战略

考虑到家族企业的异质性和解释其竞争优势的各种方法,试图确定家族企业用于竞争的一般策略可能是徒劳的。尽管如此,上面介绍的各种概念方法都指向一些共同的基本主题。例如,我们对社会情感财富的讨论,以及家族企业对声誉、品牌和社会责任的关注,都指向了家族企业中身份和形象的基本关联,这一点在竞争战略中可能会得到利用。

同样,我们对家族企业的独特资源(例如,隐性知识、社会资本、人力资本,长期的金融资本),这些公司管理资源的独特方式,以及家族企业能够利用他们的传统想出新产品,表明家族企业在创新方面可能有优势。

最后,家族企业所有者对保持和延续家族控股的关注,不愿意接受外部投资者,以及他们获得外部资源的相关限制,表明家族企业应该强烈关注效率。

基于这些考虑,我们提出了三种成功的家族企业所通用的竞争策略(见表 6.5)。

表 6.5　家族企业的三种一般战略

	家族方面	例子
值得信赖的品牌	家族和公司的身份交织在一起 关注家族和公司声誉 渴望家族跨代控制 家族成员的个人参与 家族企业投资单一	时尚和豪华的别墅、酒店/餐厅、酒庄
创新冠军	对生产流程的隐性知识和经验 与客户、供应商、意见领袖建立关系网络 长期的金融资本,允许长期的创新投资 以创新的方式利用传统的能力 资源约束、节俭和风险规避导致注重创新投资的有效性	德国中小型企业
效率完美主义者	获得金融资本的渠道有限 由有权势的家族进行强有力的控制 股息的再投资 所有者的节俭 股权资本的成本有限,因为公司通常从一个所有者继承到下一个所有者	连锁超市(阿尔迪、宜家、利德、沃尔玛)

6.9 家族企业的战略管理工具

以上章节为成功的家族企业战略的可能内容提供了丰富的基础。前几节详细讨论了家族企业战略制定的"内容"。但我们还没有解决"如何"制定战略的问题，即一个家族为其企业制定战略的过程。这个"如何"的问题，以及在家族企业中发展战略的过程，将是接下来讨论的重点。

在这方面的一个关键问题是，家族何时应参与战略进程。在大多数情况下，家族是控制企业的所有者，因此承担着与企业相关的最终风险和责任，因此，家族在确定企业战略中的作用至关重要。因此，家族的参与不应推迟到战略执行的时刻，而应尽早开始，以便家族本身提出战略发展的关键准则。理想情况下，家族为战略制定过程提供动力。然后，该战略在家族和企业之间的平行和相互激励的合作中得到发展。

1.从家族价值观到企业使命

在最基本的层面上，家族定义了它的价值。然后，这个家族提出一个使命宣言，这个宣言可能会被编入一个家族宪章，这是公司使命的关键投入。例如，如果家族未能制定指导方针，企业方面可能会设想一个与所有者价值观不符的未来。

2.从家族控股的指导方针到企业的愿景和战略

一旦制定了这些规范性准则，家族就可以逐步将这些价值转化为家族、家族财富和家族业务的战略准则。在家族层面，家族所有者可能必须就当前和未来的治理结构发表声明（例如，控股股东、姊妹合伙企业、表亲合伙或家族企业；有关治理的更多细节，请参见第5章）。在家族财富方面，家族应该决定从公司获得的财富是共同管理还是单独管理。最后，在企业层面，家族可以制定关于发展、承担风险、国际化和第三方资本的广泛战略方针。这些家族、财富和业务层面的指导方针对于制定企业远景和战略（例如，关于发展、投资和业务的进入或退出）非常重要。

3.从家族、财富和所有权治理到专业的公司治理

家族还必须确定其在各个公司治理机构中，甚至最终在公司的运营中的立场和影响力水平（参见关于家族治理的第5章）。在这一点上，对于所有持有大部分所有权或在公司工作、已经工作或希望在公司工作的家族成员来说，确定他们当前和未来相对于公司的角色是很重要的。重要的不仅是家族成员对公司的综合立场，还包括家族成员个人参与公司的愿景，以及他们围绕这个主题所进行的讨论。

根据家族财富管理的目标，可能需要获得财富管理专业知识，相关结构（即嵌入式，家族理财室或家族信托）亦需建立（参见第5章关于财富治理的讨论）。所有权治理反过来又决定了家族股东之间的关系、投票权以及股份的获得和转让。它还定义了家族在公司治理机构中的参与，特别是家族与董事会的关系（参见第5章关于所有权治理的讨论）。

这些准则为专业的公司治理铺平了道路。公司治理主要是指股东、董事会和最高管理层之间的协作，以保证公司的有效运作。

4.从家族参与到执行

根据前几个步骤确定的准则,实际的家族参与,特别是下一代的家族参与,发生在执行和操作层面。在公司方面,重点是财务规划、营销和生产计划以及战略计划的执行。这些功能将业务的总体战略目标分解为不同的、可管理的部分。

最后,这种综合方法的目标是实现控股家族的价值和目标、股东的期望以及公司的愿景和战略之间的一致性(见图 6.22)。理想情况下,家族和所有权治理可以用来帮助家族和股东建立相互认可的价值观和目标。

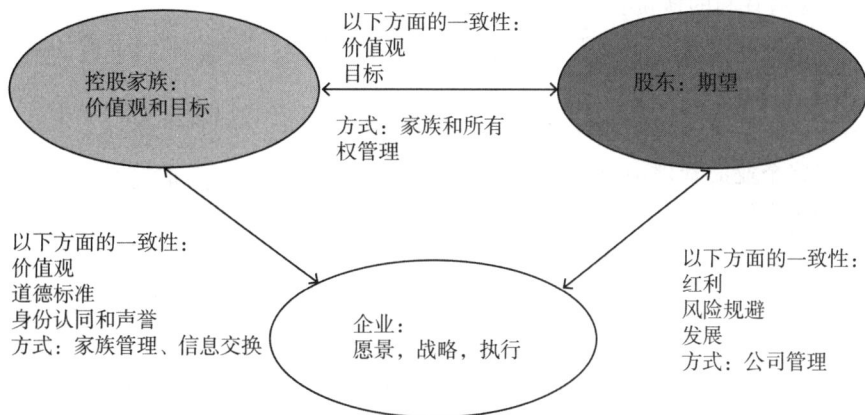

以下方面的一致性:
价值观
目标
方式:家族和所有权管理

控股家族:
价值观和目标

股东:期望

以下方面的一致性:
价值观
道德标准
身份认同和声誉
方式:家族管理、信息交换

企业:
愿景,战略,执行

以下方面的一致性:
红利
风险规避
发展
方式:公司管理

图 6.22　家族、股东、商业目标之间的一致性

在股东和公司之间的关系中,我们希望看到在股利、风险规避、增长意图和公司整体战略方面的一致性。专业的公司治理,特别是称职的董事会和管理团队之间的合作,可以用来实现这一目标。

虽然家族和公司之间的联系是通过家族、所有权和公司治理来调节的,但加强家族和公司之间的非正式联系也可能是有益的。非正式联系是在较小的家族企业中存在的,家族成员也是公司的股东并在公司工作。然而,对于更大的家族企业来说,这成为一个更加突出的问题,因为家族和企业的价值观、伦理原则、身份和目标不再是一致的。这种一致性对于保持家族与企业的一致性,确保家族与企业共享一套共同的价值观非常重要。

思考题

1.什么是社会情感财富(SEW)?

2.什么时候家族企业会优先考虑社会情感财富问题而不是财务问题? 这些偏好什么时候会改变?

3.与非家族企业相比,家族企业的风险规避程度是高还是低?

4.家族性是什么?

5.讨论家族企业典型的资源优势和劣势。

6.讨论家族企业如何驱动或阻碍家族企业竞争力的例子。

7.家族企业的金融资本提供有什么特征？

8.家族企业在资源管理方面有何独特之处？

9.为什么家族企业如此关注企业社会责任？

10.家族企业在市场上的形象如何？

11.如果你是家族企业的所有者,你会如何利用企业作为家族企业在市场上的形象？

12.描述家族企业作为品牌建立者和维护者的独特策略。

13.遵守普遍接受的经营规范如何有助于公司业绩？为什么家族企业在遵守这些准则方面处于特别有利的地位？

14.为什么家族企业特别善于利用制度上的漏洞(例如,劳动力和资本市场效率低下、法律规定、产权保护等)？

15.为什么家族企业集团在许多新兴市场是一个突出的组织形式？

16.在家族企业的管理中,什么类型的矛盾特别普遍？

17.为什么家族企业特别擅长处理这些矛盾？

18.家族企业中常见的矛盾有哪些？

19.为什么以非整合的方式解决矛盾是有问题的(例如,通过避免或采用矛盾的某一方面)？

20."我们是一家企业至上的家族企业",这样的说法有什么特别的问题吗？

21.家族企业如何能够利用其传统进行创新？

22.家族企业在创新方面的优势和劣势是什么？

23.家族企业的一般商业策略是什么？这些策略建立在哪些家族企业的特有属性上？

24.假设你被要求为一个家族企业制定一个完整的家族、所有权和商业战略。你将如何完成这项任务？你将通过什么过程来制定策略？

背景阅读

Aguilera, R., and R. Crespi-Cladera (2012). Firm family firms: Current debates of corporate governance in family firms. *Journal of Family Business Strategy*, 3(2):63-69.

Amit, R., and B. Villalonga (2013). *Financial performance of family firms*. In L. Melin, M. Nordqvist, and P.Sharma(Eds.), The Sage Handbook of Family Business. London: Sage, 157-179.

Anderson, R., and D.Reeb(2003a).Founding-family ownership, corporate diversification, and firm leverage. *Journal of Law and Economics*, 46:653-684.

Anderson, R.C., and D.M.Reeb(2003b).Founding-family ownership and firm performance: Evidence from the S&P 500. *Journal of Finance*, 58(3):1301-1328.

Anderson, R.C., A.Duru and D.M.Reeb(2012).Investment policy in family controlled firms. *Journal of Banking and Finance*, 36(6):1744-1758.

Arregle, J.L., M.A.Hitt, D.G.Sirmon and P.Very(2007).The development of organizational social capital: Attributes of family firms. *Journal of Management Studies*, 44(1):73-95.

Banalieva, E., K.Eddleston and T.Zellweger(2015).When do family firms have an advantage in transitioning economies? Toward a dynamic institution-based view. *Strategic Management Journal*, 36(9):

1358-1377.

Berrone,P.,C.C.Cruz and L.R.Gomez-Mejia(2012).Socioemotional wealth in family firms:A review and agenda for future research.*Family Business Review*,25(3):258-279.

Berrone,P.,C.Cruz,L.R.Gomez-Mejia and M.Larraza-Kintana(2010).Socioemotional wealth and corporate responses to institutional pressures:Do family-controlled firms pollute less? *Administrative Science Quarterly*,55(1):82-113.

Binz,C.,J.Hair,T.Pieper and A.Baldauf(2013).Exploring the effect of distinct family firm reputation on consumers' preferences.*Journal of Family Business Strategy*,4(1):3-11.

Carney,M.(2005).Corporate governance and competitive advantage in family-controlled firms.*Entrepreneurship Theory and Practice*,29(3):249-265.

Carney,M.,E.R.Gedajlovic,P.Heugens,M.Van Essen and J.Van Oosterhout(2011).Business group affiliation,performance,context,and strategy:A meta-analysis.*Academy of Management Journal*,54(3):437-460.

Carney,M.,M.Van Essen,E.Gedajlovic and P.Heugens(2015).What do we know about private family firms:A meta-analytic review.*Entrepreneurship Theory and Practice*,39(3):513-544.

Carney,R.W.,and T.B.Child(2013).Changes to the ownership and control of East Asian corporations between 1996 and 2008:The primacy of politics.*Journal of Financial Economics*,107(2):494-513.

Chrisman,J.,and P.Patel(2012).Variations in R&D investments of family and non-family firms:Behavioral agency and myopic loss aversion perspectives. *Academy of Management Journal*,55(4):976-997.

Chua,J.H.,J.J.Chrisman and P.Sharma(1999).Defining the family business by behavior.*Entrepreneurship Theory and Practice*,23(4):19-39.

Claessens,S.,S.Djankov,J.P.H.Fan and L.H.P.Lang(2002).Disentangling the incentive and entrenchment effects of large shareholdings.*Journal of Finance*,LVII(6):2741-2771.

Claessens,S.,S.Djankov and L.H.P.Lang(2000).The separation of ownership and control in East Asian corporations.*Journal of Financial Economics*,58:81-112.

Craig,J.,C.Dibbrell and P.S.Davis(2008).Leveraging family-based brand identity to enhance firm competitiveness and performance in family businesses.*Journal of Small Business Management*,46(3):351-371.

Deephouse,D.L.,and P.Jaskiewicz(2013).Do family firms have better reputations than non-family firms? An integration of socioemotional wealth and social identity theories.*Journal of Management Studies*,50(3):337-360.

Duran,P.,N.Kammerlander,M.Van Essen and T.Zellweger(2016).Doing more with less:Innovation input and output in family firms.*Academy of Management Journal*,59(4):1224-1264.

Dyer,W.,and D.Whetten(2006).Family firms and social responsibility:Preliminary evidence from the S&P 500.*Entrepreneurship Theory and Practice*,30(6):785-802.

Faccio,M.,and L.H.P.Lang(2002).The ultimate ownership of Western European corporations.*Journal of Financial Economics*,65(3):365-395.

Feldman,E.R.,R.R.Amit and B.Villalonga(2016).Corporate divestitures and family control. *Strategic Management Journal*,37(3):429-446.

Feldman,M.S.,and B.T.Pentland(2003).Reconceptualizing organizational routines as a source of flexibility and change.*Administrative Science Quarterly*,48(1):94-118.

Gedajlovic,E.R.,and M.Carney(2010).Markets,hierachies and families：Toward a transaction cost theory of the family firm.*Entrepreneurship Theory and Practice*,34(6)：1145-1172.

Gedajlovic,E.,M.Carney,J.Chrisman and F.Kellermanns(2011).The adolescence of family firm research：Taking stock and planning for the future.*Journal of Management*,38(4)：1010-1037.

Gomez-Mejia,L.R.,K.T.Haynes,M.Nunez-Nickel,K.J.L.Jacobson and J.Moyano-Fuentes(2007).Socioemotional wealth and business risks in family-controlled firms：Evidence from Spanish olive oil mills. *Administrative Science Quarterly*,52(1)：106-137.

Habbershon,T.G.,and M.L.Williams(1999).A resource-basedframework for assessing the strategic advantages of family firms.*Family Business Review*,12(1)：1-25.

Kellermanns,F.,K.Eddleston and T.Zellweger(2012).Extending the socioemotional wealth perspective：A look at the dark side.*Entrepreneurship Theory and Practice*,36(6)：1175-1182.

Khanna,T.,and K.Palepu(2000).Is group affiliation profitable in emerging markets? An analysis of diversified Indian business groups.*Journal of Finance*,55：867-891.

Khanna,T.,and Y.Yafeh(2007).Business groups in emerging markets：Paragons or parasites? *Journal of Economic Literature*,45(2)：331-372.

König,A.,N.Kammerlander and A.Enders(2013).The family innovator's dilemma：How family influence affects the adoption of discontinuous technologies by incumbent firms.*Academy of Management Review*,38(3)：418-441.

Luo,X.,and C.N.Chung(2005).Keeping it all in the family：The role of particularistic relationships in business group performance during institutional transition.*Administrative Science Quarterly*,50(3)：404-439.

March,J.G.(1991).Exploration and exploitation in organizational learning.*Organization Science*,1(1)：71-87.

Masulis,R.,P.Kien Pham and J.Zein(2011).Family business groups around the world：Financing advantages,control motivations,and organizational choices.*Review of Financial Studies*,24(1)：3556-3600.

Miller,D.,and I.Le Breton-Miller(2005).*Managing for the Long Run：Lessons in Competitive Advantage from Great Family Businesses*.Boston,MA：Harvard Business School Press.

Miller,D.,I.Le Breton-Miller and R.H.Lester(2013).Family firm governance,strategic conformity and performance：Institutional versus strategic perspectives.*Organization Science*,24(1)189-209.

Miller,D.,I.Le Breton-Miller,R.H.Lester and A.A.Cannella(2007).Are family firms really superior performers? *Journal of Corporate Finance*,13：829-858.

Miller,D.,J.Lee,S.Chang and I.Le Breton-Miller(2009).Filling the institutional void：The social behavior and performance of family versus non-family technology firms in emerging markets.*Journal of International Business Studies*,40(5)：802-817.

Morck,R.K.,D.Wolfenzon and B.Yeung(2005).Corporate governance,economic entrenchment,and growth.*Journal of Economic Literature*,43(3)：655-720.

Peng,M.W.,and Y.Jiang(2010).Institutions behind family ownership and control in large firms. *Journal of Management Studies*,47(2)：253-273.

Schulze,W.S.,and T.Zellweger(2016).On the agency costs of owner-management：The problem of holdup.*Working paper,University of Utah and University of St.*

Gallen.Schulze,W.S.,M.H.Lubatkin,R.N.Dino and A.K.Buchholtz(2001).Agency relationships in family firms：Theory and evidence.*Organization Science*,12(2)：99-116.

Schuman,S.,S.Stutz and J.Ward(2010).*Family Business as Paradox*.New York：Palgrave Macmillan.

Sciascia,S., and P. Mazzola(2008). Family involvement in ownership and management: Exploring nonlinear effects on performance.*Family Business Review*,21:331-345.

Scott,R.W.(1995).*Institutions and Organizations*.Thousand Oaks,CA:Sage.

Sirmon,D.G., and M.A.Hitt(2003).Managing resources:Linking unique resources,management,and wealth creation in family firms.*Entrepreneurship Theory and Practice*,27(4):339-358.

Sirmon,D.G.,M.A.Hitt,R.D.Ireland and B.A.Gilbert(2011).Resource orchestration to create competitive advantage breadth,depth,and life cycle effects.*Journal of Management*,37(5):1390-1412.

Smith,W.K., and M.W.Lewis(2011).Toward a theory of paradox:A dynamic equilibrium model of organizing.*Academy of Management Review*,36(2):381-403.

Stewart,A., and M.A.Hitt(2010).The yin and yang of kinship and business:Complementary or contradictory forces?（And can we really say?）*Advances in Entrepreneurship，Firm Emergence and Growth*,12:243-276.

Sundaramurthy,C., and G.E.Kreiner(2008).Governing by managing identity boundaries:The case of family businesses.*Entrepreneurship Theory and Practice*,32(3):415-436.

Verbeke,A., and L.Kano(2010).Transaction cost economics(TCE)and the family firm.*Entrepreneurship Theory and Practice*,34(6):1173-1182.

Villalonga,B., and R.Amit(2006).How do family ownership,control and management affect firm value? *Journal of Financial Economics*,80(2):385-417.

Whiteside,M.F., and F.H.Brown(1991).Drawbacks of a dual systems approach to family firms:Can we expand our thinking? *Family Business Review*,4(4):383-395.

Zellweger,T.M.(2007).Time horizon,costs of equity capital,and generic investment strategies of firms.*Family Business Review*,20(1):1-15.

Zellweger,T.(2013).Toward a paradox perspective of family firms:The moderating role of collective mindfulness of controlling families.In L.Melin,M.Nordqvist and P.Sharma(Eds.),*The SAGE Handbook of Family Business*.Thousand Oaks,CA:SAGE Publications,648-655.

Zellweger,T., K.Eddleston and F.W.Kellermanns(2010).Exploring the concept of familiness:Introducing family firm identity.*Journal of Family Business Strategy*,1(1):54-63.

Zellweger,T., F. Kellermanns, J. Chrisman and J. Chua（2012）. Family control and family firm valuation by family CEOs:The importance of intentions for transgenerational control.*Organization Science*,23(3):851-868.

Zellweger,T.,R.Nason,M.Nordqvist and C.Brush(2013).Why do family firms strive for nonfinancial goals? An organizational identity perspective.*Entrepreneurship Theory and Practice*,37(2):229-248.

7 家族企业传承

传承是家族企业实践和研究中最具主导地位的课题之一。控制一家公司，并将其传给家族的下一代，通常被视为家族企业的定义特征之一。一些人甚至认为，家族控制与其他类型的公司控制的区别在于代际观念(Chua,Chrisman,Sharma,1999)。但是，即便撇开定义本身不谈，将企业控制权转让给下一代或其他类型的控制机构，也确实是一项关键的管理挑战。这项挑战意义重大，不仅因为它对许多企业家来说一生只有一次，更因为它牵扯到一系列广泛的问题，包括财务、战略、法律、税务和社会情感问题。因此，处理传承问题需要多方面的能力，而企业家很少完全具备这些能力。即使是传承顾问，也常常缺乏指导公司所有者完成传承过程所需的全部专业知识。

考虑到企业、个人和家族的特殊性，每一个企业传承者在一定程度上都是独一无二的，没有放之四海而皆准的解决方案。更重要的是，转让家族企业的控制权与出售上市公司部分股份并不一样，也就是说，这不是一项仅由买卖双方进行的交易。在许多规模较小的家族企业中，传承影响到许多利益相关者，包括员工、客户、资本提供者，以及很宽泛的社会环境。这些利益相关者可能对传承有不同的期望和要求。最后，传承是公司控制权的转移，在许多方面都违反了纯粹的财务逻辑。当然，从某种意义上讲，传承是一种财务交易。但多代同堂的家族企业是一种资产，许多所有者从中获得了超过财务价值的意义。许多家族企业的现任所有者在传承过程中都为自己的企业设定了具体的目标，并最终实现了自己的目标。这创造了一种情境，在这种情境中，感觉和情绪可能会影响决策。

从一个非常实际的角度来看，在家族企业中，传承是一个非常具有挑战性的过程。本章旨在阐明这种复杂性的根源，并就如何管理这种复杂性提供实际和综合的指导。

7.1　传承选择

为了充分把握传承过程的复杂性，我们必须首先考虑一系列传承选择。家族企业学者和实践者倾向于将传承等同于将企业的所有权和管理权并行地从家族一代转移到下一代。在许多国家，这仍然是首选，因为它通常被视为延续公司当前所有者愿景和创建长期家族遗产的最安全的方式。例如，在波兰，大约 87% 的家族企业都是这样传承下来的。然而，在西欧和美国，这一比例要低得多，估计在 30%～50%。

尽管这种现象普遍存在,但家族内所有权和管理权的平行转移只是几个传承选择之一。一个二维图可以帮助区分所有权和管理权的转移类型,以及控制权的转移是发生在家族内部还是外部。考虑到家族和外部经理及所有者的混合组合,我们确定了以下传承选择,如图7.1所示。

		领导权		
		家族内部	内外结合	家族外部
所有权	家族内部	家族化管理	混合管理	职业化管理
	内外结合	合作者或者私募股权	混合管理权和所有权(例如,上市家族企业)	财务投资
	家族外部	继任完成后家族持续参与		转让给员工,管理层收购卖给共同所有者,卖给财务或者战略收购者,清算

图 7.1 传承选择

充分考虑这些不同的传承选择是增加现任者和传承者行动范围的重要步骤。在典型的家族内部传承之外,我们发现各种外部退出选择,如控制权转移给公司员工,卖给现有的管理层(MBO),卖给一个新的管理层(MBI),或卖给财务(如私募股权)或战略(如竞争对手)收购者。再或者,现任所有者可以决定出售给来自家族内部或者外部的共同所有者。

除了这些选择之外,在管理和所有权级别上都可以考虑各种家族和非家族参与的组合。例如,当管理被分享或完全移交给非家族管理者时,所有权可以保留在家族手中。但现在的所有者也可能考虑开放所有权。其他家族、机构投资者或私募股权等财务投资者可以或多或少地接手部分所有权。或者,家族企业可以考虑将公司上市,从而出售部分家族所有权,或者建立一个信托/基金会,作为最终的所有者。

通常,当部分家族成员(例如,家族树的分支)希望放弃对公司的投资时,部分出售或公开上市公司是一个可行的传承选择。因此,这些选择既有利于公司传承,也服务于简化股权结构的治理动机。

这些选择的可行性取决于公司本身、有关各方的利益和体制环境。对于一家小公司来说,将公司卖给家族内部成员、公司员工或共同所有者可能是仅有的可行选择。随着公司规模的扩大,将全部所有权转让给一个单独的家族传承者可能会变得越来越困难。在这些情况下,所有权可以在子女之间分割,或者(部分)向外部投资者开放。根据管理专业知识的可用性,管理权可以保留在家族中,也可以转移给非家族管理人员。但是规模并不是限制退出选择可用性的唯一因素,盈利能力也很重要。例如,一家失败的公司很难找到传承者,无论是来自家族内部还是外部。在这种情况下,清算可能是最好的选择。

退出选择的可行性也取决于有关各方的利益。比如,当前所有者可能希望将完整的所有权、管理权以及相关责任全部传给传承者,或者可能想保留少数所有权。而更常见的情况是,当前所有者可能有一个传承选择的偏好顺序。

最后，退出选择的可用性取决于制度环境，特别是法律工具（Carney，Gedajlovic，Strike，2014）和外部资本的可用性。在资本供应疲弱的制度环境中，由于资金供应有限，将企业转让给非家族买家将是一项挑战，这一点可以从不发达的银行业和较小的股权资本市场得到证明。同样，在缺乏合格的人力资本，即训练有素和经验丰富的非家族管理人员的情况下，家族成员将是最有效的传承选项，因为他/她对公司有所了解，并与现任所有者和其他相关家族成员建立了信任关系。

7.2 传承选择的机遇和挑战

图 7.1 显示的传承选择都有特定的优点/机遇和缺点/挑战，如表 7.1 所示。

例如，对许多所有者而言，通过逐步出售资产、不更新职位空缺和减少整体业务活动等方式，对公司进行清算，仍被视为一种失败。但从利益相关者（尤其是员工和客户）的角度来看，有序、及时的清算似乎比被迫继续经营更有责任，尤其是那些正在衰落的公司。然而，对于许多小公司来说，通过清算及时退出可能也是最合理的选择，因为这些小公司的所有者已经到了退休年龄，而且没有任何员工对接管公司感兴趣。

表 7.1 可选传承选择的机遇与挑战

类型	机遇	挑战
家族所有和管理	不需要寻找传承者； 延续家族的创业遗产； 保持企业的独立性，保留了工作； 愿意在售价上让步，对公司有利； 知识在在位者和传承者间转移； 较低程度的信息不对称； 传承过程的无缝衔接	传承者的传承资格和意愿无法保证； 需要长期的计划； 对待孩子们的不公平导致的冲突，尤其当被选为传承者的孩子受到偏爱时； 两代人之间的冲突
混合管理，家族所有	家族保留了控制权并且设定了战略目标 减轻家族的经营责任； 获得更广泛的人才库； 当下一代太年轻不能承担经营责任时，是一个暂时的解决办法	挑选管理者； 家族和非家族管理者间的信任鸿沟； 管理层内部认同感和目标的差异； 对家族而言，承担相同的风险却减少了影响力
非家族管理，家族所有	保持家族控制； 专注于专业的管理，不受家族影响； 减少家族的经营压力； 独立于管理因素，解决所有权问题	家族所有者的看法和影响受到限制； 所有者和管理者间潜在的信任鸿沟； 所有者和管理者间由于风险承担、目标和激励所带来的代理问题； 威胁家族企业文化，倾向于注重短期效益； 家族失去了管理能力； 非家族管理者有限的情感承诺和认同感

续表

类型	机遇	挑战
家族管理，混合所有	修剪企业内的家谱：与投资者合作，为部分家族成员的退出提供长期或短期的融资方案； 资本流入使得企业资金扩张，提高了企业的流动性； 分散了投资风险； 提高了融资结构的稳定性	家族和非家族投资者的利益分歧； 相比于家族投资者，非家族投资者对投资回报的不同（更高）期望； 难以调和不同投资者的管理决定； 非家族投资者的退出
混合管理和混合所有	资本流入使得企业资金扩张； 更新管理知识和动力	损失家族影响力； 管理权和所有权的分离埋下冲突的隐患； 分散的所有者也埋下冲突的隐患
非家族管理和混合所有	资本流入使得企业资金扩张； 新的管理动力与专业技能； 权力结合以提高竞争地位	损失家族影响力； 管理者的激励和控制问题； 如果只出售少量股权，出售所得权益有限； 股息和控制权的减少
转让给员工，管理层收购（MBO）	企业独立存续，并且管理层和当前所有者有着共同的价值观和愿景； 利益相关者较为稳定（如员工和客户）； 管理层很了解企业以及面临的挑战：信息不对称程度较低； 管理者变为所有者有利于企业业绩	通常只有卖方融资时可行； 不能将出售价格最大化：通常会给管理层优惠的折扣；融资主要靠企业的现金流； 当前所有者和未来所有者的冲突：在协商过程中买方和卖方都参与管理，交易结束的结果相当于一次角色互换
出售给财务或者战略收购者	更多的潜在收购者； 有机会最大化出售价格； 所有者可以自由地开始人生新阶段； 可以使用出售所得开始新的冒险	损失创业遗产； 准备出售时的隐私问题，公众的关注以及最终对家族声望的威胁； 基本没有可能再重新回到家族控制
出售给共同所有者	提供了潜在的收购者； 通常估价是作为买卖协议的一部分预先确定的； 简化了所有权结构，减少企业内的家族人员	融资：共同所有者是否有足够的资金支付给当前的所有者？
首次公开发行（IPO）	资金流入； 企业的专业化； 提供了家族退出的机会，减少企业内的家族人员数量； 股份可交易，即使是留下的家族大股东的股份	管理费用； 企业和家族暴露在公众的视线中； 企业短期业绩面临很大压力； 家族企业文化的损失
清算	使得企业资产得到有序清算，尤其当经营状况不佳时	失去了企业，更失去了资产和工作

正如上面列出的传承选项所说明的，从家族内部的管理和所有权转移到非家族参与，这一转变在大多数情况下对家族来说是要付出代价的。虽然从财务的角度来看，让公司接受非家族的影响是有利的，但从社会情感的角度来看，这种选择会带来损失。从家族企

业中获得社会情感财富(SEW)的家族所有者——所谓社会情感财富,指的是希望维护家族对企业的跨代控制、家族声望和企业之间的关系,以及与利益相关者之间的联系或者与企业之间的情感纽带——可能会感到难以接受家族以外的所有者或者管理层。因此,从经济的角度来看,一个看起来很有前途的传承选项,从社会情感的角度来看,可能是有害的。尽管非家族参与最终会带来经济上的好处,家族可能仍倾向于选择一种保留家族控制权的传承方式,这取决于家族的社会情感财富与企业之间联系的紧密程度。

在许多情况下,由于企业的成长,传承选项的模式往往会随着时间而改变。虽然第一代家族企业通常是在家族内部传承下来的,但随着企业规模的扩大和复杂性的增加,管理工作往往由非家族管理人员分担,然后完全移交给非家族管理人员。随着资金需求的增长,所有权逐渐向非家族投资者开放,最终以公司的出售和家族的完全退出告终。随着时间的推移,财务方面的考虑通常会逐渐占上风,而围绕核心业务的社会情感方面的担忧往往会消退。

7.3　传承选择的特点

不同传承选择的重要性因国家而异,因此也因制度环境而异。如上所述,在波兰,在经历了一段时间的共产主义统治后,正处于第一代创始人和第二代企业家交接之际,87%的所有权和管理传承发生在家族内部。这些数字在其他欧洲国家下降到明显较低的水平,例如,德国的这一比例为43%,瑞典和瑞士均为40%,丹麦为33%。有关这些数据的一些背景资料,请参阅 Bennedsen 等(2007)的研究报告,Wennberg 等(2012)的研究报告。

作为全球大学创业精神的学生调查(GUESSS)项目的一部分,在 26 个国家收集的数据进一步阐明了全球家族内部传承的相关性。这个大规模的国际数据集表明,各国 GDP 与潜在传承者之间的传承意愿强度呈曲线关系(见图 7.2)(Zellweger,Sieger,Englisch,2012)。有趣的是,在一些发展中国家,例如巴基斯坦、中国、罗马尼亚和智利,如果学生的父母拥有一家企业,那么这些学生对于接班有着非常强的意愿。而在非常富裕的国家,如新加坡和卢森堡,也有着相同的情况。但是,GDP/资本水平中等的国家中,有家族企业背景的学生的继承意愿却相对较低。

在较为贫穷的国家,传承这条职业道路比之所以其他职业道路更具吸引力,是因为在这些国家的就业选择不多,一个潜在的传承者要么加入父母的企业,要么在欠发达的劳动力市场找工作,或者在银行系统薄弱、资本市场不发达以及产权保护制度欠缺的环境中创业。相比之下,在英国、德国、法国、荷兰和美国等更发达和更富裕的国家,潜在的传承者通常会找到比接手家族企业更具吸引力的其他工作,因此,在人均 GDP 处于中等水平的国家,下一代的传承意愿相对较弱。而在非常富裕的国家,潜在的传承者可能倾向于接管家族企业,原因并不仅仅是财务方面的,更多的在于它代表着一个创业的机会,而不会立即面临财务压力;同时,这些非常富裕的国家往往规模较小(尤其是卢森堡和列支敦士登),传承家族企业的职业道路可能会由于劳动力市场较小而更具吸引力。

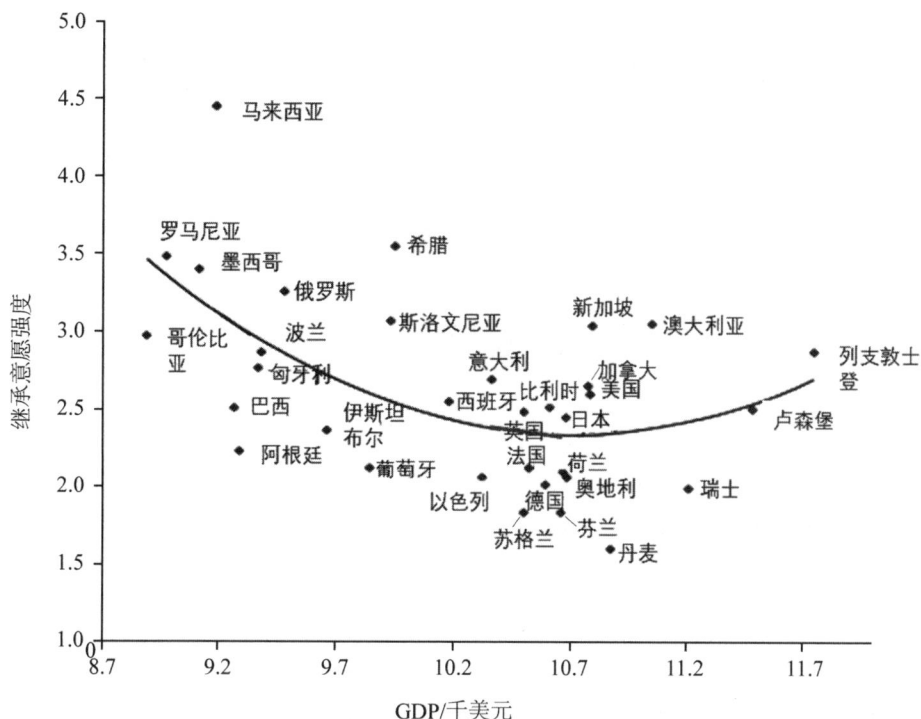

图 7.2　具有家族企业背景的学生的传承意愿强度

来源：Zellweger, Sieger, Englisch(2012)

7.4　家族内部传承的相关性下降

要想实现家族内部的传承，首先要有一个愿意接手的传承者。尽管存在国际差异，但一项关于这一主题的国际调查显示，总体而言，下一代家族成员并没有表现出接管企业的强烈意愿(Zellweger, Sieger, Englisch, 2012)。如图 7.3 所示，在父母拥有公司的全球学生样本中，只有 22.7% 的学生考虑过接管父母的公司。此外，47.9% 的学生从未考虑过将传承作为职业道路。我们询问了所有拥有家族企业背景的学生的职业意向，发现只有 6.9% 的学生打算一毕业就接管家族企业，但愿意在毕业五年后接管家族企业的人数比例约为 12.8%。

从动态的角度来看，潜在接班人接管家族企业的意愿相对较弱，这也是一个值得探讨的问题。的确，我们可以想到一些发达经济体的潜在趋势，这些趋势使得家族内部传承的职业道路对潜在的家族接班人越来越没有吸引力。

1.家族规模减小

发达国家和大多数西方经济体下降的生育率以及下滑的人口数量可能是家族内部传

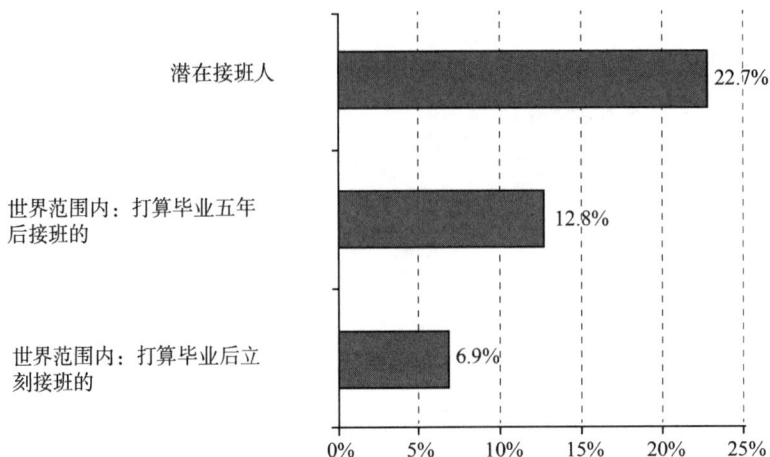

图 7.3　毕业后立刻接班和毕业五年后接班的意愿

注：潜在的接班人被定义为拥有家族企业背景的学生，他们认为自己可以执掌父母的公司，或者已经开始接管父母的公司。样本包括来自 26 个国家的 5363 名受访者，均有家族企业背景（受访者平均年龄＝23.5 岁）。平均企业规模为 31 名员工，标准差为 96 名员工。

来源：Zellweger，Sieger，English（2012）。

承减少的潜在原因。2012 年，OECD（经济合作与发展组织）成员国平均每个女性生育 1.76 个婴儿，但是 1970 年时这一数字为 3.04 个。这一现象的直接后果就是，OECD 成员国的家族企业传承者库不断减小。

2.家族结构变化

在过去一个世纪里，大多数发达经济体的结婚率都在下降，但是离婚率却显著上升。例如，自 20 世纪 50 年代以来，美国的离婚率翻了一番。与此同时，非婚生子女的数量也在增加。例如，在 2010 年的欧盟，约 38.3％的儿童是非婚生的，而 1990 年的相应数字为 17.4％，非传统结构的家族数急剧增加。

但这并不意味着家族作为一个社会类别就一定不那么重要，它确实表明，社会网络可能会在一个人的一生中发生改变和重新配置。在企业传承的背景下，非传统家族的传承者可能不那么明确。在这些家族中，企业可能更多地被视为一种实用资产，而不是一种可以在家族内部代代相传的遗产。

3.社会中的个人主义

随着经济的发展，社会趋向于个人主义。在个人主义社会，个人之间的联系更加松散，独立性受到高度重视。而在集体主义社会中，像大家族这样强大而有凝聚力的群体占主导地位；在这些群体中，绝对的忠诚和服从森严的权力结构被视为宝贵的品质。在最近一项关于传承意愿的研究中，我们发现，在个人主义社会长大的学生不太可能选择传承（见图 7.4），进入家族企业意味着至少在某种程度上接受家族所建立的结构和规范，这与在个人主义社会中崇尚独立的生活理想背道而驰。

崇尚个人主义通常意味着更不愿意承担社会团体的责任，而接管家族企业，通常意味着肩负成功地经营企业以及将家族成就发扬光大的责任。因此，一个崇尚个人主义的潜

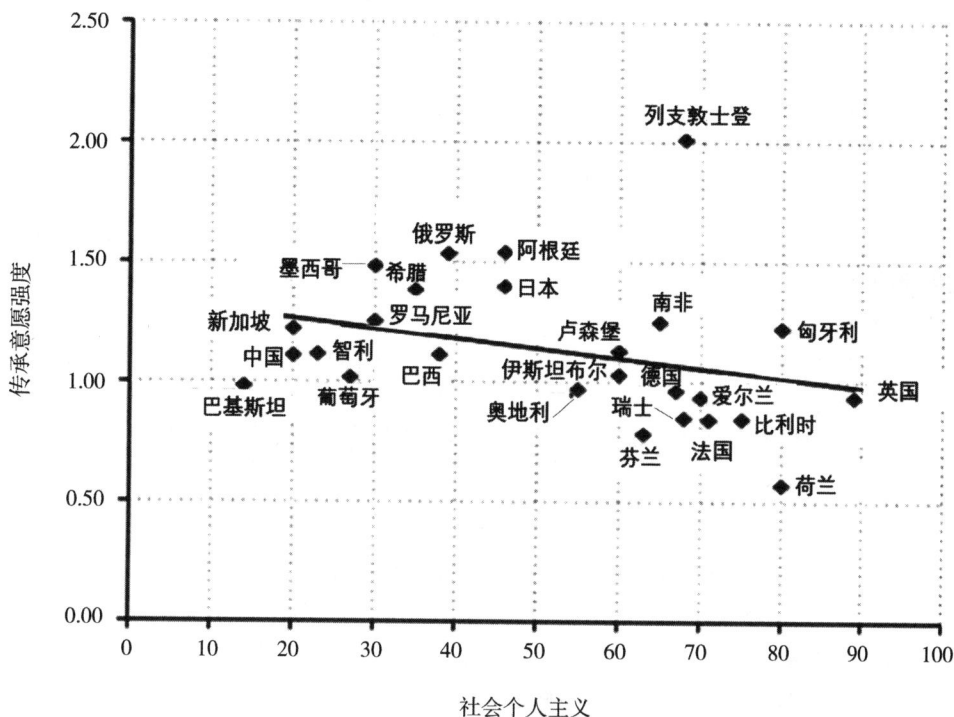

图 7.4 社会个人主义和传承意愿强度

来源：Zellweger、Sieger 和 Englisch（2012）

在接班人可能并不愿意传承家族企业，而是选择在家族企业之外工作，或自己创业（Zellweger，Sieger，Halter，2011）。

4.多元选择的社会

正如当代社会学强调的，个人主义社会伴随着更多的选择。这种多选择性在不那么线性和可预测的职业模式中表现得尤为突出。生活中，受对灵活性和自我实现的强烈渴望的驱使，拥有许多选择的年轻专业人士不太可能希望终生从事一份工作。这一社会学趋势与家族企业传承者的职业生涯相互冲突，在家族企业中，通常希望传承者能一直扮演这一角色直到退休。

5.人口趋势

在劳动力老龄化的过程中，上一代人在工作岗位上待的时间更长了，当他们的孩子即将毕业、开始第一份工作时，父母们可能不愿意从领导岗位上退下来。当现任的一代卸任领导职位时，下一代很可能已经开始了自己的职业生涯，这无疑增加了他们进入家族企业的职业转换成本。

在某种程度上，男性和女性后代在传承这一问题上得到的更加平等的对待，可以抵消上述趋势。虽然在前几代，许多家族企业遵循不成文的长子传承制，但幸运的是，近年来性别和出生顺序偏好一直在减弱。

值得注意的是，家族内部传承的可能性下降并不一定导致家族企业的衰落和失败。

相反,家族内部传承率的普遍下降与混合传承和外部传承的增加是同步的,特别是在许多发达经济体,出售、管理层收购和管理层换购等活动都十分活跃。这些发达经济体的体制特点是资本和劳动力市场运转良好,支持资源的有效配置。有趣的是,来自瑞典的一项大规模纵向研究表明,转让给外部所有者的公司比那些在家族内部传承的公司表现得更好,但在家族内部传承的公司存活率更高(Wennberg et al.,2012)。这些业绩差异归因于家族企业传给下一代的毅力,以及非家族收购方的经营动力和能力。在发达的劳动力和资本市场,更有效的资源配置,包括潜在接班人的能力与家族企业以外的工作或创业机会能够更好地匹配。与此同时,有效的资本市场使进入市场的家族企业更有可能找到一个有能力为收购融资的买家。

7.5 家族企业传承复杂性的来源

与严格的上市公司股份的出售或收购相比,传承具有高度的社会性。例如,买方和卖方,即传承者和现任者,往往是相互依存、相互了解的。公司的转让,尤其是家族内部的传承,是一种双方都要付出和获得的交换。其结果是在传承过程中出现了大量的复杂性。下面我们将探讨造成这种复杂性的一些原因。

1.多方利益相关者的诉求分歧

因为大多数传承涉及大量所有权甚至整个公司的转移,利益相关者可能会受到传承的影响,并希望表达自己的主张。受影响的利益相关者群体可能包括所有者个人、所有者的家族、公司和其所在的社群。

在个人层面上,当前所有者通常寻求保持公司的独立性。与此同时,他们会为他们所拥有的股份寻求经济补偿,这可能会成为他们养老金的一部分。当前所有者的家族往往强调家族内部的和谐和下一代的公平待遇。个别的公司经理会关心他们的薪水,他们未来在公司等级制度中扮演的角色,从广义上说,也就是他们的就业情况。员工、客户、供应商和银行分别关注就业、持续供应、及时支付和持续偿债。此外,社会层面的利益相关者可能拥有合法的权利主张,并对传承的执行施加压力。例如,媒体将有兴趣了解公司是如何传承的、何时向谁传承,以及这对就业和地方参与有何影响。类似地,政府将对传承的税收收入和外部因素(如最终失业率)感兴趣。

家族企业传承问题的复杂性,源于多方利益相关者有不同的诉求和主张。需要注意的是,各方关心的不仅仅是财务问题——比如,在家族层面上的诉求或者出售方希望保持企业独立性。所涉及的多方利益相关者不会仅仅只被金钱满足。

2.角色复杂性

传承过程之所以变得复杂,是因为现任企业家同时担任多个角色——所有者、管理者、家族成员和公民。许多传承顾问往往只考虑传承问题中某一特定的技术细节(例如估值问题和税务问题),而现任所有者则不同,他们往往面临着多个相互冲突的诉求。例如,现任所有者可能在家族伦理和企业逻辑之间左右为难:作为父母他/她很可能会喜欢一个孩子作为传承者,但作为一个 CEO,他/她可能会喜欢最能干的人,而这样的人往往来自家族之外。在这种情况下,主人通常必须选择"戴哪顶帽子"。也就是说,在一个特定的决策语境中,他们应该遵循哪一个原则——家族伦理,还是企业逻辑?

3.多重而非单一传承:所有权、董事会、管理权以及财富传承

传承不仅意味着公司作为一个法律实体的转移,还意味着特殊角色的转移,特别是所有者、管理者和董事会席位的转移。虽然这些角色转移可以按照时间表来计划,但家族企业所有者往往忽视了角色转移对其个人财富的影响。对大多数所有者来说,公司是他们个人财富的最大组成部分,因此,将公司传给传承者会对他们自己和家族财富产生直接影响。这种影响有两种不同的形式。首先,转移价格影响可以提取并最终在家族内部分配的财富(例如,用于在职者的养老金)数量。其次,家族内部可能存在公平问题,即下一代成员分得家族总财富的哪一部分。在有多个孩子的情况下,将公司传给某一个孩子,意味着其他孩子将面临物质方面的重大损失。

4.技术复杂性

和其他许多与业务有关的决策不同,传承涉及很多学科中的不同主题和技术问题。该过程的参与者需要处理人际关系和治理问题,并考量公司当前和未来的战略地位。金融、法律和税收方面的问题也会干扰这一过程。当前所有者及其家属面临的挑战来自一个多学科交叉的决策环境,单独的某一个人很难贡献所有必要的专业知识。因此,当前和下一代的所有者不得不依赖第三方给出建议,来解决所面临的复杂情况。

5.不完美的资本市场

私人家族企业的转移发生在一个流动性和透明度方面远非完美的资本市场。家族企业的股票通常完全或高度缺乏流动性。许多私营企业的特征十分隐蔽,用来评估这些企业财务健康状况的数据往往是不完整和有缺陷的。此外,买方和卖方之间的匹配是私下进行的,通常通过专门的代理或顾问进行。因此,对私人家族企业的估值或多或少是基于合理的代理指标和假设。使估值进一步复杂化,并最终使公司转让复杂化的,是对由于家族参与而产生的最终价值溢价/折扣的评估。

6.信息不对称

显著的信息不对称使家族企业的权力转移复杂化。一方面,买方/传承者一方在企业质量方面存在显著的信息不对称(Dehlen et al.,2012)。传承者对公司财务细节的了解往往有限。传承者还面临着由现有所有者交易后行为所带来的道德风险。例如,现任所有者可能会在退出后创办一家竞争公司,并试图从原来的公司挖走最好的经理。

另一方面,由于大多数私营企业的卖方/现任所有者关心的是他们的企业(他们的孩子)在未来的成功和独立性的延续(Graebner,Eisenhardt,2004),他们也面临着信息不对称。例如,现任所有者面临着新任所有者和管理者能否成功经营公司的不确定性。

在家族内部所有权和管理权的转移中,这些信息不对称往往较小。但是,由于家族以外的转移越来越多,所以它们产生了极大的复杂性;例如,传承者必须表明自己的能力,而现任者必须在完成交易前以某种方式筛选传承者。与此同时,必须针对盈利能力结构和惩罚条款等合同要素进行谈判,以规范当前所有者和传承者的交易后行为。

7.长且通常不确定的完成时间表

传承不是一次简单的传递,而是一个持续数年的过程,很多时候,传承的结果以及完成日期都是无法预知的。寻找、挑选以及培养一个潜在的传承者,现任所有者的退休准备,就合同事项进行协商以及传承中的其他环节,每一步都有可能要花费数年才能完成。临时的挫折,比如传承者退出传承,有可能进一步延长这一过程。当然,传承也可能在较短的时期内完成,许多必要的步骤可以并行不悖,而且若向财务或者行业投资者出售公司,也可以在一个相对较短的时间里完成交易。但是对于家族内部传承、MBO 和 MBI,现任所有者可能需要花 5～10 年来完成计划好的传承过程。例如,正如在第 7.9 节中进一步阐述的,在一项关于中欧传承的研究中,我们发现,家族内部传承的平均时间为 6.5 年,向雇员转让的平均时间为 3.3 年,出售的平均时间为 1.6 年。当我们考虑到大多数传承都是连续的过程,并且伴随着很长一段时间内(通常是几年)管理权和所有权的转移时,这就说得通了。出售是在最短时间内完成的传承路径不足为奇。这些相当长的时间框架主要不是由合同谈判引起的。相反,寻找传承者、现任者退出以及传承者逐渐接管经营责任需要花费多年时间。

7.6　构建传承过程:传承框架

分析上述复杂性的来源使我们能够更好地构建家族企业传承的结构化方法。与各种传承选择相关的机会和挑战突出了在过程早期确定优先传承选择的必要性,因为这种选择将对后面的步骤产生影响,例如融资、税收和法律程序。因此,任何结构化方法都需要包含一个逻辑序列,这个逻辑序列从广泛的问题开始,其中明确了相关方的价值观、偏好和边界条件。这些最初的思考在逻辑上引出了更多的战略性和面向执行的问题。

出于这些考虑,图 7.5 中描述的传承框架将会提供一些指导,说明在传承过程中什么时候需要处理什么问题。这个传承框架建立在以下具有代表性的研究的基础之上:De Massds、Chua 和 Chrisman 等(2008)提出的维护家族内部传承的因素;Le Breton-Miller、Miller 和 Steier(2004)提出的完整传承模型;Chua、Chrisman 和 Sharma(2003)讨论过的家族企业传承和非传承问题;Halter 和 Schroeder(2010)提出的传承模型。

在这六步过程中,前两步是最耗时的,它们也是保障决策过程按部就班(或延迟)的最关键因素。例如,如果现任所有者改变传承方案,就将拖延整个传承过程。正如上面的概述所指出的,在整个传承过程中,要处理的核心问题会发生显著的变化,从开始的非常私人的问题变成最后的非常技术性的问题。

太多的传承过程,要么从法律和税收方面的问题入手,或者被这些问题所主导。但正如图 7.5 所示,税收、法律和财务方面的影响本身取决于选择的传承方案。因此,在开始传承过程时,最重要的是考虑并确定合适的传承选择,只有当这一步完成后,参与者才应当往下考虑战略和管理的因素,并最终考虑交易问题。接下来,我们将更详细地讨论这六个步骤,从规范问题到战略问题,最后到操作问题。

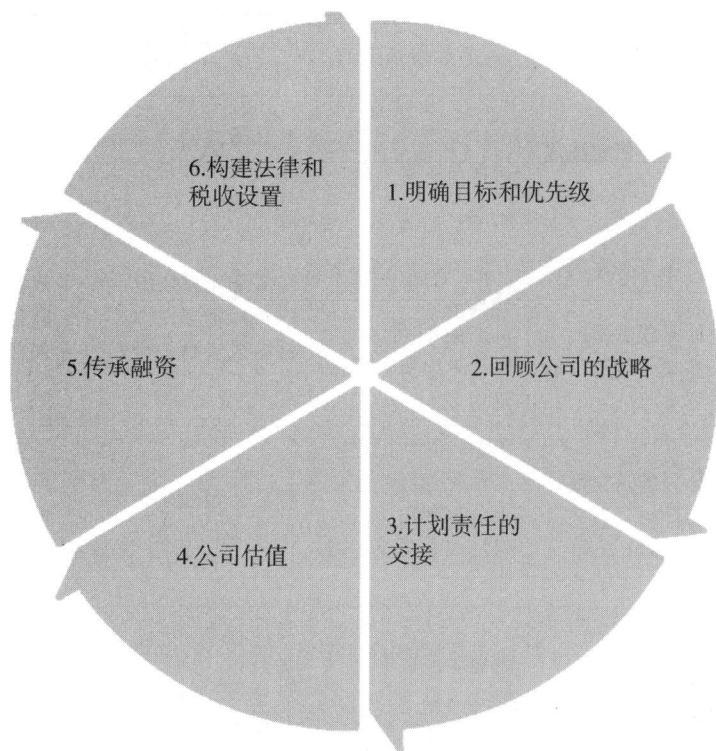

图 7.5　传承框架

7.7　确定目标和优先级

　　有效传承过程中的一个关键步骤是考虑各种传承选择,特别是家族内部传承以外的其他选择。每个传承方案都有特定的机遇和挑战(见表7.1)。每个选择还取决于某些先决条件的满足,例如,家族内部传承要求必须有称职和感兴趣的子女在场。现任者和传承者的动机和偏好可能因所选择的方案而有很大的不同,有些方案对一方的吸引力似乎比另一方大得多。此外,传承方案的选择可能会影响所有权和管理权转让的时间和顺序、所有权的实际转让价格以及融资方式。在表 7.2 中,详细说明了家族内部传承、员工接管、出售给共同所有者或公司外个人,以及出售给战略或财务收购者时,上述方面的不同之处。

表 7.2　多种传承选择的前提、动机、时间、价格和融资方式

	家族内部传承	转让给员工	出售给共同所有者或者公司外部的个人	出售给战略或财务收购者
描述	转让给下一代家族成员	转让给非家族员工	转让给共同所有者或来自公司外部的非家族经理人	转让给战略收购者(例如,竞争者)或者财务收购者(例如,私募股权)
前提	有能力也有兴趣的孩子;完整的家族关系;子代和父辈间清晰的责任划分	有能力也有兴趣的经理人;员工有可用的资金;现任者愿意帮助融资	买家和卖家匹配;有可用资金;战略或者财务上适合公司	战略和财务上适合公司;现任者愿意快速放手
现任者的动机	确保公司的独立性;家族传统;个人遗产	确保公司的独立性;奖励管理层一直以来的忠诚;保证现有员工的就业	保证公司的独立性;简化所有权结构	抓住有吸引力的退出机会;最大化收购价格
传承者的动机	传统;个人遗产;创业生涯	创业生涯;自我成就	增加控制(共同所有者);启动一次创业生涯(MBI)	抓住有吸引力的投资机会
时间	大约 5~10 年	大约 2~5 年	大约 1~2 年	大约 1 年
价格	赠与:价格=0×市场价值—家族折扣	市场价值—忠诚折扣	市场价值—信息不对称折扣	市场价值
融资	赠与,传承遗产(在这种情况下完全不需要融资);股权,债务,卖方贷款	股权债务卖方贷款	股权债务	收购公司的股权/股份债务

注：＊在一个征收遗产税或赠与税的州,一家公司不能被简单地赠与孩子,因为这意味着试图避税。然而,即使在征收赠与税的法律下,家族内部转让也往往是慷慨的,因此通常不会追求转让价格的最大化。

7.7.1 选择哪个传承方案?

对于现任者来说,处理退出企业的复杂事宜,并选择合适的传承方案的一个方法,是问自己两个重要的问题:"我财务上做好了退出的准备吗?"以及"我心理上做好了退出的准备吗?"

之所以要问第一个问题,是因为一方面,不同的传承方案为现任者提供了截然不同的财务选择。例如,如果公司被赠与一个孩子或被托付给一个信托机构,而现任者没有得到任何经济补偿,现任者将得不到任何或仅仅得到非常有限的经济回报。另一方面,如果战略收购者认为有机会利用与现有业务的协同效应,并向该公司提出收购要约,那么现有企

业可能会获得相当高的溢价。

之所以要问第二个问题,是因为企业家在心理上与公司保持距离的能力和意愿各不相同。毕竟,对许多企业家来说,公司就是他们的孩子。例如,一些现任者非常乐意放手,因为他们希望在为公司奉献多年之后,有更多的时间留给自己。然而,对于另外一些现任者来说,公司代表了他们的整个人生,很难想象没有这家公司的生活会是怎样的。

从这两个角度来看,不同传承选择的吸引力就相去甚远。一个在财务上和心理上都没有准备好离任的现任者,可能会留任公司以便为晚些时候的退位做准备。其他现任者,若其职业生涯中已从公司获得了可观的财富或打算退位时获得一笔丰厚的回报,那么可能会在财务上做好离任的准备。然而,现任者可能希望与公司保持某些联系,并抵制那些可能会切断这些联系的选择(例如,出售给第三方)。这类现任者应该倾向于家族内部传承或向员工出售,因为这些选项可能会允许他们继续参与公司经营,即使公司股份的出售价格可能不会得到最大化。

当现任者已做好离开公司的心理准备,但又想从出售中获得最大的财务收益,他们偏好的退出选择应该就非常不同了。在这些情况下,现任者都有动机以最高的价格出售股份而不在乎买方是谁,即使这意味着完全和迅速失去控制。

最后,一个在精神上和经济上都准备好放手的现任者有最多的传承选择。在这种情况下,现任者不一定需要从退出中获得最大的收益。同样,现任者可能愿意将控制权完全交给下一代传承者,但如传承者有需要,他们也愿意提供帮助。图7.6描述了这四个选择。

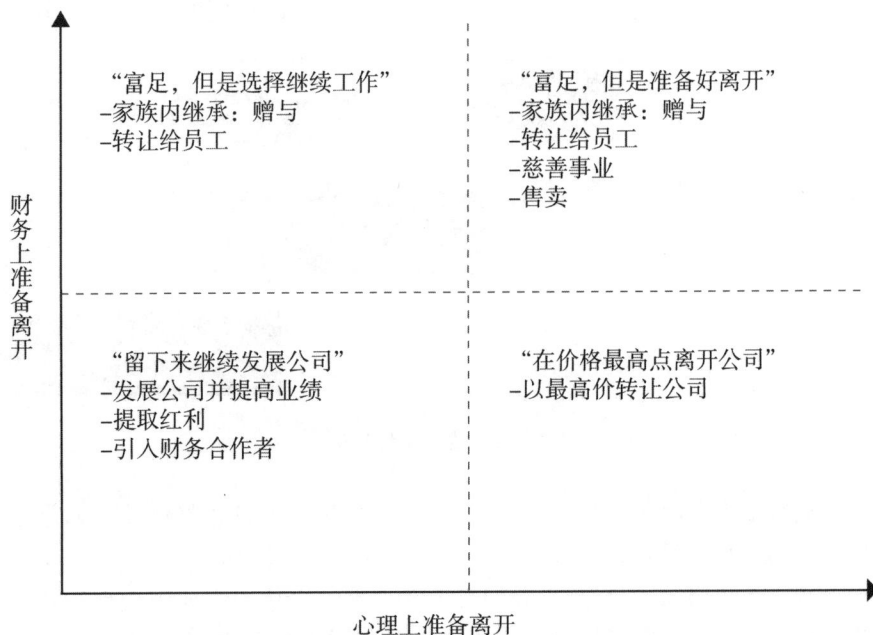

图 7.6　退出方式四宫格

来源:Leonetti(2008)

无论他们的经济或心理准备如何,现任者在考虑退出选择时,通常会有某种优先顺序。在可以自由选择的情况下,许多现任者会选择家族内传承。除了在家族内部传承,许多较小的公司更愿意将公司转交给共同所有者、联合创始人或其他家族成员。这种优先顺序中的下一个选择通常是员工。员工对公司有深刻的了解,因此知道他们将接管的是什么;考虑到有意收购小型家族企业的公司数量有限,他们也可能是仅有的候选人/买家。或者,现任者可能决定将公司出售给战略或财务收购者。当然,现任者对传承选择有偏好并不意味着这种偏好可行。不过,现任者考虑一下各种选择的优先顺序终究是有益的。

鉴于优先传承方案的可行性存在很大的不确定性,现任者必须考虑各种传承和退出的方案,并按照时间线对它们进行排序。例如,如图 7.7 所示,现任者可能希望在未来两年内完成家族内部传承。为了实现这一目标,现任者和传承者必须遵守几个行动要点。例如,传承者必须完成他或她的学习,并在另一家公司工作,以获得相关的行业经验,然后进入要接手的公司。现任者可能必须在公司内部设置二级管理层,将经营资产与非经营资产分开,并建立管理会计制度,使公司的领导专业化。注意,即便参与方认为接下来他们可能会转而采取另一种退出方案,所有这些准备工作也是合理的。

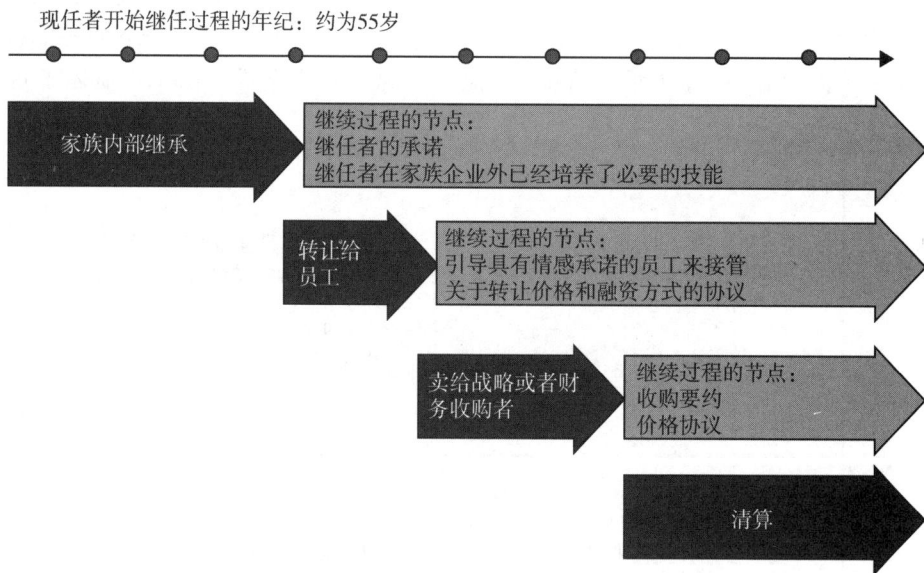

图 7.7　传承情境示例

如果上述行动点在两年期限之内完成,家族内部传承的进程将继续。如果这些目标没有实现,在职企业家将转向次优的传承选择——将公司转让给员工。

在接下来对传承问题的讨论中,我们将更密切地关注从个人业主经理转让给另一个个人业主经理(例如,家族内部传承),转让给员工,管理层收购和管理层换购,或转让给共同所有者的典型案例。我们选择关注这些特定的传承选择,因为它们代表了家族企业的大多数传承模式。它们特别适用于中小型家族企业,这些企业占所有家族企业的 90％以上。

当然,还有其他传承选择,包括家族和非家族共同涉入、公司的直接出售、上市和清算。本章第一节详细讨论了与这些选择相关的挑战和机遇(见图 7.1 和表 7.1)。公司兼并和收购也在公司财务和并购文献中被广泛讨论。

7.7.2 现任者和传承者的目标

传承往往违背了有关公司控制权转移的典型假设。特别是在家族内部转移的情况下,现任者/卖方和传承者/买方彼此非常了解,且他们之间通常是相互依赖的,其关系不仅仅只在传承事务的范围内,而且它还与财务方面和非财务方面的目标相关。认识到这一特殊的二元结构很重要,因为现任者和传承者的想法往往是完全相反的。现任者和传承者的考虑事项概览见表 7.3。

表 7.3　现任者和传承者有关传承的典型想法

在任者的特征	传承者的特征
倾向于用保守的模式思考和行动	倾向于用前瞻性模式思考和行动
已经十分疲惫	富有活力和想法
主要担心公司的威胁,希望维持公司的生存	主要考虑公司的风险和机会,希望改变公司
通常更年迈	通常更年轻
对经营公司很有经验	经营公司的经验有限
失去控制和责任	获得控制权和责任
在离任后社会地位会下降	在传承后社会地位上升
与公司有紧密的情感联系	与公司的情感联系较弱
用个人过去的成就和努力来评估公司的价值	基于未来的财务机会和风险来评估公司的价值

虽然在一个匿名的市场中,卖家只单纯地追求最高售价,但许多私人公司的所有者希望确保他们把公司交给了合适的人。现任者往往在自己的个人价值观、偏好和传承者的特征之间寻求一种契合。此外,在许多情况下,只有一方有兴趣或考虑传承(例如,家族内部传承的子女,而在转移给员工的情况下则是经理)。因此,现任者和传承者是相互依存的;双方都需要认同对方的目标和关心的事物。如果现任者不能够认同潜在传承者所关心的事物,也许他们之间根本无法实现交接,这就使得现任者/卖方不得不花费更多的成本来寻找另一个潜在传承者。但是传承者也需要认同现任者所关心的事物。如果他们做不到这一点,他们可能放弃接任的机会,转而开创自己的事业。

因此,使双方的目标、考虑和担忧清晰且明确是至关重要的。如果缺乏这样的相互理解,即使不是不可能,也很难达成双方都满意的交易。在最好的情况下,双方最容易在离开谈判桌时,为花费大量时间和金钱咨询财务或法律方面的专业问题而感到沮丧和困惑。在最糟糕的情况下,双方于达成协议后才意识到这是一个错误。在这种情况下,他们可能通过现任者剩余的所有权股份,他/她的顾问角色或"越俎代庖",或传承者的无能而紧紧捆绑在一起。

7.7.3 现任者和传承者如何商定合适的转让价格

要阐明个人目标、偏好和价值观如何影响看似技术性的问题，一个具有启发性的方法是调查一家公司的现任者和传承者可接受的销售价格是多少。我们将看到，这些价格是由现任者和传承者各自主观决定的。

1.现任者视角：情感价值

在德国和瑞士进行的一项研究中，我们询问公司现任所有者他们可接受的公司售价①（Zellweger et al.，2012），发现他们对公司价值的评估比市场估值高出 30％左右。该溢价来源于公司的现任所有者，可称为情感价值（Zellweger，Astrachan，2008），是由一组复杂的、出于所有者价值和报酬考虑的因素所驱动的。

值得注意的是，当现任所有者在家族以外出售公司时，他们寻求的是对其职位的主观利益补偿，尤其是对传承家族遗产的机会的补偿。在上述实证研究中，我们发现，将企业传承给家族后代的意愿对情感价值有着巨大的正向影响。也就是说，如果公司所有者有机会将公司传给下一代家族成员，他们就会大大高估公司的价值。与此同时，为了避免与公司有关的身心压力所带来的负面影响，现任者更倾向于放手并且降低他们的价值预期。这两种效应都朝着预期的方向发挥作用：社会情感优势（例如有机会在家族内部将公司传承下去）增加了情感价值，而社会情感劣势（例如压力）降低了情感价值。

然而，值得注意的是，一些现任者的反馈也表明，社会情感劣势有时候会导致更高而不是更低的情感价值。例如，在家族所有者之间存在严重冲突的情况下，现任者寻求补偿金，以补偿与冲突有关的不安和愤怒。他们感情用事的这一部分是为了寻求沉没成本的赔偿。举个例子，一个小公司的老板在过去的五年里亏了钱，但是他对公司的可接受的销售价格有着非常明确的想法。在一次采访中，他说道："这家公司并不是毫无价值的，即使近年来我们一直在亏损。你需要考虑的事实是，我的公司是我所在地区最后一家生存下来并保持独立的公司。过去几年，我所有的竞争对手要么破产，要么被大型跨国公司收购。你知道，我周末一直在努力工作，投入了很多额外的时间，把大部分私人生活都奉献给了公司。别告诉我这一文不值。"

相反地，一些所有者可能愿意用一些社会情感优势来弥补公司价值的下降。比如，市场调查显示，当现任者对企业有情感联系时，现任者可能愿意以较低的价格，将他们珍视的企业交予合适的传承者。在美国创业公司的所有权转移中也有类似的发现（Graebner，Eisenhardt，2004）。在我们对中欧现任所有者的研究中，我们发现，如果传承者是下一代家族成员而非家族外人员时，他们愿意以 20％～30％的折扣转让。或者，在一次 MBO 交易中，所有者可能愿意尊重即将接管公司的老员工的忠诚。在这种情况下，转让价格通常包括忠诚折扣。这些驱动情感价值的认知机制如表 7.4 所示。

---

① 我们问了 431 位企业家以下问题：若把公司股份 100％出售给非家族成员，你可接受的最低价格是多少？这个问题清楚地表明，当我们将整个公司出售给家族以外的人时，我们希望获得：(1)公司股权的价值；(2)主观价值＝市场价值＋情感价值。

表 7.4　现任所有者情感价值的驱动因素[①]

	对情感价值的影响	
	积极的	消极的
社会情感优势	对损失利益的补偿 例如:地位、控制权、家族遗产	仁慈和利他主义 例如:将公司交到适合的人手中、有机会使企业可以在家族内部传承对我而言意义重大
社会情感劣势	对沉没成本的补偿 例如:逐步上升的冲突	避免 例如:责任、压力

这里需要注意的是,个人目标和偏好通常被称为行为偏差,它们影响的似乎纯粹是财务方面的考虑。所有者本身无法直接利用高水平的情感价值,然而,有偏差的价值观确实会影响他们的谈判立场和找到传承者的可能性。

2.家族传承者视角:家族折扣

询问潜在的传承者,当他们从父母手中接管公司时,他们希望付出多少代价,答案就不那么直截了当了。有些人可能会说:为什么要付出代价呢? 不应该涉及金钱。孩子们应该得到公司作为他们遗产的一部分,因此不需要支付任何费用! 其他人可能会说:虽然父母和孩子之间的关系可能涉及其中,但我们谈论的是一家公司,因此是一项可能具有重大价值的资产。最终,孩子不应该得到特殊的优惠。父母工作很辛苦,需要从传承中得到一些钱。至于情感价值,下一代家族传承者考虑一个可接受的转让价格时,确实展示出了特殊的偏好。最近在对 20 个国家 4500 位潜在传承者进行的一项研究中,我们发现,与一些非家族买家相比,潜在的传承者在接手父母的公司时,平均期望获得 57％的折扣(Zellweger,Sieger,Englisch,2012)。图 7.8 概述了期望家族折扣的国际对比。

这些期望折扣是非常可观的。比如,日本、比利时、英国、爱尔兰和其他一些有着高期望家族折扣的国家的调查结果表明,在这些国家,下一代成员希望传承家族企业,而不给现任者任何补偿或报酬。德国和瑞士的一项后续研究表明,图 7.8 所示的预期折扣并非潜在的传承者一厢情愿的想法,事实上,在德国和瑞士,发生在家族世代之间的家族企业实际转让中,家族折扣约为 60％。这一数字与上述两个国家预期折扣的数据相符[②]。

这些现象以及对现任者情感价值和传承者家族折扣的实证证据进一步表明,行为偏差对家族企业控制权的代际转移具有显著影响。当然,税收规定可能会限制代际转移价

---

　①　情感价值被定义为在任者认为的最低可接受价格与公司财务价值之间的差异。换句话说:最低可接受的售价＝情感价值＋财务价值。

　②　家族折扣的衡量方法如下:我们问受访者(均有家族企业背景)以下问题——假设一个非家族买家必须支付 100 美元才能完全拥有你父母的公司,你希望支付多少? 然后从 100 个答案中扣除,得到家族折扣。

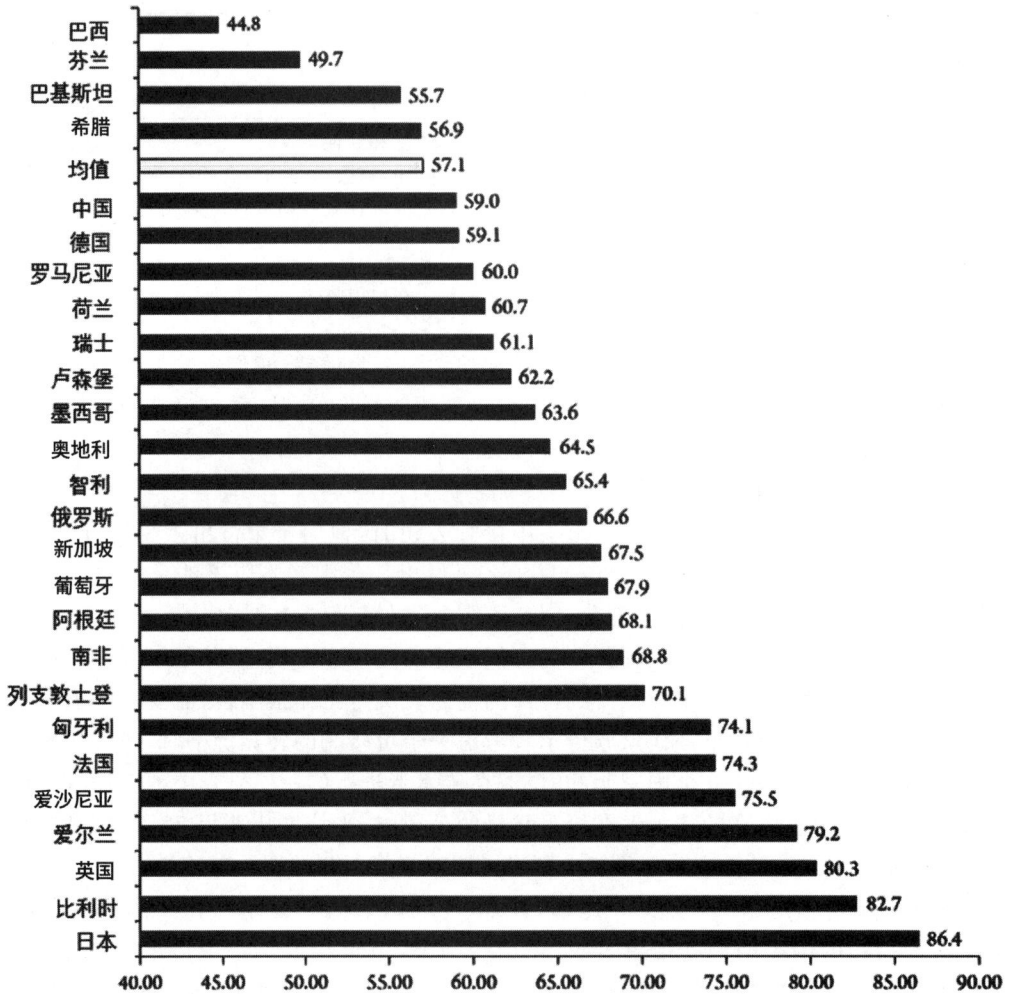

图 7.8　具有家族企业背景的学生的期望家族折扣

来源：Zellweger，Sieger，English（2012）

格偏离某些市场价值的程度[①]。尽管如此，考虑到如此多的私人公司是在家族内部由父母传给子女的，而且根据世界各地的许多法律，将财富转移给直系后代是免税的，这些发现为许多组织的所有权转移提供了一个更为准确的行为解释。他们认为，挖掘相关参与者的行为偏差和偏好并认真对待它们是至关重要的，因为它们与价格至上和无处不在的利己主义论调相矛盾。

[①]　例如，在美国，只有当一个折扣被证明是合理的，即少数股权交易或者当股票是非流动的时候，税务机关才会接受对公司估价的折扣。但即使在这样的规定下，计算公司价值时也有一定的回旋余地，当把公司传给子女时，家族往往会选择估价区间的最低值。

7.7.4 激励和阻止家族传承者进入企业的因素

许多家族企业传承的研究都集中在对现任所有者的研究上,例如探讨所有者的传承目标。然而,这种关注受到其片面性的限制。大多数传承,特别是家族内部的转移,都是二元性质的,涉及两个相互依存的行动者。因此,更详细地研究传承者的潜在动机,并询问是什么激励或阻止了传承者加入父母的公司是很有用的。

最近的研究探索了发生家族内部传承的前因,结果表明,在个人、公司、家族和社会层面上有一系列宽泛的标准,这些标准会影响具有家族企业背景的学生的传承意愿(Zell-weger et al.,2012)。在个人层面,我们发现,潜在的接班人对自己的创业潜力越有信心,他们想成为接班人的可能性就越小。同样,学生的自主性越强,意味着他们越相信自己的命运掌握在自己手中,而不是由他人或运气决定,他们的传承意愿就越低。这两个研究结果表明,事业心越强的人越有可能拒绝加入父母的企业;而对企业的情感依赖越强,父母对子女创业意愿的感知越积极,学生的传承意愿就越强。

家族背景可能进一步区分下一代家族成员传承意愿的强与弱。虽然个体的家族传统经历对传承意愿有正向影响,但高度凝聚的家族往往反而会阻碍下一代家族成员的加入意愿。因为这样的家族可能会强迫下一代加入公司,导致下一代怨恨自己对公司和家族的依赖。简而言之,站在一个有凝聚力的家族的阴影下,下一代家族成员可能会对自己参与公司事务感到窒息。理解这种家族关系是很重要的,因为许多创业家族都努力维护家族凝聚力,认为更强的凝聚力会激励下一代跟随他们的脚步。

此外,有证据表明,一个孩子的兄弟姐妹越多,他或她的传承意愿就越低。这一观点指出了出生顺序的相关性。与晚出生的孩子相比,年长的孩子,尤其是第一个出生的孩子往往更愿意服从父母的意志。此外,当长子长女进行职业选择时,家族企业中的空缺职位可能是最多的。因此,晚出生的孩子往往在家族企业之外从事事业。

在企业层面,我们发现企业规模越大,家族控制的企业越多,传承对下一代家族成员的吸引力就越大。这再次表明,潜在的传承者希望找到一个足够大的范围来行动和决策,也就是说,在上一代的直接影响之外留下自己的印记。

在社会层面,我们发现,一个社会规避不确定性的程度越强,就有越多的孩子被激励加入家族企业。在一个特定的社会中,对不确定性和模糊性的容忍程度表明了文化在多大程度上使人们在不稳定的情况下感到(不)舒服。与其他职业道路相比,加入家族企业是一个相对稳定的选择。因此,在德国、日本和法国等不喜欢不确定性的国家,继承家族企业成为一个有吸引力的选择。而如表 7.5 所示,在荷兰和英国,个人主义社会文化倾向于阻止家族内传承。

表 7.5　下一代家族成员传承意愿的驱动因素

对传承意愿的积极影响(SI)	对传承意愿的消极影响(SI)
个人层面	
对企业生涯的态度 对企业的态度越积极,SI 越大	**创业的自信** 创业自信越大,SI 越小
主观规范(父母的反应) 父母对孩子创业的态度越积极,SI 越大	**自主性** 自主性越强(即学生们越确信命运掌握在自己手中),SI 越低
情感承诺 学生们对企业的情感关系越积极,SI 越大	
家族层面	
家族传统 家族传统对学生越重要,SI 越大	**家族凝聚力** 家族凝聚力越强,SI 越小
	兄长或姐姐的个数 兄长或姐姐越多,SI 越小
企业层面	
企业规模 企业越大,SI 越大	
企业组合 家族集团所含的企业越多,SI 越大	
社会层面	
不确定性规避 一个社会对不确定性的规避程度越高,SI 越大	**个人主义** 社会里的个人主义氛围越强,SI 越小

来源:Zellweger,Sieger,Englisch(2012)

以上研究结果表明,父母是孩子的重要榜样。支持创业会促使后代为自己规划事业,但是父母也要给后代充分的自主权,以此来激励他们传承父辈的事业。有趣的是,强调家族凝聚力会严重阻碍下一代家族成员加入家族企业。父母影响孩子加入公司的吸引力的另一种方式是打造家族集团的规模和多样性。相对于单一的小公司,更大的公司和公司组合对下一代家族成员更具吸引力。

7.7.5 传承者意愿和能力

上述关于下一代家族成员对加入家族企业的兴趣的讨论,指出了使加入家族企业或多或少具有吸引力的各种机制。因此,传承者在加入家族企业的意愿上存在显著差异。但仅凭意愿可能不足以成功经营一家公司,能力至少同样重要。因此,在考虑合适的传承者时,我们完全可以考虑两个方面:传承者的意愿和接管的能力。

1.传承者意愿:承诺类型至关重要

乍一看,传承者的意愿似乎是评估传承者是否有资格在家族企业内部任职的一种简单方法。当然,一定程度的激励对于一个成功的家族内部传承是很重要的。但是,比起简单的意愿,意愿的质量和传承者的承诺类型对成功的传承更为重要。事实上,潜在的传承者想要加入公司的动机可能截然不同。探索这些动机是很重要的,因为当加入动机发生变化时,我们有理由假设下一代的行为和对家族企业的投入也会发生变化。

在一项关于这个话题的特别有趣的研究中,Sharma 和 Irving(2005)区分了加入家族企业的四个动机基础:情感型、规范型、计算型和强制型的承诺。情感型承诺是建立在对组织目标的坚定信念和接受之上的,并结合了为之做出贡献的愿望和对自己能力的信心。从本质上讲,传承者想要追求这样的事业。当下一代家族成员的职业兴趣和自我认知与公司提供的机会和身份相契合时,情感承诺将更加明显。

在家族企业中干出一番事业的责任感是规范型承诺的感性基础。通过在家族企业内部追求事业,传承者尝试促进和保持与父辈的良好关系。简言之,具有高度规范性承诺的传承者感觉他们"应该"在家族企业内追求一番事业。旨在维护家族遗产、长子传承制或性别选择(男性传承)方面的强有力的家族规范,将有助于培养后代的责任感。

计算型承诺基于传承者对重大机会成本的认识,如果他们不进入家族企业,就可能面临投资或价值的损失。高度计算型承诺的传承者感到他们必须追求这样的事业。更高的机会成本,比如家族企业之外的较低工资,可能会逐渐把计算型承诺灌输给传承者。

强制型承诺源自一个人对自己在家族企业外开创事业的能力的怀疑。有着高度强制型承诺的人感觉自己除了进入家族企业外别无选择。在这种情况下,潜在的心态是"不得不"追求这样的职业。

Sharma 和 Irving(2005)认为,想要加入家族企业的下一代家族成员的承诺类型会对他们的自主决策行为产生重要的影响,并且进一步影响到他们在职责要求之外愿意付出多少努力(见图7.9)。我们认为,具有强烈情感承诺的下一代家族成员将表现出最积极的参与企业的行为,因为他们的个人利益与公司的利益是内在一致的。规范型和计算型承诺的传承者,其参与经营企业的行为应该较弱。对于这两种承诺,虽然潜在的传承者认为有很好的理由加入家族企业,但这些理由主要来自外部因素(例如社会和经济压力)。最后,具有强制型承诺的传承者,由于是别无选择才加入家族企业,因此可能对企业的经营效率漠不关心,甚至有消极影响。

2.传承者能力:重要的是工作特质

同样直观的问题是,传承者是否具备接管家族企业的必要能力。然而,所要求的能力因工作性质的不同而大不相同。对于一个大公司的CEO职位来说,管理专业知识和领导经验可能是至关重要的。相反,对于同一家公司的下属和行政工作,领导能力可能不是那么重要;作为一家小公司的唯一所有者兼经理,技术技能可能尤为重要。因此,在评估下一代成员的能力时,必须询问传承者是否具备所期望承担的特定工作所需的能力。

3.意愿和能力的组合图

结合这些关于意愿和能力的论点,我们可以通过询问来评估家族企业中传承者的适合程度:

(1)意愿:传承者对家族企业的忠诚度如何?根据传承者在企业内追求职业生涯的渴望程度来评估,是最好的方法。

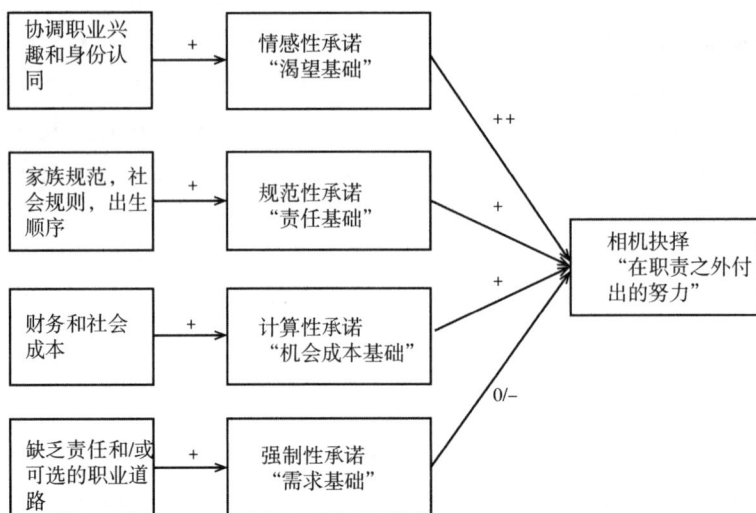

图 7.9　传承者的承诺和相机抉择行为

来源：Sharma 和 Irving（2005）

（2）能力：传承者在多大程度上具备所需的能力？根据他们将要接手的工作来判断，是最好的评估方法。

我们可以考虑意愿和能力的四种组合，如图 7.10 所示。当然，理想的传承者是非常愿意并有能力在公司内部担任一个角色的人。对于这些传承者来说，明确他们进入公司的途径是很重要的，这样他们的承诺和能力才能得到最有效的利用。但是，这种理想的传承者往往在家族内部是没有的，通常来说，传承者表现出的意愿或能力都较低。

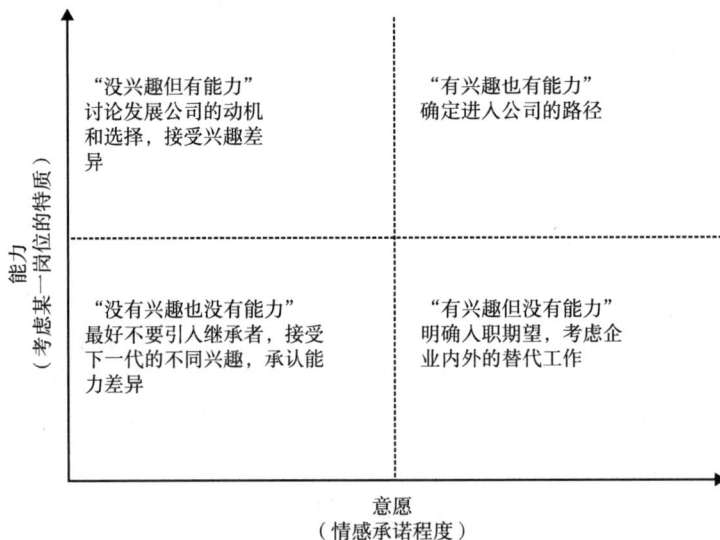

图 7.10　传承者的能力和意愿

对于有能力但不感兴趣的传承者来说,一方面,他们的私人热情和职业热情与家族企业内部的工作不匹配。例如,传承者可能对公司、产品或特定行业没有情感承诺。在大多数情况下,这些人在家族企业之外的职业生涯可能会发展得更好。尽管如此,考虑到他们的能力,为这些潜在传承者提供尽早与公司接触的机会可能是重要的,例如,提供兼职或者短期工作的机会都是可以的。具有这种传承者的家族应该考虑企业内部可以为传承者提供包括管理岗位在内的多种职业选择,并且想办法发展企业,以提高传承者进入企业的意愿。然而,最重要的是,家族里的几代前辈能够接受传承者对家族企业的兴趣有限这一事实,并且愿意无条件地支持他们在家族企业以外开创自己的事业。

感兴趣但不够资格的传承者也不是理想的传承者。在人才济济的公司中,我们不能忽略传承者是否能在公司内部从事与他/她能力匹配的工作。不难想象,企业家家长们认为自己的孩子不具备经营公司所需的能力;孩子们的能力可能确实不令人满意,尤其是对于公司内部的高层管理职位。但家长的判断很容易有失偏颇:家长可能低估了孩子的素质,尤其是考虑到公司内部的各种工作,或者孩子与技能互补的管理团队的合作;与此同时,父母也可能高估他们的孩子的资格,仅仅因为他们爱他们。在这种情况下,首先询问公司面临的挑战类型和成功应对这些挑战所需的技能是很重要的。下一步,重要的是根据这些必要的技能客观地评估孩子们的资格,比如,可以咨询专业的人力资源顾问。

鉴于创业能力和对公司产品的热情并不能完美地代代相传,大多数现任企业家将不得不与能力和接手意愿较低、不够完美的家族内部接班人打交道①。因此,有兴趣但无能力的传承者和无兴趣但有能力的传承者在潜在传承者中也不例外。

有了期望中的接班人,我们应该问,一个动机不完美或不完全合格的接班人,对公司来说是否更糟?我们可以问问自己,是培养对公司的内在动力和承诺更容易,还是培养经营公司的必要技能更容易,从而更好地回答这个复杂的问题。从现实生活中的许多例子中,我们可以得出这样的结论:技能可以通过雇佣专业人才或董事会中具有互补技能的人来学习或提升。相反,内在动力和对公司的承诺似乎更难建立。阅读下面关于法国著名时装设计师卡尔·拉格菲尔德(Karl Lagerfeld)的故事,其中提到了他究竟为何不愿加入父亲的公司。

案例研究

卡尔·拉格菲尔德的能力和承诺

在对德国/法国著名时装设计师卡尔·拉格菲尔德的采访中,传承者的这种意愿/能力困境得到了很好的总结。采访者问他:"你父亲有一个炼乳企业。你能想象你从他手里接过这家企业吗?"卡尔·拉格菲尔德有一句名言:"炼乳不是我的爱好。"

---

① 对于非常成功和充满激情的企业家来说,普通人可以预期的子女创业能力和兴趣的下降在他们看来可能就是非常可怕的退步。杰出的企业家面临着一个特别高的可能性,即他们的子女创业技能和激情将低于他们自己。

在如上案例所示的这种情况下，公司最好不要被下一代接管。无论如何，我们能想到的最糟糕的情况是一个无能且粗心大意的传承者，在这种情况下，即使是最成功的公司也注定会失败。

案例研究

加德纳面包师(Gardner Bakers)的传承

保罗·加德纳(Paul Gardner)从 21 岁开始经商，当时他在中西部的一个小镇上开了第一家面包店，名叫加德纳面包师(Gardner Bakers)。保罗很快就了解到超市是他的主要竞争对手，如果他不能以一种独特的方式定位他不断扩大的面包店，超市就会把他赶出这个市场。于是他专注于烘焙产品的新鲜度、店铺氛围和创新，成功打造了 15 家烘焙店，年总销售额达 4000 万美元。在他 58 岁的时候，他意识到他必须考虑以一种有计划和有序的方式退出，而不是立即退居幕后。当被问及他的商业目标时，保罗说："我已经实现了很多，对此我非常感激。但现在是时候考虑移交权力了，不是立即移交，而是逐步移交。如果我的一个甚至几个孩子能接手就好了。但并非这三个孩子都对这个生意感兴趣，让他们都进入公司或许并不明智。"

保罗意识到，他需要有人帮助他度过这个充满挑战的传承过程，于是他拜访了桑德拉·雷诺兹(Sandra Reynolds)。桑德拉是一位资深顾问，多年致力于家族企业传承问题的咨询业务。保罗和桑德拉共同制订了传承的长期计划。这个计划的过程开始于保罗对传承权选择的偏好。保罗表示：我确实明确倾向于让我的孩子来接手，但如果他们中没有人感兴趣或有能力，我希望把企业转让给我的员工，他们是加德纳烘焙店成功的重要组成部分，他们的忠诚和支持应该得到承认。桑德拉和保罗为追求这两个优先偏好制定了一个时间表。考虑到保罗更倾向于家族内部传承，桑德拉的建议计划包括与三个孩子单独讨论他们各自对接管面包房连锁店的兴趣和能力。然后，她计划向保罗汇报她对每个孩子作为潜在传承者的评估。

她和保罗一起制订了一个阶段式的计划，来完成家族内部的传承。其中两个孩子在相关行业工作，最初表示有兴趣接手。在第一次的共同讨论中，保罗、桑德拉和两个感兴趣的传承者同意进行下一阶段，桑德拉总结如下：鉴于他们最终对接管表示出兴趣，我们便计划了接下来的步骤。接下来两年，他们都继续在家族企业之外工作。在这两年后，他们将进入企业，但是扮演的角色还有待确定。在这两年里，我们将评估他们在工作中的表现，以及他们接管公司的决心。他们这样做是因为缺乏其他积极的职业前景，还是出于对业务的真正兴趣？对于这个特殊的企业，我们认为其中一个孩子必须成为 CEO，另一个孩子最终可能会扮演不同的角色，但这将在稍后的阶段决定。如果我们不能就责任的分配达成共识，我们同意将由一名人力资源专家来评估这两个兄弟的个人能力。评估甚至可能表明，他们两人都没有能力经营这家公司。现在最重要的是，我们对传承选择有明确的优先顺序，各方都有机会公开表达各自的目标和利益。时间表和阶段式计划有助于在过程的早期，当一切还是敞开、透明的时候，建立一些问责机制。

保罗和桑德拉在两年后完成了第一阶段计划。他们意识到,如果公司内部的传承不成功,他们必须准备好切换到次优选择,把企业转让给员工。事实上,几个月前,保罗的两名经理找到了他,询问保罗对企业前景的看法,以及他们是否可以扮演未来经理人与业主二合一的角色。他们对这家企业都至关重要,保罗担心如果拒绝他们的要求,企业会失去他们。他最初考虑的是给他们一些股份,让他们与企业挂钩。但在与桑德拉一起列出传承过程中的这些首要步骤后,他告诉了他的两位经理有关时间安排、各个节点以及他的首要和次要的传承选择。

思考题:

以下关于现任者和传承者的问题旨在帮助确定目标和传承的优先级:

现任者的问题:

(1)我传承的目标是什么?

(2)我对传承有何担忧?

(3)传承完成后我将干些什么?

(4)我有哪些传承选择? 相关的机遇和挑战分别是什么?

(5)传承方案在时间、可达成的价格和融资方面有何影响?

(6)不同家族成员在不同传承选择中扮演什么角色?

(7)传承中家族成员的选择和利益是什么?

(8)我最偏好的传承选择是什么? 如果最偏好的选择无法实现,我会选哪个?

(9)最偏好的传承选择想要实现,需要分为几个阶段? 次优选择呢?

(10)什么因素影响了我对可接受售价的计算? 这些因素受我的情感偏差影响吗?

(11)我完成传承的时间框架是怎样的?

(12)我怎样定义成功的传承?

(13)我和传承者讨论过这些问题吗?

(14)在传承过程中谁可以为我提供支持或者建议?

传承者的问题:

(1)我的(职业)生涯目标是什么?

(2)我对传承有何担忧?

(3)接手公司后我将面对哪些机遇或挑战?

(4)我家族的成员有哪些传承选择?

(5)我将如何确保生活和工作间的平衡?

(6)我完成传承的时间框架是怎样的?

(7)在传承过程中,谁可以提供支持和帮助?

(8)我怎么定义一次成功的传承?

(9)我和现任者谈过这些问题了吗?

现任者和传承者结合视角的问题:

(1)传承过程中我们的挑战是什么?

(2)我们的共同目标是什么?

(3)我们是怎么共同定义成功的传承的?

（4）传承过程中，我们是否想雇佣一个共同的顾问来帮我们，或者各自雇一个顾问？

（5）传承的哪个过程中我们需要帮助？

现任和传承者的答案可以单独给出。然后，可以在一次共同的讨论中整合他们的观点。

学生思考问题：

（1）为什么在许多发达国家中家族内传承越来越少？

（2）什么使得传承过程变得复杂？

（3）如果家族的下一代对进入家族企业的兴趣较低，家族企业会消失吗？

（4）在为企业传承提供咨询的时候，为什么直接从法律或者税务问题开始考虑并不合适？

（5）在为企业传承提供咨询的时候，咨询师最不可或缺的能力是什么？

（6）描述现任者和传承者对传承的不同观点。

（7）除了传承者的类型，家族内部传承和转让给员工有什么区别？

（8）现任者确定传承目标和优先选择的时候，需要先弄清哪些问题？

（9）传承者确定传承目标和优先选择的时候，需要先弄清哪些问题？

（10）对下一代家族成员来说，什么使得传承这一职业道路具有吸引力？

（11）为什么来自凝聚力强的家族的下一代家族成员更不愿意加入父母的企业？

（12）为什么现任者和传承者对企业公允价值有不同的看法？

（13）描述传承者对家族企业的承诺类型，并解释这种承诺类型与工作努力程度之间的关系。

（14）能力和意愿都是传承者的关键特征，当不够合格或不够坚定的传承者进入公司时，可能的后果是什么？

7.8　企业战略的回顾

在图7.5中概述的传承架构的第二步中，有关各方必须处理公司当前和未来的战略。回顾公司的战略是很重要的，因为这将使公司从业务管理的角度为传承做好准备。其目标是使公司更具吸引力，无论控制权转移是发生在家族内部还是家族外部。

实际上，公司的战略地位并不一定对传承者有吸引力。公司的一些部门可能与主要业务没有太大关系，传承者可能也根本不感兴趣。这些组成部分可以保留在公司内，也可以在传承之前拆分或关闭。因此，回顾公司战略这项工作厘清了与现任者和传承者都有关的三个重要问题：

（1）公司现在的优势和弱势是什么？

（2）公司未来的机遇和威胁是什么？

（3）公司的哪些部分要交接？

就像他们的业主经理一样，公司通常遵循一个生命周期：初始阶段、增长阶段、饱和阶段,最常见的是在传承之前,公司已经呈现部分衰退的现象。在这个过程中,组织往往反映了现任者的目标、偏好、抱负和能力。因此,进入传承程序的公司不一定符合传承者的目标和愿望。从战略的角度来看,企业在进入传承阶段时面临着几个战略挑战。这些挑战概述如下。

7.8.1 停滞的业绩

随着传承和退休的临近,现任者几乎没有个人动机投资于公司的进一步发展。虽然下一代接手可能会部分缓解这种情况,但从个人所有者的角度来看,如果他们只能部分受益于回报,那么有理由考虑是否值得继续投资。此外,企业家在充满活力的市场中进行创新和竞争的身心能力可能多年来有所下降。由于所有这些因素,我们经常观察到,当公司进入传承阶段时,业绩会停滞或下降。

7.8.2 领导层真空

在许多情况下,家族企业的传承不仅影响 CEO,还会影响许多高层管理人员。许多家族企业,不论规模大小,很大程度上依赖于他们的(创始)企业家。企业家本身是公司的重要资源,例如他们的技术能力、客户关系、领导能力或社交技能。这指出了许多成功企业家在职业生涯即将结束时所面临的一个可悲的局面:因为他们是公司竞争优势的重要来源,当他们离开时,他们也成为不利因素的来源。在这方面,现任者和传承者必须讨论现任者将在什么情况下继续对公司做出贡献,以什么样的角色、在多长时间内和在什么条件下。

但是,企业创始人的退出并不是导致领导层真空的唯一原因,这种真空可能在传承期间或之后出现。许多企业创始人未能建立起二级管理人员机制。二级管理层能够做到即便企业创始人不在,企业也能正常经营。通常,二级管理者要么不存在,要么没有足够的能力来承担领导角色。如果有胜任的二级管理人员,他们通常是与现任管理人员一起接近退休年龄的保守派成员。这两种情况都导致了传承期间企业内严重的领导层真空。

7.8.3 多样化的产品/市场组合

多年来,许多公司从事相对广泛的业务活动,从而形成了相对多样化的产品和市场组合。在这之中,那些服务于狭窄、不那么吸引人的客户群体的产品或市场,似乎是明显需要削减的。但是,现任者可能会犹豫是否应该切断长期客户关系或裁减与这些产品和市场相关的忠诚雇员。因此,许多公司的产品和市场细分往往相当广泛,甚至包括一些在财务上不具吸引力的组成部分。

7.8.4 错综复杂的经营和非经营性资产

进入传承阶段的公司通常以经营资产和非经营资产相互交织为特征。将公司视为主要财富来源的企业所有者往往无法区分那些主要服务于实现业务运作的资产和那些本质上是私有的、不需要经营的资产。这些非经营性资产，包括诸如不必要的流动资产或公司当前经营所不必要的房产等。

在传承方面，非经营性资产的存在可能是一个重大障碍。传承者可能不愿意（考虑到资产与经营缺乏相关性）或无法（考虑到传承者有限的财务资本）接管这些资产。从战略的角度看，非经营性资产在传承前可能必须从主营业务中剥离出来，以简化转让、精简公司和释放资源，从而满足未参与传承的家族成员的财务需要。考虑这些未参与传承的家族成员是很重要的，因为他们可能在法律上或在情感上有权分享与公司有关的家族财富。

7.8.5 作为现任者退休基金的企业

由于企业所有者对他们的公司有很强的控制能力，他们认为没有必要在他们投资于公司的财富和他们购置私人资产的财富之间严格划清界限，因此他们经常将大部分财富投资于公司。对于家族企业所有者来说，投资于公司的财富总额平均约为80%。家族企业所有者也倾向于将利润再投资于企业，而不是将其转移到私人领域，例如通过支付股息或加薪来满足他们的养老金计划。当公司的资产负债表上有大量的股权融资时，尤其是当多年来积累了储备和未分配的利润时，这种行为是显而易见的。乍一看，这似乎不是大问题，因为一些法律允许公司摊销大部分资产以降低税负，因此只有非常有限的资产和权益水平出现在资产负债表上。确实，所有者能够控制和经营公司，这种策略就能很好地发挥作用。

然而，随着传承的临近，以及企业所有者的退出，公司总财富的集中可能成为一个问题。企业所有者指望重新利用他们多年来投资于公司的资金。但事实证明，这种愿望可能存在问题，尤其是对小企业而言。首先，目前可能还没有有兴趣且有能力接手的传承者。如果该公司利润微薄，问题就会加剧。在这种情况下，基于收益的估值，也就是传承者愿意付出的价格，通常比净资产价值要低，所谓净资产价值也就是现任者认为的公司估值（更多细节，请见本章7.10"估值"部分）。此外，现任者往往希望以未披露的准备金的形式，在公司的资产负债表中获得隐藏的准备金。一旦实现，这些储备就会在许多税收制度下被课以重税。因此，特别是在小公司传承的情况下，公司的全部财富集中可能成为一种负担，那些希望从出售公司的收益和/或未披露的准备金中获得养老金的所有者通常会感到失望。

为了让公司做好传承的准备，上述所有的挑战都需要解决。在考虑这些挑战和消除传承障碍方面，现任者负有最大的责任。但传承者也应考虑这些挑战，以便为他们在传承过程中及之后将遇到的战略困境做好准备。表7.6中的概述和问题应有助于现任者和传承者做好上述准备。

表 7.6　现任者和传承者应该思考的公司战略设置的问题

战略挑战	说明	在任者的问题	传承者的问题
停滞的业绩	由于落后的技术和设备造成的业绩下滑，缺乏创新以及企业家精神的衰退	是什么使得企业对传承者有吸引力？ 在转让公司前，哪些方面需要我们投资和创新？	企业的优势和劣势是什么？ 战略机遇和威胁是什么？ 在哪些方面我可以提升效率？ 在哪些方面我不得不创新？ 我第一年的目标是什么？ 改变的阻碍是什么？
领导层真空	在任者离开公司导致的领导层真空；缺乏有能力也有意愿的二级管理者来引导公司	我离开时公司面对的机遇和挑战是什么？ 领导团队有能力和意愿支持这次传承吗？ 传承之后我想要扮演一个什么样的角色呢？	现在的领导团队是否有能力支持必要的战略变革？ 哪些管理者可以和我一起组成新的领导团队？ 在任者在哪些方面是这个公司至关重要的资源？ 在任者应该以什么样的角色，在哪些情况下以及多长时间，继续参与公司事务？
多样化的产品/市场组合	产品种类繁多，但是部分质量欠佳	有没有我们应该撤掉的产品线或退出的市场？ 我们是否因为情感因素而对取消某项业务犹豫不决，比如长期客户或雇佣关系，而没有考虑这么做的经济效益？	今天企业怎么赚钱，以及将来企业怎么赚钱？ 企业有没有我不愿意接手的部分？ 接手企业后有没有我想退出的活动？ 接手后我应该投资哪些方面？相关的成本如何？
错综复杂的经营性和非经营性资产	对公司经营无关、不必要的非经营性流动资产和不动产出现在公司的资产负债表上	我是否有投资于公司却不用于经营的资产？ 我该怎么从公司分离这些非经营性资产？ 分离这些资产是否可以简化传承和/或满足未进入企业的家族成员的财务需求？ 法律和税收方面的影响是什么？	是否有来自非核心/非经营活动的收入或成本影响了公司的实际经营业绩？ 分离经营性和非经营资产是否降低了企业的估值并且简化了传承的融资？ 是否有部分非经营性资产对企业的未来经营至关重要或具有价值？
作为在任者退休基金的企业	在任者的财富没有经过多样化；在任者希望将转让所得作为养老金	我怎么为自己提供养老金？ 公司的资产负债表上是否有许多未披露的准备金？ 为方便接班及满足退休金需要，我们应否在接班前发放股息/薪金？ 税收方面有什么影响？我必须理清私人和企业的财务吗？	在任者的私人财务和公司财务是否纠缠不清？ 在任者是否存在隐瞒公司真实财务状况的关联方交易？ 如果在任者的私人财务与公司分离，公司的财务状况会变成怎样？ 在任者是否想要最大化售价？

7.9 责任转移的规划

在确认了公司当前和未来的战略定位后,确定公司治理权(管理权、所有权和董事会)以及职能角色如何在现任者和继任者之间进行转移是至关重要的。在许多情况下,尤其是当传承在家族内部进行时,继任者和现任者通常会在公司共事一段相对较长的时间。正如许多公司已经证明的那样,这个过渡时期可能会出现继任者和现任者对角色和责任的误解,对谁在主导公司事务的困惑,以及现任者、继任者、员工和其他利益相关者的沮丧和愤怒的情绪。然而,这段共事的时期也并不都是消极的。现任者和继任者的同时参与也意味着一个传递相关资源,如知识和网络的独特机会。

案例研究

软件有限公司(Soft ware Ltd.)的传承

软件有限公司由路易斯·布伦纳(Louis Brenner)于 20 世纪 90 年代创立。路易斯的业务基于这样一个认识:小型公司需要一个廉价的软件解决方案来支持客户关系管理。多年来,路易斯成功地成为其利基市场的领导者。当路易斯开始在客户端安装所有的软件时,随着互联网技术的出现,他开始转向一个纯粹的基于云的解决方案。软件有限公司将软件和客户数据托管在自己的服务器上,这被证明是一个高度可伸缩的业务模型。在最好的年份,这家公司创造了 40% 的营业利润率。但在过去的几年里,这家公司失去了市场份额,部分原因是路易斯无法更新安全系统,无法提高其产品的可靠性。此外,核心软件仍然是路易斯在 20 世纪 90 年代末编写的原始软件,其无法达到视觉更加优化的界面效果和进行更加复杂的分析过程。

上一年度的资产负债表列于表 7.7 中。去年,软件公司的销售额为 350 万美元,EBIT 为 50 万美元。这家公司目前有十名雇员。当被问及公司资产负债表上房地产和现金这两项重要数额时,路易斯回答说:"你是对的。我们的软件业务不需要那么多的房产。但多年来,我总是决定将我们在公司业务或一些房地产项目上的收益再投资,即使这些项目与我们的核心业务没有太大关系。说到风险,我觉得把所有的钱都放在企业里是有道理的。没有比控制在自己手中的投资更好更安全的了。"

表 7.7 软件有限公司的资产负债表

资产	金额/美元	负债	金额/美元
流动资产	4 500 000	短期负债	350 000
应收账款	250 000	银行贷款(抵押)	1 500 000
IT 和办公设备	500 000	可分配准备金	8 900 000
不动资产	6 000 000	股本	500 000
总资产	11 250 000	总负债	11 250 000

路易斯认为他的传承有三种选择。第一个选择，他想把遗产传给他的四个孩子中的一个，其中一个确实很感兴趣。然而，对经商不感兴趣的孩子们指出："那我们呢？我们的妹妹不可能得到全部的公司，包括现金和房地产。这将是完全不公平的，因为我们父亲的财富是完全和公司捆绑在一起的。"

路易斯的第二个选择是把公司交给他的一位主要员工，他的一位员工已经表示出对这家公司的兴趣。这名员工认为：这是一家值得收购的公司，但存在两个主要的问题：第一是关于产品，它不再是最新的，它需要一次全面的改革，然后重新上架；第二是公司的结构，实际上这家公司其实是一家房地产公司，只拥有规模较小的软件业务，而我只对软件部分感兴趣，对房地产方面不感兴趣，也不熟悉，而且无论如何，我也没有资金来接管房地产部分。

路易斯还与一个战略收购者进行了谈判，这是一个有兴趣接管公司的更为有力的接班人。这位战略收购者看了看软件公司的历史，回答说："祝贺你成立了这家公司，路易斯，但是我们无法判断你的生意做得如何，你产生50万美元的营业利润是什么意思？考虑到经营性和非经营性（房地产）活动交织在一起，很难看出你在软件业务中是赚钱还是赔钱。我们只对你们的软件、客户和工程师感兴趣。"

对路易斯来说，这三种接班人选择的反应令人沮丧。他已经建立了一家有盈利能力的公司，是个有钱人（至少在明面上是这样），但没有人愿意通过接管这家公司来承认他的成功。当路易斯要求他的会计对公司估值时，问题变得更加明显。会计回答说："很难对这家公司估价。假设用公允价值对这些资产估值，那么你的公司的净资产价值约为940万美元（＝890万美元可分配准备金＋50万美元股权）。但看看公司的营业利润，它的估值仅为250万美元左右。你有个大问题，当你将公司转让给只对软件活动感兴趣的人时，你将很难兑现你拥有的房地产价值。"路易斯意识到他必须按照下面的步骤做些功课，然后才能离开他的公司。具体来说，他罗列了以下步骤：

（1）提高透明度：软件和房地产活动分别设置损益表；

（2）将资产（主要是房地产）分配给这两项活动；

（3）通过设立两个不同的法律实体，将软件活动从房地产活动中剥离出来，尽量减少此举带来的税收后果；

（4）启动产品革新创新进程；

（5）路易斯估计，一旦上述步骤得以实施，他将重启与潜在传承者的谈判。

在许多情况下，管理权和所有权是按顺序传递的。对于许多传承过程来说，管理权转移先于所有权转移。或者，管理权和所有权（至少部分）可以同时转移。表7.8列出了史威斯（Swiss）公司的一些数据，这些数据可能进一步说明了所有权和管理权转移的顺序。

表 7.8　史威斯公司传承中的所有权和管理权转移顺序

可观察传承百分比	同步转移的所有权和管理权	管理权先转移，然后转移所有权	所有权先转移，然后转移管理权
家族内传承	51%	43%	6%
转让给员工	47%	41%	12%
出售	66%	28%	6%

来源：Christen(2013)

从最初开始讨论传承事宜到实际移交管理权和所有权，当我们对这一过程持续的时长进行估算时，我们发现家族内部完成传承的平均耗时为 6.5 年，向员工转移的平均耗时为 3.3 年，出售的平均耗时为 1.6 年。当我们考虑到大多数传承都由一连串连续的事务组成，管理权和所有权在很长一段时间内(通常是几年)转移时，这就说得通了。毫不奇怪，出售是在最短时间内完成传承的路径。

7.9.1　传承路线图

延长传承过程的时长，推迟相继的控制权转移时间，将造成很严重的后果。首先，角色、责任和经济激励方面可能存在冲突。为了避免这些冲突，很重要的一点是，要在现任者打算退出之前就做好传承计划。如果不能完成第一优先的传承途径，而必须选择另一种途径，或者必须重新开始这一进程，问题往往会恶化。传承道路上的挫折会大大延长整个传承过程持续的时间，这将给现任者带来私人生活和经济上的严重后果。

当现任者和传承者双方都长期涉入公司经营管理时，公司的掌控权就存在不确定性。如果传承者不确定将于何时被任命为 CEO，他或她可能会感到事业停滞和沮丧，最终离开公司。另一种情况是，如果传承者被任命为高管，但所有权交接时间仍不清楚，他或她可能会因为自己的努力而付出更高的代价。也就是说，当传承者的努力使得公司盈利能力提高时，公司价值将上升，如果传承者因公司业绩改善而必须提高购买公司所有权的估价，那么他或她将因公司业绩改善而付出更高的代价。

表 7.9 显示了一个详细的传承路线图示例，该路线图定义了管理和功能角色的顺序转移。一家中型法国制造商的现任者和传承者在传承过程的早期起草了这一路线图。在传承完成之前，路线图有助于解决不可避免的管理问题。它规定了谁拥有决策权，并定义了整个传承过程中不断变化的角色和职责。它还规定了一方应在什么时候同另一方协商或将问题提请董事会认定。该系统可以帮助现任和传承者处理投资决策、撤资决策、聘用和解雇高级管理团队成员，以及其他对公司战略有重大影响的决策。

如表 7.9 所示，公司治理级别的传承通常经过三个阶段。第一，有一个冻结阶段，现任者在很大程度上控制着公司。第二，有一个解冻阶段，现任者和传承者将公司面临的战略挑战分类，同时伴随治理结构的渐进变化。在法国制造商的例子中，第二阶段从 T+1 年持续到 T+5 年。最后，当传承者执掌公司时，会有一个重新冻结的阶段。

表 7.9　传承路线图示例(法国中型制造商)

		T 年	T+1 年	T+2 年	T+3 年	T+4 年	T+5 年	T+6 年
年龄	现任者(彼得)	62	63	64	65	66	67	68
	传承者(皮特拉)	35	36	37	38	39	40	41
管理权转移								
所有权/%	现任者(彼得)	100	100	80	80	20	20	0
	传承者(皮特拉)	0	0	20	20	80	80	100
董事会	现任者(彼得)	主席	主席	主席	成员	成员	成员	—
	传承者(皮特拉)	成员	成员	成员	成员	成员	成员	成员
	非家族成员		成员	成员	成员	成员	成员	成员
CEO/管理层	现任者(彼得)	CEO	CEO	CEO	CEO	建议者	建议者	建议者
	传承者(皮特拉)	管理层	管理层	管理层	成员	CEO	CEO	CEO
经营责任转移								
人力资源		彼得	彼得	共同	共同	皮特拉	皮特拉	皮特拉
业务战略		彼得	彼得	共同	共同	皮特拉	皮特拉	皮特拉
市场营销		彼得	彼得	皮特拉	皮特拉	皮特拉	皮特拉	皮特拉
调研/发展		彼得	彼得	皮特拉	皮特拉	皮特拉	皮特拉	皮特拉
其他过渡事宜								
私人支出	现任者(彼得)	汽车	汽车	汽车	汽车	汽油	汽油	—
	传承者(皮特拉)	—	汽车	汽车	汽车	汽车	汽车	汽车
股利		彼得10万	皮特拉5万	0	0	0	0	0

　　第二步对于传承过程特别关键,这不足为奇,因为治理的角色和权力是逐步从现任者转移给传承者的。这个阶段对双方都有很多陷阱。例如,每一方的角色和责任可能缺乏明确的定义,传承者可能会试图进行幕后操纵。所有权转让所涉及的财务问题是特别令人关注的。如果所有权是和上述例子一样,逐步从上一代传至下一代的,那么股份的估值便成为重要问题,尤其当由于传承者的涉入导致股价变动(比如上涨)时。如果由于股价上涨导致收购价格升高,传承者可能会觉得自己因为努力工作而受到了惩罚。

　　出于所有这些原因,类似上面概述的传承路线图是有帮助的。它有助于减少公司内外有关传承进程典型的不确定性。简言之,传承路线图在以下方面定义了传承过程:

- 谁负责任;
- 现任者和传承者各自有哪些责任;
- 责任何时和控制权一起完全转移。

　　上面列表中的第三个维度,即如何处理时间问题,尤其重要。一些人认为,转让的过程越短,成功的可能性就越大。有充分的理由支持这一假设:公司应该填补领导层真空,并应尽快重新协调控股股东和CEO的利益。此外,被长期试用的传承者将不可避免地对这一过程感到沮丧。考虑到他们职业生涯的机会成本，对于最能干的传承者来说，这样的试用期尤其昂贵（Dehlen et al.，2012）。因此，通常最好在合理的时间范围内将公司完全转交给传承者。

然而，如上所示，在实践中，大多数传承过程需要几年时间才能完成，并不是所有这些传承都是失败的。不提前完成权力的移交可能有充分的理由。首先，现任者可能是公司的关键资源，而这种资源很容易在匆忙的传承过程中丢失（Cabera-Suarez，De Saa-Perez，Garcia-Almeida，2001）。其次，如果现任者和传承者能够很好地合作，资深人士与新人的合作经历可能会对双方都有好处。最后，为了确保业务的顺利进行，并维持一种既定的企业文化，现任者至少在某种程度上继续参与，这对公司很可能是很重要的。例如，尽管他或她已经承担了大部分的经营工作，高级所有者可能还是公司与重要客户间的联系使者，同时也是公司的意见领袖。因此，根据传承的类型，可能有充分的理由延长现任者和传承者同时参与公司事务的过渡时期。

无论这个过渡时期的最佳持续时间为多长，关键是要确定现任者的角色和责任，并在时间表上为双方定义进入和退出路径。如果这些问题得到妥善解决，过渡时期的长度本身可能就不是问题。

7.9.2 传承者的进入路径

上面的传承路线图为未来和当前所有者绘制了进入和退出路径。当考虑下一代的进入路径时，分别考虑家族成员进入普通工作岗位与进入企业管理层的优缺点是很重要的。如图 7.11 所示。

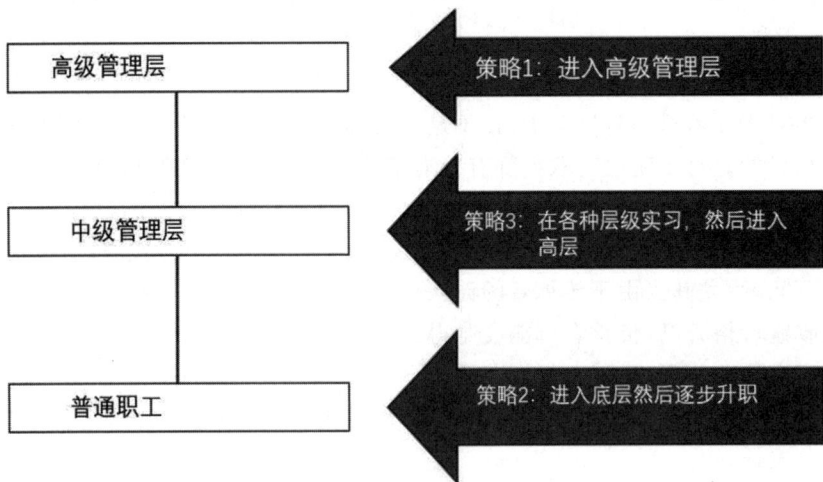

图 7.11　家族传承者进入企业的路径

进入公司普通工作岗位的家族成员仍将被视为拥有该公司的家族的一部分，而且很可能不会被视为普通员工。在这种情况下，传承者不太可能得到自己工作表现的客观的反馈，可能更容易得到提拔。更糟糕的是，他或她很可能被利用，那些希望通过传承者的影响力受益的小团体很可能将他们拉入权力博弈的游戏。

另外，当家族传承者进入最高管理层时，他们可能不会受到资历老的非家族管理者的尊重。对于那些在公司内部（有时也在公司外部）经验有限的传承者，非家族经理人可能不愿授予他们合法性。资历较老的管理者可能会认为传承者不配获得他们渴望得到的高级管理职位。在最坏的情况下，传承者可能被非家族员工视为"非家族天花板"（有时也被称作"血缘天花板"），意思是当家族企业的高级管理职位全部为家族成员保留时，非家族成员在企业内受到的职业限制。在最好的情况下，家族传承者可能被视为家族对公司持续承诺的象征，而这又意味着连续性、良好的就业前景和稳定的战略前景。

考虑到这两种方法的缺点，有一种折中的方法在实践中很有效，特别是在大中型企业中。在第一阶段，传承者在公司外部从事职业，目的是获得尽可能多的管理经验，了解经营一家公司需要什么，看看掌舵是否适合他们。这种外部经验将在他们进入公司的后期表明他们的专业程度。在第二阶段，传承者将接受公司内部的专门培训，为领导角色做准备。在这一阶段，传承者将在几个关键部门短暂地工作（例如，在财务、生产和销售部门各工作几个月），以熟悉公司、公司运营和关键员工。在第三阶段，传承者将在家族企业中担任最高职位。这个职位将取决于现有的职位空缺和其他高层管理人员的职业规划。如果传承者的表现令人满意，最终就会被任命为 CEO。

7.9.3 现任者和传承者的角色改变

上面的传承路线图将传承描述为一个相当技术性的过程。然而，使传承具有挑战性的是，角色的变更不仅意味着功能和职责的变更，而且还意味着相关人员自我认知的变更，这超出了他们在公司内部的直接治理角色。根据 Handler(1990) 的研究，现任者的角色从领导/首席，到授权人，到监督者/代表，再到顾问（见图 7.12）。相反，传承者从无名之辈，变成了一个助手、管理者，最终成为新的领导者/首席。

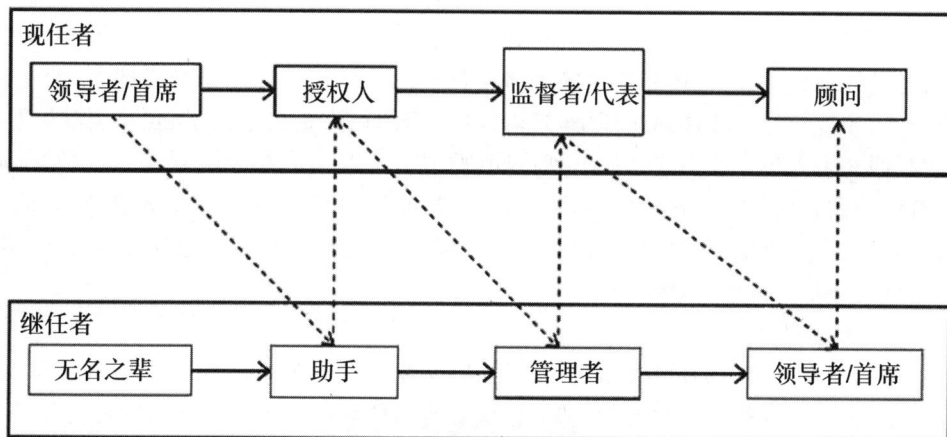

图 7.12　传承过程中的角色变化

来源：Handler(1990)

由于现任者在传承过程开始时就拥有公司的正式权力，因此他或她也是启动这一过渡过程的人。现任者必须认识到公司需要新的管理人才。首先，传承者将发挥帮助作用。传承者通过这种帮助作用向现任者发出信号，示意现在是时候授予自己一些正式权力。然后，传承者再逐步成为公司的最高权威。传承者的支持，为现任者将传承者任命为管理者提供可靠保障，同时，这也反过来允许现任者给传承者分配更多任务，同时自己逐步过渡到监督者的位置。当现任者意识到，即使他们的参与度降低了公司也运转良好时，传承者就可以升任新的领导和首席执行官了。反过来，现任者作为顾问的角色也将更加被动，只有在传承者需要时才提供建议。

7.9.4 培养传承者

在越来越多的家族企业中，特别是那些在财务上获得成功机会有限的小型企业中，不能想当然地认为传承者将是现任者的子女。即便是在规模更大、声望更高的公司，潜在的传承者在决定加入公司后，往往也难以认同公司及其产品，难以融入公司文化。虽然治理过渡路线图和对角色变更的理解在某种程度上可能有所帮助，但是挑战常常出现在更微妙的心理层面，例如，当传承者没有得到必要的支持和培养来确定与公司的关系以及自己的新角色时。

这就引出了一个重要的问题：是否有办法培养接班人，使他们从一个局外人的位置演变成具有内在动力的领导者？这个问题的答案并不简单，因为它同时具有规范性和操作性。从规范的角度来看，人们可能会问父母是否应该尝试培养接班人。成为一名企业家或传承者不应该是一个完全独立和自主的选择吗？当然，被强迫担任传承者的角色对任何当事方或对公司来说都不是一个令人满意的解决办法。强迫很可能使得传承在各个层面上以难以预料的结果收场。

然而，从操作的角度来看，如果年少的家族成员表现出一些最初的兴趣和能力，问题是他或她如何才能最好地融入公司。归根结底，这是任何员工在加入新单位时所面临的挑战。心理学家 Edward Deci、Richard Ryan（2000）针对这种情况开发了一种自我决定理论，描述了处理新任务、群体和组织的个体同化过程。他们的概念模型描述了，面对新环境的个体，如何从外部转移到新环境，到内倾（他们的行为是出于内疚、焦虑、保持自我价值，或是因为别人想让他们这么做），到认同（此时行为与个人相关），到整合（此时行动和个人价值一致），以及如果理想的话，到内部化（所有行动都是享受的、令人满意的，而且和个人利益一致）。将他们的模型运用到传承环境中，意味着父母和其他外部方有三个杠杆来促进同化和培养过程（见图7.13）。

1.支持自主感

如果传承者觉得他们的决定，更广泛地说，他们的生活和命运是由他们自己掌握的，而不是由他人，尤其是父母决定的，那么他们更有可能认同公司并最终形成有关公司的内在激励。在职业上的选择自由以及一旦加入家族企业，父母不强调对他们的控制，支持了传承者的自主感。

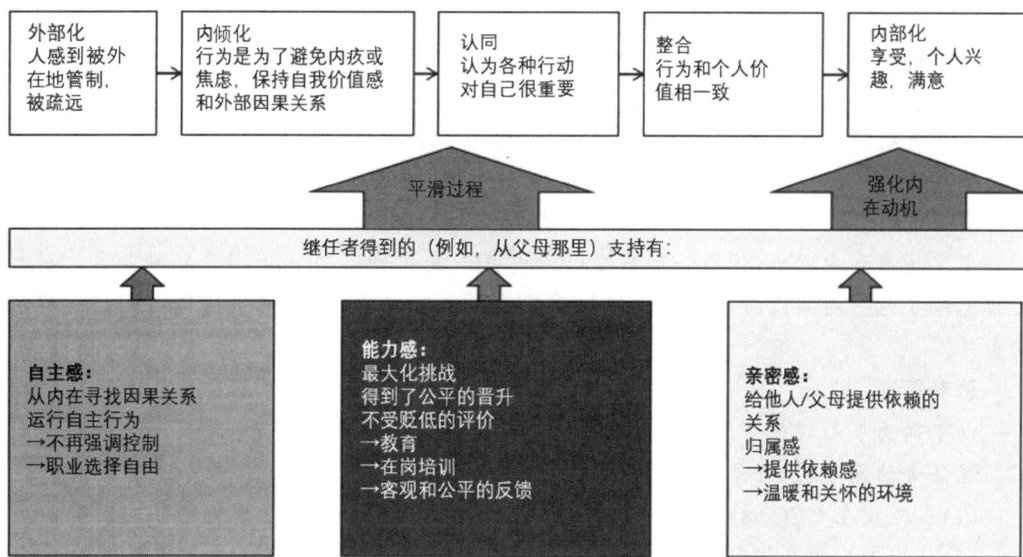

图 7.13 下一代家族成员的内部化和同化过程

2.支持能力感

如果传承者被给予要求高但可以应对的挑战,他们更有可能认同最终为公司发展的内在动机。评价应公平,并以晋升为重点;他们不应该居高临下或有家长式作风。传承者应在公司内外接受足够的培训,并得到客观且支持性的反馈。

3.支持亲密感

此外,如果传承者在一个友好的人际关系环境中工作,他们更有可能认同最终为公司发展的内在动机。公司内部的同事可以通过给予支持来帮助年轻的家族成员培养归属感。但是,未来的传承者也必须得到父母的支持。在理想的情况下,父母应该无条件地支持孩子,并告诉他们,即使传承没有按照最初的计划进行,他们也会爱孩子。

案例研究

培养意大利福利特集团(Filter Corp)的接班人

当朋友们问皮埃特罗(Pietro)是否想在毕业后加入他父母的公司福利特集团时,他总是立刻回答说:"在我从其他地方获得一些专业经验之前不会。"但就在毕业前几周,他的父亲问皮埃特罗,他能否在家族企业里承担一份重要的工作。几年前,他的父亲收购了福利特集团在中国的一家分销商。这个分销部门由十名员工组成,由一个当地经理管理。由于低下的客户服务水平和低效率的仓库管理,这个部门有严重的财务问题。

父亲问皮埃特罗是否有兴趣接受挑战,搬到中国几年,以帮助解决这些问题。起初,皮埃特罗犹豫不决;他之前早已下定决心要在家族企业外出人头地。但这是一个诱人的机会:他将有机会远离其父的影响,证明自己的能力。对于他有限的经验而言,企业经营问题似乎是一个真正的挑战。这难道不是一个很好的机会去做一些自主的事情,同时证明他的能力？他的父亲承诺会支持皮埃特罗，不会干涉他对中国分销商收购的决定。但两人一致认为，皮埃特罗必须就超过一定数额的投资决定征求父亲的意见。他们还找到了一位当地的商业顾问，可以帮助一些中国业务的重组。

于是皮埃特罗和他的父亲制订了一个长期的传承计划。一旦中国的事务完成，大概两到四年后，皮埃特罗将返回欧洲，执掌意大利总部，总部大约有100名员工。大约在皮埃特罗负责意大利业务三年后，他将掌管整个集团。

皮埃特罗到中国后，他成为控股公司的董事会成员，该公司拥有整个商业集团。他的父亲也给了他一些集团股份。父子俩都签署了一份股东协议，规定了他们之间股份转让的条件。

思考题：

以下列出了与现任者和继承者相关的治理角色改变的一些问题。

现任者的问题（也可见表7.6）

(1)我应该在CEO这一职位上任职多久？我何时会让出CEO的角色？

(2)传承者应该在何种程度上进入公司？建议的进入路径的优缺点是什么？

(3)当我和传承者同时参与公司事务的时候，我的角色和责任是什么？

(4)我会留任董事会吗？如果会，是以怎样的角色，又留任多久？

(5)在公司内外，我应该怎么和传承者沟通？

(6)在时间线上，如何从我是公司100%所有者过渡到传承者是100%所有者？

(7)我首先要将什么传给传承者？紧接着是什么？

(8)传承过程中公司估值的改变，如何影响传承者在后续过程中对(剩余)所有权的收购？

(9)当前的管理团队是否支持传承者？我们在二级管理层上是否需要新的管理人才？

(10)传承者是否有能力胜任领导者角色？

(11)当我完全离开公司后，我会干些什么？

(12)如果出售公司并未获得可观的利润，那么我能否保证我的退休收入？

(13)我们如何支持传承者融入公司？

传承者的问题（也可见表7.6）

(1)我应该在什么级别进入公司？所提解决方案的优缺点分别是什么？

(2)当前的管理团队是否支持我？未来我是否需要重新配置管理团队？

(3)当现任者依然参与公司事务时，我的角色和责任是什么？

(4)在公司内外我应该如何与现任者交流？

(5)我是否会加入董事会？如果是，是什么角色？

(6)我是否想要成为新的CEO？

(7)我们需要给董事会增加外部成员吗？

(8)我什么时候、在什么条件下会获得公司的所有权？

(9)传承过程中公司估值的改变，如何影响我在后续过程中对(剩余)所有权的收购？

学生的问题

(1)为什么对传承过程来说，回顾公司战略很重要？

（2）在传承过程中,所有者经营的家族企业面临的典型战略挑战是什么?

（3）在面对这些典型挑战时,现任者和传承者要解决什么问题?

（4）"应尽量减少现任者和传承者同时参与公司事务。"你同意还是不同意? 为什么?

（5）传承过程中现任者和传承者的角色如何变化?

（6）思考一个你比较了解的公司,其管理权、所有权和董事会传承的路线图是什么样的?

（7）如果管理权和所有权传承在传承者和现任者之间没有很好地界定,冲突的潜在根源是什么?

（8）父母可以做些什么来帮助他们的孩子融入家族企业?

7.10　公司估值

任何传承过程迟早都会面临一个棘手的问题:公司将以何种价格转让给下一任所有者。和所有经济商品一样,交易中最终支付的价格将由供需决定。需求越强烈,例如,当有相互竞争的买家/传承者的时候,价格越高。通常,我们观察到公司的估值与最终支付的交易价格之间存在差异。换句话说,在估值中确定一个公允的价格,只能作为最终支付金额的参考。但是,要获得有关价格或价格区间的大致概念,公司估值可能会有所帮助。

在本章中,我们不能详细探讨每种估值方法的细微之处。相反,当涉及私营家族企业的估值,我们的目标是突出常用的估值方法及其特点。从很多方面来说,评估一家私人家族企业的价值都是一项具有挑战性的工作。首先,许多现任所有者未能建立完善的会计和控制系统,导致缺乏可靠的财务信息。其次,由于缺乏外部监督,即便获得财务信息,也很难判断其质量。更重要的是,由于该公司是私有的,股票没有流动市场,所有权转让受到严重限制。此外,可能还存在企业特有的挑战,如供应的产品领域过窄、融资受限,或企业事务与私人事务纠葛不清。一些私人支出可能通过公司账户,或者公司可能拥有不用于经营的资产。现任所有者可能利用了减少税收负担的会计手段,其中最常见的做法是夸大成本结构,这使得企业价值更难评估。最后,公司账面上可能有未披露的准备金,例如由于资产的过度折旧或应计利润的膨胀。

因此,最重要的是审查用于公司估值的财务数据,并在必要时加以调整。在资产负债表上,应收账款、原材料和房地产必须按其重置价值确定。这将涉及重新评估违约风险和调整相关应计项目。同样,必须估计机器设备的市场价值。应计项目必须设置在反映其打算覆盖的风险的水平。

此外,损益表必须进行审查和调整,特别是需要审查业主和其他与公司有关的家族成员的工资。现任所有者通常对家族成员开出偏离市场水平的工资。支付高于市场水平的工资,是为了将流动性从企业转移到所有者手中。或者,开出低于市场水平的工资用于支持和补贴公司。对许多小公司来说,根据市场水平来审查和调整现任者的工资对公司利润有重大影响,并最终影响到公司的价值。同样,必须审查关联方交易,即与现任者控制的其他公司的交易，或与现任者的熟人的交易，以确定转让价格是否合适。最后，增值费用可以在资产负债表中资本化。折旧必须重新审核，应计项目的变化必须记入公司账户。最后，税收支出必须重新评估。

资产负债表和损益表的这些变化对重新评估公司的盈利能力是必要的。从下一个所有者的角度来看，必须在没有前一个所有者的情况下，用基于市场的成本和收入估算来评估公司的相对吸引力。这并不是说对公司的估值"对"或者"错"。相反，任何估值都是基于对公司财务状况的合理假设得到的结果。批判性地审查估值，理解其假设并评估其合理性，是参与传承过程的人的基本任务。为了全面理解给出的估值，下面的问题可能会有所帮助：

• 谁执行了估价？评估师是在向买方、卖方或双方提供建议吗？根据评估人员在谈判桌上的阵营，他或她可能会有降低或夸大公司价值的动机。

• 用于计算公司价值的财务数据有多大偏差？资产负债表和损益表做了哪些调整？

• 价值调整和预算数字的假设可信吗？

• 是否对经营资产和非经营资产分别进行了估值？

• 应用估值方法的关键参数的可信度高吗？

• 就公司的经营活动而言，所应用的估值方法是否合适？

估价是采用单一估值方法还是采用多种估值方法？由于不同的估值方法对价值驱动因素的假设不同，使用多种估值方法对估值进行三角剖分是非常重要的。

下面，我们将介绍三种最常用的用来评估私人控股公司价值的方法。文中对每种方法的解释都限于与本章主题最相关的方面，并强调方法的基本假设、关键参数和优缺点。

7.10.1 净资产价值

公司的净资产价值是根据公司的资产负债表，在披露了所有之前未披露的准备金后，对公司股权价值的估计。这种估价要求根据市场价值重新评估公司的资产负债表。资产净值的计算公式为：

资产净值＝总资产价值－总负债价值

对于公司价值是基于所持资产而非业务产生的利润流（如房地产公司和投资信托）的行业来说，资产净值对股价估值很有用。资产净值通常代表公司的底价，因为它表示如果公司停止运营，并偿还所有债务后，通过出售所有资产所能留给股东的资金数额。这使得它成为确定公司清算价值的一种特别有用的方法。从技术上讲，资产净值相当容易确定，尽管非流动性资产的市场价值可能难以评估。基于资产净值的估值的缺点是忽略了企业的盈利能力，从而忽略了企业利用资产产生利润的能力。这种估值也忽略了盈利前景，从而忽略了公司经营的未来。

不过，净资产估值是中小型家族企业估值中常用的一种方法，因为它有助于估计未披露准备金的变化，并核实折旧程序；得到的结果可以用于其他评估方法。这是评估家族企业价值的一种特别有用的方法，因为家族企业往往是重资产运用模式。与市场价值相比，资产净值是决定企业投资成本是高还是低的一个重要指标。在经营良好且盈利能力强的公司,资产净值应低于公司的市场价值(当市场价值是根据公司盈利能力的一些估值估算出来的时候)。如果一个公司的资产净值大于一个合理的市场价值估计,那么该公司的家族投资者应该询问他们的资金是否得到了有效利用,以及如何才能提高效率。在极端的情况下,从一个短期财务视角出发,进行清算并且分开出售企业的资产而不是作为一个整体继续经营企业,可能更合理。

综上所述,净资产估值的关键参数如下:

关键参数:

· 重新评估资产负债表项目的价值;

· 对未披露准备金的处理,包括从税收的角度(因为它们可能在资产转让中被征税)。

方法优点:

· 显示公司的最低价;

· 为其他估值方法提供有用的估计值,例如现金流现值;

· 交易运用,不需要复杂的技巧;

· 对拥有许多资产的公司来说,这一方法比市场价值法更为有用。

方法缺点:

· 忽略了公司的盈利能力;

· 不能就公司的经营优势或弱点提供参考信息;

· 忽略了公司前景。

7.10.2 EBIT 或 EBITDA 乘数估值

一个常用的估计私人持有的公司的方法是将一些利润基数,如利润(税后)、销售量,或者最常见的 EBIT 或 EBITDA 乘以某一乘数[①]。当然,确定乘数是一个关键的挑战。同一行业上市公司或多或少具有可比较的市值,可以作为计算市盈率的一个数据来源。例如,许多行业和地区上市公司的 EBITDA 和 EBIT 倍数可以在 www.damodaran.com 网站上找到。考虑到私营企业的特殊风险,它们的市盈率往往小于上市公司。例如,德国私营企业的市盈率可以在《金融杂志》(*Finance Magazine*)网站上找到。对于英国的私营企业,BDO 德豪国际的私营企业价格指数是有帮助的。许多其他资源可以在网络上或通过专业服务提供者找到。

关于使用乘数来评估公司价值,有两点需要注意。首先,没有一家公司可以与另一家公司完全相提并论。因此,选择在行业、业务和规模方面具有可比性的同行公司是很具有挑战性的一件事。其次,与倍数相乘的利润基数(例如税后利润、EBIT、EBITDA,甚至销售额)决定了最终的价值估值是代表企业价值(Enterprise Value,简称 EV,有时也称为实体价值),还是代表股权的市场价值(即股票价值)。EV 是股票市场价值加上债务账面价值减去未使用现金的总和(见下式)。采用 EBITDA 或 EBIT 计算可得到 EV,而用税后

---

① EBIT 指息税前利润,EBITDA 指税息折旧及摊销前利润。

利润计算可直接得到股权价值。

它们之间的差别在于,利润基数(如 EBIT、EBITDA、销售额、利润)是对股票和债券持有者都有价值,还是仅对股票持有者有价值。由于 EBIT、EBITDA 和销售额对股票和债券持有者来说都是有价值的,因此最终的价值是 EV。相比之下,税后利润的乘数(以市盈率表示)直接得出了股权价值,因为利润只是为股东创造价值,债券持有人已经通过利息得到偿付。

以下公式表示 EV、权益价值、EBITDA 与 EBITDA 乘数之间的关系(公式同样适用于 EBIT)。

> EV＝股票市场价值＋负债账面价值－未使用现金
> EV＝EBITDA×乘数
> 股票市场价值＝EBITDA×乘数－负债账面价值＋未使用现金

近三年 EBITDA 或 EBIT 的均值通常用于估值。

综上所述,乘数估值的关键参数如下:

关键参数:

- 乘数的似然估计;
- 企业价值与股权价值的区别。

方法优点:

- 技术上来说,较易运用;
- 乘数估计对多种数据源都可用;
- 以达到的市场价格为基础。

方法缺点:

- 忽视了企业的未来前景;
- 忽视了企业的资产;
- 寻找可比企业具有难度(例如规模、行业等)。

案例研究

EBIT 乘数估值

假设一家公司在过去三年的平均 EBIT 为 550,长期债务为 450,股东贷款为 350,未使用现金为 100。假设 EBIT 乘数为 6.4,结果如下:

企业价值:6.4×550＝3520

股权价值:3520－450－350＋100＝2820

如果公司拥有非经营性资产,这些资产将单独估价,然后和上述权益价值相加。

7.10.3 自由现金流折现估值法

自由现金流折现(DCF)估值方法估计公司未来自由现金流(FCFs)的当前价值。这种估值方法有两个特点。第一，DCF方法不考虑企业的利润，而是考虑企业的自由现金流。这是与上面讨论的两种方法的一个重要区别，因为自由现金流代表了在支付完所有其他费用和扣除投资支出之后，公司一年内可以分配给所有证券持有者（债券持有者和股东）的流动资金的数量。因此，DCF使用的衡量方法关心的是公司资本提供者的核心利益。第二，DCF方法不是衡量公司过去的业绩，而是衡量公司的盈利前景。更具体地说，通过DCF估值，我们试图估计未来的自由现金流在今天的价值。

为了理解DCF方法的原理，我们先从EBIT开始，考察如何确定FCF（见表7.10）。

表7.10　确定自由现金流

元素	数据源
EBIT	损益表
－税费	边际税率，考虑当地税收
＋折旧和摊销	损益表
－资本支出	以前和现在的资产负债表：财产、厂房和设备账目
－流动资本的变化	以前和现在的资产负债表：流动资产和负债账户
自由现金流（FCF）	

一个例子可以进一步说明FCF的计算（见表7.11）。从当前最新的资产负债表和损益表开始，预计资产负债表和损益表在未来五年内的情况。未来五年是一个或多或少可以预测的时间框架，在这个时间框架内，可以编制详细的资产负债表和损益表，最终得出未来的自由现金流量。

得到的未来FCFs将折现为当前值。贴现率考虑了证券持有人为获得这些FCFs而承担的风险（与成本相对应）。我们估计出加权平均资本成本（WACC）作为贴现率，其确定方法如下：

$$WACC = D/(D+E) \times C \text{ of } D \times (1-t) + E/(D+E) \times C \text{ of } E$$

其中 D＝负债的市场价值；E＝股东权益的市场价值；C of D＝负债的成本；C of E＝股东权益的成本；以及 t＝边际税率[1]。

上述WACC公式考虑了公司的资本结构，通过权衡股权成本和债务成本与它们在公司资产负债表中的存在情况[2]。权益资本的成本通常高于债务资本的成本，因为债务是由机器设备、房地产或存货等资产担保的。相比之下，股权是无担保的。此外，债券持有人获得预先确定的和固定的利息支付，而股票持有人不从预先确定的支付中受益，而只从不确定的股息和他们所持股份的增值中受益。近年来，西方中型私营企业的运营债务利率在3%～7%，而股权持有者通常预期他们的投资回报率在10%～25%。实际利率总是取决于公司的具体风险状况。

---

① 边际税率解释了这样一个事实，即债务的利息支付是可以减税的。与股权相比，这使得负债成为更具吸引力的融资选择。

② 通常在计算中使用的是公司的目标而不是实际资本结构。

表 7.11　经营自由流现金的计算(示例)

单位：百万美元

资产负债表	历史	计划				
	−1	1	2	3	4	5
资产						
固定资产	361.2	364.8	381.7	384.6	384.5	374.4
流动资产	466.3	472	485.6	516.5	540.6	565.3
总计	827.5	836.8	867.3	901.1	925.1	939.7
负债						
股东权益	184.5	200.7	220.1	245.9	273.4	300.7
其他股东权益	13	13	13	13	13	13
应计项目	103.1	108	113	120.6	127.1	133.2
负债	526.9	515.1	521.2	521.6	511.6	492.7
总计	827.5	836.8	867.3	901.1	925.1	939.7
损益表	−1	1	2	3	4	5
总销售	1496.8	1516.9	1573.9	1682	1762.7	1834.2
(−)原材料	789.8	773.6	802.7	857.8	899	935.4
(−)第三方服务	61	68.3	67.7	69	72.3	75.2
净利润	676	675	703.5	755.2	791.5	823.6
(−)人事费用	365.2	375.1	386.8	406.9	423.8	439.4
(−)折旧	56.6	64.8	68.5	75.7	79.2	81.9
(−)商誉减值	10.1	10.1	10.1	10.1	10.1	10.1
(−)其他经营性支出	179.6	184.7	190.4	198.2	209.3	220.2
(+)其他经营性收入	11.3	12.8	12	9.8	7.4	2.4
EBIT	75.8	53.1	59.8	74	76.4	74.4
(+)财务收入	0.4	−15.4	−14.7	−13.9	−12.5	−10.6
EBT	76.2	37.8	45.1	60.1	63.9	63.7
(−)纳税额	27.5	14.6	17.4	23.2	24.7	24.6
EAT	48.7	23.2	27.7	36.9	39.2	39.1
(−)其他	0.9	0	0	0	0	0
年度利润	47.8	23.2	27.7	36.9	39.2	39.1
净营运资本	−1	1	2	3	4	5
净营运资本	318.3	313.3	319.6	341.4	357.8	370.4
净营运资本变动		−5	6.4	21.7	16.4	12.5

续表

资产负债表	历史	计划				
	−1	1	2	3	4	5
资本支出（CAPEX）	−1	1	2	3	4	5
无形资产	106.8	96.7	86.6	76.5	66.4	56.3
固定资产	241.3	255	282	295	305	305
折旧	56.6	64.8	68.5	75.7	79.2	81.9
商誉减值	10.1	10.1	10.1	10.1	10.1	10.1
CAPEX		78.5	95.5	88.7	89.2	81.9
经营性自由现金流		1	2	3	4	5
EBIT		53.1	59.8	74	76.4	74.4
（−）EBIT 调税		20.5	23.1	28.6	29.5	28.7
息前税后经营利润		32.6	36.7	45.4	46.9	45.6
（＋）总折旧		74.9	78.6	85.8	89.3	92
（＋）长期应计项目变动		3	3	3	3	3
（＋）短期应计项目变动		1.9	2.1	4.5	3.5	3.1
现金流		112.4	120.4	138.8	142.7	143.7
（−）CAPEX		78.5	95.5	88.7	89.2	81.9
（−）营运资本变动		−5	6.4	21.7	16.4	12.5
经营自由现金流		38.9	18.5	28.3	37	49.3

注：第 i 年的 CAPEX＝第 i 年的固定资产－第 $(i-1)$ 年的固定资产＋第 i 年的折旧；NOPLAT＝息前税后经营利润

股权比债务更贵，因此风险也更大，这对家族企业来说意义重大，因为家族企业往往更依赖股权融资。虽然因为债务负担较低，强大的股权基础可以降低破产风险，但财务风险没有分散，并由股东独自承担。因此，一个完全由股权融资的公司并不一定比一个由股权和债务平衡组合融资的公司更有价值。

当然，杠杆水平与企业价值之间的正相关关系也有其局限性，因为股权和债务的成本可能会随着杠杆水平的不同而变化。在极端杠杆水平下，债务成本可能会急剧上升，达到与股权资本相当的水平，因此，高杠杆公司最终会因其加权平均资本成本而受到惩罚。高自筹资金的公司，包括许多家族公司，经常面临较低的公司价值，因为高的 WACCs 在他们的资产负债表中所占的比例相对昂贵。但高杠杆公司也可能面临公司价值的下降，因为在高杠杆的情况下，债务成本开始大幅上升。这一观察指出，债务/权益水平与公司价值之间呈曲线（倒 U 形）关系。

在非常低的债务/权益比率下，金融风险只集中于权益投资者，这降低了投资的吸引力。随着杠杆水平的提高，金融风险被分散到多个实体，公司价值也随之增加。但在非常高的杠杆水平上，考虑到其沉重的债务负担和不断上升的债务成本，该公司面临着越来越大的破产风险。我们发现最佳杠杆水平在 0.7～1.5 之间。

到目前为止，我们已经估计了未来 5 年的 FCFs 以及这些 FCFs 的贴现因子 WACC。现在，我们可以使用 WACC 对这些未来的 FCFs 进行贴现，从而得到未来 FCFs 的现值。未来五年 FCFs 的现值计算如下：

$$\text{NPV}_{1-5} = \frac{\text{FCF}_1}{(1+\text{WACC})^1} + \frac{\text{FCF}_2}{(1+\text{WACC})^2} + \frac{\text{FCF}_3}{(1+\text{WACC})^3} + \frac{\text{FCF}_4}{(1+\text{WACC})^4} + \frac{\text{FCF}_5}{(1+\text{WACC})^5}$$

因为公司在这 5 年后不会停止运营，所以我们必须估算公司的终值（TV）。TV 刻画了五年后公司价值增长的部分。为了推导出 TV，我们假设第 5 年的 FCF（FCF_5）将是可持续的。当然，这是一个极端的假设；因此，我们为 FCF_5 设定的价值将对最终的企业价值产生决定性的影响。这一永续收入流的 TV 计算如下：

$$\text{TV} = \text{FCF}_5 / \text{WACC} - g$$

其中 TV＝终值，g＝最终增长率。

最终增长率考虑了在未来的年份里，行业以预估增长率 g 平稳增长的情况。TV 的现值的计算方法：

$$\text{TV 现值} = \text{TV} / (1+\text{WACC})^5$$

基于上面的例子，假设 WACC 为 9％，那么未来五年 FCF 的净现值为 131.4（详见表 7.12）。假设最终增长率为 0％，我们得到 TV 的值为 547.8（＝49.3/0.09），TV 的现值为 356.0。在 DCF 估值中，企业价值是由自由现金流现值（预期未来五年内，131.4）加上 TV 现值（剩余年份，356.0）之和得出的。

表 7.12　贴现未来的 FCFs 以确定实体和股权价值

	－1	1	2	3	4	5	TV
经营自由现金流		38.9	18.5	28.3	37	49.3	547.8
折扣率		1.09	1.19	1.3	1.41	1.54	
自由现金流现值		35.65	15.6	21.85	26.24	32.04	
自由现金流现值之和	131.4						
（＋）TV 现值	356						
企业价值	487.4						
（＋）现金	32.9						
（－）带息负债	259.7						
股权价值	260.6						

需要重申的是，我们在 DCF 估值中使用的 FCFs 为所有证券持有者（债券和股票持有者）创造了价值[①]。因此，贴现 FCFs 的直接结果是企业价值，而不是股权价值。要获得

---

①　注：我们计算 FCF 时没有扣除债务利率。FCF 计算详见表 7.10。

股权价值,就像 EBIT 和 EBITDA 的乘数估值一样,必须扣除附息债务,并加上未使用的现金。

重申一下,DCF 估值是按照以下步骤计算的:

(1)估计未来五年内经营性自由现金流。

(2)估计资本的加权平均成本。

(3)确定终值。

(4)计算接下来五年的自由现金流现值(现值的第一部分)。

(5)计算最终价值的现值(现值第二部分)。

(6)把两部分现值相加获得企业价值。

(7)加上未使用现金,减去附息债务以得到股权价值。

总之,DCF 估值中的关键参数如下:

关键参数:

- WACC,对未来 FCF 和 TV 的现值具有重要影响;
- FCF_5,此为 TV 的估计算式的一部分;
- 最终增长率 g,此为 TV 的估计算式的一部分;
- TV,通常表示了企业价值的最大部分(在上面的例子中,TV 占了企业价值的约 73.1%)。

方法优点:

- 关注自由现金流,因而也关注可分配给证券持有者的收益;
- 关注未来而不是过去的收益;
- 考虑到了时间线上出现的收益和投资。

方法缺点:

- 技术上比其他方法更具挑战性;
- WACC 的估计有难度,尤其难估计权益资本的成本;
- 对少数极关键的参数很敏感(尤其是 WACC、g 和 FCF_5)。

7.10.4 结合不同估值方法以获得较为全面的结果

上述估值方法对公司价值的假设不同。它们都有各自的优缺点,并且对一些关键参数非常敏感。因此,为了更全面地了解公司的价值,建议对几种估值结果进行比较。请注意,估值方法的选择应视具体公司而定。虽然净资产估值对于重资产企业来说是一个不错的选择,但对于一家发现自己正处于强劲增长阶段、未来投资规模巨大的企业来说,DCF 估值似乎更合适。

7.10.5 从估值到定价

从上文我们可以清楚地看到,估值不能被理解为一种科学行为。估值的运作或多或少是基于合理的假设,以适应案例的特殊性,不同的估值方法会产生不同的公司价值。估值只能提供一个交易价格的波动区间。不过,正如本章开头所提到的,交易价格有时可能与估值结果存在显著差异。和任何其他的经济产品一样,供给和需求是确定企业价值的核心。在缺乏需求的情况下,即使存在看似有价值的资产,价格也会下跌。在有需求的情况下,即使缺乏这些资产,价格也会上涨。最终,估价取决于一个有意愿的买家愿意支付给一个有意愿的卖家多少钱。

在家族企业的传承中,交易价格往往代表几个因素之间的权衡,估值只是其中一个因素。更具体地说,家族企业传承的交易价格往往取决于以下四个因素:

1.估值

上述估值设定了有效交易价格可能下跌的幅度。根据公司的类型,不同的估值方法或多或少是合适的。

2.情感价值

我们看到,现任企业所有者在考虑可接受的售价时,除了考虑财务因素外,还考虑了他们对公司的情感依恋。他们也倾向于高估自己公司的价值。例如,在一个德国企业所有者的样本中,其估计他们公司的价值比市场价值估计高出 30%。更多细节见 7.7.3 节。尽管采用了有效的市场视角来进行估值,但现任所有者可能对公司有明显的情感依恋,如果让他们以一个无法反映或补偿情感价值的市场价格出售公司,他们会犹豫不决。

3.传承者类型

战略收购者,如前竞争对手,可能愿意在市场价值之上支付协同溢价。同样,能够获得大量资金(如私募股权基金)的财务收购者,可能愿意支付溢价。在这两种情况下,现任所有者有很大的机会使销售价格最大化。

与战略或财务收购者的情况相反,在 MBO 中,现任者可能愿意将售价打折,从而使得公司能够交给素来忠诚的员工。当公司被传承给延续家族创业精神的家族成员时,折扣可能会更大。有关下一代家族成员预期家族折扣的详细信息,请参见第 7.7.3 节。

这些假设得到了证据的证实。例如,在一项对瑞士和德国 455 家中小型私人企业的研究中,我们发现交易价格明显低于市场价值。最高折扣(42%)发生在传承者是家族成员时,最低折扣(22%)发生在通过 MBI 将公司出售给商业伙伴时。值得注意的是,税务机关在一定程度上限制了这些折扣的力度,这是因为转让价格的过度折价会限制交易的应纳税额。

4.融资机会

尽管现任所有者和传承者可能在很大程度上同意公平的交易价格,但在许多中小型企业的传承中,交易价格最终取决于传承者的融资约束。传承者可能根本没有股权或者债务融资的途径。在没有其他买家的情况下,或者在现任者更喜欢某位资金不足的传承者的情况下,现任者将不得不调整交易价格或提供其他帮助来为交易融资,例如通过卖方贷款。

即使有精细的估价,私人公司传承的交易价格,特别是当一个业主经理将公司移交给下一个业主经理时,也取决于几个因素,图7.14 总结了这些因素。

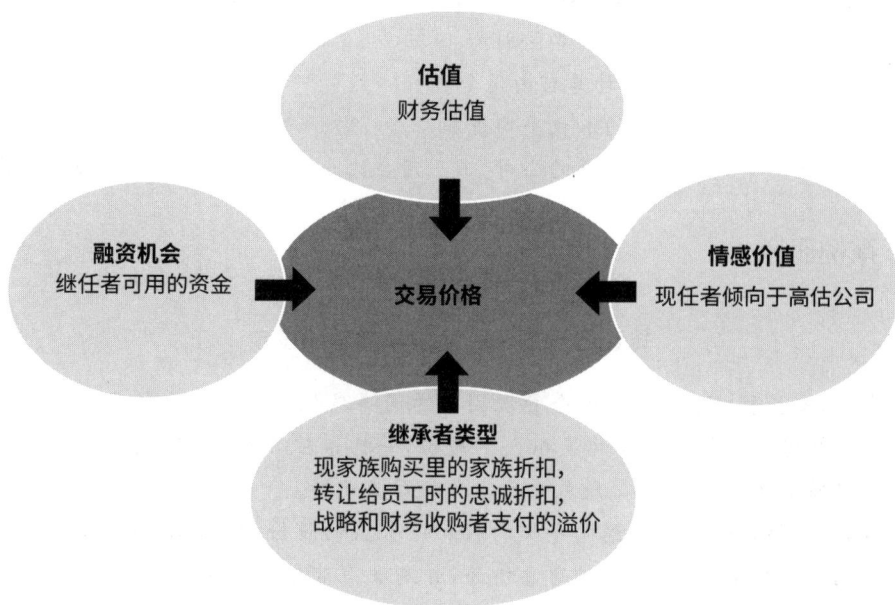

图 7.14　私人家族企业传承交易价格的驱动因素

思考题：

现任者的问题：

(1)每一种估值方法都有哪些关键假设？

(2)独立顾问给出什么样的价值估计才算合理？

(3)我对这个估值满意吗？如果不满意，是不是情感倾向潜在地影响了我的估计？

(4)考虑到传承选择，我是否愿意接受这个出售价格？

(5)与公平的市场估值相比，税务机关能接受多大的折扣？

传承者的问题：

(1)公司未来五年的财务前景如何(资产负债表、损益表和现金流量表)？

(2)对未来现金流有影响的公司的具体风险是什么？

(3)什么是合适的估价方法？每一种估值方法都有哪些关键假设？

(4)独立顾问给出什么样的价值估计才算合理？

(5)是否有任何资产(如房地产)的估值必须与经营业务分开？

(6)现任者的私人开支如何影响公司的估值？

(7)现职人员是否领取高于市场水平的薪酬？如果是这样的话，如果按市场水平支付工资，公司的现金流会是如何？

学生的问题：

(1)为什么现任者和传承者对公司价值的看法不同？

(2)你如何评估公司的净资产价值？这个方法的优缺点是什么？

(3)你如何评估公司的 EBIT 乘数价值？这个方法的优缺点是什么？

(4)你如何评估公司的 DCF 价值？这个方法的优缺点是什么？

（5）DCF 估值法中,哪些假设对所得的公司价值有重要影响?

（6）股权价值和公司价值有哪些区别?

（7）你如何从 EBIT 开始,计算自由现金流?

（8）你如何计算公司资本的加权平均成本?

（9）为什么一个完全股权融资的公司,不一定会比一个部分杠杆融资的公司值钱?

案例研究

转让给员工——评估和激励的设定

几年前,桑德拉(Sandra)和一个管理团队的同事从他们以前的老板那里接管了一个室内设计工作室。他们当时收购了 60% 的股份,并打算在四年后收购剩下的 40%。剩余股权的价值将取决于收购 60% 股权后头三年的财务业绩。

如今,桑德拉他们正在考虑明年收购剩余的 40% 的股份,想以 45 万美元购买这些股份。该公司目前持有 10 万美元的有息债务,并且没有非经营性资产。在过去的三年里,该公司达到了 12 万美元(T－3)、12 万美元(T－2)和 15 万美元(T－1)的 EBIT。今年的 EBIT 很可能与去年相同。

思考题:

1.45 万美元是剩余股份的真实价格吗?

2.你如何看待这个传承协议? 它设置了怎样的激励机制?

7.11 传承融资

一旦双方就交易价格达成一致,就必须确定如何为交易融资。接下来,我们将讨论私人公司所有权传承时最相关的融资选择。我们的重点是许多中小型家族企业,在这些企业中,传承融资是在公开市场之外进行的。正如我们将讨论的,这些公司最有可能的融资选择是股权、卖方贷款、银行贷款和夹层资本。我们不太重视大型家族企业的传承问题,因为在大型家族企业中,可以通过首次公开发行(IPO)来支付现任或部分家族成员的薪酬。

需要明确的是,融资主要是对传承者的挑战,他/她必须确保为他/她想要接管的公司支付资金。如果公司被赠与或者由传承者传承,这将不那么令人担忧。但即使在这些情况下,赠与也常常附带条件,例如以每年分期付款的形式对(前任)现任者进行偿付,这些费用也需要融资。但是,正如下文将进一步解释的那样,现任者在促进交易及其融资方面也可发挥作用。在中小型企业中,现任者通常必须积极参与制定交易结构。否则,鉴于公司股票的有限流动性,买家的潜在兴趣也有限,可能根本就不会达成交易。现任者可能需要在以下方面表现出灵活性:

（1）购买价格本身（例如,他/她必须乐意放弃一个最大化的售价）。

（2）购买价格随时间变化的支付结构。例如,传承者现在是否必须支付全部购买价格,或者交易的部分款项是否可以在稍后的时间点支付?

（3）通过卖方贷款共同为交易融资。

（4）公司股份接连出售,以至于传承者需要通过多个步骤获得全部所有权。

（5）达成交易的条件。

（6）上述因素的各种组合。

7.11.1 通过股权融资

一个业主经理在完全不投入任何股本的情况下,从另一个业主经理手中接管公司几乎是不可想象的。传承者不得不投入一个最小数量的股本来确保交易,并且通过这一举动告诉所有其他投资人(比如银行),他/她愿意为目标公司做出一份个人的投资和贡献。对于这样的业主经理传承者来说,我们区分三种来源不同的股本:

（1）传承者提供的股本:传承者将自己的钱投资于目标公司。这笔钱可能来自个人储蓄,也可能来自传承者的家人或朋友。

（2）现任者提供的股本:现任者出售少于100%的股份,以方便传承。也就是说,现任者可以保留一些股份,这样传承者就不必同时支付整个转让费用。此时,现任者保留了一些控制权,但同时也对公司负有持续的责任。这样的逐步出售存在一个问题,即在未来某个时间点,传承者将以什么价格收购剩余股份。

（3）由第三方提供的股本:第三方投资者与传承者一起获得股权。例如,私募股权基金与传承者一起获得一家公司的所有权股份。

在中小型企业的传承中,股本提供者(如传承者,最终与第三方投资者联合)通常以购买股权的形式支付购买价格的10%~50%。

7.11.2 卖方贷款融资

卖方贷款,也称为卖方融资,核心内容是允许买家分期支付款项。卖方通过同意接受传承者分期付款的方式,为全部(有时在小公司的家族内部转移中可以看到)或一部分购买价格提供资金。这样做的目的是通过设计贷款结构,使贷款的还款期从卖方的角度看足够短,从传承者的角度看足够长(也就是说,传承者可以用公司的现金流偿还贷款)。

为了进一步支持传承者,现任者可能同意让卖方贷款从属于银行贷款,后者可能为交易进一步融资。在违约的情况下,银行贷款优先于卖方贷款。在这种情况下,银行通常将卖方贷款视为股权,并可能增加优先贷款的金额和/或以更优惠的条件贷出。如果卖方贷款从属于其他贷款,卖方贷款的利率也会上升。

7.11.3 通过银行贷款融资

银行贷款是一种比次级债和股权拥有更低资本成本（低利率）的债券。然而，这往往伴随着更苛刻的条件。银行债务需要全部摊销，因此通常要在5～7年内偿还。银行贷款的规模通常由公司的偿债能力决定，定义如下：

$$偿债能力 = SUM_{1->t}[FCF/(1+C \ of \ D)^t]$$

FCF＝公司的自由现金流，假设在偿还期内保持不变；C of D＝银行贷款的成本；t＝贷款偿还期限。

因此，偿债能力代表债务上限，或者换句话说，公司在合理时间内（通常是5～7年）最多能够偿还的债务数额。该计算使用当前资源（特别是自由现金流量），假定收入既不增加也不减少。银行将保守估计公司在预计还款期的自由现金流量，并将其贴现以获得当期价值，这进而反映了偿债能力。如果房地产等可抵押资产能够为银行贷款提供担保，偿债能力便可增强。

一个经验法则是，债务上限应该是被收购公司的 EBITDA 的2～3倍。银行债务的利率（债务成本）通常是浮动利率，等于伦敦银行间同业拆借利率（LIBOR）加上一些溢价，溢价取决于借款人的信用特征。根据信用条款的不同，银行债务可能会或可能不会因提前偿还而不受惩罚。

银行经常在信用额度上附加严格的条件（契约）。在私营公司的传承中，这种条件有各种形式，例如：

- 对进一步收购的限制；
- 对进一步举债的限制；
- 对股息分配的限制；
- 维护条件：向银行提交季度业绩报告；
- 业绩条件：最小化的 EBITDA 水平（例如，债务总额＝max 2×EBITDA），最大化的杠杆；
- 借款人的抵押资产，例如公司的股份、人寿保险或者个人资产。

毫无疑问，这些条件不符合传承者的利益，他将设法避免。对于一家估值合理的公司，银行贷款将占交易价格的50%左右。

7.11.4 次级债务和夹层资本融资

次级债，或夹层债，是一种兼具债务和股权特征的债务类型，位于公司资产负债表的优先债务和股权之间。由于夹层债务的风险敞口大于优先债务，因此它带有较高的利率和某种形式的股权溢价，以获得经风险调整后的回报。股权报酬可能会以可调利率的形式出现（当业绩改善时，利率会上升），或者选择在稍后的某个时间点将贷款转换为股权。夹层债务结合了债务融资的特征（如定期支付利息），以及股权融资的典型特征（如当公司表现良好时获得收益的机会)。

考虑到夹层债务贷款人所带来的风险,传承者或许要签署一份全面的保护贷款人的条件清单。典型的条件可能包括上文提到的银行贷款条件,但也可能包括对合资企业的限制、对员工薪酬计划的变更、对管理人员的变更、超过一定门槛的投资以及对重要商业协议的总体变更。

夹层融资对于能够为支付利息提供稳定现金流的公司而言,是一个有吸引力的选择,它可以帮助弥补购买价格与股权和银行贷款之间的差距。

可转换贷款是夹层资本的一种形式,经常出现在连续融资中。这些贷款由现任者发行,如果传承者无法履行合同协议(如卖方贷款的定期付款)现任者有权将贷款转换为股权。将贷款转换成股权,可以让现任者重新获得所有权,从而获得对公司的控制权。我们将在下一章更仔细地研究这一工具及其各种融资选项的组合。

综上所述,表 7.13 展示了用于资助私人家族企业传承的关键工具。

总债务通常在 $3.0\times$ LTM[①]EBITDA 到 $6.0\times$ LTMEBITDA 之间,利息覆盖率至少为 $2.0\times$ LTM EBITDA/第一年利息。不过,总债务因行业、市场状况和其他因素而异。

表 7.13　家族企业传承中的融资选择及其关键条款[②]

资金来源	关键条款	备注
普通股	·通常占购买价格的 $20\%\sim50\%$ ·五年持有期内,IRR 约为 $20\%\sim30\%$	
银行贷款	·通常占购买价格的 $30\%\sim50\%$ ·基于资产价值(例如,房地产抵押)和自由现金流(借债能力) ·通常是基于 LIBOR 的利率(即浮动利率) ·$5\sim7$ 年到期,按年摊销并支付利息 ·$2.0\times$EBITDA 至 $3.0\times$EBITDA(随行业、评级和经济状况变化而变化) ·有时以股票和资产作抵押 ·维护和触发条件	·银行债务还将包括为周转资金需求提供资金的短期循环信贷设施 ·一般来说,没有最小规模要求
高收益及次级债(即卖方贷款)	·如果需要的话,通常占购买价格的 $20\%\sim30\%$ ·一般无担保 ·固定利息 ·通常属于次级债券 ·比银行贷款($7\sim10$ 年)有更长到期时间 ·有多种选择的摊销:无,但到期分期付款;一旦银行债务得到偿还; ·累进的触发条件 IRR:$14\%\sim19\%$	·通常用于中大型交易中

---

① LTM:过去 12 个月。

② 此表中的部分信息已通过 macabacus.com 找回。请注意:对于规模较大或风险较小的公司,所示的 IRR(内部收益率)可能较低。

续表

资金来源	关键条款	备注
夹层债	· 可为优先股（即，附带优先股息、清算权、反稀释权的股份）或可转换债券 · 在 3～5 年的持有期内，IRR 可以为 17%～19% 或者 21%～23%	· 偶尔用来代替高收益债券 · 一般来说，由现金支付和 PIK* 相结合

注：* Paymentin Kind(PIK) 是一种定期付款方式，不用现金支付利息，而是按照利息的数额增加本金（例如，1 亿美元的 PIK 利率为 8% 的债券，在期末会有 1.08 亿美元的余额，但却不用支付任何现金利息）。

7.11.5 结合多种融资渠道

在现实中，家族企业的传承融资通常会使用一系列融资工具。在这些情况下的核心问题是：假设公司不是完全交给传承者，并且传承者的股本不足以支付全部购买价格，哪种融资选项能够弥补购买价格和传承者股本之间的差距？

在图 7.15 中，我们假设一家公司应该以 100 美元的价格进行交易，但传承者用自己的股本只能满足交易价格的 20%，此时传承者如何弥补融资缺口？

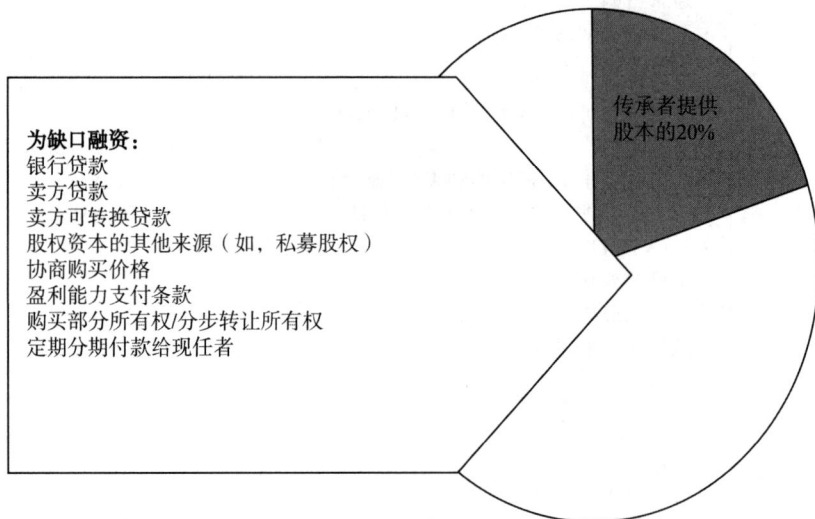

为缺口融资：
银行贷款
卖方贷款
卖方可转换贷款
股权资本的其他来源（如，私募股权）
协商购买价格
盈利能力支付条款
购买部分所有权/分步转让所有权
定期分期付款给现任者

传承者提供股本的20%

图 7.15 弥补家族企业传承融资缺口的选择

注：假设购买价格为 100 美元。

为了匹配 100 美元的购买价格，弥补 80 美元的融资缺口，传承者有几个选择，包括银行贷款、卖方贷款、可转换贷款和私募股权。

为了避免外人的介入，特别是在小公司以及在家族内部传承，传承者和现任者可以简单地重新协商购买价格，使得传承者的股权加上卖方贷款（由父母作为卖方）的总和可以与它匹配。

或者,传承者和现任者可以确定一个盈利能力支付条款,该条款允许购买价格随着公司在某个预定时期(例如,2~3 年内)的盈利能力或增长能力的变化而变化。双方还可以商定股权转让将分几个步骤进行,传承者渐次获得 100% 的股权。

小公司传承的一个非常简单的选择是确定由传承者定期支付给现任者的分期付款。这些付款由公司的现金流提供资金。实际上,这种融资形式就像没有息票的卖方贷款。

根据经验我们发现,传承者与现任者之间的相互信任和善意程度越高,现任者越支持公司在有利于传承者的条件下转让。这些有利的条件包括低于最高销售价格的家族内部转移(赠与),卖方贷款的发放、优惠条件和公司的分步转让。

1.传承者股本和卖方贷款

典型的例子是,所有者希望将公司转让给家族成员或忠诚的员工,并提供卖方贷款为传承融资。发行卖方贷款使传承者无须向银行借款。这个解决方案特别适合家族内传承,家族内部传承使得购买价格受到限制,现任者信任传承者,传承后现任者仍然参与公司事务,并且现任者目前没有养老金需求,否则,这笔钱在交易完成时将不得不由一笔巨额款项支付。

因此,在合同签署时,现任者将只获得购买价格 20% 的款项,余下的 80% 将在商定的贷款期间内分期付款。

2.传承者股本、银行贷款和卖方贷款

对于更大的公司,以及那些现任者对兑现更感兴趣的公司,传承者必须通过银行贷款为收购价格融资。正如上面所讨论的,银行可能愿意为一个合理的收购价格提供至多50% 的贷款。然后,剩下的部分可能必须通过卖方贷款来保障,而卖方贷款可能从属于银行贷款(见图 7.16)。在这种情况下,在签署合同后,现任者将获得 70 美元(20 美元传承者的股本＋50 美元的银行贷款)。剩下的 30 美元是通过卖方贷款筹集的。通常,传承者必须在 5~7 年内通过公司的自由现金流偿还银行贷款。卖方贷款要么与银行贷款并行偿还,要么延期偿还。

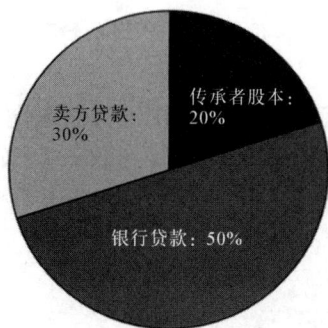

图 7.16　利用传承者股本、银行贷款和卖方贷款为传承融资

3.传承者股本、银行贷款、卖方贷款和可转换贷款

如果传承者违反某些预先确定的条件,现任者可能希望改变原先的转让计划,以便他/她能够重新获得控制权。在图 7.17 所示的示例中,可转换贷款是紧急刹车,在这种情

况下,它允许现任者重新获得多数股权。一旦传承者违反某些条件导致可转换贷款被行使,现任者将贷款转换为股权,从而重新获得 15/(15+10)(等于转换后现任者拥有 60% 的所有权,传承者拥有 40%的所有权)的多数股权。除了可转换贷款,还需要银行贷款 50 美元和卖方贷款 25 美元来匹配购买价格 100 美元。

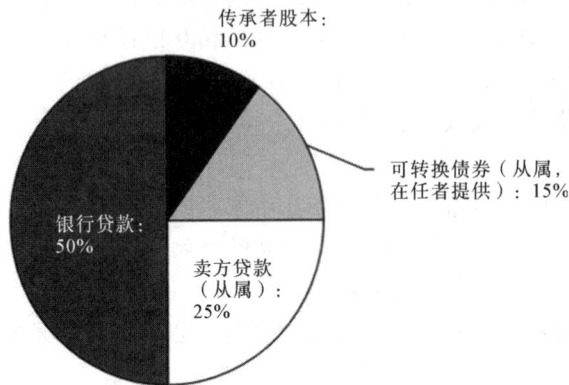

图 7.17　利用传承者股本、银行贷款、卖方贷款和可转换贷款为传承融资

资金流与前一种情况类似:传承者必须在期限范围内,使用公司的自由现金流偿还银行的贷款。卖方贷款和可转换贷款以延期的方式偿还,可转换贷款排在最后。

案例研究

伍德公司(Wood Corp)的 MBO 融资

安迪·余(Andy Yu)大约在 15 年前,从伍德公司先前的所有者那里接管了这家公司。该公司目前拥有约 50 名员工,是当地木材建筑行业的一家重要企业,拥有强大的市场地位。当地对木结构建筑的需求相当庞大,这使得这家公司拥有未来几年良好的经济前景。这是转让公司的好时机。

对于安迪来说,首选的传承方法是将公司转让给他的员工。他的两名主要员工非常了解这家公司,并希望将其发扬光大。毫无疑问,他们有能力将公司提升到一个新的水平。此外,他们两个还筹集到了 800 万美元左右的资金来收购公司。他们所选用的金融工具组合如下:

两位投资者的股本	100 万美元
银行贷款	450 万美元
安迪·余提供的卖方贷款	250 万美元

卖方贷款在说服银行支持这笔交易方面起了很大的作用。通过提供卖方贷款,并将其从属于银行贷款,安迪向银行表明,他愿意支持这笔交易,并相信传承者的能力。考虑到卖方贷款从属于银行贷款,银行认为安迪的贷款是股权。因此,银行的风险仅占交易量的 56%(=4.5/8)。现金流以及贷款摊销和利息支付时间表如表 7.14 所示。

表 7.14　现金流、贷款摊销和利息支付的时间表

摊销和利息支付/千美元	年份/年										
	T0	T1	T2	T3	T4	T5	T6	T7	T8	T9	T10
支付给卖家											
经理1的股本投入	500										
经理2的股本投入	500										
银行信贷	4500										
卖方贷款摊销(5年内)		—	—	—	—	—	500	500	500	500	500
期初未偿付信贷余额		2500	2500	2500	2500	2500	2500	2000	1500	1000	500
未偿付余额利率为5%		125	125	125	125	125	125	100	75	50	25
支付给银行											
信贷摊销(5年内)		900	900	900	900	900					
期初未偿付贷款余额		4500	3600	2700	1800	900					
未偿付余额利率为7%		315	252	189	126	63					
回顾所有现金流											
来源:股本注入和银行;支付给卖方	5500										
来源:公司自由现金流;支付给银行		1215	1152	1089	1026	963					
来源:公司自由现金流;支付给卖方		125	125	125	125	125	625	600	575	550	525
所有流出公司的现金		1340	1277	1214	1151	1088	625	600	575	550	525

　　在签署购买协议(T0)后,卖方将收到两名经理的注资和银行信贷,总额为550万美元。剩余的250万美元以卖方贷款的形式在未来五年内偿还,一旦银行贷款还清,利率为5%。从第1年起(T1),卖方收到卖方贷款的利息。

　　这两位经理希望通过公司的现金流来偿还银行贷款。这家银行要求五年的偿还期以及7%的利率。因此,公司在第1年(T1)至第5年(T5)需向银行支付的款项分别为121.5万、115.2万、108.9万、102.6万及96.3万美元。

　　第六年(T6),两位经理人开始偿还卖方贷款。从T6到T10每年分别支付(包括本金和利息)62.5万、60万、57.5万、55万和52.5万美元。

　　对这两名经理来说,至关重要的是要评估他们是否能够支付从第1年到第10年的这些年度款项,而这段时期将最终决定传承的融资手段。因此,问题归结为:该公司是否能

够赚取至少 134 万美元的税后自由现金流（在 10 年还款期内偿还所有年度款项所需的最高总现金流）来支持这一融资计划。

思考题：

现任者的问题：

（1）我是否在寻找一种快速退出的方式，不再进一步参与公司经营？

（2）我是否愿意通过卖方贷款、分步出售、盈利能力支付条款或可转换债券等方式，为传承者提供资金？

（3）如果是的，在面临风险时我如何自我保障？

（4）最大的交易障碍是什么？

（5）我需要什么顾问来了解传承的财务影响？

传承者的问题：

（1）我自己有多少资金？

（2）我有哪些融资选择？

（3）我该如何计划/结合多种融资选项，以便它们可以和购买价格匹配？

（4）引入其他股权投资者有哪些优缺点？

（5）当有多个股权投资者时，股东协议的关键条款是什么？

（6）什么是公司可持续的自由现金流，也就是我可以用来偿还债务的金额？

（7）我需要多久才能还清债务？

（8）公司的自由现金流是可持续的吗？即使在经济低迷时期，也能支撑所有融资带来的债务吗？

（9）我需要什么顾问来了解传承的财务影响？

学生的问题：

（1）假设传承者无法用他/她自己的股本和银行贷款为传承融资，那么融资缺口如何才能填补呢？

（2）现任者如何才能为交易提供融资便利呢？

（3）在私人公司传承中，有哪些典型的融资选项？

（4）银行如何评价一家公司的偿债能力？

（5）描述银行为了保障信贷安全而提出的典型条款。

（6）解释私人企业传承中融资选择的各种组合，以及每种组合的特点、优势和挑战。

7.12 确定法律和税收设置

法律和税收在家族企业传承中发挥着重要作用。然而，在处理这一问题时，我们面临的挑战是，与家族企业传承有关的法律和税制在各国之间差别很大，有时甚至在一个国家内也不相同。此外，对于不同的传承选择，法律和税收的处理方式往往不同。尽管存在这些挑战，但这一主题如此重要，如果不解决法律和税收方面的问题，将是严重的疏忽。简化事情的一种方法是将最重要的传承选择与其典型的法律结构联系起来(见表 7.15)。

表 7.15 传承选择以及典型的法律结构

传承选择	法律结构
家族	馈赠、遗产、信托、出售
重要员工团队	员工持股计划(ESOP)、管理层收购(MBO)、杠杆收购(LBO)
共同所有者	买卖协议
财务或者战略收购者	谈判出售、拍卖、主动报价
公开市场	首次公开发行(IPO)
清算	部分清算、减价出售

来源:Niemann(2009)

接下来,我们将探讨四种非常重要的退出途径,即向家族成员、员工、共同所有者和财务/战略收购者转让,并探讨每种选择的相关法律和税务影响。鉴于我们的工作重点是家族企业传承,我们会特别关注家族内部的股份/财富转移,以及相关的遗产规划工具,例如馈赠、传承和信托。

由于各种退出方法的可用性和特殊性在国际上有相当大的差异,因此有必要提出警告。下面的讨论不是一个明确的指导方针,而是对某些传承选择的典型法律和税务影响的高级概述。最终,法律的设置将取决于当地的情况。

7.12.1 转让给家族成员

希望将公司转让给家族成员的现任者通常可以选择以下三种方式中的一种来退出:赠与、信托(主要在英美法系国家,如英国或美国)或出售给家族成员。

1.赠与家族成员股份

传统上,家族财富只是一代一代地传承下来。在家族企业中,这意味着股份作为礼物从拥有股份的一代传给下一代,而不需要物质上的补偿。在某种程度上,这种默认情况是父母对孩子无私的证据。

然而,从法律和税收的角度来看,将股份作为礼物转让,从更广泛的意义上讲,资产的跨代交接可能会引发巨额税收。这些税主要有两种形式——遗产税和赠与税。

(1)财产/遗产税

遗产税是对死者的遗产转让征收的。它们适用于通过遗嘱或无遗嘱法转让的财产。许多国家都有免税额度,如果遗产价值低于某个阈值,就可以免税,只有超过这个门槛的部分才应缴税。例如,在美国,2009 年的联邦免税金额为 350 万美元,而联邦遗产税的最高税率高达 45%。有些法律允许对这一普遍规则做进一步的豁免。例如,如果全部遗产留给配偶,美国税法将免除所有税收。此外,一部分财产捐给慈善机构可以免除遗产税。还要注意,根据税法处理遗产的方式可能取决于公司的法律形式,即公司是否为独资、合伙、股份有限公司等。有关特定欧洲国家的遗产税(以及赠与税)的更多细节,请参阅毕马威(KPMG)《家族企业税收监测》(2014)。本报告介绍了欧洲各种各样的税收制度,并表明,在许多国家,遗产税/赠与税取决于死者/捐赠者和受益人/传承者之间关系的密切程度。一般来说,家族关系越紧密,税收越低。

(2)赠与税

赠与税的前提是对遗赠财产的部分征税,这些部分是在遗赠人还活着的时候被赠与的。它阻止企业所有者为了避免遗产税在死前将遗产税的价值分配出去。因此,赠与税与遗产税挂钩,废除遗产税的国家通常也废除了赠与税。与遗产税一样,赠与税也有免税额度,允许每年和每人有一定的免税门槛。此外,某些赠与行为,例如给慈善机构、政党和配偶的礼物,可能不征税。

请注意,税务机关对赠与的估价十分重视。例如,根据美国税法,私人持有的家族企业的股票将按照公允的市价进行估值。税务机关只允许对少数股权或缺乏市场性基准的估值进行折扣。除了这两种以外的其他折扣都需缴纳赠与税。这就是为什么一个人在贷款利率降低时可能会选择赠与的原因[①]。

附记

关于财产/遗产税的一些背景资料

在全球范围内,一些最明显的税收冲突集中在遗产税上,尽管遗产税对任何现代国家的预算贡献很少超过 2%。这种税收极具争议性,其根源在于它与社会规范结构的关系。Beckert(2008)在他关于传承财富的有影响力的研究中,提出了四种不同的原则,要么支持使财富的代际转移合法化并反对征收遗产税,要么则与之相反。

家族原则指出,遗嘱人的财产并不是真正的个人财产,而是比遗嘱人更长寿的家族的财产。因此,后代有权接受父辈转让给他们的财产。家族原则使遗产税不合法。例如,在德国,这一原则就非常突出。

机会平等原则指出,社会上的不平等,只有成就的高低是正当的"不平等"。这一原则要求在必要时通过征税重新分配遗产。对遗产征税会带来更平等的物质起点,是精英统治的前提。例如,这一原则在美国就非常突出。

社会公平原则旨在纠正市场参与者获得的不公平的成就。这一原则在法国尤为突出,平等主义的社会规范是法国大革命留下的精神传统。它试图遏制贵族和地主阶级的权力,以及更广泛的富人。在这里,遗产税是合理的,因为传承者有经济能力支付。

最后,共同体原则规定,遗嘱人有义务通过建立慈善基金会或信托基金,将其财富用于促进共同利益。这一原则在美国尤为突出,遗产税是促进慈善机构建立的一种后备选择(Beckert,2008)。为了进一步鼓励这类捐赠,慈善机构可以获得遗产税减免。

这些原则在公共语境中的运用因国家而异,并对税收制度产生重大影响。例如,虽然

---

① 在一些国家,当人们希望将自己的财产直接转让给孙辈时,会被征收跨代税。这可能是富裕家族的情况,来自这些家族的孩子已经拥有大量的财富。这样的转让可能会节省税收,因为遗产将只被征税一次,而不是两次(即,从父母传给子女,从子女传给孙辈)。跨代税填补了这个税收漏洞。

家族和社会公平原则在德国是普遍的,但机会平等和共同体原则在北美社会中更牢固地扎根①。这些支持或反对遗产税的不同理由帮助我们理解遗产税法律的国际差异,例如德国和美国之间的差异(见图 7.18)。

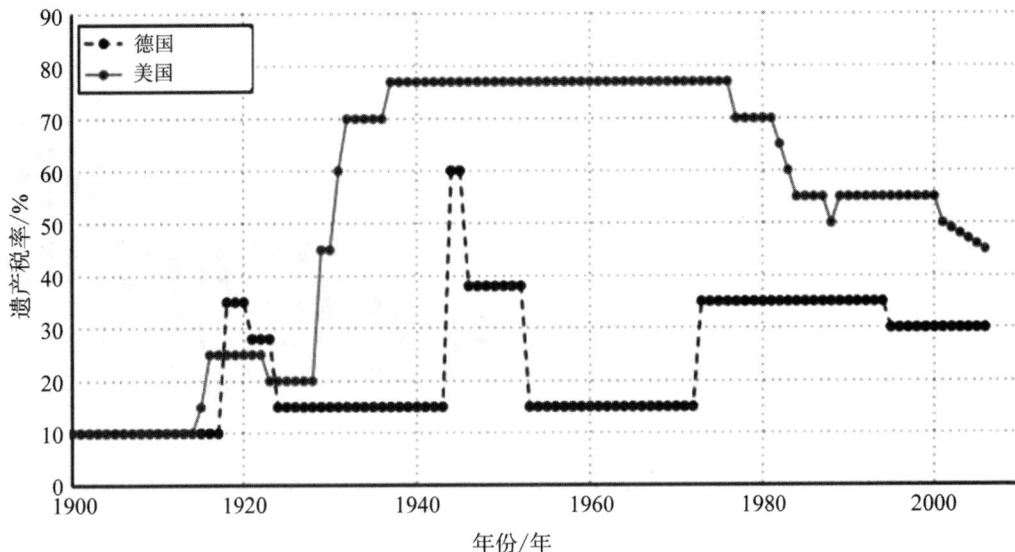

图 7.18　20 世纪美国和德国的遗产税率

数据来源:Piketty(2014),美国税收服务(IRS),Beckert(2008);德国的数据由近亲属遗产税计算得出。

还有一些关于遗产税的国家和地区之间的比较。安永会计师事务所(EY's)全球家族企业卓越中心(Global family business center of excellence)所做的研究发现,家族企业传承时的最高遗产税水平如图 7.19 所示②。

虽然全球许多地区没有遗产税,但有些国家或地区的遗产税却相当高。然而,当我们

---

① Beckert(2008)在他关于继承财产的著作中写道,在美国,反对征收遗产税的人主要是以物权法为主要论据,其中包括在所有者死亡后对财产的无限处分权。这个理由与担心遗产税收可能对创业精神产生负面影响有关。有人认为,遗产税打击了经济野心,尤其会危及小企业,而小企业的存在被认为是民主自由经济基础的支柱。美国对代际财富转移的批评有着悠久的传统,这种批评主要基于机会平等原则和共同体原则。遗产似乎与美国格格不入,因为它们违反了机会平等的原则,在某种意义上延续了封建特权。

② 我们请来自世界各地的安永税务顾问对一家小型家族企业的遗产税进行估算。我们提供给税务专家的案例研究如下:鲍勃·史密斯(58 岁)是企业的 100%所有者,拥有一家公司,该公司的应纳税价值为 1000 万美元。鲍勃有两个孩子:迈克(28 岁)和莫莉(25 岁)。出乎意料的是,鲍勃去世了,他的遗嘱是将股份传给他的孩子们,但孩子们不想继续经营下去,便决定在继承后立即卖掉公司。在这种情况下,以美元计算的遗产税是多少?我们将答案除以应税公司价值 1000 万美元,得到如图 7.19 所示的数字。

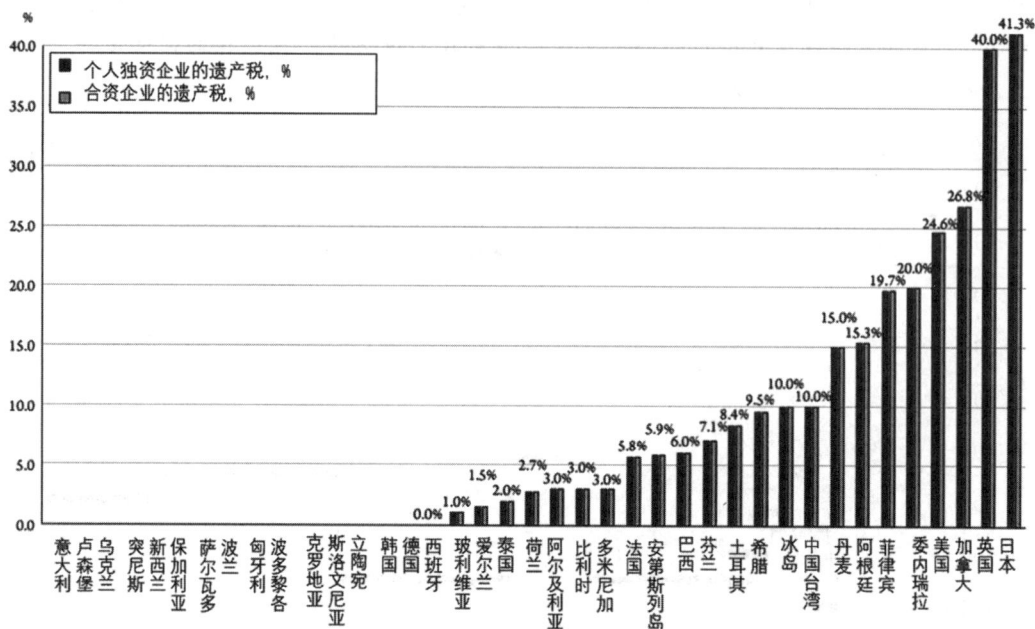

图 7.19　不可免税情况下家族企业传承时应缴纳的税款

逐个地区考察税收减免条款时，这种税收格局发生了巨大的变化。事实上，除法国、冰岛和阿根廷等少数一些国家和中国台湾等一些地区外，许多地区的税收负担已经消失或显著减少。

遗产税的提倡者将他们的论点建立在机会平等、坚持创业精神和经济雄心的原则之上，同时也表达了对财富集中带来的非民主后果的担忧，以及累进税制的社会必要性（Piketty，2014）。

反对遗产税的人认为，遗产税会减少可用于投资的资本存量，从而阻碍对投资和发展的经济激励（Tsoutsoura，2009）。遗产税还可能减少储蓄的动机，增加消费、挥霍行为和临终财产消耗的动机。

案例研究

一项意想不到结果的赠与

加洛（Gallo）家族的第三代成员听说他们将继承家族企业的部分股份时都很兴奋，他们很感激爷爷给了他们这么慷慨的礼物。在他们这个年纪，他们从来没有拥有过比这更有价值的东西，至少在财务方面没有。但直到年底，他们才意识到这是一份有附加条件的礼物。当他们编制税单时，还必须列出家族企业的股份。由于他们国家的遗产税很重，股票赠与导致了高税收。由于第三代家族成员都还在学习，没有固定的收入，善意的礼物也因此附带着一个意想不到的缺点。

遗嘱自由是在家族财富转移的背景下要考虑的另一个法律问题。遗嘱自由表明了一个人在多大程度上可以自由处置其遗产,例如是否可以将所有遗产分配给一个传承者。对遗嘱自由的限制通常采取强制共享或配偶之间平等传承的形式,符合社会公平的规范(Carney,Gedajlovic,Strike,2014)。继承法可强制现任业主将遗产的很小一部分股份给予非控股传承者,而非全部给予一名控股业主/传承者。遗嘱自由方面的社会矛盾,一方面是遗嘱人的个人权利,另一方面是配偶和亲属对死者财产的主张(Carney,Gedajlovic,Strike,2014)。世界各地区的遗嘱自由度如表7.16所示。

表 7.16　世界各地的遗嘱自由

地区	自由度	地区	自由度
澳大利亚	1	中国台湾	0.667
加拿大	1	委内瑞拉	0.667
中国香港	1	爱沙尼亚	0.667
印度	1	拉脱维亚	0.667
以色列	1	摩纳哥	0.667
墨西哥	1	法国	0.66
新西兰	1	卢森堡	0.66
南非	1	韩国	0.643
泰国	1	智利	0.625
英国	1	日本	0.625
美国	1	马耳他	0.583
保加利亚	1	罗马尼亚	0.583
开曼群岛	1	阿根廷	0.556
哥斯达黎加	1	冰岛	0.556
萨尔瓦多	1	秘鲁	0.556
危地马拉	1	葡萄牙	0.542
牙买加	1	意大利	0.5
肯尼亚	1	西班牙	0.5
斯里兰卡	1	瑞士	0.5
芬兰	0.75	乌拉圭	0.5
瑞典	0.75	玻利维亚	0.5
匈牙利	0.75	塞浦路斯	0.5
黎巴嫩	0.7	列支敦士登	0.5
希腊	0.688	斯洛伐克共和国	0.5
立陶宛	0.688	挪威	0.417

续表

地区	自由度	地区	自由度
克罗地亚	0.68	哥伦比亚	0.375
奥地利	0.667	比利时	0.333
巴西	0.667	菲律宾	0.333
丹麦	0.667	孟加拉国	0.333
德国	0.667	约旦	0.333
爱尔兰	0.667	科威特	0.333
荷兰	0.667	沙特阿拉伯	0.333

注：数字表示了遗嘱人可在未亡配偶及两名子女在场的情况下，最多将遗产的多少份额全部遗赠给一名子女。在有其他个数的孩子在场或配偶不在场的情况下，这些数字结果也具有很强可比性。更多细节见 Ellul、Pagano 和 Panunzi(2010)。

2.信托

信托(在许多普通法国家)以及在某种程度上的基金会(在许多大陆法国家)，是为家族企业和广义上的家族财富代代相传提供法律架构的常用工具。安排信托[①]的好处是多方面的：

(1)个人和家族的遗产构建；

(2)减少家族内有关财产的冲突；

(3)保护财富不受家族侵害(例如，从某些不善于经营公司的孩子手中保护公司)；

(4)保护家族不受财富侵害(例如，阻止孩子们挥霍无度的生活方式)；

(5)减少和房产、遗产、赠与税有关的税收负担；

(6)保护财富不受外部势力侵害(例如诉讼案和债权人)。

然而，正如我们在关于治理的第 5 章中，在对信托治理的挑战进行反思时所概述的那样，信托也有几个重要的缺点：

(1)受托人的不忠：受托人，即在一次信托中，被委托人指定的财富保管人。然而，很难去监督受托人，因为信托本身并没有可以直接监督受托人的"所有者"，同时，法律对受托人的监督往往也有限。在某种程度上，受托人是没有所有者的管理者。儿童通常是信托的受益人，对信托和受托人的交易控制非常有限(Sitkoff，2004)。受托人可能会受到诱惑，逐步滥用其对信托主体的权力，并开始以财富所有者的身份行事，特别是在财产授予人丧失行为能力或死亡之后(有关这些双重代理成本的详细情况，见关于治理的第 5 章)。

(2)风险规避：信托旨在维持现状，因此不允许承担类似于管理企业所必需的风险。事实上，受托人的任务是分散风险，这与家族企业所需的集中投资相冲突。信托限制了受益人承担风险的意愿和能力，并倾向于鼓励保守地使用财富(Zellweger，Kammerlander，2015)。由于资本的保守配置，信托中的财富随着时间的推移逐渐枯竭，无法满足家族的

---

① 为了简化讨论，我们只关注信托。

财务期望或不断增长的规模。

（3）委托人的严格指示：受托人负责执行设立信托的委托人的事先指示。虽然这些事先的指示通常是善意的，例如，在某个行业获得工作，但这些指示可能会过时。然而，无论受托人在目前情况下是否发挥了作用，他们在很大程度上受信托契约及其所载指示的约束。

（4）后代丧失决策权力：信托剥夺了后代对家族财富状况的决定权。因此，在某种程度上，信托是委托人对下一代能力产生怀疑的迹象。矛盾的是，建立信托反而会加剧家族冲突，而不是解决它们。

信托是一把双刃剑：它能解决一些问题，但也会产生新的问题。那些努力应对信托本应解决的挑战的家族，往往低估了信托的缺点。正如 Hartley 和 Griffith（2009）所写：与这些问题作斗争的家族通常选择信托作为一种简单的、延续目前行为模式的方式，而放弃为寻求一种更有效的办法而努力。

在追求跨代财富创造的过程中，信托扮演着一个有争议的角色。从一些几代人以来一直是财富创造者的家族中得到的有限证据表明，他们很少使用信托。相反，家族本身仍然处于主导地位，每一代人（重新）定义了家族、企业、所有权和财富管理，以满足其特定的需求。这种方法可能会花费更多的时间，但它使得家族避免陷入与信托相关的陷阱。

（1）信托的种类

信托作为家族内部财富转移的法律工具，其可用性存在着很大的差异。例如，在一些欧洲国家，如瑞士，出于对财富过度集中在贵族精英手中以及回归封建社会结构的恐惧，在家族中保留财富的家族信托是被禁止的。相比之下，在奥地利，100 家最大的家族企业中有 30% 是通过基金会持有的（类似于民法国家的信托）。在英国，尤其是在美国，家族信托是完成家族内部财富转移的最重要的工具。下面我们来看看，在美国经常用于遗产规划，即将家族财富从一代转移到下一代的三种信托。

（2）赠与人保留年金的信托

赠与人保留年金信托基金（GRATs）允许退出的所有者通过将其财产转让给信托公司，从财产中取出很大一部分归自己所有。退出的所有者在固定年限内可以从 GRAT 获得收入。这段年限过后，信托中的剩余资产将转移给信托的受益人，通常是退出的所有者的子女。GRATs 允许以一种非常节税的方式将资产从遗产中移走，并将其置于预期受益人手中（Leonetti，2008）。

（3）慈善剩余信托

在退出该行业后，一些现任所有者寻求用自己的财富支持某个特定的慈善机构。在这种情况下，现任者将其部分股份转让给慈善剩余信托基金（CRT）。虽然税收优惠并不是主要考虑的因素，但 CRT 对股票的价值带来了巨大的税收优惠。现任者可从 CRT 领取 20 年的收入。此外，他或她甚至可以在稍后的某个时间点出售放在 CRT 中的股票。事实上，在出售这些股票时，现任者将节省资本利得税。

（4）故意缺陷授予人信托

故意缺陷授予人（IDGTs）信托允许授予人将股份放入具有故意缺陷的信托中，以确保授予人继续为信托中的财富缴纳所得税。由于授予人支付 IDGT 所产生的所得税，因此在 IDGT 中所持有的资产可以在不减少所得税的情况下增长，这反过来又增加了信托受益人（例如子女和孙辈）可用资产的价值。但是，从遗产税的角度来看，授予人的遗产价值会因资产转移的金额而减少。个人将向信托公司出售资产，以换取一定期限的票据，例如 10 年或 15 年。在向 IDGT 的典型出售中，授予人以极低的利率向信托机构出售具有以其公平市场价值增值潜力的资产，以换取一张票据。与任何房地产冻结技术一样，应选择价值下降和/或预计将大幅升值的资产。其目标是从授予人的财产中去除未来高于法定利率的资产增值。IDGT 可以是一个非常有效的遗产规划工具，它可以降低应纳税的遗产，同时允许授予人以锁定价值（Niemann，2009）将资产交赠与受益人。

美国的信托法，甚至国际信托法，允许家族企业所有者使用更多类型的信托来进行遗产规划（有关更多细节，请广泛参阅有关这一主题的文献）。无论是何种载体，用于遗产规划的信托都应在注册理财规划师或遗产律师的协助下进行。

3.将股份出售给家族成员

在某些情况下，企业或家族的生命周期到了需要将股份出售的阶段。例如，一个退出的所有者可能将出售所得当作自己的退休金。或者，当不是所有孩子都有兴趣经营家族生意时，有时父母会利用这种方法来保证平等对待每个孩子。试图补偿非传承者的动机在于，父母希望确保每个孩子获得相同比例的父母的财富。由于父母的财富通常集中在公司里，当一个家族有多个孩子时，把公司作为礼物传给一个孩子会妨碍父母平等地对待其他的孩子。

对于传承者来说，直接收购公司可以明确谁是负责人（Hartley，Griffith，2009）。家族内部出售最常采取的形式是出售股权，从而转移所有的业务风险，这与向外人出售时最常用的资产出售结构形成了鲜明对比。在家族内部售卖中，部分购买价格可以分配给正在进行的咨询业务或为前任的就业安排提供资金。除上述税项外，家族内部出售企业会使销售者（父母）承担所得税。根据公司的法律形式，资本利得税也可以适用。

在美国，有一种法律工具——自动注销分期付款票据（SCIN）——通过这种方式，在家族内部售卖资产时父辈可以减少纳税。SCIN 是一种债务，在卖方/债权人死亡的情况下，该债务将随着剩余票据余额自动注销而勾销。当票据持有人（通常是父母）在世的时候，SCIN 与其他分期付款票据的处理方式相同，父母通过 SCIN 从企业的销售中获得收入。这种工具有各种税收优惠：它避免了出售资产时需缴纳的财产税。如果卖方在票据全部付清之前死亡，那么这种工具也会使得卖方无法获得财产中的这部分价值。换句话说，如果卖家在分期付款票据到期前去世，那么未来的财产增值将不用交税。卖方只有在其余生中接受还款的权利。由于所有权在人死亡后终止，所以遗产中没有留下任何东西。这为家族内部分期付款销售的使用带来了巨大的好处（有关详细信息，请参阅相关的财产规划文献）。

拓展阅读

股权交易和资产交易

在股权交易中,买家从前任所有者那里购买公司的股份。通过购买,买家成为法人实体的所有者,于是不仅购买了公司资产,也购买了所有潜在的债务。

在资产交易中,买方仅对前所有者持有的某些资产感兴趣。在这种情况下,买方和卖方可以达成协议,买方将接管这些资产,并最终接管一些精确定义的负债、合同、雇员等。买方不购买整个法人实体,因此限制了收购的风险。

家族内售卖定价

在纯粹的市场体制下,资产按市值从一个所有者转移到另一个所有者。市场价值反映了未来自由现金流在今天的现值(详见本章第7.10节的估值部分)。但在家族内部,市场法则在一定程度上被搁置,往往被家族交易准则所取代。家族社会学家认为,影响代际交易特征的主要家族规范有四种(Bengtson,1993;Zellweger 等,2016)。

(1)父母的利他主义促使父母照顾孩子。这表明父母应该对孩子慷慨。

(2)传承规范激发了父母创造遗产的欲望。根据这一规范,父母应该非常希望他们的孩子接管公司,家族牢牢把握公司的控制权。这表明父母应该对孩子慷慨。

(3)孝子互惠是家族期望孩子回报父母的支持。从这个角度来看,孩子们必须报答他们过去从父母那里得到的帮助。因此,孩子们不能指望不以某种方式回报父母却免费得到公司。

(4)孝道是孩子赡养年迈父母的责任。在孝道的规范下,退休后经济困难的父母有权要求子女给予物质支持。

这些社会规范在家族内的交流中得到了部分反映,这些交流的主题是传承者和公司能够承受的价格,或者所有者退休后需要什么。考虑到父母利他主义和传承规范这两条突出的准则,即使由第三方估价,父母也倾向于让孩子享受估价范围内最低的价格。欲知更多详情,请参阅第7.7.3节我们对家族折扣的反思。

需要重申的是:在某些法律制度下,家族内部决定的价格不能与经济现实脱钩,这是因为公司转让可能要缴纳遗产税或赠与税。例如,根据美国法律,如果资产转移给下一个所有者而没有得到足够的补偿,税务机关可以征收遗产税或赠与税。如上所述,美国税务当局将自行评估公司的公允价值,只接受少数股权和非市场性股票的价值折扣。进一步的折扣将由税收决定。

7.12.2 转让给共同所有者

企业所有者退出公司的一种方式是将公司转让给其他现任所有者。这些共同所有者可以来自同一个家族,也可以来自外部。无论他们是否是家族成员,共同所有者通常是现任者接触的第一方,因为他们通常拥有股东协议中确定的优先购买权。将公司出售给共有者,有效地简化了公司的股权结构。在最简单的情况下,两个共同所有者中的一个将他/她的股份转让给另一个所有者。

股份的合并(即,共同所有者之间售卖股份)在家族企业语境下是很需要重视的。随着企业代代相传,家族股东的数量自然会增加。随之而来的所有权分裂导致了三个核心问题:

(1)激励:当持股比例较小时,特定股东增加其持股价值的动机是有限的。想想一个家族CEO只拥有公司5%的股份,而另一个家族CEO拥有公司80%的股份。在后一种情况下,CEO有更高的动机(以及由权力保障的能力)来确保公司的繁荣。

(2)管理:大量的家族股东使得管理——比如,股东间的合作和决策——更加困难。大量的家族股东可能使得家族不得不设立家族理事会等昂贵的治理机制。

(3)身份认同:保证大量家族股东认同并献身于公司是一项挑战。然而,如果家族想要成为一个拥有共同愿景的控股股东集团,这些特质是很重要的。

将股份转让给家族内的共同所有人,从而合并家族持股,可能是解决上述问题的有效途径,这种巩固的过程有时被称为修剪家谱。

1.买卖协议

家族避免所有权分散的一种方法是,预先定义一个顺序,按照这个顺序来进行股票现金交易。为了防止股票最终落入不受欢迎的人手中,买卖协议通常包括这样的条款:股票将首先提交给核心家族的家族成员,然后再提交给大家族成员,或者提交给公司。此外,买卖协议可以看作是减压阀。

正如Poza和Daugherty(2014)所述,买卖协议的明显优势在于,它允许一些家族成员保留股东身份,同时为其他志不在此的家族成员提供流动的资金。出售的权力,无论是否行使,往往会在那些忠于公司、认同公司的所有者与那些感觉被公司(以及其他家族大股东)奴役和控制的所有者间做出区分。即便是感到被锁定的少数股东,也可能在股东集团内部制造混乱,例如试图与大股东结盟,在家族内部引发争吵。

买卖协议中可能有触发事件的条款,比如其中一位所有者伤残、死亡、退休、离婚、申请私人破产、失去经营公司所需的专业执照,或者收到第三方收购公司的要约。与股东协议一样(参见关于治理的第5章),买卖协议应该指定确定销售价格的方法,例如特定行业的销售额的倍数,或者简单地声明业务将由第三方估值。在触发事件之后,剩余股东为购买剩余股票提供资金可能存在风险。除了股权和银行信贷等显而易见的选择之外,安排购买的一种方法是建立一种"先死"的人寿保险政策,如果业务伙伴死亡,另一人将获得死亡保险金[①]。其他形式的买卖协议包括实体买卖协议,由公司而不是所有者个人购买人寿保险。

有两点需要注意:首先,无论确切的法律形式如何,协议必须明确它是只适用于当前的所有者,还是也适用于未来的所有者(例如,在协议生效后加入公司的年轻家族成员);

---

① 当然,当有两个以上所有者时,情况会变得更加复杂。例如,如果有5个所有者,就有20份个人人寿保险,这就增加了管理成本。在美国的遗产规划中,托管的交叉购买协议允许公司规避这一问题(即信托公司拥有所有的个人保险单,公司支付保险费)。

其次,确定在触发事件发生时必须付款的时限是很重要的。

2.二元股权结构

家族避免所有权分割和相关问题的一种方法是两种类型的股票:有投票权和无投票权。这种二元股权结构在世界各地都很普遍,尽管一些国家法规禁止这种结构。例如,英国法律遵循的原则是,每一股都应拥有一票。

二元股权结构的特别优势在于,父母可以在生前将无表决权的股份转让给子女,从而转移大部分所有权,同时持有有表决权的股份,直至去世。这也使得现任者可以继续为企业做出重要的战略决策,同时慢慢地让下一代加入进来。此外,二元股权允许父母根据价值在传承者之间平等分配遗产,但在控制权方面有所不同。这一特点有助于现任所有者合理面对活跃和不活跃的下一代传承者(Poza,Daugherty,2014)。

7.12.3 转让给员工

选择通过将股份转让给非家族员工来退出公司的现任者可以通过员工持股计划(ESOP)或管理层收购(MBO)退出公司。

1.员工持股计划(ESOP)

ESOP是一种将公司的全部或部分所有权交给员工的机制。ESOP通常采取信托安排的形式,公司通过这种方式为员工的退休账户购买股票。将股票出售给ESOP可以为卖方带来显著的税收优惠。它还可以帮助一个家族清算其所有权权益,同时奖励那些为家族财富增长做出贡献的长期雇员。

实施ESOP的主要好处之一是,它允许现任者为公司的股票创造一个买家。因此,它有助于现任者在保持对公司控制权的同时为退休做计划,并且不引入外部人员。为了给现有股票提供购买金,ESOP可能不得不借钱。ESOP也可以建立为一种储蓄工具,员工每年向员工持股计划信托(ESOP trust)缴纳一定数额的资金,这些资金随后用于购买公司的股票。ESOP有许多无可争议的优势,在美国尤其受欢迎。然而,建立一项ESOP,需要在财产规划方面的技术专长。有关员工持股计划的更多信息,可在员工持股计划协会的网站和Leonetti(2008:120—134页)的著述中找到。

2.管理层收购(MBO)

MBO背后的核心动机是将公司移交给公司的管理团队。与ESOP不同的是,在MBO中,管理者从现有股东手中购买股票,从而成为直接所有者,而不受信托的影响。MBO对于那些财务上准备好放手,并且对最大化退出收益不感兴趣的现任者来说,可能是一个非常有益的传承选项。MBO的好处包括以下几点(Leonetti,2008):

- 业务运作的连续性:目前管理公司的经理将接管公司。
- 灵活性:交易结构可以根据公司的特殊情况进行调整。
- 不需要公司以外的势力参与。
- 对于帮助现任者发展公司的一群人来说,肯定了他们的贡献和忠诚。

但是,MBO也有一些严重的缺点:

- 员工可能没有资金购买企业。

- 员工可能无法像创业者一样思考和行动。
- 员工可能突然变成谈判方，或多或少存在利益冲突。
- 公司可能作为MBO融资的抵押品。

在考虑将MBO作为退出选择时，现有企业必须考虑这样一个事实：买家很可能没有购买所需的资金。销售价格的很大一部分很可能将在未来支付，即延期付款，例如通过卖方贷款（更多细节见7.11.2节）。因此，即便现任者将从日常业务操作中解脱，他或她的境况也将取决于新管理层的表现。因此，MBO的成功将在很大程度上取决于新所有者经营公司的能力。

在小型家族企业背景下，大多数MBO都是通过经理接管时有限数额的股权、一些银行信贷和卖方贷款这几种方式融资的。卖方贷款即款项延期支付给卖方，而卖方贷款通常从属于银行贷款。有关MBO融资的示例，请参见第7.11.5节和其中关于伍德集团的简短案例研究。从法律的角度来看，记住公司将成为银行贷款的抵押品是至关重要的。银行将努力保障它们提供的信贷的安全。为此，他们将评估公司的固定资产和应收账款，或其可持续的未来现金流。

案例研究

帕兰蒂格（Parentico）公司的MBO

帕兰蒂格（Parentico）是一家小公司，拥有一所私立幼儿园和一所小学。其创始人安东尼·马斯（Anthony Maas）试图通过MBO将公司转让给他的两位关键经理人——克莱尔和黛博拉。克莱尔和黛博拉的表现向来可靠，并且他们有兴趣接管这家公司。帕兰蒂格的估值为700万美元。

这两位未来的企业家总共只能拿出50万美元。然而，一位银行家在评估MBO获得贷款的可能性时，对帕兰蒂格的资产负债表进行了评估。这位银行家估计，这些固定资产和应收账款约为500万美元，其中400万美元的贷款利率为6%，将在7年内偿还。安东尼因此面临250万美元的缺口（700万美元－400万美元－50万美元）。他向两位新业主提供了一笔卖方贷款，以弥补不足的250万美元，这笔贷款从属于银行信贷，将在七年内以7%的年利率偿还。然后，安东尼的会计分析，这家公司的现金流是否足够强大，以偿还银行信贷和卖方贷款。

安东尼的卖方贷款还包括公司股票质押贷款。如果贷款没有偿还，安东尼可以收回一部分股份，并保留收回公司控制权的权力。

7.12.4 私募股权、资本重组以及杠杆收购

另一种计划传承和退出公司的方法是引入私募股权。私募股权公司是财务投资者，通常有5~7年的投资期限，之后它们将在最高价时寻求退出机会。引入私募股权公司的好处在于：

- 对现任者来说,有机会套现、与公司保持联系,并与合作伙伴分享讨论未来战略的风险。
- 为企业目前无法实施的增长战略提供大量资金。
- 对结果更加注重。
- 私募股权公司具有增长型融资和执行增长型战略的经验。
- 对目标公司管理层起到重要的财务激励作用。

尽管有这些无可争议的好处,但对于即将退出公司的企业主来说,私募股权投资者可能不是正确的选择。当私人股本参与进来时,曾经是独立企业家的现任高管,将在很大程度上依赖于新的业绩优异的合作伙伴。这些合作伙伴将在公司内设立严格的监控系统,并对公司施加重大影响,使其实现20%~40%的预期回报率。鉴于私募股权交易的固定成本相对较高,涉及此类投资者的目标公司的 EBITDA 下限至少为 100 万美元(Leonetti,2008)。

1.私募股权资本重组

引入私募股权投资的一个方法是对目标公司进行资本重组。在资本重组中,私募股权公司用自己的债务和股本的混合物来取代所有者的股权。所有者的股权被转换成现金,从而用于个人投资多样化。这样的资本重组并不一定意味着完全出售该公司。相反,私募股权公司通常会接管公司的多数股权,而现任所有者仍持有少数股权。然后,现任股东和私募股权公司一起发展公司。

案例研究

家族酿酒厂(Homebrewers)的私募股权资本重组

家族酿酒厂(Homebrewers)的老板希望把他酿酒厂的大部分非流动资产货币化。他找到一家私募股权公司,该公司愿意收购 80% 的股权,剩下 20% 留给他。由于公司的原所有者对公司业务非常了解,并拥有良好的业绩记录,私募股权公司还希望他继续担任CEO,并向他承诺,如果他实现了增长和盈利目标,将获得一大笔奖金。通过这种方式,私募股权公司和家族酿酒厂的所有者的利益达成一致。对原所有者来说,这是完美的解决方案,因为他在财务上或精神上都没准备好完全放手。如今,在私募股权的参与下,他找到了一种方法,既能兑现自己创造的财务价值,又能继续参与公司经营。他仍然是CEO,而且现在公司有机会获得进一步的增长。

2.杠杆收购(LBO)

杠杆收购是一种所有权转让,通常涉及大量外部资金,尤其是债务资金,同时也涉及外部股权投资者,如私募股权。从法律的角度来看,杠杆收购通常包括创建一家新公司来收购目标公司的所有股份。为了简便,我们把这家新公司叫做 NewCo。NewCo 只是为了 LBO 交易而创建的,并且除了持有目标公司股份外,不执行任何活动。通常情况下,NewCo 除了目标公司的股份、财务收购者投入的资金以及管理团队(规模较小)以外,不会拥有其他资产。

因此,投资者(如私募股权投资者和管理层)不会成为目标公司的直接所有者。相反,他们是持有目标公司股份的 NewCo 的所有者。在这种情况下,收购方和目标公司不会合并为一个法人实体。图 7.20 描述了杠杆收购的完整结构。

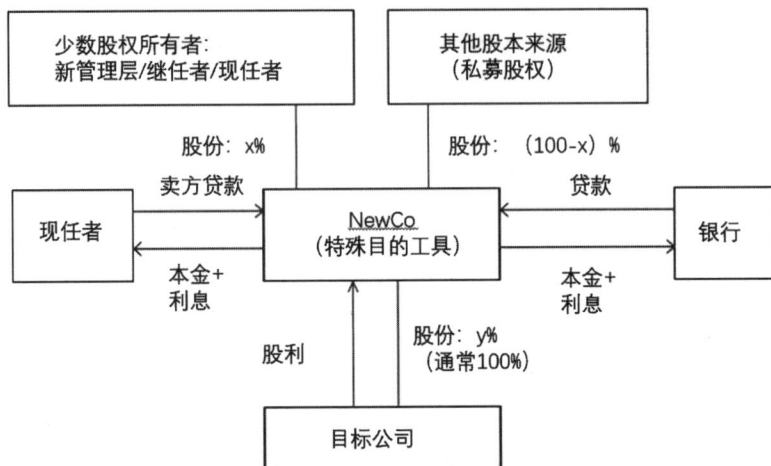

图 7.20　设立具有特殊目的的 LBO 工具的法律程序

在大多数杠杆收购中,现任者会尽量避免提供卖方贷款。然而,考虑到完整性,我们在图 7.20 中将这种融资形式归纳在内。正如上文对家族酿酒厂的简短案例研究所概述的那样,在私募股权资本重组中,现任者可能会继续以少数股权所有者的身份存在。或者,前高管可能成为公司的少数股东。这样的结构看起来很复杂,但它们有两个重要的优点:

(1)减少风险:投资者需要承担的财务风险是有限的,因为他们不是目标公司的所有者,而是 NewCo 的所有者。由于 NewCo 接受银行贷款来支付这笔收购,投资者在投资 NewCo 之外的金融资产不受这笔交易的影响。这对经理人尤其重要,因为他们可供投资的私人资产往往有限。

(2)税收优惠:投资者通过将 NewCo 构建为合伙制或控股公司(取决于法律)等纳税中间实体,规避双重征税。由于控股公司的股利收入不纳税,目标公司发放的全部股利可用于偿还银行贷款。如果没有这样一个中间实体,股息将作为收入被征税。

为明确少数股东与私募股权公司之间的关系,当事人也可以订立股东协议。

任何向 NewCo 提供贷款、为传承提供资金的银行,都希望对 NewCo 的资产,以及在可能的情况下,对目标公司的资产,实施有效的安全保障。通常,银行将采取以下手段:

- 关于投资者(少数股东和私募股权公司)在 NewCo 所持股份的质押协议。
- 目标公司及其子公司就 NewCo 的债务提供的担保。
- 关于新公司在目标公司所持股份的质押协议。
- 目标公司及其子公司资产的担保义务。

·如有需要,卖方贷款应从属于银行贷款①。

7.12.5 全盘出售给财务或战略收购者

最后,现任者可能决定完全退出该公司,不再进一步参与。这种解决方案是那些乐于迅速、彻底地放弃公司,并从出售中获得最大收益的现任者的首选方案。从财务的角度来看,如果一个战略购买者,如竞争对手,看到他/她自己的公司和目标公司之间的重要协同作用,那么一次全盘出售可能会特别有吸引力。选择这种退出方式需要与收购方在战略上的契合,例如在产品供应或地理范围方面。另一种选择是,私募股权公司或养老基金等财务收购者可能希望通过资产或股票交易接管该公司。当目标是一家私人控股公司时,资产交易可以帮助有效控制收购方的风险。

思考题:

现任者的问题:

(1)如果公司转让给家族成员:

①适用的遗产税和赠与税是什么?

②我有多少遗嘱自由?

③如何对待没有加入公司的家族成员?

(2)如果公司出售给家族成员:什么样的价格合适?

(3)当设置一项信托:

①哪个信托机构契合我的目标?

②设置信托的优缺点是什么?

(4)如果把公司卖给共同所有者:我们签订什么类型的买卖协议? 我们怎么为其他所有者的收购融资?

(5)如果公司被转让给员工:是否应该建立 ESOP? MBO 的优点和缺点是什么?

(6)我的公司有资格进行私募股权投资吗? 如果答案是肯定的,我是应该进行私募股权资本重组,还是想彻底退出?

(7)我将如何管理出售所得?

(8)为了安排传承者,我需要哪些财务、法律和税务方面的建议?

传承者的问题:

(1)收购的法律程序是什么?

(2)对我来说有哪些机遇和挑战?

(3)对我来说有哪些法律和税务影响?

---

① 该银行的主要目标是建立一种安全结构,使其能够直接获得目标公司的现金流。仅仅就 NewCo 在目标公司所持有的股份签订一份股份质押协议并不能实现这一目标。如果这是银行持有的唯一的证券而 NewCo 违约,银行将无法获得目标公司的现金流;它只拥有出售目标公司股票的权利。目标公司的任何债权人都有权优先认购目标公司产生现金的资产。有关 MBO 和 LBO 法律结构的进一步细节,请参见 DeMott(1988)。

学生的问题：

(1)简述遗产税和赠与税的区别。

(2)有哪些支持或者反对遗产税的观点？

(3)信托有哪些优缺点？

(4)ESOP 和 MBO 的区别是什么？

(5)为什么股权分散会给家族企业带来问题？业主/经理可如何处理？

(6)私募股权资本重组的利弊是什么？

(7)简述 LBO 中，税收中间实体的作用。

案例研究

贝尔纳特(Bernet)的选择——估值、情感价值、家族折扣和资产在家族内的公平分配

二十多年前，彼得(Peter)和苏珊(Susan)夫妇接管了家族企业——贝尔纳特(Bernet)。这个公司是由彼得的祖父创建的，由他的父亲继续经营。彼得和苏珊 100% 拥有企业，并将贝尔纳特发展成为一家成功的塑料公司，在过去四年的年均销售额达到了 3000 万美元。同时，EBIT 平均为 250 万美元，税后利润约为 190 万美元。由于投资机器设备，该公司背负 300 万美元的银行贷款。此外，不用于公司经营的资产出现在公司的资产负债表上，价值 350 万美元，抵押贷款 150 万美元。资产负债表还显示非经营性流动资金为 100 万美元。

不久前，一位投资者试图以 1600 万美元收购贝尔纳特。在某种程度上，这条路很诱人。60 岁时，彼得意识到他必须考虑退出这个行业。当他从父母那里起步时，并没有什么特别的激情；相反，这似乎是当时最理性的选择。事实上，他的父母对他施加了很大的压力，要他加入公司。彼得曾经说过：我更愿意成为一名建筑师。我留在这里主要是因为我的家族，首先是为了我的父母，然后是我的孩子。

在传承计划方面，彼得强烈主张在家族内部传承。如果他不得不把公司卖给外部买家，他会坚持自己认为公平的价格。他说："贝尔纳特已经在这个家族中历经三代了，并带有这个家族的名字。我不会以最优惠的价格出售。"他补充道："我希望我投入的时间和精力能够得到认可。虽然它没有产生很多利润，但是到目前为止，它已经足够让我们过得很好了。这是一个在艰难的行业里取得的不小成就。"然而，在遇到挑战的时候，彼得也提道："我想知道，我为什么要这样对自己？该是推卸责任的时候了。"从他个人的角度来看，对家族以外的买家来说，一个可接受的售价应该接近 2100 万美元，而不是投资者提出的 1600 万美元。如果他的一个孩子接手，他愿意放弃一大笔钱——"但当然不是全部放弃"，他解释道。

彼得和苏珊有三个孩子：马克(Marc)、保罗(Paul)和珀尔(Pearl)。马克已经在家族企业内开始了自己的职业生涯，并担任市场和销售副总裁；保罗在家族企业外追求自己的事业，他已经创办了一个 IT 公司，看到了自己在家族企业之外的未来；珀尔并不

在家族企业内工作,也没有创业计划,她一直是一名芭蕾舞演员,现在想从事体育管理工作。

马克已经在考虑接替他父母的位置,考虑他认为合理的购买价格是多少。一方面,他意识到他的父母在公司投入了大量的财富,他想补偿他们。但另一方面,他又不想过度花钱,认为应该以一种让他能够在未来领导公司而不背负巨额债务的方式来评估价格。当谈到他个人对合适销售价格的看法时,他提道:"我对公司很感兴趣,但这不是我梦寐以求的工作。我对塑料和我们产品的热情是有限的。我想涉及公司转让的时候,父母可能会给我一些支持,这包括一个优惠的价格。但我也意识到,我必须为公司做出贡献,确保公司保持成功。老实说,我不完全确定我是否应该承担这个责任。如果我这样做了,我知道我不能指望我的父母离开公司而不要一分钱。他们需要这笔钱来支持退休后的生活。总的来说,如果可能的话,我认为1000万美元的最高价是足够的。"

由于马克有兴趣接管公司,彼得和苏珊拒绝了投资者,然后他们开始在家族内讨论如何公平分配他们的财富。

贝尔纳特家族的财富由以下资产组成:公司、彼得和苏珊的400万美元的别墅,以及总计200万美元的流动资产。

思考题:

1. 贝尔纳特(Bernet)的股权价值是多少?

2. 彼得·贝尔纳特对公平的售价有哪些看法?

3. 马克·贝尔纳特认为什么样的价格公平合理?

4. 公司应该根据什么样的销售价格,使公司在家族内部传承?

5. 考虑到你所处的法律环境,你将如何合法地安排传承事宜?

6. 如果马克接手,会怎样为传承融资?

7. 彼得和苏珊夫妇的财产总共有多少价值?

8. 你会为贝尔纳特家族推荐什么样的财富分配方式?

背景阅读

Bennedsen, M., K. M. Nielsen, F. Perez-Gonzalez and D. Wolfenzon(2007). Inside the family firm: The role of families in succession decisions and performance. *Quarterly Journal of Economics*, 122(2): 647-691.

Cabrera-Suarez, K., P. De Saa-Perez and D. Garcia-Almeida(2001). The succession process from a resource- and knowledge-based view of the family firm. *Family Business Review*, 14(1): 37-48.

Carney, M., E. Gedajlovic and V. Strike(2014). Dead money: Inheritance law and the longevity of family firms. *Entrepreneurship Theory and Practice*, 38(6): 1261-1283.

Christen, A., F. Halter, N. Kammerlander, D. Künzi, D. Merki and T. Zellweger(2013). *Success factors for Swiss SMEs: Company succession in practice*. Credit Suisse and University of St. Gallen, Zurich.

Chua, J. H., J. J. Chrisman and P. Sharma(1999). Defining the family business by behavior. *Entrepreneurship Theory and Practice*, 23(4): 19-39.

Chua,J.H.,J.J.Chrisman and P.Sharma(2003).Succession and nonsuccession concerns of family firms and agency relationship with nonfamily managers.*Family Business Review*,16(2):89-107.

De Massis,A.,J.H.Chua and J.J.Chrisman(2008).Factors preventing intra-family succession.*Family Business Review*,21(2):183-199.

Dehlen,T.,T.Zellweger,N.Kammerlander and F.Halter(2012).The role of information asymmetry in the choice of entrepreneurial exit routes.*Journal of Business Venturing*,29(2):193-209.

DeMott,D.(1988).Directors' duties in management buyouts and leveraged recapitalizations.*Ohio State Law Journal*,49:517-557.

Ellul,A.,M.Pagano and F.Panunzi(2010).Inheritance law and investment in family firms.*American Economic Review*,100:2414-2450.

Graebner,M.E.,and K.M.Eisenhardt(2004).The seller's side of the story:Acquisition as courtship and governance as syndicate in entrepreneurial firms.*Administrative Science Quarterly*,49(3):366-403.

Handler,W.C.(1990).Succession in family firms:A mutual role adjustment between entrepreneur and next generation family members. *Entrepreneurshipe theory and practice*, 15(1):37-51.

entrepreneur and next generation family members.*Entrepreneurship Theory and Practice*,15(1):37-51.

Hartley,B.B.,and G.Griffith(2009).*Family Wealth Transition Planning:Advising Families with Small Businesses*.New York:Bloomberg Press.

Kotlar,J.,and A.De Massis(2013).Goal setting in family firms:Goal diversity,social interactions,and collective commitment to family-centered goals.*Entrepreneurship Theory and Practice*,37(6):1263-1288.

KPMG(2014).KPMG European family business tax monitor:Comparing the impact of tax regimes on family businesses.KPMG.

Le Breton-Miller,I.,D.Miller and L.P.Steier(2004).Toward an integrative model of effective FOB succession.*Entrepreneurship Theory and Practice*,28(4):305-328.

Minichilli,A.,M.Nordqvist,G.Corbetta and M.D.Amore(2014).CEO succession mechanisms,organizational context,and performance:A socio-emotional wealth perspective on family controlled firms.*Journal of Management Studies*,51(7):1153-1179.

Poza,E.J.,and M.S.Daugherty(2014).Family Business.Mason,OH:Southwest Cengage Learning.

Sharma,P.and P.G.Irving(2005).Four bases of family business successor commitment:Antecedents and consequences.*Entrepreneurship Theory and Practice*,29(1):13-33.

Tsoutsoura,M.(2009).*The Effect of Succession Taxes on Family Firm Investment:Evidence from a Natural Experiment*.New York:Columbia University.

Wennberg,K.,J.Wiklund,K.Hellerstedt and M.Nordqvist(2012).Implications of intra family and external ownership transfer of family firms:Short-term and long-term performance differences. *Strategic Entrepreneurship Journal*,5(4):352-372.

Zellweger,T.,and J.Astrachan(2008).On the emotional value of owning a firm.*Family Business Review*,21(4):347-363.

Zellweger,T.M.,F.W.Kellermanns,J.J.Chrisman and J.H.Chua(2012).Family control and family firm valuations by family CEOs:The importance of intentions for transgenerational control.*Organization Science*,23(3):851-868.

Zellweger,T.,M.Richards,P.Sieger and P.Patel.How much am I expected to pay for my parents' firm? An institutional logics perspective on family discounts.*Entrepreneurship Theory and Practice*,40(5)：1041-1069.

Zellweger，T.，P. Sieger and P. Englisch（2012）. Coming home or breaking free? Career choice intentions of the next generation in family businesses.*Ernst & Young*.

Zellweger，T.，P.Sieger and F.Halter(2011).Should I stay or should I go? Career choice intentions of students with family business background.*Journal of Business Venturing*，26(5)：521-536.

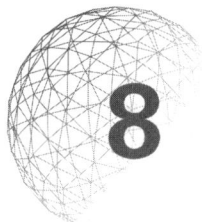

8 变革与跨代价值创造

到目前为止，我们对家族企业战略和继承的讨论是由对家族企业的某些观点所推动的。例如，我们的战略讨论围绕着管理家族影响力，以培养家族企业的竞争优势。在这方面，我们含蓄地假设公司拥有一个可行的商业模式，并在一个相对稳定的环境中运作。显然，情况未必如此。在当今瞬息万变的市场中，变革和适应是繁荣和生存的必要先决条件。与其他类型的公司一样，应对变化的能力对家族企业来说至关重要。然而，鉴于对传统的关注以及对长期业务的关注，家族企业发现应对变化是一项特别具有挑战性和紧迫性的任务。

此外，在关于如何将一家企业从上一代传给下一代的详细讨论中，我们至少在某种程度上认为，企业的转移不仅在家族中是最好的选择，而且对公司和家族而言都是最可取的选择。然而，市场、产品和技术的自然兴衰引起了一个问题，即当企业的家族内部转移不再可取时，该如何处理继承问题。这不仅发生在内部继承者缺失的情况下，而且发生在家族内部继承的替代途径可能更可取的时候。例如，在某些家族、企业和环境条件下，家族对外转让，如（部分）出售、股票市场上市或业务的退出和关闭，可能是公司和家族的最佳选择，因此，这也是家族收获或保护财富的一种方式。

由于家族企业所处的动态环境，家族企业及其所有者必须接受变革。这对于企业的未来和家族作为控制企业活动的集体的持续成功都是重要的。因此，以下有关变革和跨代价值创造的章节涉及两个关键问题：(1)家族企业如何应对变革；(2)家族如何通过对企业的控制创造跨代价值。

8.1 家族企业的变革与适应[①]

许多家族企业可以回顾数十年，有时甚至是一个世纪的商业成功，在此期间，他们已经成长到一个可观的规模，建立了知名的品牌和令人印象深刻的客户及供应商网络，并赚

---

① 感谢纳达安·凯默兰德(Nadine Kammerlander)博士在"变革与适应"这一有趣的章节中所作的贡献。纳达安·凯默兰德(Nadine Kammerlander)是德国奥托贝森管理学院(WHU Otto Beisheim School of Management)工商管理学教授，专门研究战略管理、创新和家族企业。

取了可观的利润。因此,不足为奇的是,家族企业的所有者和管理者经常强调稳定的重要性,并坚持企业的传统根基——这些传统根基在过去保证了企业的优异表现。但是,在当今动荡不定的世界中,过分注重传统可能对家族企业构成严重威胁,因为它可能阻碍组织内部实施必要的变革。

在21世纪,拥有"时钟速度"(Fine,1998)的高科技产业公司并不是唯一需要为变革做准备的公司。历史上相对较稳定的传统行业中的公司也必须满足这一需求。例如,在酒店行业中,老牌企业感受到来自新竞争对手的威胁越来越大,比如提供点对点酒店服务的网站爱彼迎(Airbnb)。或者,考虑一下农业部门,其收入取决于国际贸易协定,因此可能会受到政治变革的重大影响。这些例子说明了各种利益相关者由于各种各样的原因而引入变革。

原则上,Porter(1979)所描述的五种力量中的任何一种——新进入者,供应商的议价能力,客户的议价能力,替代产品或服务,或现有竞争对手之间的竞争——都可能随着时间而变化,从而导致组织变革的需要。例如,具有强大购买力的新的、大型的(潜在的、国际性的)竞争对手的加入就可能引发变革。新产品或技术可以替代现有产品或生产技术。客户的需求和偏好可能会随着时间而改变,从而使以前有利可图的市场枯竭。政治体制的变化,新法律和行业法规的出台或原材料短缺,都可能对老牌的成功家族企业构成挑战。只有善于适应变化的环境的家族企业才能长期生存。虽然组织变革对任何类型的企业都是一个挑战(Miller,Friesen,1980),但家族企业中与变革相关的障碍更为明显。例如,可以思考一下导致家族企业倾向于现状的情感障碍。然而,在应对变革方面,家族企业也有一些优势。例如,家族企业对社会情感财富(SEW,请参阅第6章"家族企业的战略")的关注促使其追求特定目标。此外,这种关注使企业具有促进或阻碍组织变革的多种能力和约束。

1.家族企业在不断变化的环境中的意义

在下文中,家族企业在变革的感知过程中的优势和劣势如图8.1所示。讨论扩展了柯尼希、凯默兰德和恩德斯(König,Kammerlander,Enders,2013)提出的最新发现,包括了更广泛的变化。在感知过程中(Thomas,Clark,Gioia,1993),关键决策者,比如家族企业的CEO,需要:(1)认识到变革的必要性;(2)将其解释为需要反应的相关趋势;(3)决定如何适应;(4)组织需要实施提议的变更。

2.识别——家族企业网络的模糊角色

为了及时识别即将发生的相关变化,决策者需要定期"检查"或"审视"其公司的环境。这种筛选提供了有关即将到来的趋势及趋势特征的重要信息。家族企业在这方面既有优势也有劣势。

家族企业往往深深扎根于该地区强大的供应商、客户和其他家族企业网络中。通常,这种与外部行动者的联系是在几年期间建立和加强的。在许多情况下,家族企业的所有者兼经理担任企业代表,并在行业协会中担任重要职务。这种参与可确保家族企业了解即将发生的变化,例如潜在的行业法规。

然而,与此同时,家族企业的网络可能成为一项重大的不利因素,阻碍人们及早认识到变化。在这方面,该公司的信息交换伙伴与其在网络中的实际嵌入同样重要,因为许多

识别	解释	决策制定	实施

威胁	变革被忽视	变革被视为无关紧要	长期决策	惯例的灵活性低
优势家族企业	√ 网络嵌入 √ 不断"检查"环境	√ 长期方针	√ 迅速的、不负责任的决定 √ 独立于外界的直觉决定	√ 忠诚的员工 √ 组织内部的阻力小 √ 更大的耐力
劣势家族企业	● 针对"旧"世界而不是"新"世界优化的网络	● 情感依恋 ● 家族企业认同感	● 不愿在适应方面投入大量资金	● 包括较少外部知识 ● 不愿放弃责任和彻底改变环境

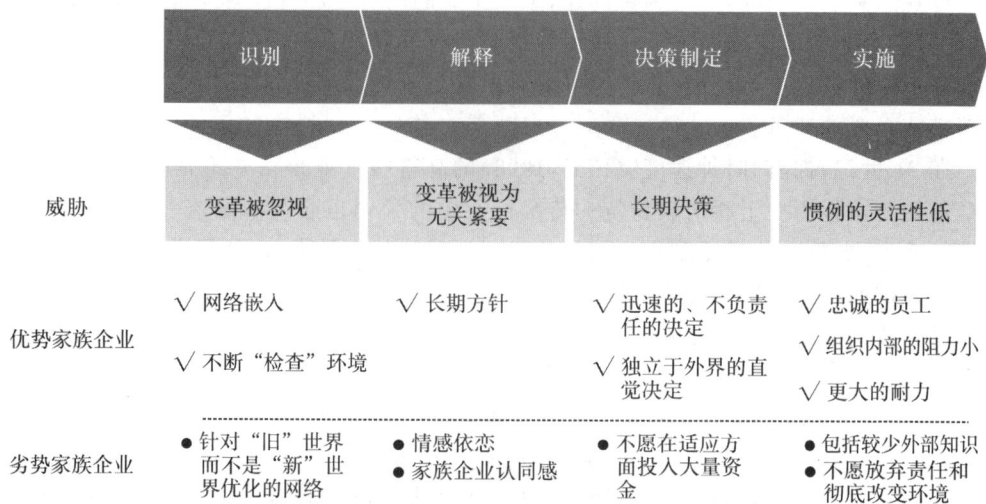

图 8.1　对家族企业变化的感知和适应

行业变化不是由现有的参与者触发的，而是由新进入者触发的。以初创公司引入的在线零售创新为例。如果这种"行业外部因素"不是家族企业网络的一部分，那么企业及其决策制定者可能会忽视这种新趋势。实际上，如果将成熟的公司网络嵌入其中，会使公司的决策者陷入一种虚假的安全感中，从而增强公司的短视感。因此，建议家族企业的所有者和管理者严格审查其网络，并仔细检查他们是否有能力检测各种潜在的变化。

3.解释——长期导向与社会情感财富

对于面临环境变化的家族企业的决策者来说，最大挑战之一就是如何解释由此产生的动荡。决策者需要认识到新趋势很重要，它会在短期或中期影响家族企业，并且企业需要适应。许多认知障碍和情感障碍导致决策者要么诋毁即将到来的新趋势（例如，"数码相机将永远无法提供与模拟相机相同的质量"），要么将变化评估为仅在遥远的未来才会发生（例如，"我们可以等等再考虑气候变化将如何影响我们的滑雪胜地"）。

家族企业如何解释变化的相关性？一些家族企业，尤其是那些目光长远和强调连续性以及可持续性的家族企业，能够克服这些误解和偏见，并迅速评估相关问题的新趋势（Kammerlander，Ganter，2015）。在这种长期导向的家族企业中，决策者特别关注从长远来看可能影响或威胁家族企业的因素，因为他们希望将企业移交给子女，并希望企业处于良好的状态。鉴于这一漫长的视野，往往跨越当前这一代的家族领导人，即使这种变革只会在未来的很长一段时间内实现，但它也可能与当前领导人有关。

然而，在家族企业中，对所要求的变革的负面态度往往特别普遍。许多家族企业的所有者和管理者对他们企业的产品和既定的经营方式有情感上的依恋。因此，考虑创始人所建立和发展的潜在变化并不是一件容易的事情。此外，适应不断变化的环境可能会与家族企业的组织认同相抵触。另外，某些方面（如产品特性）的变革常常会给组织带来一系列后果。这些变革可能会导致公司内部和外部网络的"中断"，也可能要求家族将变革责任交给在"新世界"的要求下接受过更好训练的家族和公司外部人员。这就要求认识到,目前的工作人员不具备新要求的技能,忠诚的供应商可能需要替换为更适合新条件的新供应商。

鉴于这些与家族企业维持社会情感财富的愿望相矛盾的后果,家族企业很容易陷入误解重要趋势的陷阱。即使他们认识到这个行业的新趋势,家族企业也可能会找到(错误的)理由来避免适应这一趋势。为了克服这一障碍,家族企业的决策者需要批判性地评估他们对企业的依恋以及对企业的看法可能会对决策产生怎样的偏见。

4.决策——家族企业的主要优势

在解释了正在进行的变革后,决策者需要就公司应如何适应变革达成一致。在这方面,快速决策的能力是家族企业最重要的优势之一。在非家族企业中,决策通常需要基于大量的计算和商业计划。换句话说,它们通常基于在环境仍在变化时可能无法立即获得的信息。此外,由于这些公司的决策需要经过不同的层级,最终的协议可能会被管理层之间基于政治和权力的争斗所推迟。

家族企业的结构通常允许决策者做出快速、不受干扰和非官僚的决策。对变化持开放态度并能对环境进行甄别的家族企业,可以凭借其直觉决策能力,对新兴但仍不确定的趋势做出反应。对于那些能够独立于外部投资者和安全分析师意见而做出决策的私人或多数股权的家族企业来说,情况尤其如此。由于缺乏对有关调整的经济影响的确定性和可靠数据,外部投资者和安全分析师可能过于谨慎。

值得注意的是,家族企业的社会情感方面也有一个重要的陷阱——适应变化通常需要大量的前期投资。例如,可能需要雇用新雇员,可能需要新机器或营销活动。由于家族企业的所有者希望避免引入外部投资者,因此企业适应变化所需的资金可能会受到限制。这种有限的投资能力可能会妨碍家族企业根据变化的类型进行调整。因此,家族企业的决策者需要仔细检查计划投资的金额是否足以保证成功地适应变化。

5.实施——经验和忠诚的双刃剑

在适应过程中,一个主要但有时被忽视的挑战是实施组织内的变革。组织成员需要理解并接受所需的变革,并相应地调整他们的工作行为和例程。在这方面,家族的影响是一把双刃剑。

在某些情况下,家族企业可以受益于他们的关系网、他们在市场上的丰富经验以及他们忠诚且经常被高度激励的员工。例如,这些资源可以帮助企业快速实施新法律法规要求的变革,或者改进产品以满足新标准。因此,家族企业尤其有能力应对渐进式变革。

然而,当变革是根本性的,或者当它本质上改变了所需的技能和能力,以及客户用来评估产品和服务的标准时,这种能力可能成为一种负担。在这种情况下,长期任职的员工和经理,无法寻找或识别灵活的且通常非常成功的解决方案。再加上家族企业不愿引入外部参与者,这意味着家族企业的决策实施可能相对僵化和缺乏灵活性。例如,许多美国报纸在试图适应网络新闻的出现时就遇到了困难。这些新闻媒体并没有在活动结束后马上提供简短的新闻片段,让读者有机会对活动进行评论和互动,而是将(长篇)印刷文本延迟一到两天上传到网上——这种方式并不受顾客欢迎。

鉴于这些观察到的模式,在开始适应之前,家族企业需要问问自己:"这种变化有多彻底?"根据这个问题的答案,他们可以利用自己的自然优势,也可以找到克服劣势的方法。

在实施变革时,家族企业可以从其高度的"耐力"或毅力中获益,而不受某个变革的根本性程度和由此带来的优(劣)势的影响。在早期阶段放弃适应不仅是低效的,而且会威胁到公司的长期成功。在非家族企业中,采用内部惯例的尝试往往会因新经理的引入、政治内斗或预算变动而中断。家族企业不太可能遭受这种破坏,因为它们的控制权高度集中在公司高层,而且它们往往独立于外部投资者。因此,家族企业对变化的适应可以在较长的时间内以更加连续的方式进行。

6.总结:家族企业与变革

一般来说,家族企业在进行变革时既有优势也有劣势。在识别阶段,家族企业需要处理一个模糊的网络。在解释阶段,他们必须找到方法,用长远的眼光来接受改变,同时向自己的社会情感财富妥协。在决策阶段,家族企业往往具有主要优势,因为可以利用其快速的决策流程。然而,即使在这个阶段,家族的参与也有不利的一面——家族所有者可能不愿投入大量资源。最后,在实施阶段,家族企业受益于忠诚员工的存在以及他们在坚持选择战略方面的更大耐力。然而,这些公司往往很难获得能够执行这一战略的合格人员。

综上所述,在需要处理若干问题的家族企业中,应对变革尤其具有挑战性。

思考题:

家族企业应对变革

关于识别变革:

1.我们的网络有多封闭?

2.我们是否会与现有网络之外的合作伙伴公开讨论趋势?

3.我们是否认真对待新进入者和新技术?

关于解释变革:

1.我们是否将长远眼光理解为接受变革或否定变革的手段?

2.特定变革如何影响我们的社会情感财富? 更具体地说,它如何影响我们家族企业的身份、我们与利益相关者(如员工、供应商或家族成员)的关系以及我们家族对企业的控制?

3.对我们社会情感财富的威胁如何影响我们对变革的解释? 是导致我们否定变革的需要,还是试图推迟变革?

关于面对变革的决策:

1.面对变革,我们的决策速度有多快?

2.我们的官僚制度和等级制度会减缓决策的速度吗?

3.作为一个家族,为了适应不断变化的环境,我们愿意做出的最大投资是什么?

4.我们在哪里可以获得未来投资所需的资金和知识?

关于实施变革:

1.在实施渐进式变革时,我们的网络和员工有多大帮助?

2.在实施彻底变革方面,我们的网络和员工有多大帮助?

3.在我们的行业中有哪些根本性的创新? 我们将如何实现所需的变革?

4.我们在实施变革方面有多坚持?

拓展阅读

家族企业和颠覆性技术

一种特别具有威胁性的变化是颠覆性技术的出现（Christensen，1997），也被称为"激进的"或"不连续的"技术。这类技术通常是由一个行业的新进入者引入的，它们往往会改变整个市场结构，导致以前的市场领导者最终失去主导地位。此类颠覆性技术的突出例子包括廉价航空公司、仿制药和数码相机。

若干认知情感和经济理性障碍，阻碍了颠覆性技术在成熟企业中的应用（Hill，Rothaermel，2003）。决策者通常会忽略或误解这种不连续的变革，因为基于颠覆性技术的产品通常在最初既定的绩效标准方面表现不佳（比较图8.2中的A和B线）。但是，正如颠覆性技术的许多例子所示，"新技术"和"旧技术"都可以通过不断创新来改善其性能。因此，尽管就建立的性能标准而言，颠覆性技术仍可被认为不如已建立的技术，但可能会达到一个新技术足以满足客户要求的程度（见图8.2中B和C线的横截面）。因此，客户将开始从旧技术转移到新技术，并离开那些仍然专注于过时技术并且仍在不断缩小的市场环境中运营的成熟企业。

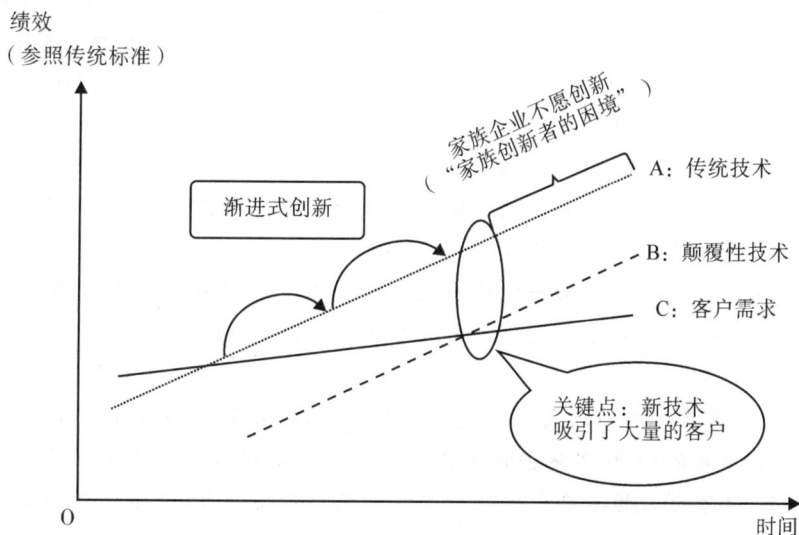

图 8.2　颠覆性技术创新

虽然任何一家成熟的企业都可能失去客户和市场份额，但家族企业尤其容易受到这种陷阱的影响。变化感知过程的几个方面造成了"家族创新者的困境"。虽然家族企业的决策者可以很容易地决定采用这种技术，但他们不愿干扰企业内部和外部的既定网络，也不愿放弃控制权，从而限制了他们采用颠覆性技术。因此，家族企业的决策者如果感知到一种正在出现的颠覆性变革时，就需要决定是退回到一个潜在的、高端的利基市场（公司可能面临裁员风险），还是采用新技术。

案例研究

胡根杜贝尔(Hugendubel)书店

一个特别有影响力的颠覆性变革是从实体书店向电子书交易的转变。在德国，当美国亚马逊公司(Amazon)于1998年进入当地市场时，这一变化开始影响到图书销售行业。

根据该颠覆性技术变革的特殊性，网上交易商提供的服务最初被评估为不如实体店，因为网上服务不包括为顾客提供个性化建议。而且，消费者不能只通过"浏览"一本书的页面来评估它是否值得购买。

然而，网上服务确实提供了一些好处，顾客很快就学会了欣赏。例如，顾客可以随时从家里购买书籍，他们可以从各种各样的书籍中进行选择。更重要的是，随着时间的推移，亚马逊(和其他在线书商)在传统的零售图书销售业绩标准方面有所改进——引入了客户评分和大量的读者评论来代替销售人员的建议。此外，随着技术的进步，"预览"功能使客户可以浏览感兴趣的书籍中的至少某些页面。因此，在线购买图书的比例显著增加。亚马逊进入德国市场仅15年后，其在德国的图书相关收入就接近20亿美元，市场份额超过15%。

目前拥有大约1700名员工的德国图书零售商胡根杜贝尔(Hugendubel)，尤其受到这种变革的挑战。胡根杜贝尔书店成立于1893年，当时海因里希·卡尔·古斯塔夫·胡根杜贝尔(Heinrich Karl Gustav Hugendubel)收购了慕尼黑市中心的一家书店，书店的所有权和经营权代代相传。1964年，海因里希·胡根杜贝尔(Heinrich Hugendubel)被任命为经理，并开始通过在慕尼黑和其他德国城市设立分支机构来扩展业务。据说，胡根杜贝尔这个拥有自助服务和阅读角的大型"图书体验世界"商店正在彻底改变图书零售业。

20世纪80年代，该公司扩展到出版业，并收购了其他几家零售商。到21世纪初，胡根杜贝尔已经成为德国最大的图书零售商之一。

它的成功建立在优质产品和低价产品的结合上。其家族管理者尼娜·胡根杜贝尔(Nina Hugendubel)在2004年的一次采访中说："我们将继续以这种方式工作，因为这是正确的组合。"在21世纪初的采访中，尼娜·胡根杜贝尔强调实体书零售商仍然是"商业的核心"。她的哥哥马克西米利安·胡根杜贝尔(Maximilian Hugendubel)承认，这个行业的利润率低于其他行业，但他强调了自己在商店观察顾客时所感受到的快乐。他还提到，在他看来，这家公司的主要竞争对手是电影院和自助餐厅，而不是亚马逊——事后看来，这一评估是有争议的。

胡根杜贝尔公司的成功在亚马逊成功打入德国市场后不久宣告结束，营收开始缩水。为了对抗在不断变化的环境中日益激烈的竞争，胡根杜贝尔于2006年与另一家知名企业威尔士(Weltbild)合并。正如胡根杜贝尔的所有者兼经理所解释的那样，这次合并"旨在保留德国图书零售业独特的多样性和工作岗位"。然而，随着威尔士在2014年申请破产，两家知名零售商的联合只持续了几年。

到21世纪第一个十年结束时，胡根杜贝尔似乎已经落入了"高端市场陷阱"(参见附注"家族企业和颠覆性技术"以及图8.2)。2009年，胡根杜贝尔启动了一个大规模的裁员项目。此外，该公司还关闭了50家书店中的几家，其中包括位于慕尼黑的原公司大楼。

但是,家族企业的所有者兼经理马克西米利安(Maximilian)和妮娜从未放弃。正如他们在几次接受媒体采访时所解释的那样,他们采取了反复试验的方法,以提高他们对哪些概念在未来可能奏效的理解。当他们意识到除了采用在线图书零售之外没有其他可持续的选择时,他们为公司建立了一个移动在线销售平台。互联网平台的设计目的不仅是提供亚马逊所能提供的服务,还包括其他广泛的服务。为了在这个新渠道上取得成功,所有者兼经理投入了大量资源说服自己的员工相信胡根杜贝尔的网络平台不应该被视为核心业务的竞争对手。截至2014年秋,胡根杜贝尔似乎找到了摆脱家族企业创新者困境的方法。

思考题:

1.亚马逊进军德国市场,能否被视为德国图书零售商颠覆性技术的出现?如果是这样,为什么?

2.你能找出哪些(家族特有的)因素阻碍了胡根杜贝尔适应不断变化的环境?

3.在最终采用新技术时,胡根杜贝尔可以利用家族企业特有的哪些优势?

8.2 家族企业的寿命

在对家族企业继承的研究中,Ward(1987)分析了家族企业内部继承的成功率,从而分析了家族企业的寿命。他发现,有30%的公司可以在第二代中生存,13%的公司可以在第三代中生存,而只有3%的公司可以在第三代之后生存。这种悲观的观点被"三代从衬衫到衬衫"这句俗语所概括,这句话在许多文化中被用来描述家族企业在三代人之内的衰落(Zellweger,Nason,Nordqvist,2012)。一般而言,无论类型如何,公司很少能生存一百年以上。对世界上最古老的公司的调查(见表8.1)表明,长寿的公司确实是一个罕见的现象。

表 8.1 世界上最古老的公司

创立年份	公司名称	原产国	行业	是否仍在创始家族的控制之下	公司规模
公元 705 年	西山温泉(Nishiyama Onsen Keiunkan)	日本	酒店	否	小规模
公元 717 年	科曼(Koman)	日本	酒店	否	小规模
公元 718 年	星志旅馆(Hoshi Ryokan)	日本	酒店	否	小规模
公元 760 年	开创科技(TECH Kaihatsu)	日本	机械类	否	小规模
公元 771 年	玄田重代(GendaShigyo)	日本	纸袋	否	小规模
公元 803 年	史蒂夫斯凯勒圣彼得(Stiftskeller St.Peter)	奥地利	餐馆	否	小规模

续表

创立 年份	公司名称	原产国	行业	是否仍在创始 家族的控制之下	公司规模
公元 862 年	斯塔夫尔特霍夫（Staffelter Hof）	德国	酿造厂	否	小规模
公元 885 年	田中伊贺（Tanaka-Iga）	日本	宗教用品	否	小规模
公元 900 年	肖恩酒吧（Sean's Bar）	爱尔兰	酒馆	否	小规模
公元 953 年	宾利武器（The Bingley Arms）	英国	酒馆	否	小规模
公元 970 年	中村沙棘（NakamuraShaji）	日本	建筑业	否	小规模
公元 1000 年	古兰城堡（Château de Goulaine）	法国	酿造厂	否	小规模
公元 1000 年	马里内利（Marinelli）	意大利	铸造厂	是	中等规模
公元 1000 年	一文字屋和辅（Chimonjiya Wasuke）	日本	甜食业	否	小规模

资料来源：改编自维基百科

尽管表 8.1 所列的公司实现了令人印象深刻的长寿，但只有马里内利（Marinelli）这家企业仍在创始家族的控制之下，这给家族企业提出了一个重要问题：如何才能实现家族企业的长寿（这里的长寿定义为家族企业在多代人之间的延续）？研究人员 Peter Jaskiewicz、Jim Comb 和 Sabine Rau（2015）对德国家族控制的酿酒厂进行了一项有趣的研究，研究发现家族企业长寿的三大战略驱动力是：

1.战略教育

在所有长寿家族企业中，继任者都对家族企业进行了有价值的研究。在酿酒厂的背景下，许多下一代家族成员都是从技术学校或大学/学院毕业的，因此获得了相对较高的通识教育水平。或者，在加入家族企业之前，继任者有国内或国际葡萄酒行业的工作经验。

2.企业家桥梁

在进入家族企业后，现任者指导继任者，因此在一段时间内，现任者仍承担公司的全部责任。在这段时间里，继任者从现任者那里获得资源和权力，以开始他/她自己的项目。最重要的是，现任者会接受继任者所实施的变革。就酿酒厂而言，这种由老一代和年轻一代同时参与管理的做法持续了几年（长达三年），在此期间，年轻的家族成员有时在公司兼职工作。企业家桥梁的概念让我们想起了我们在第七章中关于"如何培养接班人"的讨论，以及父母需要在下一代家族成员之间创造自主、竞争力和亲密感的必要性。

3.战略转型

长寿的家族企业在对待继任者的问题上也有独特的立场。特别是，老一代通过将潜在的姻亲融入家族（以将继任者作为资源保留）来支持年轻一代。例如，继任者的配偶定期参加家族活动。最重要的是，老一代还保护了继任者，使其不必承担购买兄弟公司股份（以保留公司内部的资本）的负担。

在收购兄弟姐妹公司的问题上,那些长寿的家族认为,至关重要的是,继承不能造成削弱未来企业精神的公司债务或继承人债务。

尽管一些家长对孩子之间的不平等待遇表示关注,但他们相信,即使是得到较少的儿孙也可以享受到更好的生活,因为他们极大地受益于社会及(如果有可能的话)来自一个持续的、创业的、成功的家族企业的部分资金支持。这些家长认为,公司的成功是传承家族创业精神的关键,也是所有家族成员长期支持的核心来源。如果他们以平等对待的名义损害家族企业,从长远来看可能会对更多的家族成员造成更大的伤害。当企业和现金流在各个世代中被分成越来越小的部分时,它就会消失,取而代之的是,家族成员在继承不成比例的财富份额的同时,也继承了保护其兄弟姐妹和家族的社会义务。(Jaskiewicz,Comb,Rau,2015)

相对于其他兄弟姐妹,这种不公平的待遇是合理的,因为继任者并不是真正的所有者而是公司的看管人。因此,将全部所有权转移给一个孩子是合法的"附带条件的礼物",即继任者不应出售该公司并获得给予他或她的不相称的价值,家族企业的连续性带来了一些隐含的义务。在酿酒厂的研究中,一位继任者以这样的论点来支持他认为不公平待遇是合理的观点:

"我从父亲那里继承了整个酿酒厂,因此我的兄弟姐妹不得不放弃他们合法的继承财产。尽管他们没有得到交换的物质价值,他们得到了其他东西,但这并不等于其股份的真实价值。如果按照法律行事,他们本可以要求更多。这意味着我有责任为我的兄弟姐妹维持一个开放的家族。这是他们儿时的家,现在依然如此。我还负责公司的维护、进一步发展和传承——但我不能把它卖掉。"(Jaskiewicz,Comb,Rau,2015)

因此,研究报告的作者得出结论,不涉及收购的战略转型对于在不用担心债务或家族内讧的情况下寻求创业机会的继任者而言是至关重要的。

这一发现很有趣,原因有很多:首先,在德国,继承法限制了遗产对后代的不平等转让。因此,控制这些历史悠久的家族企业的家族不得不制定自己的家族内部资产规划条例,这与官方法律法规是相抵触的。显然,不被看好的兄弟姐妹愿意接受这种不平等的待遇,以支持家族的创业传统。在这种情况下,兄弟姐妹通常必须签署继承合同,据此我们可以假设这种方式在具有凝聚力的家族中更可行。

这种特殊的规定似乎是保持所有权集中所必需的,特别是在对无遗嘱死亡法律有限制性和不太宽松的国家,如许多民法国家。相比之下,在美国、英国、澳大利亚、以色列、墨西哥和中国香港等遗嘱自由程度较高的国家和地区,则不需要此类家族内部法规(有关遗嘱自由的更多详细信息参见第 7 章。)因此,在这些民法国家,保持所有权集中并因此保持创业精神应该更容易。

这项关于家族企业在同一家族手中的寿命的研究提出了进一步的因素,这些因素会给下一代留下企业家的遗产。例如,当家族后代能够为前几代人的创业行为和成就感到自豪,并且知道家族和企业是如何度过危机和灾难的时候,似乎有助于延长家族企业的寿命。此外,家族内部的相互支持以及因此而形成的家族凝聚力,有助于讨论由谁来接管以及在什么条件下接管的问题。家族成员参与彼此的生活以及家族成员之间频繁的互动就证明了这一点。此外,事实证明,下一代家族成员在家族企业中的童年参与对于家族企业的长期成功是有用的。例如，继任者假期在公司工作或提供帮助（Jaskiewicz，Comb，Rau，2015）。

从这个讨论中退一步来说，重要的是要记住，这项研究是在一个相当稳定的行业中进行的，也就是酿酒行业，这个行业随着时间的推移变化相对较小，而且在很大程度上根植于当地。这种情况可能特别适用于代代相传的家族企业。考虑到这一点，下一节将不再讨论家族企业的寿命问题，而是讨论创业家族的长期价值创造，或者更准确地说是跨代价值创造。

8.3 家族企业的跨代价值创造

我们以上的讨论和世界范围内的数据表明，家族企业的真正长寿是一种罕见的现象。但是，从这些例子中我们可以学到更多；事实上，企业的长期生存并不能保证同样令人印象深刻的价值和财富创造。表 8.1 中列出的大多数公司是雇用人数非常有限的小公司。例如，在 Jaskiewicz、Comb 和 Rau（2015）关于酿酒厂的研究中，分析的员工平均人数约为8 名。因此，在许多情况下，长寿和稳固的生存意味着对传统业务的坚持，而在传统业务中，增长机会通常是有限的，甚至是被放弃的。

8.3.1 价值创造与寿命

对于家族企业显然无力在几代人之间实现繁荣和创造价值这种令人沮丧的观点值得重新审视。最重要的是，我们必须认识到上述提到的 30% 的生存率并不是绝望的原因。Aronoff（2001）指出，公开上市的非家族企业的存活率并不高。此外，创业研究报告指出，在所有新成立的公司中，只有大约 50% 的公司能存活超过 5 年。

值得注意的是，鉴于技术、客户的需求以及公司所处的更广泛的社会环境的自然变化，以任何价格留住一家公司可能都不是最好的办法。事实上，不断尝试扭转一家失败的公司，不仅对股东自己，而且对其他利益相关者来说，都可能是一种不负责任的行为。在这方面，我们着重介绍了 Schumpeter（1934）所描述的无休止的创造性破坏过程，新组织还是通过这个过程产生的。新进入一个行业的企业首先会削弱现有企业，然后将其摧毁。因此，放弃、退出和出售可能是失败的对立面，但它们代表着一个必然不可避免失败的公司拥抱未来的关键策略。因此，它们是保护财富的重要手段。

值得注意的是，一些成功的企业家和（家族）企业所有者选择在某个时间点退出他们原来的公司。这种有意的退出不能与船主意识到他们在一艘正在下沉的船上而不得不下船的情况相提并论。相反，这种退出可能以诱人的机会的形式出现，让你退居幕后，卖出并收获长期以来创造的价值。例如，出售（部分）公司股票或股票上市意味着家族对所有权和管理权失去了完全的控制。尽管如此，家族可能会通过少数股权或董事会席位对公司保持一定的影响力。在任何情况下，这种退出并不等同于失败。它们为前所有者创造了重要的价值,并为新所有者控制下的公司创造了新的增长机会,新所有者可能更有能力将公司提升到新的水平。

简而言之,退出并因此限制家族企业的寿命可能是失败的反面,但对以下两者来说都是相关的策略:(1)避免为公司和所有者带来无利可图的未来;(2)抓住有吸引力的机会为公司的所有利益相关者创造价值。相反,为企业谋求长久发展可能意味着放弃价值创造,在极端情况下,可能导致大规模的价值破坏。

8.3.2 关于跨代价值创造的一些证据

对跨代价值创造现象的第一次描述性研究为支持上述论点提供了令人印象深刻的证据,特别是关于家族业务活动中需要变革和振兴(例如,随着时间的推移,行业重点的变化就证明了这一点)、多个公司的平行控制以及退出和进入对跨代价值创造的作用的研究(Zellweger,Nason,Nordqvist,2012)。

在这项主要在美国进行的研究中,我们调查了一些平均经营了 60 年家族企业的富裕家族,他们创造的企业目前的平均总销售额达到 1.74 亿美元。因此,我们认为这些家族是跨代创业的好例子。当仔细观察这些财富是如何创造出来的时候,出现了一些有趣的模式。

首先,当前的销售量与单个公司无关,而是平均分配给同一家族控制下的三家公司。平均而言,每个家族控股的公司不止一家,而是三四家,家族企业的总销售量在家族投资组合中的三大公司中平均分配了 74%、18%、8%。同时,我们发现,自家族企业创业活动以来,每个家族都剥离了 1.5 家公司。此外,这些家族在其整个生命周期中控制了 6.1 家公司,这意味着如果我们将关闭或撤资视为一个失败,那么每个家族平均有 2.7(=6.1-3.4)个"失败"。

我们不能完全肯定,这些证据真的区分了那些成功创造了巨大跨代价值的家族和那些在这方面失败的家族——在分析中可能确实存在幸存者偏见。但是,包括后面讨论的案例研究在内的许多观察结果似乎都支持这样的结论:跨代价值创造需要持续不断的变革,尤其是需要从商业活动中退出。

8.3.3 跨代价值创造的定义

到目前为止,我们已经了解到跨代价值创造并不一定涉及避免图 8.3 中向下箭头所示的"从衬衫到衬衫"范式。此外,如图 8.3 中的水平箭头所示,这种观点并不要求如何延续现有业务并因此放弃增长机会。相反,它关注的是一个家族如何通过控制企业在几代人之间创造价值,如图 8.3 中向上的箭头所示。

作为跨代创业概念的延伸(Zellweger,Nordqvis,2010),我们可以将"跨代价值创造"定义如下:

跨代价值创造描述了家族在几代人之间创造经济和社会价值的过程、结构和资源。

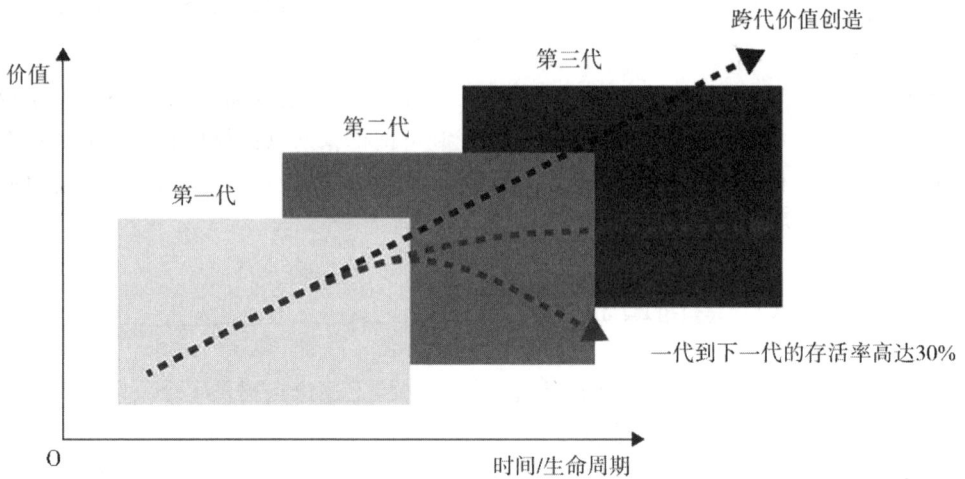

图 8.3　从企业寿命到跨代价值创造

资料来源：改编自 Tim Habbershon 早期关于跨代创业的著作。

8.3.4 跨代价值创造：一个模型

根据上述讨论，我们可以更仔细地研究跨代价值创造的组成部分，并探索如何跨代地创造价值。这一观点在很多方面偏离了传统的长寿观点以及对公司稳定性、家族内部继承和价值保存的相关关注（Zellweger，Nason，Nordqvist，2012）。图 8.4 描绘了跨代价值创造的核心组成部分。

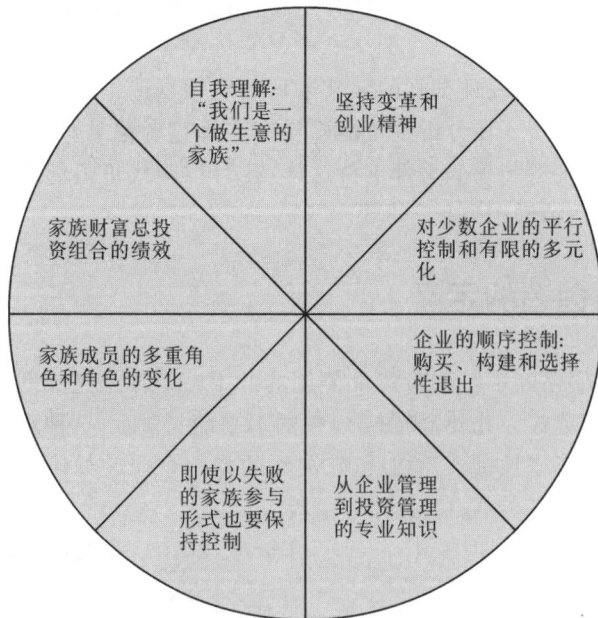

图 8.4　跨代价值创造的要素

1.坚持变革和创业精神

传统的长寿观点强调企业的持久性,最理想的是在最初的业务活动中。寻求长寿的公司花费大量的精力,以一种开发的方式不断改进现有的技术和生产过程。相反,跨代价值创造的观点则侧重于变革和创业精神。因此,这一视角重视在现有企业或新企业中发生的变化和新风险的探索。因此,对于追求跨代价值创造的家族来说,重要的是要记住每一代人都是第一代——每一代人都必须重新参与创业,从而创新和承担风险。

通过对公司创业的研究(Lumpkin,Dess,1996),我们知道,创业公司的关键特征包括(在高层和较低层级的)决策自主性、创新性、主动性和风险承担。学者和从业者都认为企业精神和绩效之间存在着积极的联系。基于变革和创业精神在跨代价值创造中的核心地位,我们开发了一种工具来分析公司的创业水平(见表8.2)。

表 8.2　创业水平自我评估

创业维度	低	中	高	注释
自主性 公司内部人员具有创造的自由、推动想法实现的自由和改变做事方式的自由				对目前水平的满意程度: 进一步增加的障碍:
创新性 倾向于参与和支持可能导致新产品、服务或技术过程的新思想、实验和创造性过程				对目前水平的满意程度: 进一步增加的障碍:
主动性 通过预测和追求新的机会来采取战略行动:未雨绸缪				对目前水平的满意程度: 进一步增加的障碍:
风险承担 管理者愿意做出有合理失败可能性的资源承诺的程度				对目前水平的满意程度: 进一步增加的障碍:

思考题:

在创业过程中存在障碍:

1.在家族手中保留跨代控制的愿望在多大程度上阻碍了创业?它是如何做到的呢?

2.与家族和公司有关的声誉问题在多大程度上阻碍了创业?它是如何做到的呢?

3.维持家族和公司的个人关系的愿望会在多大程度上阻碍创业?它是如何做到的呢?

拓展阅读

王朝的命运与不幸

哈佛大学商业史教授戴维·兰德斯(David Landes)在其 2008 年出版的《王朝:全球杰出家族企业的幸与不幸》一书中,探讨了商业王朝的兴衰。他的历史记载表明,导致许多商业王朝灭亡的原因，与其说是缺乏管理技能，不如说是下一代家族成员对企业的兴趣不够，他们在家族企业之外追求事业和奢华的生活方式。戴维·兰德斯认为："在一个混淆了等级与功绩，为了卓越而牺牲成就的社会里，存在着社会晋升和商业降级的情况。"实际上，许多后代家族企业，尤其讽刺的是那些特别成功的家族企业，逐渐地倾向于把使成功家族企业逐步获得资本和权力的工业世界和商业世界看作是"一种粗俗的、次等的活动，是低于贵族的尊严"。

在探索巴林家族、罗斯柴尔德家族、摩根家族、福特家族和阿涅利斯家族等王朝的命运时，他发现每个王朝都在某些世代中发挥了显著的财务和社会力量，最终因自身的成功而窒息，因为只有少数可能被证明是有价值的继任者，他们的财富和地位使他们能够从事更有吸引力的事业。这种模式在家族王朝的历史中反复出现，也是我们在本研究中的其他部分会遇到的。连续性问题是家族企业经常遇到的问题。当然，失败会扼杀企业，但因为财富的种种消遣和诱惑，成功也同样会扼杀企业。

兰德斯发现，后代家族成员对企业不感兴趣、追求更"高尚"的活动，不仅是个人虚荣心的结果，也是社会对待金钱和工业的态度的结果。逃离工业活动，把金钱和时间花在政治事业、文化事业和升入贵族阶层的趋势反映出人们试图摆脱势利、卑鄙小人，而且一定要进入当地机构和精英阶层的形象。

2.同时控制多项业务和有限的多元化

跨代价值创造涵盖了该家族的全部商业活动，更广泛地说，涵盖了该家族的所有资产。它并没有把重点局限于一家公司（"家族公司"）。跨代创造价值的家族往往同时控制着多家公司。因此，他们控制着企业的投资组合，而且往往控制着房地产和流动性资产等其他资产。这一重要观点意味着，我们不能把一家公司的衰落等同于家族整体经济命运的衰落。资产可以在整个投资组合中转移和重新部署，以促进增长并降低投资组合风险。尽管投资组合中可能会有一家重点公司——通常是规模最大、最引人注目、对家族历史至关重要的公司——但它可能不是家族投资组合中最赚钱或最有活力的公司。未来的增长和价值可能源自家族投资组合中的更多辅助投资。

第8.3.2节记录了同时控制多项业务对美国企业跨代价值创造的重要性。然而，这绝不是美国独有的现象。例如，在东南亚，控制一家上市公司的家族通常不只拥有一家公司——平均而言，他们控制着1.58家上市公司（Carney，Child，2013）。欧洲也有类似的证据。例如，瓦伦堡（Wallenberg）家族控制着瑞典的20多家公司。

从事跨代价值创造的家族必须决定是集中财富还是分散财富。换句话说，他们必须考虑是否应该把他们的资产投入单个企业或多个企业中。预测商业活动的集中或多元化是否会带来更高的财务收益和创造更多的价值是困难的。多元化减少了投资组合价值的波动，将财富投入多个篮子可以限制企业倒闭带来的损失。但是，多元化也可能损害绩效，因为多样化的投资组合更难控制，因此使治理成本更高。此外，多元化限制了在不相关的活动中发挥协同作用和学习的机会，从而阻碍了增长。此外，从社会情感的角度来看，多元化并没有吸引力，因为它需要向非家族专家以及最终的非家族所有者开放控制权，背离最初的商业重点，并削弱了家族企业一贯的形象和声誉。

在实践中，追求跨代价值创造的家族通过选择相对集中的财富状况来解决多元化还是集中化的难题(Gomez-Mejia,Makri,Kintana,2010)。尽管家族可能拥有多家企业,但他们的大部分财富通常都与一项投资挂钩。例如,在上面提到的美国家族中,每个家族的投资组合中平均有 70% 的销售额与一家公司有关。[①] 在德国富有的商业家族中类似的趋势也很明显(Zellweger,Kammerlander,2014)。即使富裕的德国家族可以控制大量公司(平均 75 家公司,其中大多数是控股公司、投资工具、家族办公室和类似组织),但平均而言,这些家族总控制资产的三分之二和总销售额的 45% 都集中在一项投资中。

当追求有限程度的多元化时,家族有时会寻求使公司本身多元化。在这种情况下,主要公司从事不相关的业务,并作为一种多元化的企业集团来运作。以德国上市家族企业汉高(Henkel)为例。汉高的家族股东一度决定积极参与同一集团下的三项业务:洗衣和家居护理、美容护理和黏合剂技术。这些企业提供的协同效应有限,但它们有不同的风险状况,遵循不同的行业周期,这降低了家族的整体投资组合风险。

另外,一个家族可能决定在不相关的行业投资多个独立的企业。在这种情况下,多元化发生在家族财富层面,因此,这使得每个企业都可以在主营业务之外专注于自己的优势。这些家族可能会设立投资办事处或控股公司,在其他通常不相关的领域中进行直接投资。例如,瑞典的瓦伦堡家族通过投资者(Investor,一家公开上市的控股公司)控制着一系列行业中的 20 多项投资,而该公司由瓦伦堡基金会控制(关于瓦伦堡家族如何追求跨代价值创造的更多信息,参见本章中的案例研究)。丹麦的克里斯蒂安森(Kristiansen)家族也采取了类似的做法,它成立了一家控股公司,控制着乐高和其他几项投资。

综上所述,我们发现许多能够跨代创造价值的家族,通常都持有不止一家企业。与此同时,它们通常不持有广泛多元化的资产组合。[②] 相反,这些家族并行控制有限数量的企业。换句话说,这些家族把大部分鸡蛋放在有限数量的篮子里,然后非常仔细地看管这些篮子。

3.企业的顺序控制:购买、建立和选择性退出

Ward(1987)对家族企业寿命进行的重要分析发现,在被研究的企业中,只有 13% 的企业保持完整,且直到第三代仍处于家族控制之下。这一统计数据为以下论点提供了依据,即只有 30% 的家族企业传至第二代。然而,这项研究忽略了一个事实,即总共有 20%(而不是 13%)的公司存活了下来,但有些公司在三代之后就不再由原来的家族所有者持有了。一些(5%)被出售给了外部人员,而另一些(2%)则上市了。从跨代价值创造的角度来看,这 7% 不能被视为失败,原因有二:首先,家族可以通过投票权或其他控制机制来保留对上市公司的控制权。实际上,《财富》500 强公司中有 35% 仍由家族控制(Anderson,Reeb,2003b)。其次,更重要的是,退出企业的战略举措可能会极大地增加家族的财富和资源,然后可以将其重新部署到新企业中。

当然,跨代价值创造可以通过在家族企业内部开展新企业来实现。然而,在企业走下坡路或有吸引力的退出机会出现时,退出并相应重新部署新企业中的资产可能是一个有

---

① 因此,我们假设销售量是价值的合理代表。

② 这种对低水平多元化的观察是重要和有趣的,因为它在一定程度上挑战了投资组合理论,该理论建议投资者应该持有高度多元化的投资组合。

吸引力的战略。退出和进入一个新企业可以依此进行，即资产从一个企业逐渐转移到下一个企业。或者，这些步骤也可以通过完成公司的全部出售后再收购另一家公司来实现。总之，跨代创造价值的家族依次从事企业投资，使得他们可以进入和退出企业活动，目的就是跨越时间和世代创造价值。

因此，追求跨代价值创造的家族需要关注家族与企业之间的资源流动，例如，公司可受益于家族提供的财政资源或通过家族网络向公司提供的社会资本。相反，家族可能会从公司的财务成功中受益，或者可能由于公司建立的联系而扩展其网络。换句话说，公司的部分可用资源是由家族提供的，反之亦然（Nordqvist，Zellweger，2010）。从这种跨层次的角度来看，家族和企业既是资源的提供者又是接收者。

从跨代的角度来看，这种相互的资源交换尤为重要，因为资源的类型以及家族与企业之间的资源流动的数量和方向会随着时间而变化。在创业初期，许多企业在一定程度上受益于家族的参与，资源从家族流向企业。家族成员往往是唯一为新成立的公司融资和提供廉价劳动力的投资者。然而，随着公司的成功，家族开始受益于公司产生的红利、社会资本和声誉等形式的资源。因此，资源流在公司的生命周期中会改变方向，并且交换的资源类型也可以改变。

对于家族来说，跨代价值创造的关键问题是资源主要是从企业流向家族还是从家族流向企业。换句话说，企业是为家族而存在，还是家族为企业而存在？这个问题最好从动态的角度来回答。当企业处于起步阶段或正处于转型阶段，因此具有一定的增长潜力时，家族成员最好通过注入必要的资源来帮助企业。相反，处在饱和或衰退的市场中经营的企业，主要是企业为家族提供资源。在这种情况下，家族收集资源，以便重新部署到另一个企业中去。

最重要的是，跨代价值创造意味着家族愿意将其创造的资源再投资到另一个企业中。太多的家族满足于把创造财富看作是一条单行道，以至于企业被看作是为家族而存在，而不是相反。真正伟大的商业家族愿意在主营业务范围之内或之外开展新的创业活动——他们的创业精神和冒险意愿代代相传。

综上所述，这意味着企业家族愿意将企业产生的资金集中在一家家族控股公司中。虽然控股公司可能会支付稳定的股息，但家族不会将所有股息收入支付给个人股东。相反，至少有一部分资金被放在一起，目的是将它们重新分配给另一个有前途的新企业。

案例研究

捷拉斯（Gallus）集团的跨代价值创造

捷拉斯（Gallus）和海德堡（Heidelberg）紧密合作

捷拉斯与海德堡印刷机械股份公司（Heidelberger Druckmaschinen AG）合作，致力于加速数字标签印刷机的发展，费迪南德·鲁斯（Ferdinand Ruesch）将其70％的捷拉斯股份投入海德堡公司，并因此成为该公司的主要股东。

费迪南德·鲁斯控制的瑞士公司——鲁斯股份有限公司（Ruesch AG）将以实物出资

的方式向海德堡印刷机械股份公司出资其持有的捷拉斯控股公司(Galus Holding AG)70％的股份,以应对海德堡新股份的发行。交易完成后,海德堡印刷机械股份公司将直接或间接持有捷拉斯控股公司100％的股份。因此,费迪南德·鲁斯将持有海德堡公司约9％的股份,并成为其主要股东。自1999年以来,海德堡公司已持有捷拉斯公司30％的股份,两家公司在技术和销售方面有着密切的合作。

捷拉斯控股公司的全面收购计划加速了海德堡数字产品在标签行业的发展和应用。今年9月,海德堡和捷拉斯将在捷拉斯创新日(Gallus Innovation Days)上发布一款全新的标签数字印刷系统,该系统采用了富士胶片(Fujifilm)技术。捷拉斯将继续以其品牌名称和目前的管理方式运作。捷拉斯将继续专注于发展、生产和销售/服务专为标签打印机设计的窄卷纸印刷机,以及用于折叠纸盒转换器的宽卷纸印刷机和模切机。

捷拉斯集团的背景资料

捷拉斯集团是世界上开发、生产和销售专为标签制造商设计的窄幅卷筒纸印刷机的全球市场领导者。其折叠纸盒业务提供了一系列的压力机和模切机,以经济高效地在线生产折叠纸箱和纸板产品。广泛的丝网印刷版(Gallus Screeny)、全球分散的服务业务以及广泛的印刷配件和替换零件供应增强了机器投资组合。全面的产品组合还包括标签专家在所有相关的印刷和工艺工程任务中提供的咨询服务。捷拉斯雇用了大约560人,其中260人在瑞士。

资料来源:捷拉斯集团的新闻稿,2014年6月10日。

思考题:

1.请从以下角度评估捷拉斯控股公司的销售:(1)传承角度;(2)跨代价值创造的角度。

2.你会认为把捷拉斯的股份卖给海德堡是失败吗? 为什么?

3.考虑到海德堡的新投资,费迪南德·鲁斯将如何确保跨代价值创造?

上述投资行为可以很好地描述为"购买,建立和选择性退出"企业的过程。在创始阶段,我们看到了一个著名的企业家的形象,他建立了一个所有者管理的公司。这个集团有时会延续到创始一代之后。然而,在大多数情况下,家族需要经历三个步骤的投资周期:

(1)购买:家族企业购买一家有发展潜力的成熟公司的股份。需要注意的是这些家族的核心投资并不在初创公司。

(2)建立:该公司的股份是通过几年甚至几代收购互补企业、分拆和合并的方式发展起来的。

(3)选择性退出:家族通过积极创造退出机会,例如通过其他投资者的进入或首次公开发行(IPO),达到投资的部分或全部退出。

家族持有的个人投资不管投资在主营业务范围内还是投资在公司内都是通过这三个步骤进行操作。第二步是在各企业耐心地发展和培育的构建阶段,这一阶段可能需要花费很多年甚至几代人的时间。例如,家族可以增加其在一个繁荣企业中的股份,获得互补业务、剥离不相容的活动或将企业与另一家公司合并,以增加市场份额。所有这些措施都旨在创造长期价值。

在"购买、建立和选择性退出"投资周期的第三步中，家族企业积极创造退出机会，这对家族企业尤其重要，也有些出乎意料。家族企业并没有永久地保留自己的企业，而是积极地寻找方法，引入愿意逐步支持公司发展的外部投资者。例如，通过部分出售公司或在股票市场上市以及逐渐减少家族在该公司的股份，使家族能够利用它所创造的价值。

在"跨代价值创造的组成部分"一节中所述的再投资和持续创业的理念中，"购买、建立和选择性退出"的投资周期并没有在步骤 3 中结束。相反，这些家族重新部署了步骤 2 和步骤 3 中产生的资金，以便通过新的业务机会重新启动价值创造引擎。图 8.5 描述了这三个阶段的投资过程。

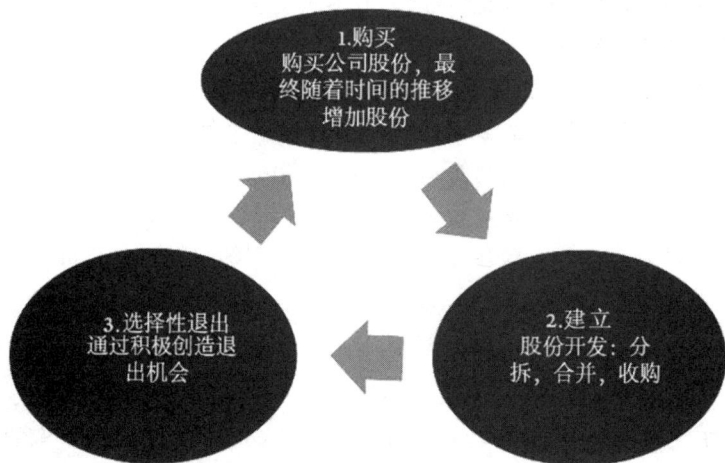

图 8.5　购买、建立和选择性退出

资料来源：Zellweger 和 Kammerlander(2014)

案例研究

德国匡特(Quandts)家族——1883 年以来的跨代价值创造

匡特(Quandt)家族是中欧最杰出的商业家族之一。该家族总部位于德国，以其在宝马的控股权而闻名。然而，仔细观察这个家族财富的出现（2013 年估计约为 200 亿欧元），你会发现，在这个家族跨越一个多世纪的历史中，它对各种企业进行了大规模的调整和后续控制。

1883 年，埃米尔·匡特(Emil Quandt)收购了一家纺织公司，从此家族开始涉足商业。随着化工工业企业的收购、选择性并购、购买和转售奔驰的股份、购买宝马的股份以及其他一系列商业活动的发展和退出，匡特的业务活动在不断增长。家族企业的参与时间表说明了企业的顺序控制和"购买、建立和选择性退出"的投资过程。该时间表从 1883 年的最初投资开始，一直持续到 2013 年（见图 8.6）。

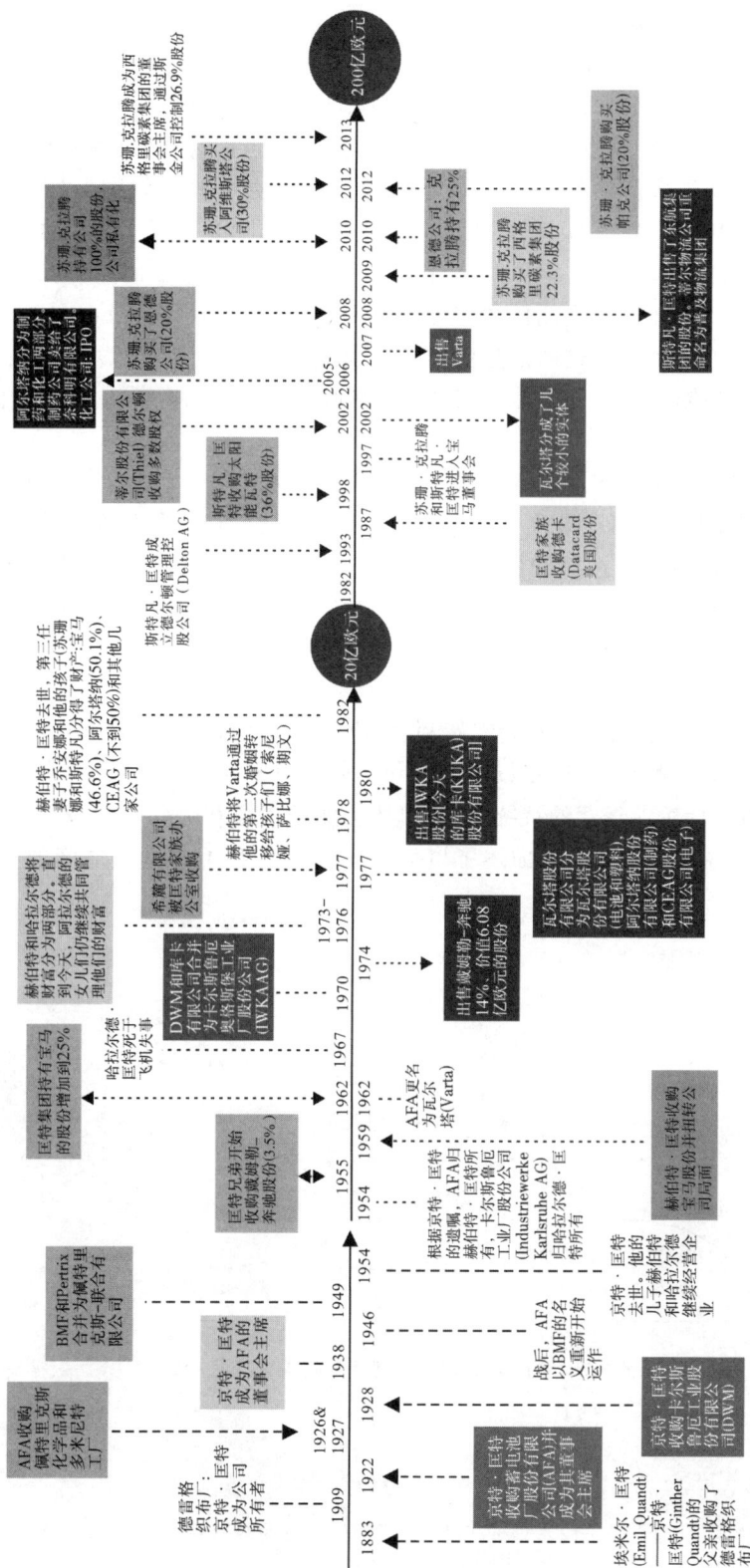

图8.6 匡特家族的业务参与时间表

资料来源：Zellweger和Kammerlander(2014).

4.从企业管理到投资管理的专业知识

从跨代视角下的纵向视角来看,我们必须提出这样一个问题:确保一家已成立企业生存所需的资源和能力,对于管理不断变化且略有差异的商业活动组合是否同样有价值? 对于企业的创建和持续发展而言,特定行业的知识至关重要,因为它包含有关生产和过程的知识,以及如何在重点行业成功经营企业的更一般的知识。然而,考虑到技术、客户需求和制度中持续的、有时甚至是破坏性的变化,这些更一般的知识可能会过时,甚至会限制价值创造。技能的摒弃对于持续的成功是很重要的,因为有经验的人依赖于启发式和思维捷径,这使他们更容易陷入思维模式困境(Shepherd,Zacharakis,Baron,2003)。在动态环境中,这些危险变得尤为紧迫。此外,对于有长期目标的公司来说,需要摒弃旧的技能,学习新的技能,因为随着时间的推移,遇到需要适应的变化的可能性会增加。

特定于公司和行业的知识对于成功管理动态的商业组合可能尤其会形成问题。此类资产的管理需要“元产业专业知识”。元产业的专业知识包括有关企业管理的一般知识,如战略规划、投资组合管理、投资和风险分析、并购、会计和激励管理的知识。更广泛地说,它还包括关于公司层面的战略制定和治理的知识。因此,当特定于公司和行业的知识变得过时,甚至经常随着时间的流逝而受到限制时,其他知识(如元产业专业知识)就变得越来越重要。

Sieger 等(2011)分析了来自爱尔兰、智利、危地马拉和法国的能够在几代人中创造重大价值的企业家族,发现元产业网络以及家族和企业的声誉随着时间的推移变得越来越重要。例如,随着家族企业运营的持续成功,家族企业的声誉和人脉也超越了行业界限,带来了源源不断的商机。[①] 图 8.7 描述了资源在不同时代和不同世代之间的相关性的变化。

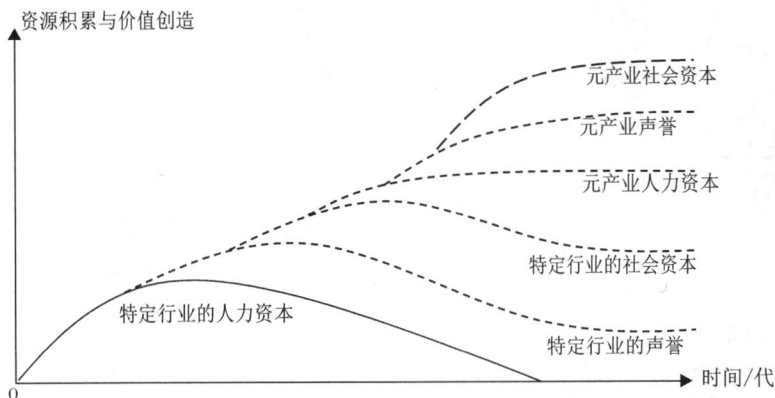

图 8.7　资源与跨代价值创造的相关性变化

资料来源:改编自 Seiger 等(2011)。

---

① 在获得大学学位(通常是工商管理或工程)的下一代成员的教育中,也可以看出这种向综合管理能力的转变,使他们具备更多的一般管理知识和更少的行业/公司特定知识。

从经营一个特定的企业到监督一个投资组合的转变远非易事。在许多家族企业中，投资管理活动的积累是随着企业主要业务的持续成功而逐步进行的。这使家族有时间发展必要的结构和能力。

当角色快速变化时，比如一个家族在一次交易中出售了所有的业务活动，从创业到投资管理的转变就会变得困难得多。在这种情况下，前企业家或创业家族会用自己的业务活动换取一大笔现金。通常情况下，经历这种清偿事件的企业家和家族低估了与他们新的投资者角色相关的挑战。如表 8.3 所述，这些挑战涉及多个范畴，例如有关人士的社会角色、财富的流动性和多样化、所需的专业知识、监管环境、下一代的职业机会和管治。

表 8.3　企业管理与投资管理之间的差异

	企业管理（流动性积累和流动性事件发生之前）	投资管理（流动性积累和流动性事件发生之后）
社会角色	企业家	投资者
财富的流动性	多为非流动性	多为流动性
资产类别	主要是股权，自有公司	跨资产多元化
多样化程度	低	高
风险收益曲线	高	低到中等
风险规避程度	有限："大有收获"的态度	高："失去很多"的态度
资产识别	大多数情况下都很高	较低并随时间减少
情感价值	高	低
所需专业知识	企业管理	资产管理
报酬	薪金、股息、私人控制收益	总回报
监管环境	私法和公司法	银行法、金融市场法规、税法
为下一代提供就业机会	可以提供	非常有限
治理	公司治理	财富与家族治理

5.维持尽量宽松形式的家族参与

拥有多家企业的所有权代表了家族在监管和维护控制方面的重大挑战。一个家族很难单独经营一个规模较大、略有多样化的公司，因为活动可能过于复杂和庞大。因此，非家族专业知识是跨代价值创造的关键要素。追求跨代价值创造的家族明白，他们必须开放并接受较为宽松的家族控制形式，例如管理团队、董事会和所有权。

然而，拥有一家企业的目的是创造价值，同时也带来了监督和控制家族活动的责任。在缺乏控制和问责制的情况下，企业的努力缺乏重点，无法充分发挥作用。金融投资可能会助长停滞和惰性，而不是创新和增长。鉴于其经济和社会情感激励措施的考虑，家族有充分的理由确保对企业进行有效且有远见的管理。这使家族有动力去控制和监督自己的资产。

不幸的是，太多的家族认为将董事会和管理职能下放给聘请的专家已经足够了。这种观点在很多情况下是幼稚的。如果只是听从雇佣的专家的意见，家族就会把控制权交给他人，从而有失去控制权的风险。如果企业运营失败，外部人士的损失往往会少一些，因此，他们也就没有那么大的动力来确保公司资源的有效配置。然而，鉴于家族以外的人才储备更大，非家族成员应该能够贡献出原本缺乏的关键知识。因此，尽管外部人员可能不是最好的监督者，但他们可能是不可或缺的经理和顾问。

因此，将家族成员参与监管和控制与非家族成员参与管理和咨询相结合的公司治理是有效的，且有助于跨代价值创造。家族需要始终参与治理，而非家族专家应根据所需的专业知识出任和退出董事会和管理岗位。因此，跨代价值创造的公司治理意味着在不丧失控制权的情况下进行管理权的委托。

6.家族成员的多重角色和角色的变化

在家族企业传统的长寿观点中，首选的继任途径是下一代家族成员从上一代人手中接过最高管理职位，尤其是首席执行官一职。相比之下，从跨代价值创造的角度来看，一个成功的家族内部继承，不仅仅是将最高管理职位分配给下一代家族成员。积极的所有者、董事会成员、家族管理人员和经理都是下一代家族成员可能的角色。因此，跨代价值创造为下一代成员创造了各种继承选择。

考虑到我们对家族企业治理的思考（详见第5章"家族企业的治理"），家族成员可考虑从事各种工作。根据家族、企业、所有权和财富治理方面的预期，家族成员可以扮演不同的角色。在公司的运作方面，这些角色可以是正式员工、高层管理团队成员或首席执行官。在董事会层面，家族成员可以作为董事会成员或董事会主席参与。在所有权层面，家族成员可以是被动的所有者，也可以作为家族股东的代表。在家族层面，一些家族成员可能在家族委员会中服务，而另一些成员可能协调家族的社会或慈善活动。在家族财富层面，家族成员可以承担一些与家族财富管理相关的角色。

此外，家族成员的工作可能也不是固定不变的。家族成员可以在一段时间内当选，然后轮换担任新的角色。

7.专注于家族财富的整体表现

跨代价值创造的观点与传统家族企业的观点不同，因为它将分析层面从企业转移到作为价值创造驱动力的家族上。因此，价值创造的核心是家族发起、管理和收获价值的能力，而不是企业的业绩或寿命。传统上我们将企业视为增长的引擎（即家族企业的业绩），而从跨代价值创造的角度来看，衡量成功的最终标准是家族能够创造价值的程度。

因此，仅靠生存、独立性、规模或业绩等公司层面的成果来衡量一个家族价值创造能力的成功程度是不够的。家族关注的是家族财富的整体表现，如表8.4所示。表8.4所用的报告工具概述了一个家族资产组合的业绩，其中包括三家企业、三栋办公楼和流动性财富。

表 8.4 家族总财富概览举例

企业运营①

	企业 1	企业 2	企业 3	合计
销售量	10 500	20 000	25 000	55 500
税息折旧及摊销前利润	2 000	1 300	8 000	11 300
息税前利润	1 500	500	5 000	7 000
利润	1 200	400	4 000	5 600
现金	500	2 000	2 000	4 500
净营运资本	200	1 200	1 500	2 900
订单输入	5 000	8 000	15 000	28 000
存货	1 000	2 000	780	3 780
净资产收益率	8%	4%	15%	
销售利润率	3%	2%	6%	
杠杆	1	1.5	1.2	

不动产②

	位置 1	位置 2	位置 3	合计
租金收入	350	800	1 200	2 350
维护费	100	200	100	400
利息费用	100	240	450	790
利润	150	360	650	1160
剩余按揭	2 000	4 000	10 000	16 000
抵押贷款利率	5%	6%	4.50%	
公允价值估计	5 000	10 000	15 000	30 000
收益	3.0%	3.6%	4.3%	

流动性财富③

现金	5 000
上市公司股份	2 500
投资基金	4 000
债券	6 000
风险投资基金	2 000
合计	19 500

① 资料来源:企业运营的计划和报告,每月损益表,每月报告现金流量表,每月对个别公司的销售、营销、竞争、财务与控制、人力资源、生产等方面的简短评论。

② 资料来源:不动产规划与报告、月度损益状况报告。

③ 资料来源:流动性财富的规划和报告、每月结余报告。

8.重新识别：我们是"企业家族"

价值创造的中心角色从企业转移到家族，需要家族发展一种新的自我理解。希望在一个动态的商业环境中长期创造价值的家族必须逐步调整他们的自我理解。在向类似于投资者进出企业的角色转变的过程中，家族将会遇到困难，因为他们倾向于将自己视为家族企业的养育者，其传统核心活动可以追溯到创始人。最终，家族会发现识别"家族企业"具有挑战性。家族需要把自己视为一群积极参与企业管理的个人，这一观点将使家族的自我理解从"家族企业"逐步过渡到"企业家族"。在传统的长寿观点中，这个家族用"我们控制着一个家族企业"或"我们拥有 XYZ 公司"这样的语句来定义自己。相比之下，从跨代价值创造的角度来看，家族通过"我们是一个企业家族"的说法来定义自己，这意味着家族积极参与企业的管理和发展。

随着业务重心的改变，对家族企业活动的认同将成为几代人日益关注的问题。家族企业的身份认同将逐渐变得困难。当前业务活动与原始活动无关并且活动组合多样化时，这一点尤其重要。

因此，任何跨代创造价值的尝试都将不得不应对碎片化、陌生化以及所有权与财富稀释的威胁。对于那些将重心从"企业家"转移到"投资者"的家族来说，情况尤其如此，因为这样的转变往往会降低认同感。因此，对这些家族来说，最重要的是不断更新身份认同和确保家族凝聚力。

案例研究

宝马主要股东匡特（Quandt）家族的跨代价值创造

德国的匡特（Quandt）家族从 1883 年就开始经营。家族拥有的第一家公司是纺织业，但家族多年来进入了化工、电气和汽车业。有趣的是，在 20 世纪下半叶，这个家族是戴姆勒-奔驰（Daimler-Benz）的重要股东，而戴姆勒-奔驰又是宝马的主要竞争对手之一。2013 年，该家族的财富主要投资于德国著名汽车制造商宝马（BMW），在宝马的总持股比例约为 46.6%。

目前这一代人包括大约 20 名家族股东，他们的资产分布在各个行业。家谱分为四个主要分支，每个分支都控制着大量的财富。第三代家族成员约翰娜·匡特（Johanna Quandt）的分支机构在跨代价值创造方面可能是最成功的。在 2013 年，这个分支的财富约 300 亿欧元，主要掌握在三个家族成员手中：约翰娜·匡特和她的两个孩子——斯蒂芬·匡特（Stefan Quandt）和苏珊娜·克拉腾（Susanne Klatten）。

该家族分支机构所拥有的投资组合远远超过了宝马。斯蒂芬·匡特（Stefan Quandt）直接或通过他的投资公司德尔顿（Delton）控制着另外几家公司。这些公司活跃在制药（Heel）、物流[普及物流集团（Logwin）]和数字安全[金雅拓、德卡（Gemalto、Datacard）]等领域。斯蒂芬·匡特和他的妹妹苏珊娜共同持有其中一些投资[比如金雅拓（Gemalto）和德卡（Datacard）]。反过来，苏珊娜直接或通过投资公司 Skion 持有风能设备制造商恩德（Nordex）、生产碳纤维的西格里碳素集团（SGL carbon）和特殊化学品生产商阿尔塔纳(Altana)的股份。这些主要投资的详细情况如图8.8所示。

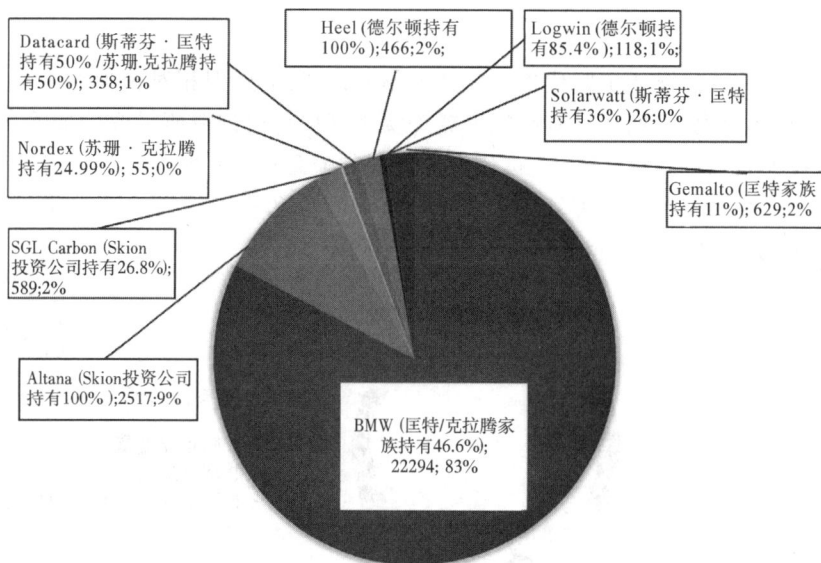

图 8.8　约翰娜·匡特家族分公司的投资

注:上图方框中的内容表明企业名称、约翰娜·匡特家族分公司持有的所有权份额、股权价值以百万计、相对约翰娜·匡特(Johanna Quandt)家族分公司总财富的占比(数据截至 2013 年)。

尽管该家族在多家企业持有股份(该家族还有其他价值相对较小的投资),但其财富却相当单一。据估计,约翰娜·匡特家族分支机构总财富的 83% 与宝马股份有关。

鉴于这样的财富敞口,该家族希望通过积极参与宝马的公司治理来对其施加强有力的影响,这一点并不奇怪。约翰娜·匡特退出宝马董事会后,斯蒂芬·匡特和苏珊娜·克拉腾都加入了董事会。斯蒂芬担任董事会副主席,同时也是董事会所有小组委员会的成员,包括主席委员会(筹备董事会会议)、人事委员会(负责任命和撤销任命管理委员会成员、薪酬和审查管理委员会薪酬制度)、审计委员会(监督财务报告程序、内部控制系统的有效性、风险管理系统、内部审计安排和合规性)和提名委员会(确定合适的董事会候选人);苏珊娜也是提名委员会的成员。

在其他投资企业中,兄妹中至少有一个参与了董事会。然而,该家族并未参与投资组合公司的运营管理。

资料来源:改编自 Zellweger 和 Kammerlander(2014)。感谢 Maximilian Groh 帮助数据收集和分析。

思考题:

1.你会如何评估家族财富的多样化?

2.你将如何评估匡特(Quandt)家族控制财富的能力?

3.在这种情况下,你认识到跨代价值创造的哪些特征?

8.3.5 动态视角下的跨代价值创造

在上一节中,我们概述了跨代价值创造的核心组成部分,但相对较少关注家族应该如何运作。更具体地说,我们还没有研究家族为实现跨代价值创造所采取的步骤。

因此,接下来,我们将开发一个跨代价值创造的流程模型(见图8.9)。该流程模型由两个相互强化、相互交织的管理领域组成——企业管理和投资管理。它描述了家族在管理公司(企业)资产和管理非企业资产时通常经历的阶段。

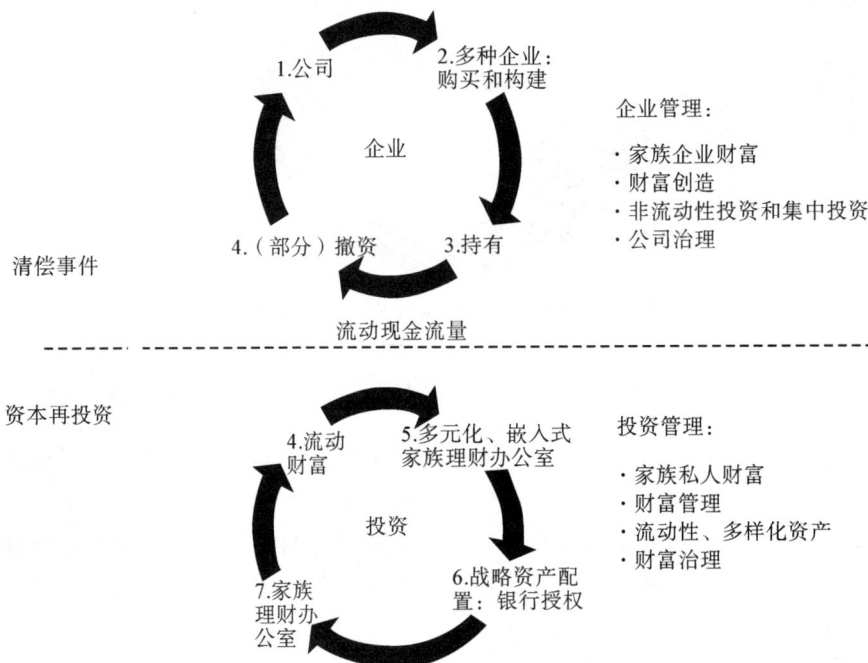

图 8.9 企业管理和投资管理

1.企业管理范围

家族在受控企业方面采取的连续步骤:

(1)由创始人创办的新公司代表着价值创造的第一步。

(2)创始企业的初步成功激发了核心企业活动以外的增长,通常是通过随着时间的推移构建或收购其他企业实现多样化。

(3)多年来,这些企业通过有机增长、收购、合并和战略重组达到了可观的规模。由此产生的复杂性需要建立一个独特的组织,例如控股公司,来处理所有整合的企业活动。这个组织集中了有限的公司职能,包括战略规划、财务和会计。

(4)随着时间的推移,一些企业变得不那么有吸引力了。随着产品和行业周期的结束,增长可能会停滞,一些企业可能会遭受损失,一些企业被关闭、向外部投资者开放、上市或被剥离。因此,家族创造了退出机会,使自己能够收获多年来创造的价值,然后继续开展一系列振兴的活动。

图8.9的上半部分说明了企业管理领域内的这四个财富创造步骤。并非所有公司都通过这个价值创造周期来实现这一目标——有些公司在这个过程中已经不复存在了。企业在整个周期中的前进速度也存在差异,有些企业在几年内完成了这个周期,而另一些企业则需要几代人。

2.投资管理领域

成功地度过商业周期的公司通过工资、股息、控制权的私人利益,特别是与流动性相关活动的收益(例如部分撤资或股票上市),逐步为其家族所有者创造财富。随着时间的推移,财富的逐步积累使家族私人财富的管理变得越来越重要(见图8.9的下半部分)。这种投资管理活动通常发展如下:

(1)一开始,在企业领域产生的财富通常都是在公司内部持有的,到所有者兼经营者阶段结束时,企业资产与企业家的私人资产基本相等。

(2)虽然流动财富被保存在公司内部,但它的管理通常由专门的员工(通常来自财务部门)来处理。我们将其称为嵌入式家族办公室(有关更多详细信息,请参阅第5章"家族企业财富治理"),而不用于商业运作的流动财富在广泛的资产范围内逐步多样化。

(3)随着非商业相关资产的数量和复杂性的增长,为了满足家族的金融需求和金融继承的需要,将家族财富与企业分开的愿望也有所增强。然后,家族财富的管理工作便外包给了资产管理公司,由资产管理公司负责战略资产配置。

(4)随着财富的不断积累,家族企业将财富管理权交给了家族,并设立了一个单独的家族办公室。该办公室是一个独立的组织,由家族直接控制,是家族的财富管理工具。

企业管理和投资管理对于跨代价值创造都很重要,但原因不同。企业管理至关重要,因为财富创造主要发生在企业领域和创业领域。创业努力带来了巨大的经济和社会收益,而这些收益很难通过多样化的流动资产组合来实现和维持。许多家族错误地认为,包括房地产在内的流动财富的被动管理和多样化投资将足以在一段时间内创造价值。此外,对于许多家族企业来说,资源的流动是一条从企业领域到投资领域,或从企业到家族的单行道。由于依赖过去的成就,许多家族会随着时间的流逝而变得自满,以致消耗在企业领域积累的储备,或者在缺乏追求职业生活的物质条件下依靠企业带来的红利生活。那些将自己的公司视为养老基金的家族往往会失去兴趣、经济抱负、承担风险的意愿,以及对创业活动的复兴和再投资的渴望,而创业活动对跨代价值创造来说是至关重要的。最终,这些家族错误地希望通过流动性投资(下周期)产生足够的回报,从而停止了他们的企业活动(上周期)。这必定会显著减少大笔财富。

有效的企业资产管理与投资管理的结合是跨代价值创造的必要前提。事实上,投资管理完成了跨代价值创造的几个重要任务。首先,它作为一个安全缓冲,使公司和家族能够度过经济衰退。其次,家族的私人财富代表了长期资本的储备,而长期资本是支持家族企业成功的长期创新战略所必需的。再次,家族利益和资产的集中,而不是在家族成员中的分配,促进了家族的持续经济力量。持续的资产池使家族能够通过在主公司内部的(再)投资或参与公司外部的新活动来抓住新的商业机会。最后,通过降低资产管理费或为聘请专家顾问提供正当理由等方式,集合家族资产为家族管理财富提供了规模经济。

综上所述,跨代价值创造可以看作是一个动态过程,家族需要动态管理两个相互关联的管理过程:企业管理和投资管理。让我们仔细看看企业和投资管理的演变。

3.企业管理的演变

企业管理的演变从创立阶段开始,然后经过购买和构建阶段过渡到选择性退出和重入阶段。我们可以描绘出每个阶段的典型多样化水平、公司治理结构、继承和所需的专业知识,如图 8.10 所示。

多样化:在早期阶段,多样化是有限的,但它往往会随着企业规模的扩大而扩大。一旦家族抓住了退出的机会,多样化就会被削减,转而专注于最有前途的企业。

治理:公司治理始于以创始人或企业家为中心的所有权、管理权和董事会结构。事实上,企业家可能同时是所有者、首席执行官和董事会成员。随着时间的推移,公司聘请了专业的非家族经理人,所有权也会随着家族的扩大而稀释,有时也会稀释到非家族投资者手中。治理结构必须相应地进行更改(有关更多详细信息,请参阅第 5 章"家族企业治理")。

传承:在企业管理的早期阶段,传承是具有挑战性的,因为管理权传承和所有权传承同时发生。这一挑战源于当权企业家不愿放手,以及难以在家族内部找到一个有能力和有意愿的继承人。在后期,当管理权移交给非家族管理者时,其任期不受家族成员生命周期的约束。而家族内部传承主要涉及所有权范围,所有权的传承可以通过家族成员之间的资产分割或通过家族内部的股份转让来实现。

专业知识:随着业务活动的发展,所需的专业知识从行业和公司特有的专业知识转移到投资管理专业知识(见图 8.10)。

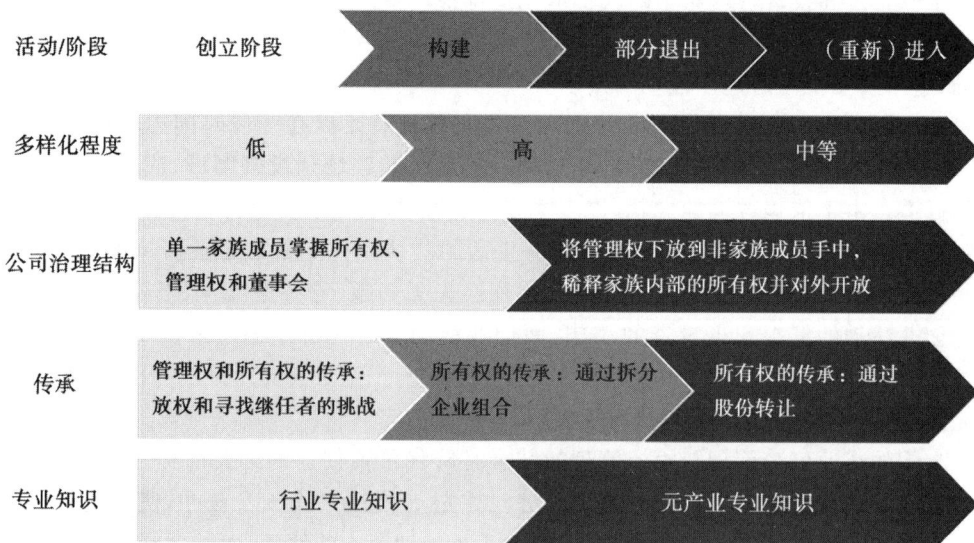

活动/阶段	创立阶段	构建	部分退出	（重新）进入
多样化程度	低	高	中等	
公司治理结构	单一家族成员掌握所有权、管理权和董事会	将管理权下放到非家族成员手中,稀释家族内部的所有权并对外开放		
传承	管理权和所有权的传承:放权和寻找继任者的挑战	所有权的传承:通过拆分企业组合	所有权的传承:通过股份转让	
专业知识	行业专业知识	元产业专业知识		

图 8.10 跨代价值创造的企业管理演进

资料来源:改编自 Zellweger 和 Kammerlander(2014)

4.投资管理的演变

我们还可以深入研究投资管理的演变。对于家族来说,这方面的挑战不在于(主要是流动性)资产的配置(许多银行和资产管理公司都专门从事这类咨询活动),而在于找到正确的财富管理结构,我们在第 5 章"家族企业治理"中将其称为"财富治理"(见图 8.11)。

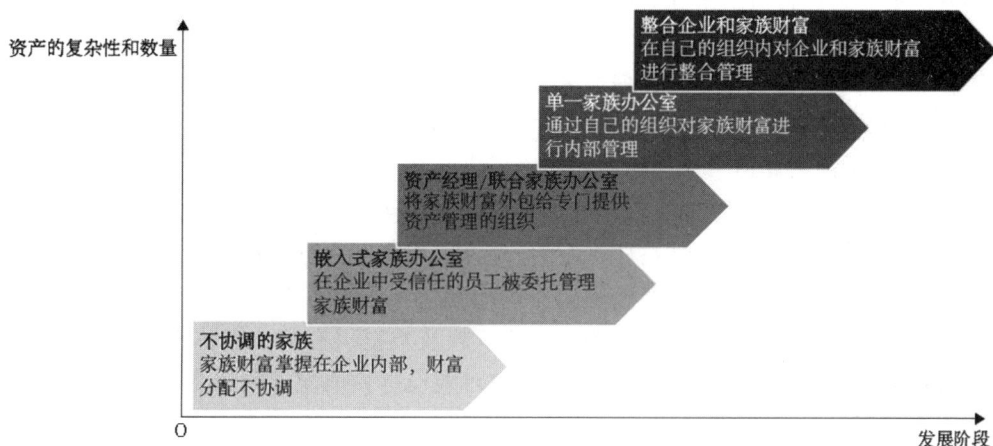

图 8.11　跨代价值创造的投资管理演进

许多企业家过多地参与企业管理,以至于未能建立适当的投资管理结构。有些家族没有适当的财富管理原则或结构(在第 5 章"家族企业治理"中称为"不协调的家族")。在这种情况下,通过企业产生的收入大部分以现金和闲置资源的形式保存在企业内部。

随着家族财富的积累,许多企业所有者会就私人财务问题或其他私人家族事务向企业员工寻求建议。家族企业的好处是将相应的费用转嫁给企业,从而在所有的所有者和利益相关者之间进行分配。此外,一些负责运营企业的员工,通常是首席财务官(CFO)、财务主管或会计,拥有所有必要的信息以及家族对他们能够处理家族财务的信任。这种结构被称为"嵌入式家族办公室"(详见第 5 章"家族企业治理")。

由于家族财富的进一步增长,家族选择将家族财富的管理外包给银行、资产管理公司和多个家族办公室。这样做的目的是使他们的财富管理专业化,并限制将所有私人财富投资于企业的风险。

随着财富的进一步积累,家族可能达到这样的阶段:将服务(部分)内包到一个单一的理财办公室是明智的。考虑到所涉资产的数量,家族得出的结论认为,家族有能力设立一个投资办公室,以与外包方案相当的成本提供家族所需的所有服务,且服务方式更有针对性、灵活性和私人性。

在最后阶段,家族采用一种一体化结构,所有企业和家族资产都集中在同一屋檐下。图 8.11 说明了投资管理过程中的这些阶段。[1]

---

① 请参阅第 5 章"家族企业治理"以及其中关于财富治理的一节,其详细讨论不协调家族、嵌入式家族办公室和单一家族办公室的利弊。该部分还包含了家族信托基金和基金会的讨论。

8.3.6 综合企业管理和投资管理可带来大笔财富

由于跨代价值创造而积累的巨额财富通常由两部分组成：企业资产和投资资产。这两类资产的管理通常由两个独立的组织和法人实体负责，比如管理企业资产的控股公司和管理家族资产的家族办公室。

控股公司的职责是构建和发展业务投资，提供与业务相关的公司融资和财务服务，以及实施新的创业项目。控股公司通常由高层管理团队控制，首席执行官由董事会任命和控制，家族成员由家族理事会任命（见图 8.12）。

相比之下，家族办公室的职责是管理和分配流动性最强的家族财富，包括房地产和小额投资。这一功能包括定义战略资产配置、选择资产管理公司、构建投资、合并资产、会计和报告。家族办公室与家族成员密切合作，有时也为家族成员提供现金管理、报税和搬迁等"礼宾"服务。家族办公室有时还为下一代家族成员提供有关治理体系、家族事务和专业所有权的教育项目。此外，大型家族办公室可能设有一个投资顾问委员会，为重要的投资决策提供咨询。

这个综合管理系统是由治理结构组成的。家族治理提供了家族的总体价值和目标，并为家族成员参与企业管理、所有权和财富管理设定了界限。所有权治理通过具有法律约束力的股东协议来确定股东的进入和退出、股份的转让和表决权的行使。公司治理主要调节董事会和管理层的相互作用和决策权。在家族财富方面，财富治理界定了投资决策的决策权和程序，确定最终投资顾问委员会的设立，为资产配置和家族管理者的薪酬制定了广泛的指导方针，并向家族办公室提供服务。[①] 下面的案例研究将描述一个综合的企业管理和财富治理结构。

案例研究

布伦尼克迈耶尔家族（Brenninkmeijer）

布伦尼克迈耶尔家族（Brenninkmeijer）是欧洲最古老的商业家族之一。自 1841 年第一次创业以来，它已经创造了巨大的财富。它在欧洲和拉丁美洲因拥有西雅衣家（C&A，一家 100% 私人拥有的时装零售商）而闻名。2013 年，西雅衣家（C&A）的销售额达到约 52 亿欧元。

西雅衣家（C&A）由家族投资公司科夫拉（Cofra）控股。在其网站上，科夫拉表示："科夫拉（Cofra）是一家全球家族企业，通过零售、房地产、金融服务和企业投资的动态投资组合，为所有者创造可持续的经济价值，为员工创造可观的职业机会，具有独特的吸引力和保留能力，从家族内部和外部培养和提拔杰出人才。"科夫拉成立于 2001 年，负责监督家族的各种投资。如今，它控制着三大企业活动——零售［西雅衣家（C&A）］、房地产

---

① 有关这些治理方面的其他信息，请参阅第 5 章"家族企业治理"。

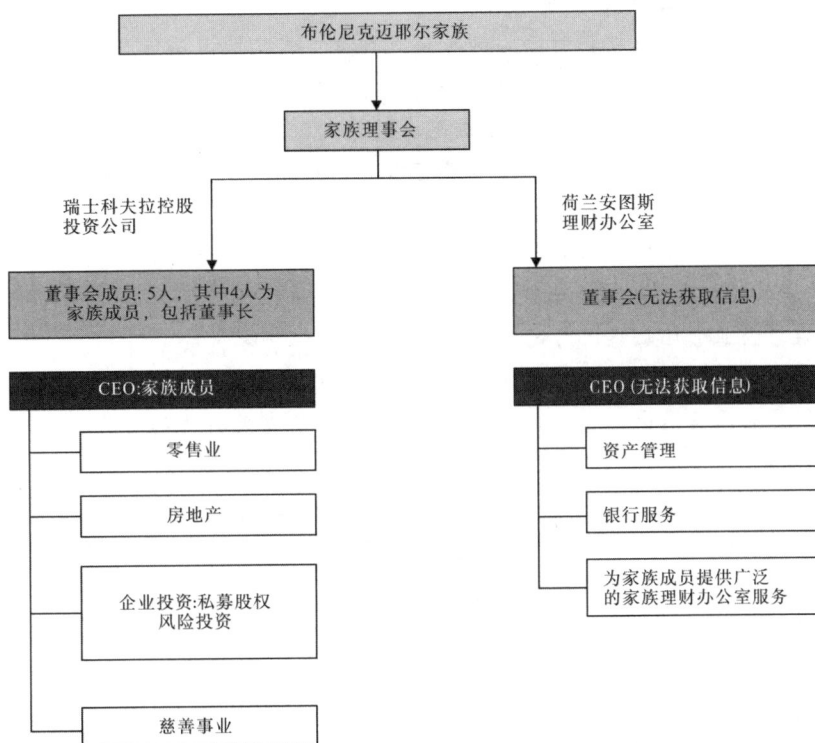

图 8.12 布伦尼克迈耶尔家族(Brenninkmeijer)的投资公司和家族办公室

[领德高(Redevco)]、企业投资[布雷加投资和风险投资基金(Bregal Investments,Entre-preneurs Fund)]——就像慈善活动一样。

考虑到房地产和零售活动的规模和商业机会,家族必须决定将其房地产置于科夫拉的管辖范围内,而不是家族办公室安图斯(Anthos)的控制之下。在企业投资部门,科夫拉管理着大量的私募股权投资和风险投资基金。

家族办公室安图斯位于荷兰,一些家族成员就住在荷兰,公司也在荷兰扎根。该家族办公室管理家族的流动财富,并为家族成员提供广泛的服务。

公司欢迎家族成员来工作。然而,只有那些能够帮助实现商业成功的人才有资格成为股东。希望成为股东的家族成员必须购买科夫拉的股份,并从安图斯获得贷款以购买股份。

思考题:

从业人员的问题

基于文中描述的框架,并考虑动态因素的情况下,跨代价值创造更有可能在以下哪种情况下实现:

(1)家族在后代中重新发扬创业精神时应该思考的问题:

①我们是否足够创新?

②我们是否承担了足够的创业风险?

③我们是否将决策权下放给下级和企业?

④我们是否积极主动,先于他人抓住机遇?

⑤我们希望更具创业精神时面临的障碍是什么? 我们能做些什么?

⑥我们如何确保下一代家族成员对企业保持兴趣?

(2)家族追求集中的企业投资时应该思考的问题:

①我们是否将大部分资产投资于数量有限的企业,从而避免过度多样化?

②持有数量非常有限的投资有哪些机会和风险?

③我们的联合活动风险有多大?

(3)家族共同投资、收获和将其资源再投资于企业时

①家族对企业管理应该思考的问题:

·我们是否为公司投入了足够的资源以进入有前途的新企业?

·我们是否愿意退出正在衰退的企业,或在有更具有吸引力的替代商业机会出现时退出?

·我们是否将收获的资源再投资于有前景的未来业务?

·我们是否愿意将我们的企业资产集中起来,以便作为一个家族集团进行投资?

②家族对投资管理应该思考的问题:

·我们是否建立了一个财富治理结构,以保护财富、支持企业并最终投资于新企业的目标,保持家族财富的流动性?

·我们是否拥有家族内部和非家族专家的企业和投资管理的必要的专业知识?

(4)当家族拥有并发展企业和投资的专业知识时应该思考的问题:

①我们是否具备在原有行业之外运营一家公司所需的专业知识?

②家族内外谁拥有经营企业所需的商业智慧?

(5)尽管权力下放,家族仍保持控制时家族应该思考的问题:

①我们是否通过家族和非家族专家的密切监督来确保对企业的专业治理?

②公司和所有权管理条例是否是最新的,以便我们能够很好地控制我们持有的资产?

③我们需要何种报告、激励、控制和制裁系统来管理我们的投资?

(6)家族界定家族成员的角色时应该思考的问题:

①我们希望家族成员在公司、所有权、家族委员会和财富管理的管理和监督中扮演什么角色?

②家族成员进入这些角色的要求是什么?

③家族成员可以执行某个角色多长时间?

(7)家族监控着整个家族财富表现时应该思考的问题:

①我们监测家族财富总量表现的能力如何?

②与具有可比风险状况的另类投资相比,我们各种业务的回报如何?

(8)家族作为一个确定的所有者群体时应该思考的问题:

①我们是一个有凝聚力的家族吗?

②我们如何确保我们的家族认同我们的企业活动?

③我们应该建立哪些家族治理结构和活动来支持凝聚力和认同感?

学生的问题：

(1)请描述家族企业在变革管理方面的优势和劣势？

(2)家族企业与颠覆性变革：什么是"家族创新者困境"？

(3)家族企业长寿的三大战略驱动力是什么？

(4)为什么关注家族企业的寿命限制了家族追求跨代价值创造？

(5)为什么在跨代价值创造的背景下,单个公司的业绩不是衡量成功的最关键标准？

(6)跨代价值创造的基石是什么？请为每个因素提供一个示例。

(7)从寿命的角度来看,资源和资源管理的关键属性是什么？从跨代价值创造的角度看,它们又是什么？

(8)为什么说创业者从企业管理者的角色转变为投资管理者的角色是一个挑战？

(9)对于一个寻求实现跨代价值创造的家族,哪种观点是反对家族财富多样化的？

(10)跨代价值创造强调企业管理和投资管理这两个管理领域在跨代价值创造中分别扮演什么角色？

(11)如果一个家族只注重企业管理而忽视投资管理,会有什么风险？

(12)如果一个家族只注重投资管理而忽视企业管理,会有什么风险？

(13)企业管理是如何在跨代价值创造的过程中演进的？

(14)在跨代价值创造的过程中,投资管理是如何演进的？

案例研究

芬兰奥斯龙(Ahlstrom)的跨代价值创造[①]

1851 年,安蒂·奥斯龙(Antti Ahlstrom)在芬兰创办了一家谷物磨坊、一家碎布造纸厂和一家陶瓷作坊,由此开始了他的创业生涯。此外他还获得了一家锯木厂的股份。在 19 世纪 60 年代,他将企业重心转移到航运业务上,这项业务产生了巨大的利润,使安蒂得以扩大业务。他建造了一座新的锯木厂和钢铁厂,并另外购买了三座钢铁厂。在 19 世纪 80 年代和 90 年代,他又收购了 18 家锯木厂,成为当时芬兰主要的实业家之一。

1896 年安蒂去世后,他的妻子伊娃(Eva)接管了公司。紧随其后的是安蒂的大儿子瓦尔特·奥斯龙(Walter Ahlstrom),他也被证明是一位真正的企业家。在他的领导下,公司于 1921 年开始造纸,并向机械厂和玻璃厂发展。1931 年,当瓦尔特去世时,奥斯龙集团已经是芬兰最大的工业集团,拥有 5000 多名员工。

第二次世界大战后,集团的扩张随着企业在工程和化学技术领域开展活动得以继续。此外,奥斯龙集团在 1963 年收购了一家大型意大利造纸厂的多数股权,成为芬兰国际化的先驱。

[①] 作者:菲利普·谢尔盖(Philipp Sieger),是瑞士伯尔尼大学(University of Bern)工商管理学教授,专门研究创业和家族企业。感谢菲利普·谢尔盖博士提供的丰富的案例研究。

在 20 世纪 80 年代,奥斯龙集团离开了报纸和杂志纸业市场——1987 年,为了使集团能够完全专注于专业报纸和工程,公司出售了其造纸部门。20 世纪 90 年代,该公司开始向非织造布的产品多样化方向发展,并收购了法国、德国、英国等国的其他公司。

2001 年,公司被分为三部分,其中的制造业务组成了新的奥斯龙公司,于 2006 年 3 月在赫尔辛基证券交易所(Helsinki Stock Exchange)上市。2013 年,它在 24 个国家雇用了约 3500 人,创造了 10 亿欧元的收入。第二部分是奥斯龙资本公司(Ahlstrom Capital Oy)作为一家私人投资公司,它在工业、房地产和清洁技术等领域进行国际投资。第三部分是安蒂·奥斯龙·奥萨基蒂(A.Ahlstrom Osakeyhtió),是为处理家族的房地产和森林而设立的。这三家公司都归安蒂·奥斯龙·佩里利塞特公司(Antti Ahlstrom Perilliset Oy)所有,这是一家由奥斯龙家族成员所有的私人控股公司,它管理的资产总额达 40 亿美元。

图 8.13 和表 8.5 展示了奥斯龙当前的治理结构(截至 2013 年)和历史上最重要的事件。

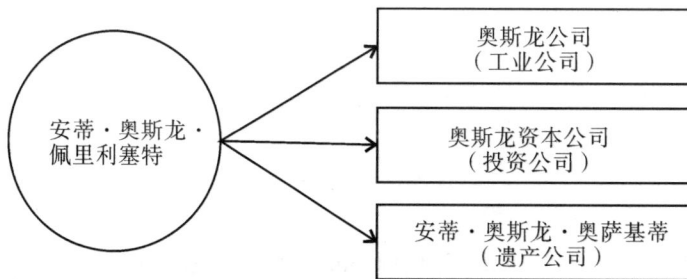

图 8.13　当前治理结构

表 8.5　奥斯龙历史上的重大事件

年份	事件
1851 年	安蒂·奥斯龙建立了几家工厂和一个陶瓷作坊
1860 年代	专注于航运业
1880 年代—1890 年代	强劲扩张,实业家的职业生涯
1896 年	安蒂·奥斯龙去世
1921 年	开始造纸生产,多样化
1931 年	奥斯龙成为芬兰最大的工业集团
1963 年	首次进行国际化活动
1980 年代	退出造纸市场/造纸生产
2001 年	公司分拆为三部分
2006 年	奥斯龙公司首次公开上市

根据公司文件,治理结构的目标之一是将所有权和家族问题与企业问题分开。在控股公司层面(安蒂·奥斯龙·佩里塞特公司,作为一家私人公司持有),制定了愿景、使命和所有者战略。这三个因素随后影响到三家运营公司。通过对奥斯龙公司年报的筛选,我们可以得出该公司的财务业绩很好的结论。

今天,这个家族大约有340名成员,他们属于第四、第五、第六甚至第七代。这个家族团体包括子女和姻亲,大约230名成员是股东。在董事会层面,第五代已经接手,14名家族成员在控股公司董事会任职,总共有三名家族成员受雇于家族公司。

该家族将其角色定义为"超级利益相关者":在上市或非上市公司,总有可能退出……然而,最纯粹的家族所有制的基本理念是保留公司,将其作为持续经营的企业拥有,并将其传给下一代。该家族还解释了其治理方式:"当你不能(或不应该)退出公司时,你可能希望对公司施加影响,且在理想情况下,你要比一般公司的普通股东采取更严格的方式施加影响。"①

这个家族采用了一种系统化的入职方法,让下一代参与进来,如图8.14所示。

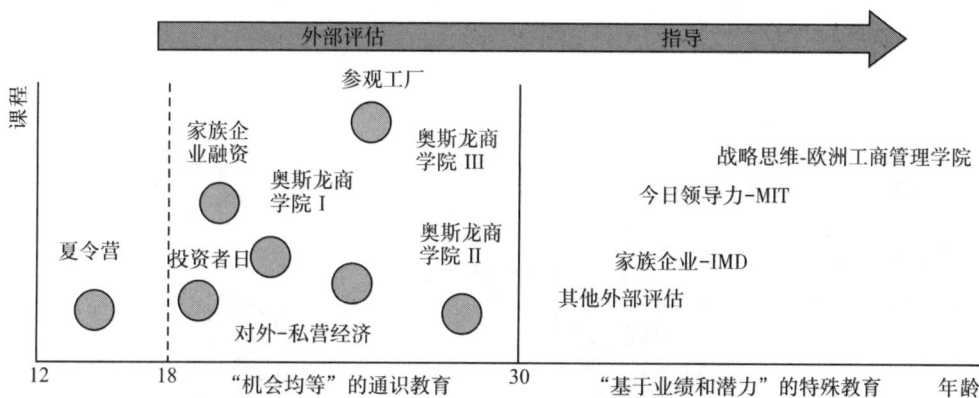

图8.14　新一代员工的加入和参与

资料来源:摘自托马斯·阿尔斯特罗姆(Thomas Ahlstrom)在2014年赫尔辛基FBC家族企业会议上的发言。

从你对这个简短描述的阅读中可以看出:

(1)在本案例中,你认识到跨代价值创造框架的哪些要素?

(2)在本案例中,企业家精神和资源在跨代价值创造中分别扮演什么角色?

(3)在本案例中,为什么家族在分析层面是特别有用的,而不是公司?

(4)你认为现时的治理架构是否适合用于确保家族未来的成功?为什么?

(5)你如何评价家族对下一代的参与/包容?

---

① 参见托马斯·奥斯龙(Thomas Ahlstrom)在2014年赫尔辛基FBC家族企业会议上的演讲。

![案例研究图标] **案例研究**

（瑞典）瓦伦堡（Wallenberg）家族与银瑞达（Investor AB）

瓦伦堡（Wallenberg）家族是瑞典最著名的家族企业之一。它的财富来源于它在1856年成立的瑞典北欧斯安银行（Stockholms Enskilda Bank，SEB）的持股。多年来，该银行收购了许多公司的股权。为了控制这些投资，银瑞达在1916年成立了产业控股公司。它最初是SEB的子公司。20世纪70年代，银瑞达（Investor AB）从SEB剥离出来，此后一直是瓦伦堡的主要投资工具。如今，银瑞达是一家上市投资公司，瓦伦堡家族直接或通过瓦伦堡基金会（Wallenberg Foundation）间接持有其主要股份。

由瓦伦堡家族控制的瓦伦堡基金会是银瑞达的最大股东。瓦伦堡家族的三大基金会合计拥有银瑞达23.3%的资本，并持有银瑞达50%的选票。银瑞达由董事会主席雅各布·瓦伦堡（Jacob Wallenberg）管理，公司首席执行官由一名非家族成员担任。

2013年年底，银瑞达的总资产净值约为330亿美元。这些资产的分割如图8.15所示（截至2014年第三季度）。

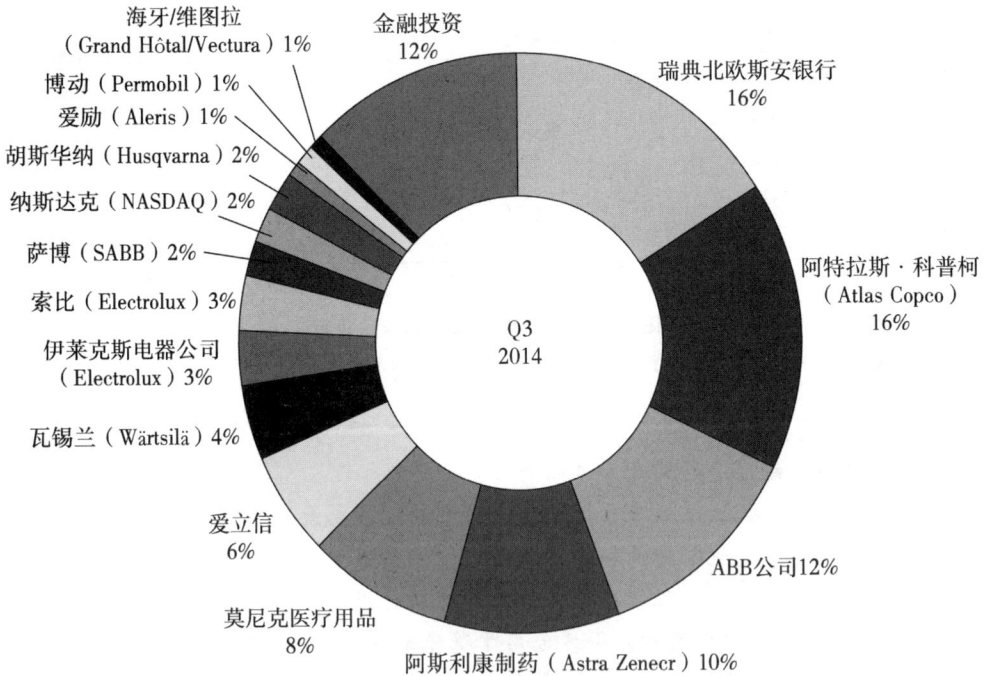

图8.15　2014年第三季度的资产分割

资料来源：www.investorab.com。

为了分析瓦伦堡家族的跨代价值创造，请查看银瑞达的网站（www.investorab.com）。从网站上的信息以及你对银瑞达和瓦伦堡的其他研究中，你认识到跨代价值创造框架的哪些要素？

案例研究

嘉吉(Cargill)(美国)

据说嘉吉是世界上最大的私人控股公司。2013 年,该公司销售额达到 1350 亿美元,利润总额约为 20 亿美元。该公司在 67 个国家雇用了约 14.5 万人。公司提供食品、农业、金融和工业产品及服务。嘉吉公司成立于 1865 年,当时在艾奥瓦州开设了一家谷物仓库。然而,多年来它已经调整了它的业务活动。看看嘉吉的公司网站(www.cargill.com),在网站上做一些额外的搜索,了解公司及其家族的信息。然后思考以下问题:

1.在这种情况下,你认识到跨代价值创造框架的哪些要素?

2.美国的文化和体制背景如何支持或阻碍跨代价值创造的追求?

案例研究

你自己的家族企业

如果你的家族控制了一项企业活动,请考虑以下问题:

1.你认为公司需要做些什么来为跨代价值创造做好准备?

2.障碍是什么?

案例研究

你身边的家族企业的跨代价值创造

考虑一个来自你所在地区或文化背景下的长期创造价值的家族,并思考以下问题:

1.在这种情况下,您认识到跨代价值创造框架的哪些要素?

2.文化和制度背景如何阻碍或支持跨代价值创造?

背景阅读

Aronoff,C.(2001).Understanding family-business survival statistics.*Supply House Times*,July.

Carney, R. W., and T. B. Child (2013). Changes to the ownership and control of East Asian corporations between 1996 and 2008:The primacy of politics.*Journal of Financial Economics*,107:494-513.

Christensen,C.M.(1997).*The Innovator's Dilemma*.Cambridge,MA:Harvard University Press.

Hill,C.W.L.,and F.T.Rothaermel(2003).The performance of incumbent firms in the face of radical technological innovation.*Academy of Management Review*,28:257-274.

Jaskiewicz,P.,J.G.Combs and S.B.Rau(2015).Entrepreneurial legacy:Toward a theory of how some family firms nurture transgenerational entrepreneurship.*Journal of Business Venturing*,30(1):29-49.

Kammerlander,N.,and M.Ganter(2015).An attention-based view of family firm adaptation todiscontinuous technological change：Exploring the role of family CEOs' non-economic goals.*Journal of Product Innovation Management*，32(3)：361-383.

König，A.，N.Kammerlander and A.Enders(2013).The family innovator's dilemma：How family influence affects the adoption of discontinuous technologies by incumbent firms.*Academy of Management Review*，38(3)：418-441.

Landes，D.(2008).Dynasties：*Fortune and Misfortune in the World's Great Family Businesses*.London：Penguin.

Lumpkin，G.T.，and G.G.Dess(1996).Clarifying the entrepreneurial orientation construct and linking it to performance. *Academy of Management Review*，21(1)：135-172.

Nordqvist，M.，and T.Zellweger(2010). *Transgenerational Entrepreneurship：Exploring Growth and Performance in Family Firms across Generations*.Cheltenham，UK and Northampton，MA，USA：Edward Elgar Publishing.

Shepherd，D.A.，A.Zacharakis and R.A.Baron(2003).VCs' decision processes：Evidence suggesting more experience may not always be better.*Journal of Business Venturing*，18(3)：381-401.

Sieger，P.，T.Zellweger，R.Nason and E.Clinton(2011).Portfolio entrepreneurship in family firms：A resource-based perspective.*Strategic Entrepreneurship Journal*，5(4)：327-351.

Ward，J.(1987).*Keeping the Family Business Healthy*.San Francisco，CA：Jossey-Bass.

Zellweger，T.，and N.Kammerlander(2014).Family business groups in Deutschland.Working paper，University of St.Gallen.

Zellweger，T.，R.Nason and M.Nordqvist(2012).From longevity of firms to transgenerational entrepreneurship of families.*Family Business Review*，25(2)：136-155.

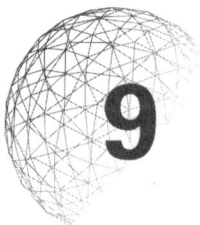

9 家族企业财务管理

家族企业的财务管理有什么不同呢？毕竟，家族企业也是企业，所有者和经理都关心他们的回报、相关风险和最终的投资价值。尽管家族企业无法忽视财务的基本规律，比如风险与回报之间的正相关关系，但我们仍有兴趣重新审视企业财务的基本假设，这些假设塑造了我们对企业财务管理的许多认识。在本章中，我们将发现，其中一些假设对解释典型的家族企业没有帮助，事实上甚至对家族企业具有误导性。

本章首先强调财务考虑和经济合理性。这种关注代表了一种深思熟虑的选择，旨在为家族企业领域的参与者提供经济上合理的工具和论据，以帮助降低决策的复杂性。然而，非财务或社会情感方面的担忧，会产生偏见，有时甚至会影响到这种类型公司的决策。第 6 章关于策略的部分展示了社会情感偏见，如对身份和声誉的关注（例如建立品牌和与客户的关系），反而可能带来更好的财务业绩。在家族企业中，行为偏差很明显，这很重要，但并不一定会对企业的财务业绩造成不利影响。然而，对于家族企业从业者和学者来说，重要的是要理解什么是经济理性选择，以便在遵守经济理性的原则，还是背离这些原则之间做出明智的决定。从业者还需要了解这种非金融偏好的后果。在这方面，本章研究了与家族企业财务管理相关的一些最重要的工具和概念。

9.1　家族企业财务管理的不同之处

正如以上引言中所提到的那样，对现代公司财务理论背后的假设进行研究有助于理解家族企业财务管理的特殊性。这些假设会影响我们今天用于制定财务政策的许多工具，如在资本资产定价模型（CAPM）中根深蒂固的假设。CAPM 是一种能帮助投资者评估一项投资价值的财务模型[①]，其最为重要的假设以及这些假设的适用性如表9.1所示。

CAPM 还做出了一些其他假设：模型中不考虑税收和佣金的影响；投资者不能影响价格；投资者能以无风险利率借入和借出资金；投资者可以卖出任何资产和持有一项资产

---

　　① 有关资本资产定价模型（CAPM）的应用，请参阅第 7 章关于继承的内容，尤其是有关折现自由现金流量估值的第 7.10.3 节。

的任何一部分。我们也可以对这些假设提出质疑，但由于它们对家族企业和非家族企业同样适用，我们不需要在这些假设上关注太多。相反，在表 9.1 中列出的假设是格外重要的，值得在这里做一个简短的讨论。

表 9.1　CAPM 的假设及其对家族企业的适用性

假　　设	假设对家族企业的适用性
在市场上有很多的投资者。投资者在很多项目上投资以分散风险，并且投资者在每一单项资产上的投资额占其总投资额的比例都较小	家族企业的投资者很少（通常只包括家族成员，尤其是在私人家族企业中），家族的财务配置不分散且对一项资产持有很大比重（比如企业）
所有的投资者都在相同的一个计划期内进行规划	家族企业的股东为了长期经营而投资，通常是出于把企业传给家族的下一代的目的
所有投资者都最大化自己的经济效用	家族企业的所有者不仅关心经济效用，还关心社会情感效用
所有投资者有相同的投资机会信息	控股股东（比如家族股东）经常参与企业的管理，在了解信息上他们比外部的投资者更有优势
资产在所有时间都按照市场价格出售，投资者有同等的机会接触到所有的资产	家族企业的股权市场缺乏流动性，对私人家族企业的投资不向非家族投资者开放，也不对他们出售

1.集中且活跃的控股股东

股东已经通过多种资产分散了他们的财富，并且他们是被动且少数的股东的这一假设与家族企业的实际情况构成相矛盾。封闭式公司的股东（这也是对绝对多数家族企业的特点的一种描述）有着集中的财富头寸。家族拥有控股权的上市公司也是如此。因此，家族企业的股东并不多元化。与此相反，考虑到他们在公司拥有的控股权，他们通常都是单一的大股东（请参阅本章稍后有关这一点的描述性数据）。此外，关于"多元化的小股东"假设的一点是，股东通常是非积极的，他们不对公司进行管理，但这并不是家族企业现实的准确描述，因为大多数家族企业是被控股公司的家族自身管理的。

这些假设的后果是显著的。考虑到财富的非分散性，家族股东以及他们的公司相对更厌恶风险。此外，由于这些股东往往也是企业的经理，因此他们不是消极的风险承担者，而是积极的风险塑造者。这些家族往往有很强的财务动机来严格控制和限制他们的企业所面临的风险。家族股东积极参与家族企业的运作也意味着投资的价值取决于家族本身。正如 Ahlers、Hack 和 Kellermanns（2014）所述，将家族因素从家族企业中剥离可能会导致企业失去和家族有关的一系列优势，比如人力资本、社会资本和长期的金融资本。与此同时，用另一种类型的股东（如私人股本公司）取代家族企业，可以改善企业的财务状况，因为它可以克服对财富保值的担忧。总之，家族企业的价值应该取决于家族本身，即取决于谁拥有企业。

2.具有长远眼光的股东

资本资产定价模型假设投资者不关心投资的时间范围。同样，这一假设和许多家族企业从业者形成了鲜明的对比，他们强调自己并不过分关注季度收益，因为他们要为公司的长期发展进行规划和管理（Miller，Le Breton-Miller，2005）。

为了理解为什么时间跨度是重要的,我们考虑两种极端类型的投资者。第一种是计算机,它可以在几分钟内根据市场的波动自动买卖股票。第二种是为了将公司传给后代的家族。通常,第一种投资者不担心公司的创新和运营的改善,因为这些活动的收益只有在投资者出售资产很长时间后才会实现。如果这个投资者有机会或有动机让自己成为股东,他/她甚至可能反对这样的长期项目(Belloc,2013)。相反,第二种投资者不会担心股票价格的短期波动,因为他/她计划在几年内持有资产。

这个无关时间跨度的不恰当假设,对投资,乃至更广泛地对公司战略,产生了严重的影响。人们似乎忘记了,较长的时间跨度为公司提供了独特的竞争优势——与竞争对手感兴趣的短期项目相比,他们有机会投资于风险更大(但最终利润更高)的项目。如果我们假设企业有足够的资本来度过困难时期,那些有长远眼光的企业可以参与一些项目,这些项目的回报将在未来某个不确定的时间出现(比如创新项目),或者在遥远的将来出现(比如林业或酿酒厂业务的发展,以及国际扩张)[1]。同样,较长的时间跨度可能会为公司提供重要的选择,例如扩大项目规模或范围的选择,放弃项目的选择,或者等待适当时机抓住投资机会的选择(比如考虑一个从事房地产经营的家族,他们不需要立即购买或者出售房地产,但可以等到价格特别有吸引力时再出售)。

3.重视经济和社会情感效用的股东

假设投资者经济效用最大化是一种简化的假设,有助于解释和最终预测个人和组织的决策。然而,尽管许多投资者在决策过程中表现出行为偏差,但家族企业所有者尤其倾向于重视非财务方面的考虑因素。例如,Koropp 和同事(2014)研究发现,家族规范以及家族对外债和外部股权的态度会影响家族企业的融资行为。在各种研究中指出的影响因素,包括企业家在资本结构方面的过往经验,希望保留控制权的想法,风险偏好,所有者个人的净资产和社会规范[有关论点的阐述,参见 Romano、Tanewski 和 Smyrnios(2001)以及 Matthews 等(1994)]。换句话说,多种关于各种融资工具的实用性的规范概念对是否投资某种融资组合产生了直接影响。

正如前面第六章关于战略的讨论,家族企业的决策制定可以准确地被描述为权衡一项投资在财务和社会情感方面的期望收益和损失。类似的,对经济和社会情感财富(SEW)的关注意味着很难做出决定,因为利用金钱之类的单一货币不可能对偏好做出确定性的排序。例如,不解雇老员工而表彰他们对公司的忠诚度这一举动的金钱价值是什么? 此外,这两个效用的维度——金钱和社会情感财富——在许多情况下面临着取舍。例如,雇用一个有平庸才能的孩子可能会增加社会情感财富,但会损失金钱。实际上,决策制定者必须适当处理这两个不可相互替代的效用维度,其中一个维度的变化通常会导致另一个维度的相反变化。

这种决策的复杂性对家族企业的决策方式有重要的影响。在对效用维度进行优先排序时,决策者必须仔细考虑公司的脆弱性。在拥有强大的财务业绩和/或充裕的闲置资源的条件下,家族企业应该对自己当前的投资偏好感到安心,而不需要进行财务改善。企业对社会情感财富的不断追求是安全的,并且任何改变都是不必要的。在这种情况下,家族

---

[1]　有关与扩大投资范围相关的战略机会的更详细讨论,请参见 Zellweger(2007)的研究。

企业是厌恶风险的。但是，在拥有不良的财务业绩和/或没有充裕的闲置资源的情况下（代表家族企业财务脆弱的情况），家族企业应当转而采用旨在改善财务状况的政策。这是因为，如果公司倒闭，公司不仅会损失金钱，还会失去生命力。在这种情况下，家族企业愿意承担巨大的风险。总而言之，在家族企业同时考虑经济效用和非经济效用的情况下，家族企业的风险厌恶程度不是一个常数（Gomez-Mejia，Patel 和 Zellweger，2015）。

4.有特权访问信息的股东

资本资产定价模型的"对称信息"假设是假定所有的投资者有相同信息和同时获得信息的权利。对于大企业的少数投资者来说，这是一个有用的假设。这些投资者通过不同的渠道获得关于企业的信息，比如媒体、分析报告和企业新闻稿。但是，对如家族企业的高度控股公司来说，这个假设过于狭隘。通过介入董事会和管理层的事务中，有控制性权力的家族所有者能获得级别更高的信息。事实上，家族企业股东可能自己就是这些信息的供给者。

（家族企业股东自己提供内部信息）这一事实很重要，因为这个事实说明信息在投资者之间的分布变得不均匀了。内部股东掌握访问信息的特权渠道，而外部股东在某种程度上被隔离在这个信息循环之外。通常来说，内部和外部之间的划分和参与管理的程度相关。积极参与公司管理事务的股东有访问信息的特权，这一事实导致外部人对内部人如何处理这些信息产生了不信任（即使是在一个家族中，一些家族成员也会感觉他们被隔离在了信息循环之外），并且内部人有机会去滥用他们的信息访问特权。例如，内部人可能会预先选择公司特定的信息，以使他们的行动处于有利的地位，并且将他们的行动策略同如风险承担、投资或者分配股利联系起来。

5.流动性不佳的股票市场

市场具有流动性的这一假设，意味着投资者可以随时买卖任何资产。例如，这意味着接触某些资产在任何时候都是可能的。但是，家族企业不一定是这种情况。这些公司中许多并不是为了出售的，除了家族成员以外，任何投资者都不能持有企业的股份。因此，这类股票没有市场，或者极度缺乏流动性。

这种缺乏市场流动性带来的后果很多。例如，投资者必须提前计划退出并积极寻求买家来购买其股份。此外，此类股票的市场流动性不足，意味着只有在大幅折价后才有可能退出。因此，投资者在某种程度上被锁定。这在多个层面上都产生了激励的效果。首先，它激励公司的所有者为家族企业的盈利能力做出保证。其次，这些公司会更倾向于派发股利，因为对于家族股东来说，与出售股份相比，股息是一种从公司业绩中获益的成本较低的方式。而且，由于这些股票的市场报价很多时候并不存在，公司股票价格的合理性经常存在着不确定性。

总的来说，家族企业违反了有关资产定价和财务决策评估中的一些最基本的假设。当我们转而讨论帮助家族企业做出合理财务决策的工具和相关概念时，牢记这一点很重要。

9.2　作为独特资产类型的家族股权

以上对家族资产特征的讨论促使我们认为,家族资产是一种独特的资产。将家族资产的属性和私人资产以及公共资产的典型属性相对应,有助于让这一点变得清楚(见表9.2)。在股权集中度、公司股份的数量、股东的财富分散化、股东的风险规避倾向、融资偏好、股东对投资的控制权、股东在管理上的参与程度、时间范围和战略依据等方面,家族资产和其他形式的资产有较大的不同。

表 9.2　家族资产是一种独特的资产类型

	公募股权	私募股权	家族企业股权
描述/投资者类型	基金经理或者小型私人投资者	专业投资者	家族
股东股权	少数	绝大多数	占比接近100%,随着时间流逝减少
同时持有公司股份的数量	众多	不超过15	1到3,其中一个往往是迄今为止最大的
资产的分散度	高	中等	低
风险规避	很低	低	高
财务政策	高杠杆	中等财务杠杆	资产净值,低杠杆
对投资的控制	非常低	中等	高
经营管理参与	不存在	中等	中等到高
时间范围	几天到几个月	5年左右	多达几代
战略依据	投机交易	购买,构造交易,迅速退出	购买,构造交易,选择性退出

因此,家族企业的投资策略和为了投机交易目的所持有的股权存在不同,后者在不积极参与公司管理的情况下寻求短期收益。家族股权也不同于私募股权,后者必须在五年左右取得令人满意的投资回报,才能在承诺期内补偿基金投资者的投资。私募股权投资者通常寻找创造投资收益的机会,部分方法是利用公司的杠杆,然后要求公司在相对较短的时间内偿还高额的负债来实现收益的。相比之下,家族企业股权往往通过对公司进行战略性的重新定位以及通过运营的改善来创造价值。为了得到这些收益是费时且棘手的,但是这些被创造出来的收益可持续性更强。家族企业投资者对以财务方式获得的回报更加犹豫不决,这种回报限制了可供选择的、更具价值创造的用途(如创新)的资本可用性。

以上的比较并不是对最佳资产类别的一种描述。相反,它表明家族投资者所追求的投资策略与其他类型投资者所追求的不同。财富集中在单一的资产份额或只有少数资产流动,是一种特别谨慎的投资方法,旨在寻求建立长期可持续发展的企业。

案例研究

汉尼尔(Haniel)的家族资产

汉尼尔(Haniel)是一家私人战略投资管理公司,由汉尼尔家族100%控股,它目前投资五种类型的活动(截至2015年6月)。

贝卡尔特纺织公司[Bekaert Textiles,汉尼尔拥有100%的股份]:该公司是世界领先的编织和针织无纺布纺织品开发和生产的专家。

海特斯洗涤服务有限公司[CWS—boco,汉尼尔拥有100%的股份]:该公司在洗手间卫生产品、防尘垫、工作服和纺织品服务方面处于领先的服务提供商之列。

ELG[汉尼尔拥有100%的股份]:ELG是交易和回收利用原材料领域的世界领先的专家之一,特别是不锈钢行业。

皇加力商业有限公司[Takkt,汉尼拥有50.25%的股份]:该公司是欧洲和北美范围内市场领先的企业对企业(B2B)直接营销方面的专家。

麦德龙集团[Metro Group,汉尼尔拥有25%的股份]:该集团是主要的国际采购商之一。

在它的网站上,汉尼尔这样定位自己:

家族股权——世界最好

自1756年成立以来,汉尼尔发生了翻天覆地的变化:这家位于杜伊斯堡(Duisburg)的殖民地商品交易商已成为一家德国家族股权公司,融合了私人股本和家族企业这两个领域的精华。汉尼尔有战略性和高度专业的方法,这种方法不仅具备应变能力,并且明确要求领导能力。同时,对公司来说,至关重要的是可以追溯到大约260年前的传统价值观、高度的稳定性、人员的责任感、企业环境和创造的回报。这些要素是使汉尼尔公司与众不同的原因——因此也是让它对子孙后代来说具有竞争力的原因。

一个由家族拥有的投资公司

汉尼尔管理一个多元化的投资组合,作为一个价值发展者,奉行可持续的长期投资策略。凭借控股公司员工的专业知识,汉尼尔为其控股公司的发展和专业化提供了至关重要的附加价值,为公司活动提供了明确的价值导向,并在持股期限方面提供了高可靠性。

汉尼尔为自己设定了一个目标,就是将投资组合扩大到最多10股。投资只有在对公司和公司价值有好处时才会被考虑。这确保了一个紧密结合的投资计划,该计划根据以下标准对潜在的商业模式进行审查,这些标准包括它们对汉尼尔投资组合多样化的贡献有多大,它们的可持续性如何,以及它们是否能够为进一步的增长产生适当的价值贡献。

考虑到长期发展前景,汉尼尔和通常关注短期回报最大化的私募股权公司不同,它能够为新股的整合提供不同的版本和特殊的形式。要达成这一目的,往往通过所有权结构逐步过渡,参与顾问委员会等委员会的特殊形式或与其他投资者进行收购的形式,有许多不同的选择。但是上述内容都以家族企业是多数股权所有者这一条件为前提。

当前和未来持股的基本目标总是将公司发展为公司自营领域的市场领导者。但是，汉尼尔还认为剥离部分投资组合是成功管理、积极管理的重要组成部分。如果经过长期的发展后，汉尼尔不再是最佳的投资所有者，那么汉尼尔会寻找合适的新的所有者来为双方的进一步发展创造新的空间。

新汉尼尔世界

在未来可能的投资方面，汉尼尔有着清晰的期望并且对此有高度的开放性，这是汉尼尔一直以来的良好传统。例如，尽管资本强度水平受限，企业的各个经济部门都能得到重点关注。作为一个家族股权式企业，汉尼尔希望将投资的重点放在法律和治理标准可靠、易于理解、语言熟悉的区域（比如欧洲和北美）。我们对企业—企业和企业—消费者两个细分领域的不同类型的可持续的商业模式同样关注。这些公司应当已经从其生命周期的初创阶段成功发展到下一个阶段，成为中等规模的企业。

投资策略

公司有着明确的责任分工：各部门专注于他们的业务，而控股公司负责战略管理。在这个过程中，汉尼尔从长远的角度来实施其最为重要的积极投资组合管理。

思考题：

你在汉尼尔的案例中识别出了表 9.2 所列的哪几项家族股权特征？

9.3　家族企业绩效：基于证据的简述

家族企业的绩效几乎已经成为学术研究的一个领域。van Essen 等（2015）在对美国上市家族企业的一项有趣的研究中，发现了家族参与管理对企业的表现有"适度但统计显著"的正向影响。相反，一项由 Carney 等（2015）对私人公司的研究，发现家族参与经营的积极影响并不显著。

关于该主题的最完善的文献可能是由 Wagner 等（2015）发表的一篇结合了 380 个研究结果的文献。这篇文献认为，家族参与对公司绩效具有积极的影响，尽管这种影响很小。作者认为，对家族企业而言，家族参与对绩效产生的是正面还是负面影响取决于该企业是否上市（上市的家族企业的表现似乎优于上市的非家族企业）以及家族企业所采取的绩效指标。例如，以资产回报率（ROA）来衡量，家族企业的表现相比非家族企业往往更积极；以股本回报率（ROE）衡量时，家族企业的表现较差。这是因为从公司的资本结构出发，ROA 比 ROE 更小。

对家族企业绩效研究的另一个显著特征是，当家族通过强化控制机制（如双层股权或金字塔结构）牢牢掌握所有权时，绩效往往会受到影响。同样，由创始人控制的家族企业往往比由后代控制的家族企业表现更好［有关绩效研究的概述，请参考 Amit 和 Villalonga（2013）、Anderson 和 Reeb（2003b）］。

对绩效研究的概述远未完成，以上的参考文献指向了关于这个重要主题的各种补充文献。不管人们对家族参与的绩效结果有何看法,要超越对家族企业与非家族企业的比较,去询问是什么因素驱动或者阻碍了家族企业的绩效,需要更强的洞察力和深刻见解。第六章关于策略的分析提供了一些见解,可以用于回答这一基本问题。

9.4 家族企业的风险承担

与非家族企业相比,家族企业的风险规避程度是高还是低? 这个问题最好的解决方法是首先确定风险类型。

1.财富高度集中

Bitler、Moskowitz 和 Vissing-Jorgensen(2005)发现,美国企业家的平均持股比例约为 85%,平均而言,企业家总财富的 40% 与公司股权挂钩。家族企业比起步阶段的企业更加成熟、规模更大,可以假设为财富集中度更大。因此可以得出结论,家族企业股东的财富高度集中,因此很容易受到公司经营风险的影响。

2.低杠杆

公司的杠杆率反映了总负债和总股权之间的关系。高杠杆(例如,负债对股权的比率大于 2,尽管这一水平因行业而异)会导致公司债务违约。然而,家族企业的杠杆水平是否高于非家族企业?

在这个问题上有两种不同的观点。第一个观点强调了一个事实,正如上文所述,家族所有者通常拥有集中的财富头寸。因此,家族企业股东在避免使用过度的杠杆上有很强的动机,借此来减少借债给财富带来的风险。因为如果公司拖欠债务,公司可能会破产。第二种观点表明,家族企业股东有主动承担债务的动机,因为家族企业认为外部股权(一种代替债务来筹集增长的资金)没有吸引力,它会稀释家族的控制权。这样,债务变得相对更有吸引力了。

经验证据表明,平均来看,美国家族企业的杠杆水平低于非家族企业的杠杆水平(Anderson,Duru,Reeb,2012)。相反,Croci、Doukas 和 Gonenc(2011)发现,许多欧洲家族企业的杠杆水平高于非家族企业的杠杆水平。尽管这些分歧确实存在,但美国以及其他国家的一些证据表明,家族企业比非家族企业更有可能实现零杠杆(Strebulaev,Yang,2013)。在研究人员和从业人员中,一个广为流传的观点是:家族所有者是通过继承家族遗产来获得效用的,因此这种效用是从公司的长期存续中获得的,这增加了人们对违约债务的感知风险(Bertrand,Schoar,2006)。即使证据不明确,也可以肯定地说,家族企业更倾向于不增加负债水平。

案例研究

舍弗勒集团(Schaeffler Group)是一家德国家族控股公司,主要生产汽车、航空和工业用轴承等滚动部件。2008 年,舍弗勒集团的销售额达到了 89 亿欧元,以 120 亿欧元的价格收购了轮胎制造商大陆集团(Continental)75.2％的股份。在2008年,大陆集团的年销售额为280亿欧元,约为舍弗勒集团的3倍。

作为一家100％自己持股的私人家族企业,舍弗勒集团无法进入股权资本市场,因此必须调整其资产负债表为收购大陆集团提供资金。尽管该公司在2007年的债务只是3.16亿欧元左右,但到2009年,这一数字增长到了惊人的61亿欧元。进行收购显然是冒险的举动,而2008年和2009年的经济下行加剧了这一风险。舍弗勒集团的债务即将违约。

为了解决财务问题,在2011年,舍弗勒集团决定将其在大陆集团(Continental)的股份减少至60.3％。到2015年,舍弗勒集团将这持股比例进一步降到46％。剩下的54％的股份已经实现公开上市。但是,舍弗勒集团的债务负担仍然很重。在2015年10月5日,舍弗勒集团决定将其25％的股份在德国证券交易所上市交易,以进一步减轻公司的债务负担并提高财务灵活性,以抓住进一步的增长机会。

思考题:
假设你是舍弗勒集团的家族所有者之一,你会同意2008年的收购吗?

3.低投资风险

投资风险反映了企业做出风险战略决策的程度。如上文所述,在探索基于社会情感因素做出决策的后果时(见第6章关于战略的讨论),我们发现家族企业比非家族企业更倾向于规避风险[有关家族企业承担风险的讨论,参考Naldi等(2007)]。论点很明确:由于家族企业所有者极易受到其企业在集中的财富头寸和社会情感财富方面所面临的风险的影响,因此,他们所控制的企业在战略决策上趋于谨慎。

总的来说,我们可以推断出:由于公司的集中性投资和由此导致的财富集中单一化,家族企业通常更偏好低杠杆和低风险的战略投资。

9.5　债务融资

对很多成熟的公司来说,债务是融资组合的重要组成部分。这并不奇怪,因为债务融资具有一些重要的优势,但值得注意的是,债务融资也有一些缺点。

1.债务融资的优势

(1)控制权:增加负债时,公司所有者能保持对公司的控制权。提供资金的银行不会要求在董事会中占一席之地和在日常的会议上发言。

(2)成本:作为一种融资工具,债务融资比股权融资成本更低。这是因为债务相比股权享有优先权,在破产的情况下债务优先于股权得到清偿。

(3)税盾:由于债务的利息支付通常可以免税,因此债务融资可以减少公司的税收负担。

(4)盈利规定:定期支付利息和偿还债务是规定的机制,这些偿付的要求促使管理人员确保公司业绩良好。

（5）杠杆效应：只要债务成本低于总资本回报率，提高杠杆就是有意义的，因为这能够提高股权回报率（ROE）。我们将在9.7.1部分再次讨论杠杆效应。

2.债务融资的劣势

债务融资有着优点的同时，也有着某些劣势：

（1）破产风险：和股权相反，债务必须按照严格的还款计划来偿还。如果公司表现良好并拥有必要的资金，这并不是什么大问题，但是如果公司无法按照约定付款，公司可能会破产。

（2）缺乏灵活性：在严格的还款政策（利息和本金的偿还）下，债务对于回报确定且与债务融资条款一致的项目融资是最有帮助的。债务的严格付款条件不适合不确定性更高的创业项目或者创新项目，但是这些项目对公司的繁荣发展至关重要。

需要关注的是，债务融资既有优点，也有缺点。尽管家族企业通常不愿增加企业的债务水平，但对于企业没有必要资金，并且所涉财务问题相对可以预测的较大项目来说，债务可能是正确的融资来源。

3.债务资本成本

有一些理由（比如在它们与所处社区的紧密的联系和债务成本方面）让我们可以相信，家族企业在获得债务融资方面有优势，Anderson、Mansi和Reeb（2003）在对美国上市家族企业的研究中发现，家族企业的债务融资成本平均比非家族企业低32个基点。这些作者在文中提道："集中的家族持股、将公司传给后代的愿望以及对家族和公司声誉的担忧结合起来表明：家族企业的股东相比其他股东，更有可能通过严格遵守财富最大化来保证公司的存续。"（Anderson，Mansi，Reeb，2003），由于这些原因，利用债务融资的家族企业拥有者几乎都有动机使用他们从银行所筹集的债务资金，转而投资高风险—高收益的项目（资产替代），从而导致债务违约。

但是银行对私人控股的家族企业提供贷款时可能更严格，并且在向此类家族企业贷款时要求提供更多的抵押物。考虑到私人家族企业的透明度有限，再加上其所有者拥有不受约束的自由决策权（比如，任命一个并不符合任职资格的继承人），银行会担心所有者可能将资金转移到承诺范围以外的其他用途，从而威胁到贷款的偿还。在缺乏资本市场的严格监管的情况下，银行应当格外关注所有者—经理的职业操守。事实上，Steijvers和Voordeckers（2009）在研究比利时私人家族企业贷款的一项条款时发现，银行会要求私人家族企业所有者提供比非家族企业更多的个人抵押品，但利率和所提供的商业抵押品在两类公司间并没有显著的差别。

9.6 股权融资

由于家族企业不愿意增加负债，它们就必须在融资中更多依赖股权融资。为了评估这种对股权的偏好，我们首先探讨股权融资的利弊。

1.股权融资的优势

(1)没有固定的支出:靠股权筹资的公司不用偿还银行贷款,这让他们可以将资金用于自己的投资项目。因为无法偿还融资而破产的可能性不存在。

(2)价值创造的利益一致性:由于股权提供者对增加自己股票的价值感兴趣,他们有动力推动公司实现成功。这和债权人相反,因为债权人的利益是公司偿还负债本息。与债权人相比,股权投资者从公司价值的增长中获益。

(3)灵活性:第一,股权融资增加了公司的战略灵活性,有较多的股权资金让公司能更容易地度过艰难时期;第二,公司可以投资于高风险/高收益的项目,比如创新项目;第三,公司可以在将来需要的时候才借入负债。

(4)控制权(当股权投资由内部人员提供时):如果股权资金是由内部人员提供的,比如家族成员,他们也可能在公司内部工作,这让家族能够维持对公司的紧密控制。

2.股权融资的劣势

我们可以将股权融资的主要劣势归纳为以下的几点:

(1)成本:与许多家族企业所有者的看法相反,特别是那些继承了家族企业股份而且不用花钱购买资产的人,股权资本成本非常高。由于股权资本承担所有的投资风险,并且其求偿权劣后于所有其他形式的资本,因此股权资本投资者寻求同等风险下较高的回报。

(2)没有税盾:由于股权融资不支付可以抵税的利息,因此股权融资不附带税盾。

(3)盈利规定:主要采取股权融资的公司没有还本付息的压力。他们可能因此会沾沾自喜且懈怠,不愿推动战略变革来增加公司的盈利能力。

(4)丧失控制权(当股权投资由外部人员提供时):来自公司外部的投资者希望对公司拥有的控制程度与其投资成正比。这些外部投资者希望获得有关结果、预测和战略项目的信息,这些信息让他们可以监测公司内部的活动和公司的管理。因此,与公司内部人提供股权资金的情况相反,由外部投资者提供股权资金时,公司会失去部分控制权。

3.股权融资的成本

由于债务融资可能导致企业面临破产的风险,许多家族企业不愿从银行等非家族企业成员那里筹集债务资本。同时,家族企业对从非家族成员(例如私募股权提供者或股票市场)筹集股权资本持谨慎态度,主要是因为此类股权融资可能导致家族失去对企业的控制权。因此,在许多家族企业中,家族企业主要从家族自身筹集资本。那么,家族投资于家族企业的资本的必要报酬率是多少?

股权资本成本反映了股权投资者为抵消投资风险期望的回报率。根据资本资产定价模型(CAPM),股权成本等于:

$$i + \beta(\mu m - i)$$

i 为无风险利率;β 反映投资项目是否比市场波动更大或者波动更小;μm 是市场回报率[①]。根据资本资产定价模型(CAPM),投资的风险和收益的关系如图 9.1 所示,用资

---

① 对于欧洲和美国已建立商业模式的私营中型公司,根据公司的风险状况,其股权资本成本范围为 10% 至 20%。

本市场线(CML)来表示①。

作为公司主要的股权资金提供者,家族企业所有者可能有动机偏离上述效率相关的考虑。一些家族企业所有者,尤其是那些将大量社会情感财富(SEW)投入自己股份的人,可能愿意向能从公司获得的财务回报妥协,并且对低于风险等价的回报率感到满意。在这些情况下,家族企业所有者用经济回报换取社会情感回报。这种权衡是有可能发生的,比如公司坚持经营表现不佳的业务或者雇用表现不好的员工时。因此,家族企业所有者对其投资的股权的必要报酬率有自己的看法,见图9.1中的家族市场线(FML)。

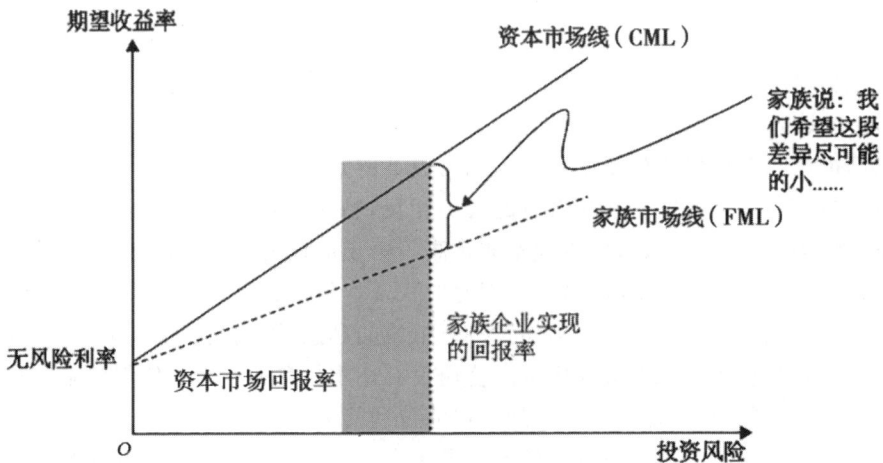

图 9.1　家族市场线(FML)

我们可以推测,在公司由私人控股(即没有分析师对公司绩效进行公开审查时)的情况下,这种收益偏离资本市场线(CML)并接受低于风险等值收益的资本回报率的倾向尤其明显。家族控制着家族企业100%的股权(即没有其他股东可以提高公司运行效率),而公司的所有权则继承自其前几代人(即家族企业的所有者不必为投资买单)。

一些家族企业所有者可能辩称,当公司希望采取以下措施时,即使投资项目在所投入资本上产生的报酬率低于有效水平,这些投资依然是理性和高效的:

(1)在长期才能产生高投资回报。在这种情况下,所有者在对未来高收益的期望下,可以接受未来几年不尽如人意的低投资回报;

(2)参与更多的投资项目,或者探索和开拓一些超前的且价值被低估的投资项目;

(3)在众多的投资项目中实现投资资本分散化;

(4)为员工等实现公司职能至关重要的利益相关者创造价值。

但是,系统性地减少投资和接受低于有效回报率的投资回报对家族企业是一个问题,

---

① 实际上,从多元化的投资者的角度来看,资本市场线(CML)代表了风险与收益的关系。因此,对于非分散的投资者,例如典型的家族企业所有者,甚至是上市家族企业的家族所有者,资本的机会成本要高得多。

至少在长期是这样的。这是因为：

(1)拥有更有效的投资项目的竞争者会比公司更有竞争力。例如,竞争者可以产生更多的资金用来投资从而发展他们的业务;

(2)家族所有者最终会意识到他们的资金和不算失败但投资回报很差的项目绑定在了一起,家族所有者就会想将他们的投资对外出售或者变现。当积极参与公司管理的家族企业所有者想要接受低于有效投资回报的项目,而很少参加运营活动的"被动投资者"想要最大化他们的投资回报时,对家族企业来说是极其危险的。

9.7　杠杆

公司财务理论中最大的一个目标是企业如何根据负债和股权的正确组合来确定自己的融资方案。在下文中,我们首先通过研究杠杆效应来对这个问题进行探讨;其次还将讨论两种类型的公司所面临的典型的战略层面的挑战,一种挑战是高杠杆带来的,一种是低杠杆带来的;最后,我们提供了一些关于家族企业如何适度运用杠杆的建议。

1.杠杆效应

杠杆通常被定义为公司负债和公司股权之比。一个公司可能会发现自己被一个简单的原因吸引而提高杠杆:如果这个公司的利润保持不变,增加负债相应地就减少了股权资金的比例,这意味着利润在减少股权的基础上增加了。换句话说,股权回报率增加了,这对公司的股东是有利的。这种效应被称为"杠杆效应"。这种效应认为,只要债务利息率低于总资本回报率,提高杠杆就有助于提高股权回报率(ROE),归纳为如下公式:

ROE＝ROI＋债务/股权×(ROI－债务成本)

如公式所述,只要投资回报率(ROI,在这种情况下与总资产回报率同义)高于债务成本,其差额就会大于0。在这种情况下,公司可以提高杠杆和ROE。换句话说,只要总资产回报率高于负债利率,企业可以接受更高的负债水平。

但是,接受高杠杆水平可能是危险的策略。负债的利率通常随着杠杆的增加而上升。更重要的是,考虑到与经营一家公司有关的不确定性,总资本回报率可能会逐年波动,实际上可能还会低于负债利率。对于所有类型的公司来说,这都是不好的情况,对于特别关注公司持续经营的家族企业来说,这显得更加糟糕。由于无法偿还债务导致的破产对于家族企业而言是最坏的情况,因为这种情况下,家族企业所有者不仅会损失金钱,还会丧失社会情感财富。因此,家族企业必须对增加杠杆的好处[尤其是 ROE 的增加]和坏处(尤其是破产风险)有足够多的了解。

2.杠杆、风险和公司价值

以上讨论表明,提高公司的杠杆是一把双刃剑。在低杠杆水平下,公司放弃了重要的增长机会,放弃为股东创造更多的回报。同样的,从所有者的风险角度来看,仅用股权为公司融资是不合理的。如果一家公司完全依赖股权融资(零杠杆公司),则股东承担所有的财务风险。如果一家零杠杆公司破产,股权投资者的投资将血本无归。相反,如果银行也将钱借给公司,则损失会在银行和股东之间分摊。因此,零杠杆公司不一定比有一定杠杆的公司更有价值。许多研究都发现,最优的资本结构,即使得公司价值最高的资本结构,其股权占总资产的比例往往在 25%～50%。

3.家族企业制定适当杠杆水平的实践建议

以上关于杠杆效应的考虑看起来偏于理论。实际上,这些考虑忽略了家族企业经营者关于所确定的适当的杠杆水平的合理性。考虑到家族企业所有者对保持公司持续经营十分关注,我们可能会因此想了解一家公司无法偿还债务并因此破产的可能性有多大。

银行非常擅长回答这个问题,因为他们与家族企业所有者有共同的关注点——他们不希望公司破产,因为破产往往意味着公司将会拖欠自己债务。为了评估公司债务违约的可能性,银行制定的信用等级通常从 AAA(非常安全,资金的偿还有保证)到 C 或 D(风险很高,偿还资金不确定性大)。然后,银行将违约率归到不同的类别,违约率定义为公司一年间发生债务违约的概率(一年违约率)。信用等级也和公司的利息保障倍数相关,这定义了一家公司可以使用自己的现金流量来偿还年度债务的次数,用息税折旧及摊销前利润(EBITDA)来表示[①]。利息保障倍数因此被定义为如下的公式:

利息保障倍数(Interest coverage)＝息税折旧及摊销前利润(EBITDA)/年均债务利息

表 9.3 将不同类别的信用等级和违约率以及利息保障倍数联系了起来。这张表格还显示了和每个信用评级相对应的利率差,利率差是偿还特定债务工具(比如一笔借款)和偿还一个基准债务(比如无风险利率)的利率之差。无风险利率加上利差,即为企业典型的税前借款成本。

表 9.3　信用评级、违约率、利息保障倍数和无风险利率息差

信用评级	违约率	利息保障倍数从…到…		无风险利率差
Aaa/AAA	0.000	12.5		0.75%
Aa2/AA	0.015	9.5	12.49	1.00%
A1/A+	0.048	7.5	9.49	1.10%
A2/A	0.062	6	7.49	1.25%
A3/A−	0.078	4.5	5.99	1.75%
Baa2/BBB	0.281	4	4.49	2.25%
Ba1/BB+	0.683	3.5	3.99	3.25%
Ba2/BB	0.891	3	3.49	4.25%
B1/B+	2.444	2.5	2.99	5.50%
B2/B	7.279	2	2.49	6.50%

---

① EBITDA 通常是现金流的替代指标。

续表

信用评级	违约率	利息保障倍数从…到…		无风险利率差
B3/B−	9.972	1.5	1.99	7.50%
Caa/CCC	22.671	1.25	1.49	9.00%
Ca2/CC		0.8	1.249	12.00%
C2/C		0.5	0.79	16.00%
D2/D			0.49	20.00%

利息保障倍数和传播数据的来源:http://pages.stern.nyu.edu/~adamodar/new_home_page/datafile/ratings.htm。利息倍数和评级之间的联系是通过研究美国所有有评级的公司建立起来的。

违约率数据来源:标准普尔指数(2014 年)。违约、转型、恢复:年度全球企业违约研究和评级转型。纽约:全球一年期违约率。

考虑到家族企业在所有者财富头寸集中的情况下对企业生存的担忧,他们应追求目标信用评级为 A 级。A 级信用评级的公司不太可能违约,并且他们有充足的资本来保障在未来数年的困难时期得以生存。A 评级的预期违约率为 6.2%,利息保障倍数在 6以上。

案例研究

战略管理的财务指导

一家公开上市的家族企业的首席执行官想知道他能在多大程度上实现公司的扩张。家族企业的控股家族担心首席执行官会冒太大的风险。为了限制经理的冒险倾向,家族决定让首席执行官和首席财务官来管理公司以确保公司的信用评级始终为 A。对于公司的管理层来说,这种财务建议是有用的,因为它为公司的战略选择设定了明确的指导方针,尤其是在为支持公司的成长融资而可以接受的负债数量方面。

在公司发展的过程中,管理层考虑进行多次收购。首席财务官计算出该公司在维持信用等级为 A 的同时可以接受多少负债以为其收购提供融资。该公司的息税折旧及摊销前利润(EBITDA)为 1200 万美元,首席财务官知道如果公司的负债增加,则该公司将不得不为该负债支付 5%的利率。给定预期的信用评级为 A,利息保障倍数为 6 倍,因此公司每年可以偿还 200 万美元的负债(1200/6=200)。给定 5%的利率,公司一共可以增加 4000 万美元的负债(200/0.05=4000)。

4.杠杆和战略挑战

公司的融资组合(包括负债和股权的组合)改变了通常会面临的战略挑战。为了说明这一点,我们来看两种类型的公司。公司 1,我们称其为佩特拉有限责任公司(Petra Ltd.),具有相对稳固的股权基础,其资产负债表中股权占总资产的比例达到 50%~60%。从流动性的角度看,公司看起来也很稳固。公司的短期资产价值是短期负债价值的两倍,这意味着公司有正的净营运资本(净营运资本=短期资产−短期负债)。公司 2,我们称其为玛拉有限责任公司(Mara Ltd.),在佩特拉公司(Petra Ltd.)的同一行业内表现活跃。玛拉公司的股权在总资产中占比仅为 10％,资产负债表中剩余的 90％ 为短期和长期负债;净营运资本微亏,因为其短期负债大于其短期资产的价值。

现在我们假设两家公司都产生相同的利润。因此,两家公司的投资回报率(ROI)相同(ROI＝利润/总资本)。然而,两家公司的股本回报率(ROE)显著不同(ROE＝净利润/股权),这是因为玛拉公司的 ROE 比佩特拉公司的 ROE 大很多,如图 9.2 所示。

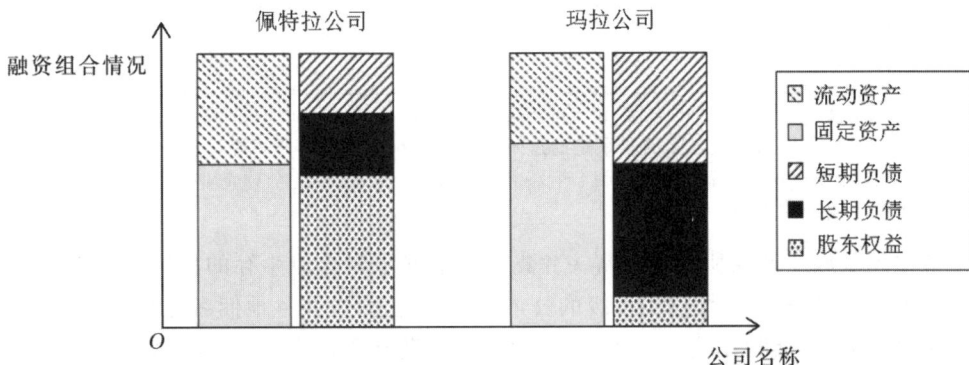

图 9.2　战略挑战取决于融资组合

假设你是佩特拉公司的股东,你主要关心什么? 你可能会对公司的流动性及其稳定的股权基础感到满意。但从 ROE 的角度来看,你可能会对它的盈利能力不足不满意。这是因为你意识到竞争者玛拉公司能够以较少的股权资金获得较高的股本回报率。你的分析可能会朝着两个方向进行。一方面,你要评估要如何通过降低成本或提高产出来提高公司的效率。另一方面,你还要关注公司资本配置的效率,你要调查公司所有的投资资本是否分配合理,以及公司运行所需的实际资本是多少。你还会考虑是否应将部分股权资金分配给股东,以便他们能够将其投资在更有价值的地方。或者,你可以扩大投资项目,例如创新或国际化,以便更有效地利用公司的可用资金。

现在我们转而讨论第二家公司玛拉公司。作为它的股东,你的关注点将和之前完全不同。由于 ROE 很高,公司的盈利能力让人印象深刻。但是由于净营运资金为负数,玛拉公司的流动资金短缺问题严重,这可能导致公司在近期破产。因此,作为股东,你必须要迅速采取行动,从多个方面对公司进行整治。你需要尽快收回应收账款,尽可能迟地支付应付账款,设法出售一些固定资产来产生现金。最终,你甚至可以向短期债权人求助,并将短期负债展期为长期负债。你也可以考虑让长期负债的债权人将其负债转换为公司的股权,当然,你也可以增加股本。但是由于公司强大的盈利能力,玛拉公司的经营业绩似乎处在较好的状态。

这两个例子表明,融资组合不同时,管理所面对的战略挑战也不同,你是愿意成为佩特拉公司的股东,还是愿意成为玛拉公司的股东? 由于佩特拉公司的财务状况良好,你可能因此希望成为它的股东而高枕无忧,但是提高佩特拉公司的效率并使其达到最高的增长速度可能耗时甚多。相反,作为玛拉公司的股东,你没有太多的时间来思考所有必须要做的事情,但当你做了所有为改善公司流动性必须做的事情后,你会发现自己处在一家利润非常丰厚且平稳的公司里。

这些例子如何与家族企业联系起来？许多家族企业更偏好股权和稳定、保守的融资政策,因此他们更倾向于选择佩特拉公司而不是玛拉公司。对大多数家族企业股东来说,高流动性和不像债务资本那么敏感的股权资本可以为公司提供安全边际和缓冲,让公司省去了变革、创新和提高效率来经营下去的必要。但是,从这类公司无法令人满意的经营表现来看,这类改进经常是过于理想化的(Gomez-Mejia,Patel,Zellweger,2015)。

9.8　价值管理

毫无疑问,利润是公司管理的重要指标。但是仅通过企业盈利这一事实能否告诉我们有关公司的很多信息？利润曲线只能说明公司的支出是大于收入还是小于收入。显然,它并不能很好地衡量盈利能力,因为相同的利润可以通过使用不同数额的资本来实现。

克服利润的上述限制的一种方法是将利润和投资资本进行比较。例如,股本回报率表示每一单位的股权能赚到的利润。然后,我们可以将公司的 ROE 和其他投资机会进行比较,从而评估我们是否可以通过替代投资在同等风险下产生更高的回报。但是,诸如 ROE、ROI 和 ROS 之类的盈利比率也有不足之处,因为它们无法告诉我们公司从一个时期到下一个时期创造了多少价值。例如,ROE 从 5％增加到 10％并不能说明公司创造了多少价值。我们只能得出一个结论,即公司盈利能力翻番,但在绝对数的货币意义上能说明什么？

经济增加值(EVA)的概念试图解决利润和盈利比率的缺点。EVA 不衡量净利润,而是首先衡量公司的税后净营业利润(NOPAT)[①]。EVA 计算公司的营业收入并扣除预计的所得税,但不扣除负债利率。因此,它是一种对债权人和股东有价值的利润衡量指标。资本成本可以定义为:

资本成本＝有息负债成本×有息负债＋股权成本×股权

股权和有息负债代表公司使用资本。公司使用资本的计算公式为:

公司使用资本＝股权＋有息负债

或者:

公司使用资本＝总资产－短期负债

表 9.4 举例计算经济增加值(EVA)[②]。

---

① 　为简单起见,我们不考虑其他调整,例如增值费用。

② 　有关股权和债务资本成本的背景信息,请参阅第 7 章和继承有关的内容和第 7.10 节和估值有关的内容。

表 9.4　经济增加值(EVA)举例

单位：美元

	第一年	第二年	第三年
销售收入	2 600	3 000	3 500
销售成本	1 400	1 600	1 800
销售和管理费用	400	600	750
折旧	150	200	250
其他运营费用	100	150	150
营业利润	550	450	550
利息支出	200	200	200
税前利润	350	250	350
所得税(25%)	87.5	62.5	87.5
税后净利润	262.5	187.5	262.5
营业利润	550	450	550
所得税(25%)	137.5	112.5	137.5
税后净营业利润	412.5	337.5	412.5
股权(股权成本:12%)	3 000	2 700	2 400
有息负债(负债成本:6%)	1 000	900	600
使用的资本	4 000	3 600	3 000
资本成本＝股权成本×股权＋有息负债成本×有息负债	420	378	324
经济增加值＝税后净营业利润－资本成本	−7.5	−40.5	88.5

　　如表 9.4 所示,这三年的税后净利润均大于 0。但是,如果我们考虑用于产生该利润的资本的数量和类型,则我们会认为公司的价值正在减损(至少在第一年和第二年是这样的)。这是因为这几年公司的资本成本大于税后净营业利润。结果,EVA 在这两年为负数。只有在第三年,公司的税后净营业利润才超过其资本成本。

　　从利润和 EVA 的区别中得出的核心结论是,即使一个企业可以盈利,它仍然会减损价值。只有企业的利润超过企业投入资本的成本时,企业才能创造经济价值。

　　尽管 EVA 作为财务分析工具有着无可争议的优点,但它仍然存在着局限性。假设你是家族企业所有者,你决定将经理的薪酬和 EVA 挂钩,这样你每年将向经理支付EVA 价值的一部分。由于负债的成本通常比股权的成本低,因此经理人有提高公司杠杆的动机。用负债代替股权可以降低资本成本,增加 EVA。因此经理可能会倾向使用更高的杠杆,从而赚取和增加 EVA 相关的奖金。如果将 EVA 用作财务决策工具,家族企业所有者有必要向管理层提供和杠杆上限有关的指导。出于对安全性的考虑,家族企业最好把注意力放在改善经营管理上,而不是提高杠杆。

9.9　关键财务指标

财务比率对家族企业的财务管理是非常重要的工具,因为他们能清楚反映一家公司经营的情况。财务比率可以分为五个类别:经营效率、盈利能力、流动性、安全性和价值创造。但是,在我们讨论每个类别中的某些主要财务比率之前,必须对如何使用财务比率做一些一般性考虑。为了使财务比率有用和有意义,它们应当能:

- 使用可靠、准确的财务信息;
- 逐期一致的计算;
- 用于和内部的基准和目标比较;
- 和同行业的其他公司相比较;
- 从单一时点和长期趋势来看;
- 在特定的环境下能被仔细理解,因为评估企业表现时涉及许多重要的因素和指示变量;
- 作为历史情况的反映。

私营企业通常很难找到合适的同行业公司作为基准来对自己的财务比率进行评估,唯一可用的可靠数据通常来自上市公司。但是,由于私营企业和上市公司适用的会计准则不同,以上市公司为基准可能有一定的挑战性。因此,私人家族企业需要使用尽可能多的数据来源对其自身的财务情况进行综合评估,并对以上市公司为基准而产生的结果持保留态度。

表9.5重点介绍了一些与评估公司财务状况最相关的财务比率。根据公司所从事的具体业务,可能需要额外的财务比率。例如,在房地产中,可能需要房屋空置率,而在制造业公司中需要存货周转率。尽管如此,表9.5列出的财务比率应能使不经常参与家族企业的日常经营活动的家族所有者对公司财务可行性进行监测。

表 9.5　评估公司财务可行性的主要指标

类型	财务比率	描述	定义
经营效率	销售收入	所出售产品/服务的财务收入总额	
	毛利率	赚取的弥补间接费用的金额	(销售收入－直接费用)/销售收入
	息税前利润率	用来偿还负债和税款利息的金额	息税前利润/销售收入
	营业费用比率	营业费用占销售收入的比重	营业费用/销售费用
	新产品销售比	销售收入多大程度上是新产品驱动的	新产品销售收入/销售收入总额

续表

类型	财务比率	描述	定义
盈利能力	息税折旧及摊销前利润（EBITDA）	扣除利息、税金、折旧/摊销前的收益；反映公司的现金流情况	
	息税前利润（EBIT）	扣除、税金前的收益	
	资产收益率（ROA）	衡量将资产转化为利润的能力；和投资回报率（ROI）是同义词	净利润/总资产
	股本回报率（ROE）	股东的投资回报率	净利润/股权
	销售回报率（ROS）	每单位销售收入创造的收益	净利润/销售收入
流动性	应收账款周转率	年内应收账款周转次数	销售收入/平均应收账款余额
	应收账款周转天数	付款前的天数；可以反映客户的付款习惯；和自己的付款习惯相比较	应收账款平均余额/销售收入×365
	速动比率	货币资金、银行存款、银行可接受的证券、应收账款和短期负债的比率	（货币资金＋银行存款＋银行可接受的证券＋应收账款）/短期负债
	流动比率	流动资产包括短期资产，比如现金、银行存款和银行可接受的证券，应收账款，存货，与短期负债的比率	流动资产/短期负债
	净营运资本	用短期资产偿还短期负债的能力	流动资产－短期负债
安全性	杠杆	公司的负债	总负债/股权
	股权比率	股权占总资产的比率	股权/总资产
	利息保障倍数	息税前利润能够用来偿还利息的次数	扣除利息、税金、折旧/摊销前的收益；反映公司的现金流情况（EBITA）/负债利息
价值创造	普通股权益报酬率（ROCE）	普通股权益报酬率；使用的资本＝股权＋有息负债	息税前利润/使用的资本
价值创造	经济增加值（EVA）	经济增加值；表明公司的利润是大于还是小于资本成本	税后净营业利润－资本成本

表 9.6 比较了美国上市家族企业和非家族企业的一些关键财务指标。该表显示，与非家族企业相比，平均而言，家族企业资产更轻、规模更小、财务杠杆更低且利润更高（从现金流量角度看）。而且，它们支付更高的股利，透明度更低，在研发方面的投入更少，资本支出更高。

表 9.6　美国上市家族企业和非家族企业的财务指标比较

财务比率	定义	家族企业	非家族企业	显著差异 ** 为 5%； *** 为 1%	解释
总资产/百万美元	总资产账面价值	2956	6434	**	家族企业更加轻资产
总销售收入/百万美元	年净销售总额	2968	5538	***	家族企业更小
公司寿命	公司自成立以来的年数	42.22	49.77	***	家族企业更年轻
负债比率	长期负债/总资产	15.22	18.33	***	家族企业的杠杆更低
现金流	(净收入＋年折旧额)/总资产	8.52	6.82	***	家族企业的现金流更大
股利支付比率	年现金股利/总资产	1.26	1.03	**	家族企业股利支付更多
有形资产比率	以流动性为代表：(0.715×应收账款＋0.547×存货＋0.535×机器设备厂房(PP&E)＋净现金)/总资产	49.85	48.63		
回报率的波动(公司风险)	之前 36 个月内股票月回报率的标准差	12.43	12.25		
托宾的 Q	(普通股的市场价值＋优先股账面价值＋长期负债账面价值)/总资产账面价值	1.86	1.83		
透明指数	企业的相对透明性使用三个指标来描述：交易量、买卖价差和分析师跟进	14.10	17.12	***	家族企业更透明
总投资/总资产(%)	(研发支出＋资本支出)/总资产	9.01	9.62		
研发支出/总投资(%)	研发支出/(研发支出＋资本支出)	26.46	35.73	***	家族企业的研发支出占比更小
资本支出/总投资(%)	资本支出/(研发支出＋资本支出)	73.54	64.27	***	家族企业的资本支出占比更大

注：PP&E＝物业、厂房和设备

资料来源：Anderson、Duru 和 Reeb(2012)；2003—2007 欧洲家族企业的数据，参考 Croci、Doukas 和 Gonenc(2011)

9.10　家族企业财务管理的困境

在理想情况下,公司使用有限的杠杆,其净利润和流动性都很高。但是实际上,杠杆、净利润和流动性这三个目标的权衡是重要的,企业通常无法同时实现这些目标。例如,可以通过增加杠杆来促进公司的增长和提高公司利润率,但是增加杠杆和关心公司持续经营的股东的利益背道而驰。财务管理通常从以下三个关键维度来处理上述目标之间的冲突:公司的成长性和盈利性、所有者的流动性资金需要、公司的安全性,如图 9.3 所示。

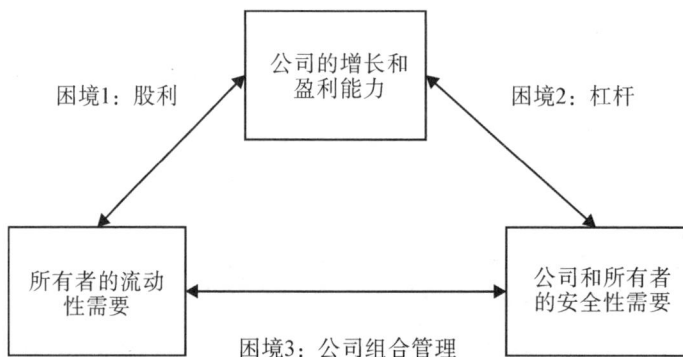

图 9.3　家族企业财务管理中的三种困境

这些目标冲突很难解决,因为它们无法得到一个线性解决方案。三个维度中任何一个维度的决策都会对其他维度产生影响。因此,我们需要对家族企业的财务管理有一个全面的了解,以解决同时追求增长、流动性和安全性引起的难题。由于所有者和经理的偏好可能不同(例如,考虑利润的再投资和股利的支付),因此所有者和经理必须共同解决这些难题,通过公开沟通来寻求建设性的解决方案。

9.10.1　增长和流动性的困境：股息的作用

公司的增长率取决于其增长能力。增长能力定义为:

增长能力＝股权回报率×(1－股利支付率)

这种关系假定,公司只能以支付所有费用和所有股东股息后的剩余速度增长。特别的,支付的股利越多,公司的增长受限越多。例如,在一个家族企业中,如果家族的生活方式较为奢侈,对股利支付的需求更大,那么企业的增速就会放缓。在这方面,家族如何选择自己的生活方式和公司的增长有直接的联系。让我们来看一些数据:如果家族希望公司以 10% 的速度增长,而公司的 ROE 达到 15%,那么公司可以支付其利润的 33% 作为股利;为了实现 12% 的增长,它必须将股利支付率限制为 20%。

目前较少的实证研究利用美国上市家族企业的数据得出结论,即家族企业的股利支付率高于非家族企业(见表 9.6);欧洲相关研究的类似发现可以参考 Pindado、Requejo 和 de la Torre(2012)的文章。现有的研究大多集中在上市家族企业上,关于私人家族企业的股利支付率的数据很少[也有例外情况,请参考 Michiels 等(2015)]。

支持股利支付的核心观点是,股利是控股家族向少数股东发出信号的一种方式,即该家族遵守了良好的公司治理标准,并且家族不会中饱私囊从而给少数股东带来损失。这一观点不仅适用于上市公司,对私人家族企业也是适用的。当积极参与经营管理的家族企业所有者和消极参与经营管理的家族所有者并存时,股利政策开始成为一个问题。积极参与经营管理的家族成员倾向于进行投资从而让公司成长壮大,而消极参与经营管理的家族企业所有者更倾向于接受股利[1]。信号传递效应外的另一个支持股利支付的原因是:由于家族企业的股份一般不对外出售,因此家族不会直接从企业的股价上升中受益,支付股利是少数的能给家族持股人提供收益的途径之一。

考虑到股利支付和公司增长能力之间的权衡,所有者和经理制定与目标增长率一致的股利政策至关重要。对大型上市公司(标准普尔 500 指数)数据的分析表明,家族企业支付的薪酬约占其净收入的 30%。

有关股利的讨论,不仅应考虑股利的数值,还应当考虑股利逐年的稳定性。有证据表明,家族企业偏好平滑的股利,因此他们会从当前的股利支付水平缓慢过渡到理想或者最佳的股利支付水平(Pindado,Requejo,de la Torre,2012)。当利润增加时,公司以和利润不成比例的方式增加股利;当净利润下降时,公司以和利润不成比例的方式减少股利。股利平滑可能是使股利政策适应公司不断变化的盈余能力的一种谨慎的方法。

私人家族企业有时可能决定在不考虑盈利能力的情况下,持续支付特定水平的股利。这种股利政策的思想是保证股东有稳定的收入来源,从而让股东满意。如果股利的支出足够低,那么这种股利政策将不会对公司造成损害。如果公司的现金储备足够大,那么即使公司正在亏损,家族企业也能在未来多年里维持这种股利政策。但是,随着时间的推移,家族股东会把股利收入视为一种既定的收入,并根据其预期收入来调整自己的生活方式。因此,他们最终将变得厌恶风险,并且反对(必要的)战略改革,因为这些战略变革要求减少一段时期内的股利支付。因此,不论公司业绩如何而发放固定的股利,不仅可能对公司的长期生存不利,还会导致家族股东安于现状地过着奢侈生活,或者把公司视为养老基金而不是风险很高的股权投资。

---

[1] 面临的挑战是如何使家族所有者拥有共同的愿景(投资与分派股利)。家族治理实践可以帮助维持对现金处理方式的共同看法。例如,对于所有股东而言,投资(且增长)并将现金留存在公司中可能是最佳选择。有关更多信息,请参阅 Michiels 等(2015)的研究。

拓展阅读

家族年复合增长率(CAGR)

像家族这样的系统正在以指数级的速度增长。我们假设每个人的平均寿命为 80 岁，父母在 25 岁时有子女，并且子女在 20 岁继承了父母在公司的股份。家族成员去世后，他的股份被平均分配给后代。但是，姻亲不会得到任何股份。

表 9.7 估计了家族股东的人数，其个人持有的股份和公司需要的年复合增长率(CAGR)，以确保公司的利润能够在 100 年内跟上家族的增长。

表 9.7　家族的增长和盈利能力

每个家族成员平均子女数量	100 年后的股东数量	100 年后个人股东的所有权比例/%	100 年内要求的 CAGR/%
2	6	16.66	1.10
3	12	8.33	1.81
4	20	5.00	2.33

从表中明显可以看出，该公司的年复合增长率取决于每个后代的平均子女的数量。CAGR 表明了公司的利润需要以何种速度增长，以保证个人所持股份的价值保持稳定，即便新的家族股东的加入会使所有权一定程度上被稀释。

CAGR 不是公司实际的增长率，因为它没有考虑通货膨胀和行业增长的影响。相反，CAGR 说明：如果公司想要确保自己的利润能够跟上家族代数的增长，那么它需要比竞争对手更快地增长。

显然，这个目标很难实现。因此，家族股东必须接受这样一个事实：如果他们迎来了新一批的家族股东，那么他们面对的就不只是股权数量上的稀释，因为其所持股权的价值也会被稀释。

从这个角度来看，家族企业所有者强调企业的成长是有道理的。与此同时，家族所有者必须考虑筹集外部资本，以使企业更快地发展，使企业的价值能够跟上家族的增长。另外，家族可能会决定"修剪家族树"，并买断一些对公司不那么忠诚的家族股东的股份。然而，最终的结论是，公司的成长通常无法跟上家族的增长。

9.10.2 盈利能力和安全性的困境：杠杆的作用

第二个困境探讨了公司的盈利能力和安全性之间的冲突。正如我们在经济增加值(EVA)讨论中所述，只要公司的资本回报率高于加权平均资本成本(WACC)，公司就能创造价值。

有两种方法可以实现这一目标。一种是通过改善经营、创新、国际化和其他战略行动来提高公司的净利润。另一种是通过借债等方式降低公司的资本成本，这是因为债务成本通常低于股权成本,用负债代替股权,能让 WACC 下降。如 9.7.1 节杠杆效应一节所述,只要 ROI 高于债务成本,企业就可以通过增加杠杆来提高 ROE。

因此,家族企业陷入了困境。一方面,家族担心自己股权的安全性,当杠杆提高时安全性会受到损害。另一方面,家族又可能会倾向于提高杠杆来增加股本回报率(ROE)。如 9.7.3 节所述,家族企业应通过对杠杆的水平进行限制来解决这一难题,即便理论上来看,提高杠杆有助于提高股本回报率(ROE)。对家族企业来说,把 A 信用等级作为自己的目标是有意义的,因此,利息保障倍数约为 6(有关更多详细信息,请参见 9.7.3 节)。

9.10.3 流动性和安全性困境:投资组合管理的作用

行业和业务通常沿着生命周期发展,生命周期包括特定的阶段,包括导入期、成长期、成熟期和衰退期。这意味着在某些时候,企业所有者必须要应对给企业繁荣构成挑战的外部环境。因此,对有远见的公司管理层来说,考虑当前经营活动的有限性至关重要。如果企业所有者希望应对这种看起来不可避免的下降趋势,那么他们必须确定企业业务在生命周期中的位置,并且他们需要将成熟期和衰落期业务占用的资本转移到新的有增长潜力的业务中。

追求这样的投资组合方法,理论上可行但是不易实施。公司的创始人往往是资深的营销人员或工程师,但他们通常缺乏管理公司业务组合所需的财务和战略技能。更重要的是,所有者可能根本不认为需要采用投资组合策略,或因为他们过于自满或不愿承担风险,从而不愿意对新项目进行再投资。但从家族财富健康和长期发展的角度来看,所有者需要面对这样一个事实:如果他们不将资金投资于新项目,他们经营的企业迟早会步入衰退。

因此,经营公司的家族面临着公司财务管理的另一个难题。一种选择是抽出足够多的资本,并将它们转移到私人领域,以此增加家族成员的流动财富并且使自己的财富从家族企业中分散出来。另一种选择,是将资金再投资并建立具有很大未来发展潜力的业务投资组合,这些组合也可能在公司内部。

理想情况下,这种投资组合管理方法遵循所谓的"成功序列"。公司通常以"问号"的形式成立,因此它们市场占有率低但是在高增长的市场中运营。此类业务必须转变为"明星"业务,即在成长型市场拥有大量中性的现金流。换句话说,"明星"业务产生大量现金流,但还需要大量投资才能蓬勃发展。随着业务的成熟,"明星"业务有望成为"现金牛"业务,它们会为公司产生大量正的现金流。在此阶段,所有者必须保持紧迫感和风险意识,并将积累的资本投入新的"问题"业务中,以为下一个生命周期的增长准备,这是至关重要的。

不幸的是,许多家族企业并没有办法通过充分的再投资来保持竞争地位。这可能是致命的。例如,考虑一种情况,在这种情况下,"明星"公司从未设法创建一种能够产生大量现金并让这种业务变成"现金牛"的商业模式。相反,它会变成一个"问题"业务,最后变成"瘦狗"。如果一家公司坚持收缩业务的话,"现金牛"也会变成"瘦狗"。

拓展阅读

通过比较盈利能力和资本成本来决定实施的战略行动

评估公司的盈利能力是否满足公司的资本成本的一种直接的方法就是计算普通股权益报酬率（ROCE，通常称为 ROIC），并将其与公司的加权平均资本成本（WACC）进行比较。ROCE 定义如下：

ROCE＝EBIT/（股权＋负债）

在考虑了投入的资本后，ROCE 适用于比较公司的相对盈利能力。根据公司的 ROCE 小于、等于或者超过 WACC，必须考虑采取不同的战略措施（Axelrod，McCollom-Hampton，2013）：

1.ROCE＞WACC：继续前进，不要沾沾自喜，不断成长。

2.债务成本＜ROCE＜WACC：提出难题，观察趋势，检查间接费用，复核/调整激励措施。

3.ROCE＜债务成本：找出根本原因，降低杠杆和投资，将规模缩小为盈利核心，检查财务团队的胜任能力，考虑退出。

4.ROCE＜0：紧急实施纠正措施，如果超过一年缺少可靠的行动计划，请掉头或者从零开始，检查领导团队的能力。

9.11　家族企业可持续财务管理原则

在以上对关键财务部分讨论的总结中，我们在下文提出了家族企业可持续财务管理的一般原则。

1.关注关键财务指标

测量和追踪与经营效率、盈利能力、安全性、流动性和价值有关的关键财务比率。

2.小心地使用杠杆

由于所有者的财富头寸集中，使用负债时应该小心。定义目标的信用评级并据此计算出可接受的最大负债水平。

3.不仅关注利润，更要关注价值

请记住，有利润的公司不一定创造价值。将公司的税后净营业利润和其资本成本进行比较。

4.让公司增长

增长很重要，尤其是考虑到家族扩大及由此带来的股东财富稀释。

5.制定符合经营增长目标的股利政策

请记住，股利会降低公司的增长潜力。为公司设定增长目标，然后根据目标计算可持续的股利支付率。

6.使用投资组合管理的理念

随着时间的推移,公司的业务日趋成熟和衰落。分析当前和未来现金流量的(潜在)来源。

9.12　首席财务官在家族企业中的作用

在公司的设立阶段,大多数家族企业不设置专门的首席财务官。公司可能根本不需要首席财务官,因为财务工作内容仅限于保存档案、账单支付和工资单。此外,公司的创始人通常希望保密和财务有关的事项。随着公司的成长和步入成熟阶段,需要更复杂的财务管理技术,例如成本会计、报告系统、预算编制、分配过剩的流动资金和确定适当的成长资本来源。此外,家族企业需要和银行以及股权投资者打交道,与他们协商商业交易有关事宜(Fischetti,2000)。

因此,财务的功能随着公司的发展而发展。Ohle(2012)认为,首席财务官在家族企业中的作用随着公司复杂度的增加而变得重要,特别是在家族企业规模方面(见图 9.4)。在公司复杂度较低的情况下,首席财务官的主要作用是提高公司业务的透明度,使公司能做好基本的财务职能工作,比如收款、账单支付和基本的账簿登记。透明度对公司是至关重要的,因为缺乏透明度会阻碍财务职能的发展,从而不能为家族企业的整体发展提供最好的支持。只有这些基本的任务都得到了执行,首席财务官才能通过成本会计、预算编制、合规实施和内部审计功能等途径,以提高经营业务的有效性和效率。

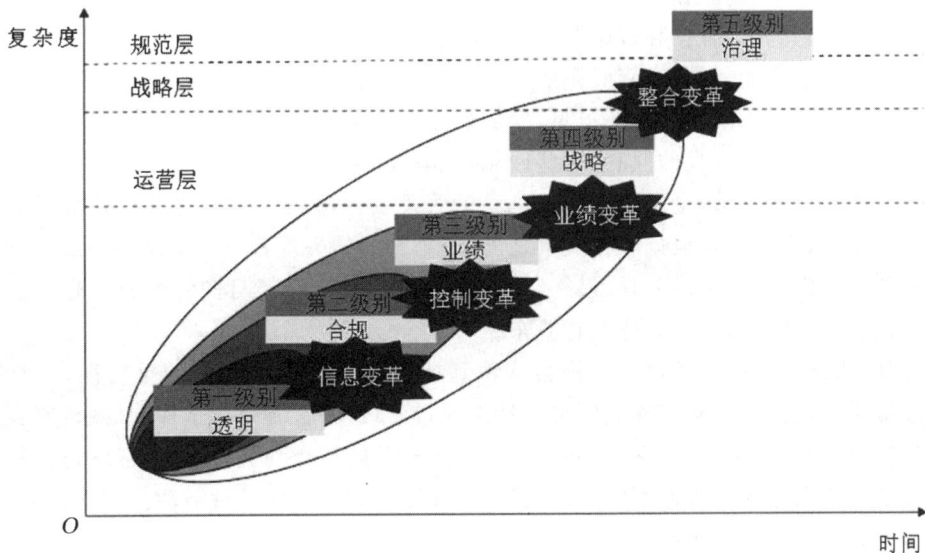

图 9.4　首席财务官职能的演进

来源:Ohle(2012),圣加仑大学博士学位论文。

除了完成以上的经营工作外，首席财务官将有能力参与到与战略相关的事务中。在这方面，首席财务官的作用是提供有关公司及其组织实体各种职能的深层信息。这些信息对公司销售、市场营销和生产等方面的战略管理和财务职能都很重要。在此阶段，首席财务官很可能需要协调一家多业务或多产品公司，因此可能需要对各种业务的增长和盈利能力进行追踪。

最终，首席财务官必须就不同利益相关者对公司的利益诉求进行整合，特别是家族的需求，并确保各种目标和利益相关者的需求保持一致。在这个阶段，首席财务官的作用再次发生了变化，其职能范围可能还包括对家族私人财产的管理，以及对公司的整体结构提出建议。因此，成功家族企业的首席财务官通常会参与处理经营、战略和规范性问题。这样的首席财务官从而能成为家族事务和私人事务这两方面都值得信赖的顾问（见图9.4）。

在家族业务中，首席财务官还必须培养财务以外的技能。他（她）必须设法克服以上提出的家族企业面临的困境（请参见9.10节），尤其是在公司的控制家族和其他利益相关者的利益不完全一致的情况下。股利政策就是这样的利益冲突的焦点之一，因为首席财务官需要兼顾公司的增长需要和家族成员对股利收入的需求。同样，风险承担可能会成为首席财务官的重要关注点之一，因为家族企业所有者面临冒险的战略决策时，可能会保持谨慎。例如，如果公司希望保持长期的繁荣，可能需要投资新的、不确定的一些项目。在这种情况下，首席财务官需要和股东进行沟通，以证明项目的风险不会过高且不超过股东设定的范围。控制家族从家族企业中提取的利益，例如要求公司支付控制家族的私人支出，这集中反映了首席财务官和控制家族之间的冲突与矛盾。在法律范围内，所有者可以自由决定如何经营公司。当家族所有者（甚至可能是首席财务官的老板）使用公司资本为与公司无关的私人项目提供资金时，非家族的首席财务官应该如何应对？类似的，如果首席财务官被要求管理家族的财产，这并不是首席财务官最初被雇来或者被培养来从事的工作，这也是家族所有者和首席财务官产生冲突的事项。

对首席财务官而言，与家族股东的互动至关重要。家族企业的股东在交易股份的意愿和能力上往往受到限制。由此可见，家族股东常常觉得自己的投资被锁定了。即使公司发展壮大并支付了可观的股利，一些股东，尤其是那些不参与日常运营的股东，可能会对公司的发展感到不满，也可能不信任公司的管理层。这只是因为他们没有得到足够的公司内部信息，因此感觉被排除在决策之外，沦为被动的旁观者。为了避免不满的家族股东带来的不利影响，首席财务官（最终与首席执行官一起）应定期将公司的战略计划告知所有股东，并在这方面平等对待所有股东。

此外，家族企业的首席财务官将会认识到社会情感财富（SEW）的重要性，以及家族企业经常更关注公司的非财务效用上。特别地，首席财务官将面对这样的诉求：家族企业希望将控制权掌握在几代人手中，并关注与公司相关的声誉利益；对社会情感财富的追求通常和公司的财务利益背道而驰，例如保留仍在亏损的过时的经营活动。在这种情况下，首席财务官的立场应该如何？

出于对上述难题的考虑，首席财务官应作为公司所有利益相关者的公正财务顾问，不应和任何家族派系或者特定的股东团体保持一致。首席财务官的职责是担任公司财务的可信赖的保证人，并且是给容易受到情绪的干扰和偏见的讨论带来理性和清晰逻辑的人。

首席财务官必须能创造性地设计出各方都能接受的解决方案,并且他(她)必须是能够和所有利益相关者都沟通融洽的高明的沟通者。作为倡导公司财务状况健全健康的人,首席财务官主要关注战略决策的财务后果。当公司有多个股东时,尤其是某些股东不在公司内部工作或者家族企业上市时,首席财务官的客观公正变得尤为重要。

首席财务官还必须有自己的坚定立场,这样能让他(她)反对所有者提出的与公司治理或制定的公司战略不一致的建议,例如所有者提议只让(家族)股东单方受益时。理想情况下,这类问题应当由管理委员会、董事会甚至股东大会正式讨论进行解决。家族所有者通常是公司中权力最大的利益相关者。因此,他们有能力推翻治理层或者绕开治理层,并命令首席财务官朝着对他们有利的方向决策。因此,首席财务官是否会屈服于所有者的要求,取决于首席财务官的个性及其对职业道德的遵守情况。

案例研究

与长期任职一家大型家族企业的首席财务官访谈

在一次采访中,有人询问了在一家新加坡家族企业长期任职的非家族的首席财务官是否愿意和家族所有者打交道。这位首席财务官回答:

"与上市公司的情况相反,我们公司的所有者非常有能力。我并不像在上市的家族企业的同行那样,在投资者关系上花费大量的时间,例如他们要花几天、几周的路演才能够和他们的养老基金投资者熟识起来。我的老板的存在和他的权力也带来了其他的挑战。我遇到过一个非常突出的难题:一方面,我需要认同公司的价值,而我也乐意这么做;另一方面,我也想被我的老板喜欢。因为如果他认为我对公司不忠诚而且他不喜欢我,他就会解雇我。毫无疑问,他有能力这么做。但是,我需要让自己听到,听到老板的声音……我努力让自己成为值得信赖的财务顾问,在保持独立和不完全独立之间进行取舍。我在我工作的这些年里赢得了所有者的信任。

我在这里的作用是为决策做准备,给所有者展示可供他们参考的各种选择,持续进行讨论,并且让所有者对各种选择进行考虑,以便他们能够做出明智的决策。在做这些事情时,我会尽量保持理性、保持中立。

有时,如果所有者不想听我为他们提供的重要建议,情况就会变得很棘手。以前我曾要求另一家公司的所有者和我们公司的所有者发起对话。我还请过一家大型审计公司的董事长和我们公司的所有者讨论相关问题,以让所有者听到他们信任或者尊重的其他人对公司事务关心的问题。因此,我的工作有时具有一定的外交性质。"

当问到他是否喜欢这种情况时,这位首席财务官回答:"这不是我是否喜欢的问题,这是我们作为一家私人企业需要付出的代价。所有者非常有能力,也很有权力,因此他们不会将他们的所有权力都交给董事会。因此,我们需要确保一致地通知到了所有人。"这种情况下可能存在一些问题,比如当所有者不理性且不具有胜任能力时。因此,在我们的案例中,最大的风险可能是所有者本身。但最终,和股权分散的公司相比,这仍然是所有者和经理之间更有效的协作方式。在股权分散的公司中,所有者希望经理们能够为自己的最大利益行事,他们对经理的控制非常有限。在这样的企业中,最大的风险来源不是所有者而是经理。

9.13　家族企业的薪酬管理

出于至少两个原因,管理人员的报酬对于企业的战略管理至关重要。首先,人员成本往往是公司中最大的支出项目;其次,这里最重要的是,薪酬体系用于支付薪酬和对公司的经理和员工进行激励。

在过去的几年里,多项研究探讨了家族企业的雇用实践。一些人认为,家族企业是一个处处都需要管理的领域,家族所有者可以在这个领域内营造一种非常具有关怀和支持的氛围（"我们对待员工像对待我们的家人一样"）。这是因为家族所有者对他们的公司具有强烈的认同感,有动力为保证公司的长期生存努力,并且这种情感会深深根植于他们的社会环境中。这种特征培养了一种管理文化,这种文化激励家族成员关心员工的需要,为高水平的承诺、信任和忠诚提供激励（Corbetta,Salvato,2004）。总之,家族企业应该是工作很好的场所。

但是,对家族企业的雇用行为,许多人也有悲观的看法。从经济学的角度看,有些人认为,家族企业拥有的对公司的不受约束的权力,使得任何与家族企业签约的人,尤其是非家族的经理,都容易受到单方面行使这种权力的影响。因为没有人能控制所有者,除了所有者自己。由于雇用合同并未规定所有可能发生的事情,因此非家族的经理将面临所有者性质的特殊性和所有者不断变化的偏好,对公司最佳策略的看法和所有者之间的分歧,甚至是所有者的不专业行为,又或者是所有者的行为完全是机会主义性质的。例如,在所有者投机的情况下,所有者不会履行对经理的承诺,而起用为公司做特定财务决策的经理,例如在公司附近购买房产的决策。通常,所有者也会在向不属于家族的经理做出晋升的承诺后,又随即任命家族成员担任上述承诺的职务。这种由所有者带来的威胁,不论是由于所有者和经理之间的分歧还是所有者的投机行为,都使家族企业难以雇用、留用和激励优秀的经理（Chrisman,Memili,Misra,2014;Schulze,Zellweger,2016）。

平均来看,在家族企业中上述的好的一面占优,抑或是坏的一面占优仍有争议。但很明显,所有者有时必须适当分权,才能激发员工的才能,并激励他们为公司做出贡献,最终最大化所有者的利益。

9.13.1　家族企业薪酬管理实践的一些发现和思考

比较家族企业和非家族企业薪酬水平的研究总是可以发现,较低的薪酬水平可以换取家族企业更高的工作保障。无论是在管理层级还是在正式员工层级,这种雇用模式的适用性都相当广（Sraer,Thesmar,2007;Bassanini et al.,2013）。

Gomez-Mejia、Larraza-Kintana 和 Makri(2003)探讨了家族企业经理的报酬和企业风险之间的关系,他们发现家族企业经理的收入低于非家族企业经理,但他们的报酬至少有一部分不受企业风险的影响[①]。如果我们考虑到这些所有者—经理的财富和收入在很大程度上是单一的,那么这样的风险补偿合同就不足为奇了。

定义家族成员的薪酬方案是困难的,特别当某个家族成员必须决定其他家族成员的工资水平时。家族成员如果经常冒过度的风险,也只能赚固定的工资,所以他们并没有特别的动机要通过冒险来实现公司的发展。在极端情况下,家族成员的收入并不取决于他们经营公司的业绩[②]。或者,为了保持家族和谐、平等对待其他家族成员,就算责任和能力不同,家族成员也平等分得收入。换句话说,家族成员的收入不是由其优势能力决定的,而是取决于家族的状况。

对家族企业来说,上述做法会让家族成员和非家族的经理感到沮丧,因为得到的回报和他们对公司做出的贡献不对等,记住这一点是很重要的。如果家族成员的薪酬水平与他们的表现和责任相称,与非家族成员的薪酬水平一致,那么这就是一个专业的家族所有制的标志。

9.13.2 底薪

底薪是一切薪酬方案的重要组成部分,是雇主向雇员支付的固定工资,与公司或雇员的表现无关。尽管员工通常可以通过各种激励计划获得比基本工资更高的收入,但基本工资是薪酬谈判和员工与同龄人之间的社会比较的重要参考依据。因为家族所有者希望避免过度冒险,并且保持对家族的控制,所以尽管家族企业中的非家族的经理有时赚取相对较高的基本工资,但不享有任何与绩效相关的奖金或者普通股奖励。

9.13.3 奖金和福利

奖金计划的目的是奖励经理和员工的绩效,例如奖金与 EBIT 或其他利润指标成正比。或者公司可以决定设定与增长、创造价值或盈利能力相关的目标,并承诺如果公司在连续三年内达到这些目标,就向经理支付数目可观的奖金。有吸引力的薪酬计划还涵盖一些福利,比如不合格的退休计划(从税收目的来看是"不合格的")、医疗储蓄账户和其他公司特定的福利。为了限制管理层的冒险行为,奖金通常是有上限的。

---

① 更为正式的,Gomez-Mejia、Larraza-Kintana 和 Makri(2003)发现家族企业经理的薪酬和系统风险更加紧密地联系在一起,也就是和由行业和市场力量导致的风险紧密联系在一起。类似的研究也发现,家族企业经理的薪酬与公司特有的风险(非系统风险)并不相关。这种激励机制与非家族企业中经理薪酬和非系统而不是系统风险相关的传统模式相违背。家族经理可以免受他们无法影响或者分散的风险的影响,并且不会有动力参与到与公司特有风险相关的活动中。

② 我们已经在第 5 章在利他主义引起的治理问题类别中讨论了负面行为后果,例如家族经理搭便车。

9.13.4 普通股

对于大型公司,尤其是那些上市公司,让员工成为公司的共有人是使经理和所有者目标一致的方法。但是出于多种原因,许多家族企业都不愿意把公司股票授予经理或者员工。首先,家族所有者通常不希望员工持有股份,因为股权对外开放会削弱家族对公司的控制权。其次,由于公司不是股份公司,而是具有其他的法律形式,例如合伙企业或者有限责任公司,因此员工无法持有公司的股份。再次,股权计划的成本很高,因为要和第三方共享全部的股权价值,而且由于股票计划必须由公司管理,会产生管理成本。而且,就私人家族企业而言,企业价值的确定也可能会带来一些问题,这些问题会导致分歧。最后,股票计划可能让不符合该计划资格的经理人和员工感到沮丧。

向员工授予股票对公司有好处吗?经过几个世纪的实践和几十年的研究,关于拥有股权计划的公司是否比没有股权计划的公司表现更好这一问题,其研究结果相当令人失望。即便说股权计划有效果,那也只是微小的效果[有关研究的概述,请参见 Dalton 等(2007)]。总而言之,尽管股权计划直接的吸引力在于使得所有者和经理的财务激励相一致,但它们仍有较大缺陷,特别是在家族企业中,并且往往无法达到预期的效果。

9.13.5 虚拟股票和股票增值权(SARs)

对于许多家族企业而言,员工持股计划并不是最合适的选择,特别是因为员工持股计划会导致家族失去控制权。对于这类公司,虚拟股票或股票增值权(SARs)可能是有吸引力的选择(有关实用性的讨论,请参见位于美国的国家雇员所有权中心)。虚拟股票是一种现金股利计划,当所有者希望分享股权的经济价值而不是股权本身时,可以使用该计划。该计划最明显的好处是,虚拟股票计划使得所有者能够在不放弃控制权的情况下为经理创造激励。就像 Fischetti(2000)解释的那样,虚拟股票计划是公司与经理之间的合同,其中公司承诺向员工支付一定金额的款项,以反映公司在特定时期的股价升值。因此,此类计划通常还包括股利支付。

假设一家公司的股票价值为 500 万美元,将其分为 10000 只虚拟股票。因此,一只虚拟股票的价值为 500 美元。该公司的非家族的首席执行官保罗获得了 100 只虚拟股票,因此他的虚拟股票总价值为 50000 美元。在保罗的领导下,该公司的价值在未来三年内将增长三倍,虚拟股票的价值也将增长三倍。保罗的虚拟股票价值现在价值 150000 美元。由于保罗的合同规定他的股票的行权期为 3 年,所以他是在第四年开始才出售其虚拟股票的。而且,他不能一次性卖掉所有股票,每年只能出售所持有的 33% 的虚拟股票。如果他在三年的行权期结束之前离开公司,他必须将所有虚拟股票返还给公司,公司不需给他任何的补偿。

与虚拟股票类似,股票增值权(SARs)是一种现金股利计划。和仿照普通股的虚拟股票相反,股票增值权是仿照股票期权设计的。但与股票期权相反,公司授予他人股票增值权时,接受股票增值权的一方不需要支付期权买价。和期权一样,员工可以灵活地决定行使股票增值权的时间。虚拟股票通常会支付股利,而股票增值权却不会。股票增值权让员工在特定时期内有权获得相当于特定数量公司股票升值的现金或等价股票。虚拟股票和股票增值权的优势显而易见:

- 为经理增加公司价值提供了激励;
- 不会稀释家族的控制权;
- 相对灵活。

但是,这些机制也有明显的缺点。一些缺点与普通股所有权计划明显的缺点相当,例如对适当的公司价值、计划的管理成本和经理参与计划的资格存在分歧。但这些机制还存在着其他的缺点:

- 尽管有既定的行权期限,但这些计划仍主要关注短期行为。管理人员可能会反对在自己离开了公司以后才开始创造价值的投资。
- 如果虚拟股票或者股票增值权只是对未来现金支付的承诺,特别是在家族企业所有者强势的情况下,如果他们改变主意几乎不需要承担任何责任的话,比如改变激励计划本身的内容,员工可能会认为收益和股票一样虚无缥缈。
- 公司需要创建现金储备,并以和公司价值的增加匹配的速度向这些储备提供现金,这限制了公司的增长能力。
- 虽然虚拟股票计提的准备金通常可以为公司减免税负,但是获得福利的员工通常必须缴纳所得税。

在实践中,考虑激励计划的潜在不利影响也很重要。例如,考虑一下对公司来说很困难的一年,尽管公司的价值下降了,但是经理在解决这些困难上做得很好。在这种情况下,个人绩效和奖金存在着不匹配,会给经理带来挫败感。将上述的不利影响和对复杂激励计划总体收益的有限证据结合在一起,我们可以得出这样的结论,即这些计划的承诺通常无法得到兑现。因此,许多家族企业制订简单的薪酬管理计划,制定了体面的固定薪资,有时还会有与公司业绩相匹配的奖金,这就不足为奇了。在这种情况下,奖金往往是有上限的。

9.13.6 心理所有权

考虑到股票所有权、虚拟股票和股票增值权的局限性,企业会寻求其他方式来激励员工和经理,让他们感觉自己就是企业的一员。心理所有权是通过询问是什么让员工感到自己是股东并且像股东一样行动,即使他们并没有持有公司的股票或任何其他权利,来实践这一想法。

越来越多的证据表明,人们只有感觉到公司是他们自己的情况下,才会改变自己的行为,并开始像公司的股东一样行事。例如,只有他们在心理上感觉到是公司的股东,他们才会更像一个企业家一样行动,为公司的发展“加倍努力”。这对薪酬系统的结构具有重要的意义。某人持有公司股份的事实并不一定意味着他(她)认为自己像是个股东,并像股东一样行事。例如,股东可能对公司价值的影响很小,以至于他(她)根本没有动力去为公司付出更多的努力。或者,某些人可以继承公司的股份,但是他并没有公司股东的这种代入感。对于这样的股东,股份可能还意味着不必要的义务和责任,而这可能导致股东尽快出售股份。但是,还有一种考虑所有权激励效应的方法。由于合法获得的所有权没有所谓的所有权感觉("我觉得这是我的公司"),从而不会对其行为产生影响,因此我们可以直接培养这种所有权感觉而无须实际分发股份,也省去了分发股份带来的麻烦。

最近的研究表明,即使没有合法的所有权,仍然认为自己是公司股东的人实际上表现得更像公司的股东(Sieger,Zellweger,Aquino,2013)。因此,对公司有"主人翁"的感觉会随着员工任职时间的增加和等级制度的延伸而提高。此外,男性在企业的心理所有权要高于女性(Van Dyne,Pierce,2004)。研究发现了三个可以提高公司"主人翁"感的方法(Pierce,Kostova,Dirks,2001):(1)存在公正的薪酬体系,根据人们的表现来向他们支付报酬;(2)有积极、开放的沟通和信息获取的文化;(3)分权。因此,在实施复杂的激励机制(比如股票所有权计划、虚拟股票或者股票增值权)之前,家族企业应该考虑他们是否已做了足够的工作,确保经理和员工已经在心理上感觉自己是公司的股东。

9.14 负责任的家族企业股东

从法律角度来看,股东唯一的责任就是为其股份出资。作为交换,股东有权参加股东大会并就其中讨论的问题投票,比如任命董事会。由于小股东仅持有公司很少的股份,因此他(她)通常没有权力或者动机在公司的活动中发挥积极的作用。对于经理来说,这种情况是很好的,因为这使经理自行决定如何经营公司留有余地。没有任何股东能够并且有动力去主动挑战经理的决定,或者追究其决定在法律约束力以外的责任。

在家族企业中,情况似乎大不相同。在这些家族企业中,所有者控制着多数的股权,因此他们有权力和动机(考虑他们集中的财富头寸)来促使经理对其决策负责。如果我们假设家族企业的所有者应该监视企业的经理,质疑经理的决策,并就企业的发展方向和经理进行批判性的讨论甚至为管理层提供指导,那么企业的所有者需要有能力来做到这一点。一些家族企业所有者可能乐于对将这些任务分权给董事会。但是,至少存在一部分家族所有者想要和经理进行直接对话。他们不仅应在事后监督公司的战略和管理行为,而且还应当制定防止经理渎职行为的预防性战略措施。那么,家族企业所有者需要具备哪些能力[①]? 这是负责任的家族企业所有者应具备的一些最重要的特征:

(1)阐明家族和公司的价值观;

(2)将价值观转换为战略目标;

(3)让经理对战略目标负责;

(4)建立家族、所有权和公司治理规则,并遵守这些规则;

---

① 关于负责任的所有权的有趣讨论以及两次有趣的采访,参见 Koeberle-Schimd、Kenyon-Rouvinez 和 Poza(2014)。

(5)了解公司的关键财务指标和价值驱动力；

(6)保持谨慎小心的态度。

9.14.1 明确家族和公司的价值观

家族企业的价值观通常能反映出创始人的个人价值观以及他(她)对公司目标的独特想法。就美国户外服装公司里昂比恩来说,创始人的价值观根植于其价值主张中,该价值主张对今天的该公司仍然有效:"我们不希望您从里昂比恩获取任何不完美的东西。"宜家则是另外一个很好的例子,它秉承着这样的价值观:"谦虚和意志力,以身作则,敢于与众不同,团结和热情,保持成本意识,渴望创新,承担责任。"多年来,宜家一直坚持着以上价值观,它影响着员工在宜家的工作方式和其招聘政策。这些价值的内容在瑞典的设计工作室和美国的零售店、中国的生产基地中都同样重要。

价值主张是对公司价值的可靠的反映。对于里昂比恩而言,价值是客户服务和质量。对于宜家来说,他们喜欢与众不同、坚定、热情和敢于挑战。价值主张为经理提供了有关战略问题的指导,提供了向目标前进的使命感,并推动利益相关者(特别是客户和员工)识别公司的价值,和公司进行互动。价值观有利于提高公司的效率,因为它们可以促进人们对公司运作方式和员工的工作方式的理解。

许多家族企业仍然和创始人的价值观存在密切联系,这是因为创始人仍然活跃在公司中,或者创始人的后代仍在以反映创始人鼓舞人心的商业哲学的方式经营企业。因此,许多家族企业有机会从一套特别个人化、切实可信的价值观中汲取经验,从而在市场中脱颖而出。

价值主张必须不断地进行更新。比如,瑞士一家家族控股的媒体企业"Ta媒体"的价值。该公司在其当前价值和公司使命的部分这样写道:"通过独立的报道和严格的调查,我们的媒体为形成观点意见做出了重要贡献。"先前版本的使命声明还包括"报纸"一词,并提到了公司所在的城市地区。但是随着报纸向线上媒体转移以及该公司的国际化,原来价值主张的这些方面都显得过时了。但是,价值主张中独立报道和关键调查的部分仍然是公司价值的核心。因此,需要定期对价值主张进行复核,以此评估价值主张的含义在当前环境中是否仍然具有相关性和功能性,以及家族成员是否认可这些价值主张。

9.14.2 将价值观转换为战略目标

要让价值观产生影响,必须将价值观有形化。如果不将价值主张转化为能反映这些价值的具体目标,这些价值将难以实现。因此,负责任的股东必须根据公司的价值观来制定目标,并且要求公司的人员,特别是公司的董事会和管理层对这些目标负责。例如,重视企业家精神的家族企业可以将其价值明确为对创新和积极性的重视。反过来,应该根据公司在一定时期推出的新产品数量,来衡量创新和积极性的战略目标。再比如,如果家族企业强调其独立性是其价值主张的一部分,价值观可以被理解为对杠杆的限制。与此相联系,家族企业也需要考虑是否将公司的一部分对外出售视为一种选择。

上述媒体公司的例子,对解释将价值观转化为战略目标的重要性十分有用。如前所述,该公司的价值主张包括关键调查,并在公共领域形成独立意见。这对于公司旗下各大新闻媒体和杂志的政治定位,意味着什么? 此外,当新闻媒体和家族企业以与本身的政治信念相抵触的方式讨论到某个话题时,会发生什么? 正是针对这些情况,需要对价值观进行一定的操作,将其转化为股东和经理双方的目标和行为原则。

除了家族企业和家族特定的目标以外,家族企业和非家族企业一样应该制定企业的财务目标。在较小的公司中,可以采用所有股东都同意的预算形式。在股东较少参与管理的大型公司中,设定的目标通常包括了增长愿望、股利支出和杠杆作用。它们还可能包含非经济的目标,比如地理位置和道德行为。

9.14.3 让经理对目标负责

根据股东提供的指导意见,董事会必须将股东的价值观转化为战略目标。但是,只有董事会要求经理对这些目标负责时,家族企业股东才能确保公司的运营能够考虑到对股东至关重要的问题(Poza,2013)。

要定义好目标并让经理对目标负责,股东和董事会成员必须对业务、行业和影响公司的趋势有着很好的了解。这要求股东能够对公司的战略进行精确的评估。否则,目标可能是不现实的或不够雄心勃勃。即使股东在战略实施方面的经验通常有限,特别是大型、专业经营的家族企业的股东,但他们仍然需要参与到战略的制定过程和监督战略的执行中。

理想情况下,公司战略的制定既不应是单纯的自上而下的过程(即董事会将战略传达给经理),也不是单纯的自下而上的过程(即经理将战略上达董事会)。根据所有者定义的价值观,董事会应该制定一套切实可行的目标,然后应该将这套目标和经理一起讨论,完善并确保这些目标可行。经理随后必须提出战略计划来实现既定的目标。制订的战略计划应和董事会讨论并完善。通过这种迭代过程,家族企业可以确保家族企业价值观、目标和业务的战略保持一致。

希望保持控制权的股东应该监督战略的执行,并且让经理对目标负责。换句话说,股东不应该被动地接受战略实施的结果,他们应该仔细地监督公司的发展进程,做到“关注经营过程,但不插手经营过程”。尽管股东和董事会不应干预经理的日常工作,但他们应和公司内部的关键决策者定期展开对话。

9.14.4 建立家族、所有权和公司治理规则,并遵守这些规则

在第五章公司治理中,我们了解了家族、所有权、公司治理甚至财富治理的重要性。在缺乏适当治理的情况下,家族企业可能会变得效率低下,最终注定要失败。因此,负责任的所有者需要仔细考虑采用哪种类型的治理规则,并遵守这些规则。

与家族企业治理有关的核心目标是定义家族成员在现在和未来应在企业中扮演的角

色。这不仅对避免家族内部的混乱非常重要,而且对非家族的经理和员工也很重要,他们也会赞赏家族对公司立场的清晰和可预测性。最后,这种治理法规决定了家族企业内部的非家族的经理和员工的工作保障和职业前景。

许多深入参与到公司经营的家族成员自然会了解公司的治理以及所有者、董事会成员和经理的角色。但是,对不参加公司经营的家族股东而言,了解良好治理的原则和特定的规章制度是至关重要的。这部分股东应该熟悉治理的规则,参加讨论或者修改这些规则的会议。

9.14.5 了解公司的主要财务指标和价值驱动力

在没有恰当的财务知识的情况下执掌一家公司,就像在不熟悉任何工具的使用情况下开一架飞机。以上各节描述了评估公司财务状况的决定性措施,特别是谈到效率、盈利能力、流动性、安全性和价值及相关措施的 9.9 节。但是,不要被愚弄了——财务比率仅和用来计算这些指标的数据的质量一样有用。它们必须定期进行计算,并及时地与公司外部基准和目标进行比较。我们不仅在单个时间点上查看这些比率,而且这些比率也能作为一段时间内某种趋势的指示。作为具有长远眼光的股东,家族企业股东应特别注意财务比率的长期趋势,并搜索有关公司前景的信息,同时要记住——现在的财务比率仅是对过去的反映。

9.14.6 保持谨慎小心的态度

从家族企业定义和家族企业战略两章(分别为第二章和第六章)得出的一个重要结论是:家族影响力是一把双刃剑(Zellweger,2013)。在最佳情况下,它是效率、创新和公司成长的保证;在最坏的情况下,它可能是效率低下、惰性和停滞的根源。我们如何确保它更好的一面占上风?治理结构是解决方案的必要部分,但它也不是万无一失的。它们只和建立、解释、尊重(否定)、最终适应它们的人一样好。成功的家族企业所有者不仅仅在于建立适当的治理结构,还在于对企业治理表现出的态度和行为,我们可以将其称为"正念"(mindfulness)。

正如 Brown 和 Ryan(2003)描述的那样,正念被定义为特别关注和意识到当下正在发生的事情的状态。正念的一个核心特征是开放或接受性的意识和注意力,这可能表现为对正在发生的事情更有规律或持续的意识(Brown,Ryan,2003)。例如,与家族企业的一位亲戚对话,或者为了争论和公司的经理进行交谈时,人们能高度关注正在进行的沟通,并敏锐地意识到交谈背后微妙的情感暗示。这是负责任的家族企业所有者相对于公司所表现出的态度和行为。让我们更加详细地了解负责任的家族企业所有权的这个方面。有集体意识的家族通常具有以下的特征:

(1)注意家族参与经营的两重性;

(2)寻求家族和家族企业之间的协同作用;

(3)周全考虑事务,而不是将其过于简单化;

（4）考虑可以承受的损失，并确保公司具备从损失中恢复的能力；

（5）有长远的眼光；

（6）培养对公司的责任感。

1.注意家族参与经营的两重性

本质上看，对一家公司来说，家族的影响没有好坏之分。家族的影响具有两重性，因为像长期视角这样的单一属性，对企业既有积极的影响，也有消极的影响（请参见第四章关于家族企业的优缺点中对家族企业的二重属性的讨论）。在积极的情况下，长远的眼光意味着能有创新的机会；在消极的情况下，长运的眼光会被视作自满和惯性。拥有正念的家族明白，公司和家族之间有一条微妙的界线，总是存在着事情超出预期或出现负面势头的威胁。

因此，正念的家族很清楚家族企业经营状况的敏感性。当他们了解到杰纳斯面临家族影响时，即便现在情况看起来很好，他们也常常会担心家族和公司走错了路，这导致他们经常对当前的行动策略进行质疑。这代表一种根据不同的替代情况对系统稳定性进行测试的认真负责的方法。对负责经营企业的家族来说，对家族参与经营的二重性的关注有时会导致重复而令人沮丧的讨论。当考虑到家族影响的双重属性时，这样的讨论就开始有意义了。

2.寻求家族与企业之间的协同作用

正念推理假定矛盾在复杂动态的系统中会持续存在。它将注意力从确定组织在何种条件下受到某些因素驱动（例如稳定性和变革导向、家族和商业利益）转向研究企业如何同时参与这些竞争因素来获取协同效应、灵活性、团结和创造力的优势。如果经理中所有同时发生的矛盾都被消除，并且如果经理始终追求逻辑上的一致性，那么消除创造性的破坏可能不利于企业实现卓越。

考虑家族和公司之间的基本紧张关系，可以最好地说明这种紧张关系。一些人认为，家族企业应该奉行"企业至上"的哲学，但持"企业至上"观点、只关注短期财务业绩的家族，总是将商业置于家族事务之上，可能会成为"交易者"，在短期内赚取可观的收入，但却放弃了思考日常交易收益以外的重要机会。而持"家族优先"观点，主要关注家族和谐、家族声誉和家族内部继承的家族，可能对经济现实和相关的机会视而不见。但是这两种观点都没有考虑家族和企业之间重要的协同作用，负责任的所有者将会寻求家族和企业之间的协同作用。如图 9.5 所示。

3.周全考虑事务，而不是将其过于简单化

正念的商业家族不愿简化对观点的解释和理解。他们欣赏多种解释和观点，并对家族和企业之间的相互作用产生的模糊性持开放态度（Farjoun，2010）。由于这种不愿简化的结果，正念的家族高度意识到习惯、历史和传统的力量。

不具备正念的家族很容易将他们僵化的、基于规则的假设的稳定和世界的稳定相混淆，这导致他们对周围环境有错误的理解。不具备正念的家族相信管理清单能解决他们面临的挑战（"清单谬误"）。相反，正念的家族企业所有者不相信所谓的快速解决方案，他们使用的方法更加包容，欢迎反对意见，通过寻求创新的解决方案来尝试容纳多种观点。他们会对自己和其他人对环境的偏见进行质疑。

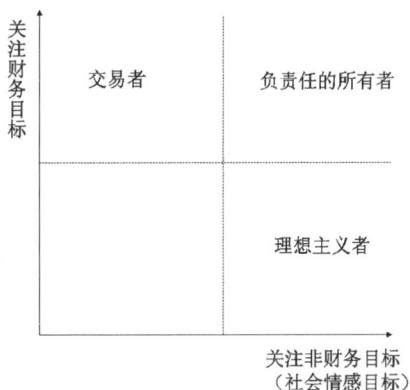

图 9.5　理想主义者、交易者和负责任的所有者

资料来源：Kammerlander 等（2015）

4.考虑可以承受的损失并确保公司的弹性,并确保公司从损失中恢复的能力

具有正念的参与经营的家族关注公司负担得起的损失,就像他们关注成功一样。负责任的家族企业所有者在追求高风险的高利润时,不会拿他们全部的财富,即公司的财富来冒险。相反,负责任的所有者仅在家族和公司的能力范围内承担风险,也对公司的可靠性和持续经营能力表现出极大的关注。此外,他们对外来冲击表现出很强的韧性,因此具有从挫折中反弹的能力。

5.有长远的眼光

认为控制家族企业的家族会永远将公司的利益放在自己的利益前面,这似乎太天真了。但是,公司未来的繁荣是家族效用函数的一部分。因此,正念的家族不过于追求现时的经济回报,而更愿意接受未来不确定的投资回报,也比较不会因为犯错误而遭遇损失,比如对未来收益采取不适当的折现率。

6.培养对公司的责任感

经济活动开放性的一部分,是所有者的权利受到保护。只要所有者遵守法律,当他们制定意图良好但是错误的战略决策,或者有意获取控制权导致公司实力被削弱时,没有人可以阻止他们这样做。如果所有者不为自己的职业生涯考虑,而是追求奢侈的生活方式,同时依靠从公司获得的各种财务收益为生,则这种不负责任的行为是显而易见的。不参与公司运营的正念家族所有者,会确保他们能够从公司以外获得收入,养活自己。此外,正念的家族更有可能将自己视为家族企业的所有人,从而培养对企业的责任感并关心企业的长期成功。

拓展阅读

一个行事机械的家族企业老板

行事机械的家族企业老板：

• 认为家族必须和企业相分离；

- 寻求简单的解决方案，捷径和快速解决的方法；
- 无论情况如何，都严格遵守规则；
- 坚信自己意见的价值；
- 争取最大的回报，即使这样做会带来很高的风险；
- 愿意冒险继续进行企业经营；
- 强调短期利益；
- 有权从公司处获益；
- 相信清单（像这个清单）。

案例研究

培养未来负责任的家族企业主

英国一家家族企业主决定致力于培养下一代企业主的能力，其相关的教育理念大概包含以下信息。

1.家族企业主理论上应具备的能力

理想情况下，我们家族企业的主应当：

- 了解我们的产品和服务；
- 了解我们行业的趋势，以便做出正确的战略决策；
- 能够质疑管理层并提出关键的问题；
- 根据所有者的价值观和目标给管理层提供指导；
- 了解公司的治理规定，认真遵守它们并让自己成为公司的榜样；
- 了解并能够对企业的关键财务比率进行解释；
- 了解并能够严格遵循公司的薪酬体系；
- 愿意以建设性和公开的态度来解决家族和企业内部的冲突。

2.下一代家族企业主的教育原则

我们假设并非所有将来持有本公司股份的家族成员都对本公司同样感兴趣。因此，目前有关下一代家族企业主教育的理念对我们的股东并不具有约束力。

3.教育项目

我们打算逐步为下一代家族企业主的履职进行准备，以帮助其成为公司未来的企业主。关于家族成员在经营管理中的参与程度，我们参考了公司治理的规定。在下文中，我们根据参加活动/项目的观众、内容、所需要的预备知识、理想的年龄和其他信息来源来描述公司内外部的各种教育产品（见图9.6）。

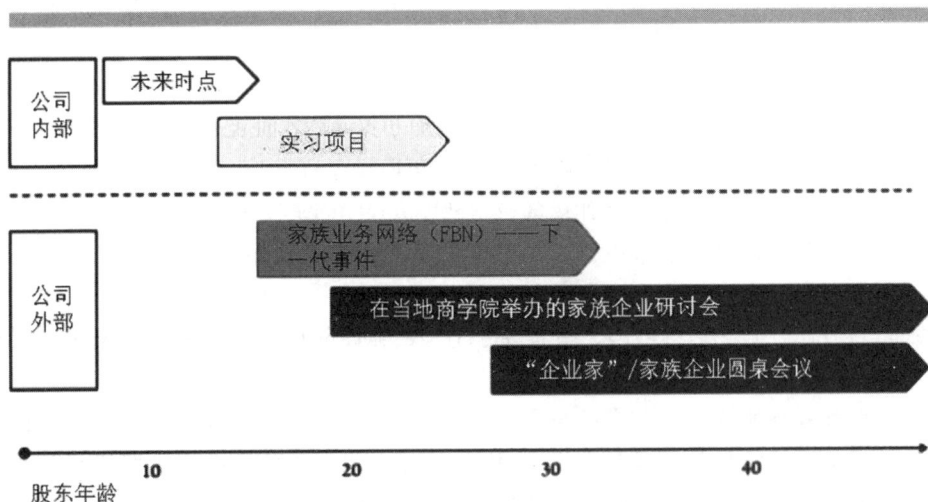

图 9.6 公司内部和外部的教育产品

案例研究

汤姆(Tom)的世界

在银行工作了多年并在一家国际审计工作后,汤姆(Tom)已经做好了改变的准备。他签了合同,成为一家家族企业的首席财务官。除了体面的薪水,汤姆还被可以直接为公司的老板工作所吸引。根据家族的首席执行官所说,汤姆的任务是让公司"专业化"。

加入公司不久后,汤姆意识到公司具有非常独特的结构,他也开始了解到作为家族企业首席财务官的意义。他意识到家族话题以各种方式影响着他的行动。例如,汤姆需要建立一个更加深入和透明的报告系统。没有实在的数据支持,很难对不同业务单元的业务进行比较以及提高各部门的责任感。财务系统表明,该公司的某些项目已经持续亏损了很多年。当汤姆将这些数据提交给管理委员会,并提议他们尽快结束这些业务时,家族企业首席执行官并不反对汤姆的建议。但是,首席执行官不愿同意汤姆意见的决定或者将其传达给有关部门。因此,这一决议被推迟了。首席执行官的拖延和他自己部分参与这些业务有关。汤姆意识到自己对此无能为力,只好决定接受表现并不好的项目,因为与企业整体的规模相比他们的损失很小。

该公司由三个家族分公司的 15 个家族股东所有。第一家家族分公司拥有公司 55% 的股份,第二家家族分公司拥有 35% 的股份,第三家拥有 10% 的股份。每个分公司都派出一名代表参与董事会。家族企业首席执行官是第一家分公司的代表。作为牙种植体的生产商,该公司利润丰厚,向股东支付净利润的 40%。多年来,股利一直稳定增长。但是当汤姆和股东会面时,他意识到有两个相互竞争的团体:第一个团体是代表第一分公司的股东,第二个团体是其他股东,他们共同控制着公司股权的 45%。尽管股利增加,但第二个团体并不满意,该小组成员暗地里(有时则是公开的)对大股东和首席执行官进行质疑。

此外,汤姆惊讶地意识到,作为首席财务官,他除了负责公司的财务外,还负责管理家族的私人财富。显然家族企业所有者认为,首席财务官应为其处理一些私人财务事务。因此,财务部门必须管理一些股东的私人财富,并为其他股东提交纳税申报表。并非所有股东都利用了这一机会。对于那些要求汤姆管理其财富的人,公司是否应该向他们收取服务费尚不清楚。汤姆不喜欢这种情况——他不是资产经理。如果他的团队在分配私人家族资产时站队错误的话怎么办?当那些以前没有使用过这些服务的股东,决定将个人的财务事务移交给汤姆管辖的财务部门时,问题就失控了,因为这些服务似乎质量很好并且股东无须为此付费。汤姆担心这种趋势,因为这项服务几乎需要部门里所有人员都参与其中。

汤姆与家族企业首席执行官的合作效果良好,两人似乎很欣赏对方。然而,有一天,首席执行官向汤姆提到了一项私人投资项目。显然,首席执行官的妻子想投资与该公司运营无关的酒店项目。为了为该项目提供资金,首席执行官要求汤姆准备一份贷款合同,让公司为首席执行官提供40万美元的贷款。首席执行官提到,他已获得董事会的批准,他将在两年内偿还贷款。但是,汤姆很犹豫。尽管这一金额对于公司是可控的,但是汤姆很清楚这对任何良好的治理标准都是不能接受的。他应该如何处理这个问题?首席执行官是他的上司,也是公司的大股东之一。

这些问题令汤姆感到不安,因为教科书上根本没有关于如何解决这些问题的答案。他从未考虑过这样的问题,会和他首席财务官的身份息息相关。汤姆面临的最棘手的挑战可能是他被邀请参加董事会会议,介绍一个收购项目。该公司正在商议购买与当前活动相对无关的行业中的其他公司的机会。收购目标的业务前景看起来不错,但董事会成员在关于是否收购该公司的激烈辩论中不欢而散。分公司1的代表抱怨说:"新业务远远不能满足我们目前正在做的事情。这几乎没有协同作用。此外,我们被称为牙科植入物的生产商,并且在该行业已有50多年的历史了。我们为什么要淡化我们公司的形象?"分公司2的代表认为收购的利大于弊:"我们如此专注于一个行业。对于我们来说,这是一个多元化自身业务的绝佳机会,这可以控制我们财富的风险。"分公司3的代表更加犹豫:"我们分公司从多元化视角没有看到太多价值。我们可以自己实现多元化。对于我们中的许多人来说,我们今天在该公司的投资具有重要的财务意义。"在讨论结束时,汤姆被要求就不同的观点,发表意见并给予反馈。

思考题:

1.汤姆应如何处理首席执行官参与的表现不佳的项目?

2.股东群体2和3不满意的潜在原因是什么?作为首席财务官,汤姆可以做什么?

3.向家族提供私人金融服务,汤姆和公司面临什么风险?

4.汤姆是否应该反对向首席执行官贷款?如果是这样,他应该如何做?

5.关于收购,分公司1、2、3引起争论的根本原因是什么?汤姆应该如何定位自己?

💬 **思考题**

1.讨论资本资产定价模型(CAPM)的假设及对家族企业的适用性。

2.什么是家族股权？它与私募股权和公募股权有何区别？

3.关于家族企业和非家族企业的财务绩效,经验证据怎么说？

4.家族企业比非家族企业更能规避风险吗？

5.债务融资的优点和缺点是什么？

6.为什么家族企业通常具有较低的债务融资成本？

7.解释资本市场线(CML)和家族市场线(FML)之间的差异。

8.使用低于风险等值的股权成本有什么风险？

9.在什么条件下,所有者需要支付费用来增加公司的杠杆？

10.家族企业的杠杆水平与非家族企业的杠杆水平相比如何？

11.家族企业增加杠杆的依据是什么？

12.解释信用等级,利息保障倍数和企业的负债水平之间的联系。假设该公司必须达到 A 级,息税折旧摊销前利润(EBITDA)为 2000 万美元,无风险率为 4%。

13.考虑一个你熟悉的家族企业。可用于衡量其经营效率、盈利能力、流动性、安全性和价值创造的信息性财务比率是什么？

14.企业在什么条件下虽然减损公司价值,但仍能产生利润？

15.解释公司的股利政策与其增长之间的联系？

16.家族企业应支付多少股利？

17.家族应如何化解企业杠杆的困境？ 一方面,增加杠杆通常会增加股本回报率(ROE)。另一方面,较高的杠杆会增加公司的违约风险。

18.投资组合管理为什么对家族企业很重要？

19.家族企业可持续财务管理的六项原则是什么？

20.关于家族企业的雇用实践:讨论关于家族企业是否是理想的工作场所的不同的观点。

21.家族企业股权计划的利弊是什么？

22.描述一家公司的虚拟股票的功能。

23.虚拟股票和股票增值权(SARs)的优缺点是什么？

24.什么是心理所有权？增加心理所有权的三个因素是什么？

25.首席财务官在家族企业中的作用与首席财务官在非家族企业中的作用有何不同？

26.家族企业中负责任所有者的特征是什么？

27.正念在家族企业所有权背景下意味着什么？

📚 **背景阅读**

Amit,R.,and B.Villalonga(2013).Financial performance of family firms.In L.Melin,M.Nordqvist and P.Sharma(Eds.),*The SAGE Handbook of Family Business*.London:SAGE Publications,157-178.

Anderson,R.C.,and D.M.Reeb(2003b).Founding-family ownership and firm performance：Evidence from the S&P 500.*Journal of Finance*,58(3)：1301-1328.

Anderson,R.C.,A.Duru and D.M.Reeb(2012).Investment policy in family controlled firms.*Journal of Banking and Finance*,36(6)：1744-1758.

Anderson,R.C.,S.A.Mansi and D.M.Reeb(2003).Founding family ownership and the agency cost of debt.*Journal of Financial Economics*,68(2)：263-285.

Bassanini A.,T.Breda,E.Caroli and A.Rebérioux(2013).Working in family firms：Paid less but more secure? Evidence from French matched employer-employee data.*Industrial and Labor Relations Review*,66(2)：433-466.

Belloc,F.(2013).Law,finance,and innovation.Cambridge Journal of Economics,37(4)：863-888.

Bertrand,M.,and A.Schoar(2006).The role of family in family firms.*Journal of Economic Perspectives*,20(2)：73-96.

Bitler,M. P.,T. J. Moskowitz and A. Vissing-Jorgensen (2005). Testing agency theory with entrepreneur effort and wealth.*Journal of Finance*,60(2)：539-576.

Carney,M.,M.van Essen,E.R.Gedajlovic and P.P.Heugens(2015).What do we know about private family firms? Ameta-analytical review.*Entrepreneurship Theory and Practice*,39(3)：513-544.

Chrisman,J.J.,E. Memili and K. Misra(2014).Nonfamily managers,family firms,and the winner's curse：The influence of noneconomic goals and bounded rationality.*Entrepreneurship Theory and Practice*,38(5)：1103-1127.

Croci,E.,J.A.Doukas and H.Gonenc(2011).Family control and financing decisions.*European Financial Management*,17(5)：860-897.

Dalton,D.R.,M.A.Hitt,S.T.Certo and C.M.Dalton(2007).The fundamental agency problem and its mitigation：Independence,equity,and the market for corporate control.*Academy of Management Annals*,1：1-64.

Fischetti,M.(2000).*Financial Management for Your Family Company*.Philadelphia,PA：Family Business Publishing.

Gomez-Mejia, L., M. Larraza-Kintana and M. Makri (2003). The determinants of executive compensation in family-controlled public corporations. *Academy of Management Journal*, 46 (2)：226-237.

Koropp,C.,F.W.Kellermanns,D.Grichnik and L.Stanley(2014).Financial decision making in family firms：An adaptation of the theory of planned behavior.*Family Business Review*,27(4)：307-327.

Michiels, A., W. Voordeckers, N. Lybaert and T. Steijvers(2015). Dividends and family governance practices in private family firms.*Small Business Economics*,44(2)：299-314.

Miller,D.,I.Le Breton-Miller,R.H.Lester and A.A.Cannella Jr.(2007).Are family firms really superior performers? *Journal of Corporate Finance*,13：829-858.

Naldi,L.,M.Nordqvist,K.Sjöberg and J.Wiklund(2007).Entrepreneurial orientation,risk taking,and performance in family firms.*Family Business Review*,20(1)：33-47.

Pindado,J.,I.Requejo and C.de la Torre(2012).Do family firms use dividend policy as a governance mechanism? Evidence from the Euro zone.*Corporate Governance：An International Review*,20(5)：413-431.

Romano,C.A.,G.A.Tanewski and K.X.Smyrnios(2001).Capital structure decision making：A model for family business.*Journal of Business Venturing*,16(3)：285-310.

Schulze,W.,and T.Zellweger(2016).On the agency costs of owner-management:The problem of holdup.Working paper,University of Utah and University of St.Gallen.

Sieger,P.,T.Zellweger and K.Aquino(2013).Turning agents into psychological principals:Aligning interests of non-owners through psychological ownership. *Journal of Management Studies*,50(3):361-388.

Sraer,D.,and D.Thesmar(2007).Performance and behavior of family firms:Evidence from the French stock market.*Journal of the European Economic Association*,5(4):709-751.

Steijvers T.,and W.Voordeckers(2009).Private family ownership and the agency costs of debt.*Family Business Review*,22(4):333-346.

Strebulaev,I.A.,and B.Yang(2013).The mystery of zero-leverage firms.*Journal of Financial Economics*,109(1):1-23.

Van Essen,M.,M.Carney,E.R.Gedajlovic and P.P.Heugens(2015).How does family control influence firm strategy and performance? A meta-analysis of US publicly listed firms.*Corporate Governance:An International Review*,23(1):3-24.

Villalonga,B.,and R.Amit(2006).How do family ownership,control and management affect firm value? *Journal of Financial Economics*,80(2):385-417

Wagner,D.,J.H.Block,D.Miller,C.Schwens and G.Xi(2015).A meta-analysis of the financial performance of family firms:Another attempt.*Journal of Family Business Strategy*,6(1):3-13.

Zellweger,T.(2007).Time horizon,costs of equity capital,and generic investment strategies of firms.*Family Business Review*,20(1):1-15.

10 家族企业中的关系和冲突

前面几章已经深入探讨了家族企业中与企业相关的方面。尽管这些讨论全部凸显了企业管理中特定于家族的要素，但更仔细地审视家族本身是有必要的。因此，如果不承认家族结构的异质性，我们对于人类学层面上的亲属关系和家族关系的探索势必流于表面。换句话说，当我们谈论"家族"时，我们需要有清晰的界定，特别是因为家族结构特征的变化（例如婚姻家族、姻亲家族、大家族）会导致不同家族类型之间关系的动态变化。这些动态关系反过来对家族企业的有效运作产生重要影响。例如，健康的家族关系，如成员相互支持并公开讨论与企业相关的各种话题并阐述观点，可能会促使更全面的战略决策的形成。相比之下，冲突性的家族关系，如果蔓延到企业，甚至会削弱最成功的家族企业的效益。家族争斗被认为是家族企业面临的最大威胁之一（Gordon，Nicholson，2010）。基于此，本章首先讨论家族的社会结构，以阐明家族的异质性。

10.1 家族的社会结构

很多领域的研究人员都对家族展开研究，包括社会学、人类学、心理学、医学、生物学、管理学和经济学等领域，他们的研究成果为我们理解这个非常基础的社会系统做出了重大贡献。因此，对这些成果进行深入综述，可以洞察家族企业中非常重要的那些家族因素。

人类学为家族和亲属关系提供了广泛的定义，这些术语经常互换使用。"家族"一词的松散用法区分了衍生家族和原生家族。衍生家族是通过伴侣或婚姻关系以及生儿育女或领养孩子而形成的，家族成员通过亲缘关系联系在一起。相反，原生家族是一个人出生的家族，也是早期社会化发生的家族，家族成员之间有血缘关系。因此，亲缘关系以及家族就被定义为"以家谱亲子关系为模式的血缘关系和社会关系网络"。（Holy，1996）

就试图理清家族结构的独特性而言，Parsons（1943）做了至关重要的基础性工作。作为人类学家，Parsons致力于理清家族的结构特征。尽管他的思想可以追溯到20世纪中叶，但它提供了一个令人信服的逻辑，帮助我们更好地理解家族是如何工作的。因此，可以肯定地说，下文中对Parsons研究内容的综述涉及了非常广泛的家族结构类型，其中包括在西方非常典型的中产阶级家族。然而，帕森斯所倡导的结构性方法保留了其作为一种工具的吸引力,有助于理解现代家族结构的基本功能,包括来自其他文化背景的家族结构。

Parsons工作的核心是观察到这样一个事实,如图10.1所示,一个出生于原生家族的人——"自我",当他或她有了伴侣或结婚后,他或她也进入了衍生家族。因此,此人是这两个家族中唯一的共同成员①。原生家族由这个人以及他或她的父亲、母亲、祖父、祖母、叔叔和婶婶组成。可见,不管这个人是有伴侣、兄弟姐妹还是孩子,原生家族已成为这个家族的一部分。从个人角度来看,它代表了家族系统中相当稳定的一部分,它是一个人成长并与家人分享经验的地方,一个人通常无法离开这个原生家族。Parsons(1943)指出,原生家族中不管是父亲一边的亲属,还是母亲一边的亲属,并无术语上的区别——祖父母、叔叔和婶婶是相似的。唯一不同的是,姓氏通常要继承父亲的姓氏,这在许多西方社会很常见,并由此产生了单方面的姓氏。

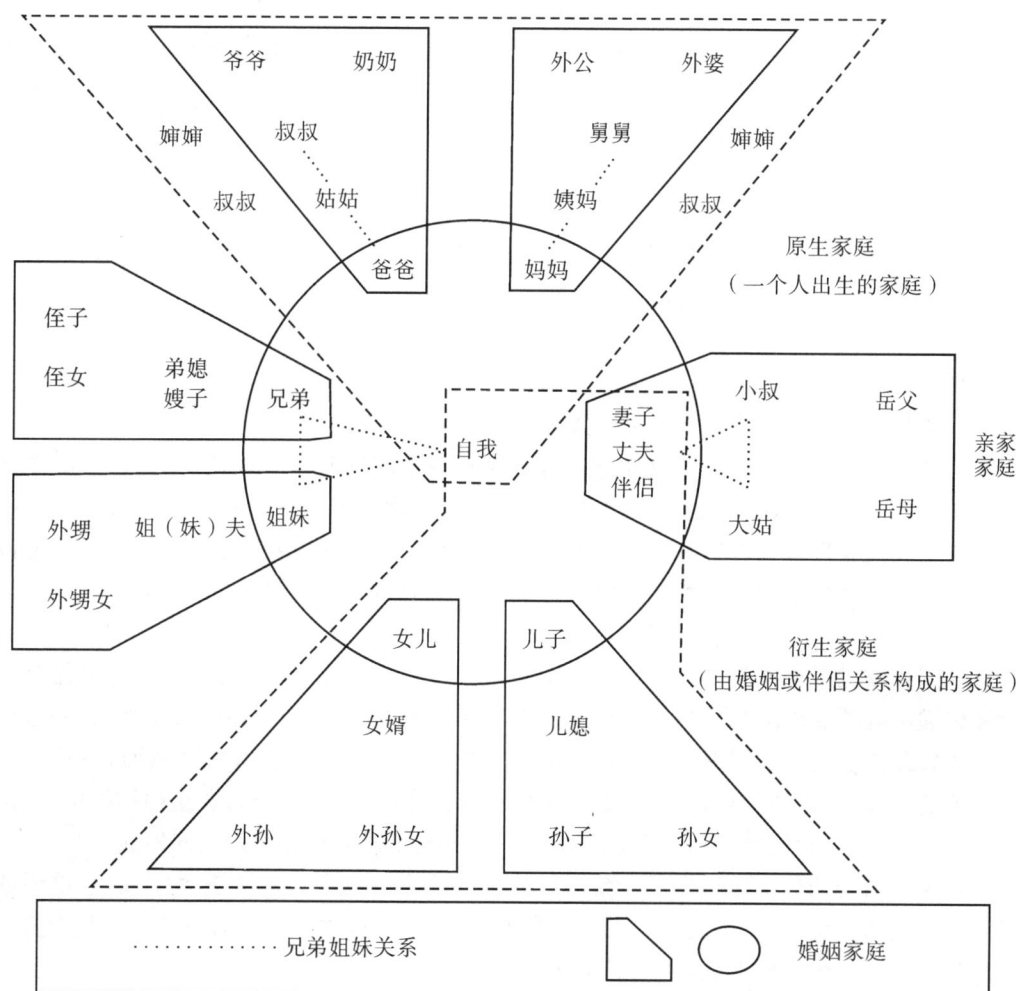

图 10.1　家族的社会结构

---

① 尽管兄弟姐妹可能会通婚,但这种情况的结构意义有限,经验意义不大。

相应地,衍生家族由这个人及其伴侣、儿子、女儿、儿媳、女婿、孙子和孙女组成。Parsons(1943)也指出了他所定义的核心圈的重要性,由父亲、母亲、兄弟、姐妹、配偶或伴侣、儿女组成。值得注意的是,家族系统核心圈中的每位成员都处在同一个婚姻家族(包括其父母和子女)中以及各自单独的婚姻家族中(Parsons,1943)。

在家族的社会结构中,亲家家族起着特殊的作用,它是家族系统中唯一不是通过血缘关系而是姻亲关系联系在一起的部分。因此,它是家族系统中比较脆弱的部分,因为它的存在是以个人与其伴侣之间关系的存在为前提的。新的婚姻家族是通过伴侣的到来而形成的,通常是以结婚为载体。通过增加亲家家族,家族系统成为一个开放的系统。

Parsons(1943)解释说,这种交织的家族系统规模在很大程度上取决于文化背景,以及社会中对氏族的重视程度。如上所述,在西方家族的社会结构中,来自母亲或父亲一方的祖父母、叔叔和婶婶之间没有区别。西方人倾向于只区分关系的亲疏程度(例如,第一、第二、第三堂兄妹,曾祖父)。因此,我们可以假定,当被要求描述他们的家族时,西方文化背景的人主要想到的是核心圈甚至只是婚姻家族中的成员。相比之下,"亲属"一词并不指任何特定的家族单位,而是指广义上家族系统中的任何一个人(Parsons,1943)。

婚姻家族由于其作为通常意义上的家族单位在家族系统中有独特地位,它不仅在家族系统中占据社会中心地位,在经济上也占据中心地位。因为家族作为居住单位是资源(如收入、财富、劳动力)重新分配甚至汇集的场所。在西方社会中,典型的婚姻家族不会跟双方父母一起生活,经济上也是相互独立的。

如上所述,这种分析反映了西方社会中传统中产阶级的家族结构,它表明家族结构与同一社会的其他结构相互高度依存。然而,上述理解家族的方法是有用的,因为它指出了来自其他文化背景的家族会以某种形式具备多重结构特征。

例如,这一分析强调了包容性的重要,当我们谈论家族时,它意味着我们对亲属系统"洋葱层"的挖掘有多深。包容性水平对家族企业很重要,因为它影响到谁有权在企业中发挥作用或拥有发言权。这对于可能还不是股东的下一代成员来说尤其如此。传统上被称为"亲戚"的远房家族成员可能是家族系统的一部分,但他们可能会被排除在基因图谱之外,因此不会在企业中扮演任何角色。

尽管家族成员可能都是同一家族系统甚至同一核心圈子的一部分,但身份可能会因姓氏传递给其他家族成员的规范而有所不同。在西方社会,传统上孩子要跟随父姓,这也跟很久以前人们会优先把财产和财富过继给男性后代的社会习俗有关。然而,在伴侣关系解体的情况下(例如,离婚),往往会出现以母亲为中心的家族结构,在这种结构中,儿童与母亲住在一起,我们可以预见在这种情况下会出现不同类型的身份认同模式。

对家族结构的分析也指出了家族内部的忠诚冲突。一个人属于多个家族,最重要的是原生家族和衍生家族,以及核心圈子和婚姻家族。有时,这些不同的系统会对与企业相关的各种问题产生不同看法,例如战略优先事项、风险承担、股息、家族成员参与管理,甚至企业的延续等。因此,个人可能会陷入忠诚冲突中,争论应该遵循哪种观点,偏爱家族的哪一部分,以及最后,一个人应该属于哪一个家族系统。如果一个人赞同远亲的观点,而反对近亲的观点,忠诚冲突和潜在的影响就会增加。

我们还要注意家族系统的开放性。新伴侣的到来通常意味着新婚姻家族的建立,也就意味着这个人在某种程度上离开了他或她的家族。家族中首先需要讨论的忠诚是针对伴侣或配偶以及自己孩子而言的。然而,忠诚的这种单系移位会导致两个原生家族(即自己的原生家族和姻亲家族)地位的公正性问题。但同样,伴侣的离开也会改变家族结构,这种家族生活的特征在过去几十年里变得更加突出(我们将在第 10.2 节中返回这一点)。通过成员和伴侣的到来和离开,家族系统的开放性意味着家族网络和关系会随着时间的推移而变化。当一个人离婚或改变伴侣时,这种系统的开放性变得尤为明显,再婚家族成员由此产生,家族系统中的距离也随之改变。这反过来又会对相互亲近、认同和忠诚产生影响。

从结构角度看待家族时,我们也认识到与获取、调动、汇集和转移家族资源有关的问题。利他主义是一种交换规范,要求父母向子女慷慨转移。就所有权从上一代人转移到下一代人而言,这可能会产生财务影响。父母有时会期望孩子们支持自己以报答父母恩情,尤其是当儿女们长大后更是如此(Kohli, Künemund, 2003)[1]。家族内部资源分配中一个特别容易出问题的方面是死亡以及家族成员离开时的财富转移。因此,继承法和相关法律为社会中家族构成及其各成员重要性提供了基本解释——在这种情况下,是通过家族中死亡人员财富的再分配来实现的。在一些社会中,立遗嘱人拥有完全的遗嘱自由,因此,可以自由处置自己的财富。在这种情况下,个人可以完全不均衡地将其财富分配给后代和其他亲属,或者分配给家族系统之外的行为者(关于继承法和税收的更详细讨论,请参阅第 7 章有关继承的内容)。

总而言之,家族结构特征对我们在家族中以怎样的基本关系存在有直接的影响。这些结构性特征导致了各种形式的紧张关系,例如我们与亲属的距离有多近或多远,我们认同谁,我们对谁忠诚,我们在多大程度上对家族成员的到来和离开持开放态度,以及我们如何在家族中分配资源。在下文中,我们将更详细地探讨不同类型家族企业的这些结构及其相关方面,包括夫妻型家族企业、兄弟型家族企业以及大型家族企业。正如本书"家族企业治理"一章中所讨论的,这些家族类型在家族企业中占据显著地位。

10.1.1 夫妻型家族企业

最常见的家族企业就是夫妻型家族企业,即夫妻共同经营一个企业。例如,Ruef (2010)发现,美国超过 50% 的创业团队由夫妻组成。在这方面,必须认识到夫妻之间的关系是社会性和自愿性的,而不是基于血缘的家族关系[2]。夫妻型的家族企业有利也有弊(Dahl, van Praag, Thompson, 2014; Sharifian, Jennings, Jennings, 2012)。

---

[1]　关于家族交换规范的有趣讨论,请参考 Kohli 和 Künemund(2003)。

[2]　接受非传统夫妻关系的趋势反映在许多西方国家婚姻法和家族法的近期变化中,这些变化在婚姻的形成(例如同性个人之间的婚姻)和解除(例如无过错离婚、婚前协议的法律执行)方面给予了更大的灵活性。由此产生的异质性降低了家族的结构稳定性,也降低了夫妻承诺或集中资源的倾向。然而,婚姻法仍然管理着财产分割问题。无论夫妻关系为何种类型,婚姻法均强制要求同居夫妇离异之后,应向其子女支付抚养费。更多的思考,见 Lundberg 和 Pollak(2007)的文章。

1.夫妻型家族企业的优势

两个人形成夫妻关系是因为双方互相吸引,通常表现为浪漫的爱情。因此,夫妻关系通常体现忠诚、团结和关怀。此外,夫妻双方通常有频繁而密切的互动,这增加了信任和相互支持的程度,深化了细微信息的交流,并有助于共同解决问题。所有这些因素都有助于企业成长(Bird,Zellweger,2016)。此外,夫妻双方共同创业通常以赚钱为目的,因为该公司一般是他们最重要或最单一的收入来源,用于维持他们共同的家族,甚至可能是孩子的抚养(Ruef,2010)。故而他们之间共同的经济愿望和资源再分配承诺也有助于协调配偶型家族企业的内部利益,从而限制可能的机会主义行为和搭便车行为。同时夫妻关系也包含某些行为规范,如仁慈和团结。因此,夫妻关系享有一些重要的优势,支持他们作为创业团队成功的可能性。

2.夫妻型家族企业的劣势

夫妻型家族企业也有一些重要的不利因素。特别是,夫妻企业家会经历工作—家族冲突,这是一种来自工作和家族领域的角色压力在某些方面不相容的冲突形式(Greenhaus,Beutell,1985)。参与一种角色(工作或家族)会由于参与另一种角色而变得更加困难。工作—家族冲突出现在家族和企业两个系统的交汇处。当企业在很长一段时间内取代家族需求,或者当企业经理同时在两个系统中面临高要求时,就会出现这种情况(Carr,Hmieleski,2015)。

夫妻型家族企业的工作和生活是融合在一起的,因而在一个环境(家族或工作)中经历的紧张和冲突几乎肯定会渗透到另一个环境中。对于拥有企业的夫妻和直系家族成员(如儿童),这意味着"神圣的家族生活不能独立于工作的紧张,同样单调乏味的工作也无法独立于糟糕的家族冲突,这两个方面的冲突相互交织,使得企业的成功和高效运作更具挑战性"(Danes,Morgan,2004)。例如,在拥有企业的夫妻中,这种工作与家庭的冲突,以及无法同时作为业主—经理和家长令人病意地表现的感觉,很可能很突出。当家族和企业系统共享同一个地点(例如农场、旅馆)时尤其如此,因为在这种情况下,家族和工作之间的界线模糊不清。因此,负罪感和被低估的感觉在拥有企业的夫妻中可能会很突出。

此外,夫妻可能会经历严重的关系冲突。此外,随着时间的推移,团结、支持、目标一致以及最终的信任往往会受到影响,这不仅是因为对个人、配偶、家族、家族和企业需求不相容的失望和幻灭,而且是因为一旦实现了抚养孩子的共同目标,孩子们便离开家门了。离婚只是这种紧张关系的明显反映。一个特殊的冲突领域与不公正感有关,这种不公正感可能在家族成员为公司工作并获得不满意的报酬水平,或者在极端情况下根本没有报酬时出现。这样的人可能会觉得他或她根本不算数。

10.1.2 姊妹型家族企业

由于姊妹有血缘关系,他们之间的联系是持久的,无论家族成员的生活选择如何,这种联系都会持续下去。例如,虽然有可能与配偶离婚,但姊妹没有类似的选择。姊妹关系的存在是因为生物学,而不一定是因为亲缘关系。个人通常不把他们的姊妹视为核心家族,因为姊妹关系不是家族形成或延续的结构基础(Bird,Zellweger,2016)。尽管姊妹有血缘关系,但他们通常不认为彼此是自己家族的核心。

1.姊妹型家族企业的优势

姊妹关系在家族企业中很常见,在最好的情况下,还需要关系品质,如友谊、钦佩和信任。然而,这些品质是脆弱的,我们将在下面探讨。人们发现,在成熟的企业中,姊妹团队表现最佳,这些企业通常会形成分工,并引入正式的控制系统来衡量绩效和建立问责制,以便将姊妹之间的紧张关系和竞争保持在可接受的范围内,降低家族冲突蔓延到企业的可能性,并限制机会主义行为。同样,成熟的公司通常有计划和预算系统,这通常有助于协调不一致的目标和战略偏好。总之,当姊妹掌权时,年轻公司尤其脆弱,但这种关系在老公司中不是什么大问题。事实上,在一项对瑞典私人家族企业的研究中,我们发现姊妹合伙关系的挑战在企业年轻时尤其具有破坏性,因为年轻企业无法承受冲突、缺乏共同愿景或目标不一致所造成的分心,如果它们想要生存和繁荣的话(Bird,Zellweger,2016)。

2.姊妹型家族企业的劣势

姊妹关系通常会引发争吵和对抗,而且往往相当脆弱。姊妹之间的冲突通常源于非自愿的成员关系和社会比较,比如需要将自己与家族期望区分开来,需要成为一个独立自主的人。姊妹间的冲突也可能是对父母的爱、注意力和资源的争夺的结果[关于更深入的讨论,见 Bird 和 Zellweger(2016)]。

姊妹比较少共同居住——他们通常有自己的配偶,与他们共享一个家族,并有自己的婚姻家族。反过来,姊妹之间不太可能重新分配资源。他们可能会在是否应该忠于姊妹或自己的配偶方面发生冲突——原生家族和衍生家族之间的冲突。在他们之间,姊妹通常会有一些有限的团结和凝聚力,这使得为公司发展共同愿景更加困难,至少与配偶相比是如此。尽管配偶通常是相互依赖的,姊妹却相当独立,并倾向于遵循各自的目标。因此,在姊妹中,共同解决问题往往相当具有挑战性。

姊妹之间的争斗也很容易升级(Gordon,Nicholson,2010),而血缘关系的无条件存在使得完全退出冲突成为不可能。一起做生意的姊妹往往有某种形式的敌对和破坏性的家族包袱,这可能会破坏信任和团结。在姊妹关系中,冲突有时甚至被视为不可避免和自然的。总之,姊妹型企业家倾向于嵌入机制,这通常会对公司的效率产生负面影响。

案例研究

默柯斯·安巴尼(Mukesh Ambani)和安尼尔·安巴尼(Anil Ambani)之间史诗般的姊妹恩怨

迪鲁拜·安巴尼(Dhirubhai Ambani)是印度最大的工业集团之一——信诚工业的创始人。2002 年去世时,他没有留下遗嘱,他的大儿子默柯斯·安巴尼(Mukesh Ambani)成为信诚工业有限公司的董事长兼总经理,而他的小儿子安尼尔·安巴尼(Anil Ambani)则成为副董事长。据报道,默柯斯试图将安尼尔逐出董事会。2004 年 11 月,当默柯斯承认兄弟俩不能就公司的运营方式达成一致时,兄弟俩之间的私人裂痕公开化了。2005 年 6 月,他们的母亲科基拉本(Kokilaben)出面干预,将信诚集团一分为二。默柯斯负责信诚工业和 IPCL,而安尼尔成为信诚信息通信、信诚能源和信诚资本的负责人。

2006 年 11 月,安尼尔和默柯斯在分拆集团时因默柯斯的信诚工业有限公司和安尼尔的信诚自然资源有限公司签署的天然气供应协议而发生冲突。据报道,默柯斯的勘探公司预计将以较低的价格向安尼尔的电力公司出售天然气,这可能会给安尼尔公司带来高额利润。当政府不批准这笔交易,而是提高价格时,安尼尔怀疑政府和他的兄弟默柯斯之间有秘密交易。

2008 年 6 月,安尼尔的另一家公司失去了一笔交易,可能和默柯斯有关。安尼尔的信诚通信公司取消了与南非 MTN 的合并谈判,成立了一家大型国际移动电信公司。信诚表示,谈判失败是法律和监管问题的结果,但默柯斯对电信公司股份的主张也被指责为交易失败的原因。此外,2008 年 9 月,安尼尔就默柯斯向《纽约时报》发表的言论提起了价值 20 亿美元的诽谤诉讼。

在这场激烈冲突的另一个插曲中,2009 年夏天,安尼尔指责他兄弟的公司在印度大范围停电。安尼尔在给印度总理的一封信中说:"大规模停电,尤其是在印度北部,已经变得司空见惯,给数亿消费者带来了严重困难——可悲的是,这都是 RIL 企业贪婪的结果。"安尼尔的信诚自然资源有限公司甚至在印度最大的报纸《印度时报》和其他 32 家报纸上刊登每日广告,声称印度政府支持默柯斯的信诚工业公司提高天然气价格。在此期间,为了印度的资本市场,甚至印度财政部长也恳求兄弟俩停止争斗。

兄弟俩就天然气纠纷向印度最高法院提起诉讼。最高法院做出了有利于默柯斯的裁决,并宣布信诚工业公司可以以高于 2005 年家族协议中商定的政府定价向安尼尔的信诚自然资源有限公司出售天然气。安尼尔说他不会要求复审判决。这些公司有六周时间重新谈判他们的协议。

在这段时间里,这两兄弟住在孟买南部的一个高档社区。但除了在家族会议上,他们很少交谈。然而,2010 年,他们的母亲科基拉本促成了他们之间的和平协议。信诚工业有限公司和安尼尔·迪鲁拜·安巴尼(Anil Dhirubhai Ambani)集团的官员都收到通知,称安巴尼兄弟将起草一份竞业禁止协议,以取代之前显然不起作用的协议。因此,安尼尔同意撤销诽谤诉讼。

思考题:

1. 兄弟之争的起因是什么?

2. 在这场冲突中,你认识到什么样的行为,尤其是在兄弟之间?

3. 母亲在这场冲突中扮演什么角色?

4. 什么样的动力导致了冲突的升级以及后来的缓和?

10.1.3 扩展型家族企业

所谓"扩展型家族企业",通常是指经过一代或几代人发展后形成的由几个家族共同拥有的家族企业。在这种情况下,有些股东也会经常参与公司管理。这类家族企业典型的组织扩展方式反映了企业创始人家族树的分支情况。例如,德国上市公司汉高(Henkel),是一家拥有三个分支机构的多元化家族企业,分别由该公司创始人弗里茨·汉高

(Fritz Henkel)的三个孩子所拥有。这三位家族企业的所有者仍然是董事会成员,因为每个家族分支都可以向董事会派出一名代表。对于负责监督和管理公司的家族成员而言,如汉高家族的这三名企业主,这样的组织架构最有可能产生忠诚冲突,即谁(家族树中的哪一分支)的观点在企业中处于优先位置。董事会中的每个家族成员都代表一个单独的家族分支,他们对董事会的人员配置、管理层成员和公司的战略方向有着特殊的偏好。与此同时,由于家族分支机构的代表是公司董事会成员,他们应该把公司的整体成功放在心上。这意味着其他家族分支代表或第三方表达的意见可能比他们自己家族分支的偏好更合适。

一般来说,扩展型家族企业中情感因素的成分会低于上述两种类型的家族企业。在扩展性家族中,成员通常更疏远,甚至可能不认识彼此。亲属关系逐渐转化为契约关系,并由相关的法律文件来规范家族成员之间的互动,如股东协议、公司章程和家规。这样导致的结果是家族变得更像组织。如姊妹型家族企业一样,大家族成员不同居,也不太可能在大家族中重新分配资源。然而,公司所有者将逐步实现其经济和股东价值提升的愿望。因此,他们更多的是把公司看作是一种功利的资产,而不是一种他们有强烈感情的资产。

在这一群人中,关系动态应该沿着家族树分支和名字线来感知。从个人角度来看,这种变动也可能影响到一个人是属于核心圈内还是核心圈外。相比于兄弟型家族企业,在大家族企业中因为权力斗争和连锁冲突而导致公司运作受损的情况不太可能发生,因为通过建立控股权可以将公司引向理想方向。考虑到经过几代人股权的逐渐稀释,每个家族成员在公司中只持有少量股权,因此建立控股权需要联合多个家族的成员。在这种情况下,冲突比姊妹型家族企业更容易解决。例如,可能通过收购家族成员的股份来解决冲突。

10.1.4 家族嵌入

总的来说,夫妻型、姊妹型以及扩展型家族企业各自都有独特的结构和关系特征,我们将其归纳为术语"家族嵌入"(参见表10.1的概述)。我们对家族嵌入的定义如下:

所谓家族嵌入是指家族企业所表露出来的促进或抑制企业经济发展的家族关系特征。

从以上对三种类型家族企业(即夫妻型家族企业、姊妹型家族企业和扩展家族企业)的讨论中可以清楚地看出,家族企业的家族嵌入程度有很大差异,这取决于家族成员之间的结构和关系特征。通常不同类型家族企业会在以下几个维度体现出家族嵌入的差异(见表10.1):

(1)家族企业中的家族类型;

(2)家族成员之间的依赖性;

(3)家族成员之间的距离;

(4)家族中的忠诚问题;

(5)社会经济愿望;

(6)关系属性;

(7)冲突的类型。

表 10.1　夫妻型家族企业、姊妹型家族企业和大家族企业的家族嵌入

家族嵌入典型特征	家族企业类型		
	夫妻型家族企业的	姊妹型家族企业	扩展型家族企业
涉及的家族	婚姻家族	原生家族（包括兄弟姐妹）、婚姻家族	原生家族（广义上）、婚姻家族
家族成员之间的依赖性	高	中等	低
家族成员之间的距离	近	近—中等	中等—高
忠诚度关注	低	中等	高
社会经济愿望	共同的社会经济愿望，以维持家族和最终抚养孩子所需的资源重新分配，单一的收入和财富共有	有限的社会经济愿望，共享有限的资源再分配，部分多元化的收入和财富自有	与经济目标相一致，没有资源再分配，多样化的收入，多样化的财富，财富自有
关系属性	亲和、尊重、支持、忠诚、温暖、友爱	温暖，但也有冲突和竞争	多层次的情感亲疏关系
冲突模式	由于相互依赖，公司内部权力争夺有限	以坚定机会主义争夺权力，因无法退出会加剧搭便车行为造成的冲突	有限的权力争夺需要在企业联盟中发挥影响力，个人拥有的股份越少，退出就越容易

1.家族企业中的家族类型

不同类型的家族企业在家族嵌入上会有很大差异。例如，从夫妻型家族企业到姊妹型家族企业，再到扩展型家族企业，家族系统的规模和复杂性都在增加。夫妻型家族企业中的家族系统由夫妻家族组成，这是一个相当简单的设置，至少从结构角度来看是这样，因为它只包括夫妻及其孩子。姊妹型家族企业不仅包括单个兄弟姐妹的婚姻家族，还包括他们共同的原生家族，通常是他们的父母和其他兄弟姐妹。在扩展型家族的情况下，与企业有联系的家族系统甚至进一步扩大，因为不仅包括每个人自己的婚姻家族，而且还包括家族树中的各个分支，他们通常作为股东存在。

2.家族成员之间的依赖性

这三种类型家族企业在相关家族成员之间的依赖性方面也有所不同。夫妻型家族企业通常是高度相互依赖的，因为他们通常共享同一个家族。他们的收入来源和财富状态通常相对单一。相比之下，姊妹型家族企业往往更独立，因为他们通常不同居，而且他们通常有自己的衍生家族。就扩展型家族企业而言，家族成员之间往往更加独立。由于扩展型家族成员通常只持有公司的少数股权，他们通常拥有更多样化的财富地位，以及来自家族企业以外工作的独立收入来源。

3.家族成员之间的距离

夫妻通常是自愿结成关系，基于他们之间的亲密感和关联性，而兄弟姐妹之间的关系不一定非常亲密，成年兄弟姐妹之间尤其如此。大家族成员之间甚至可能彼此不相识，不

一定是因为他们缺乏个人感情，而是因为他们之间的距离所导致，包括地理位置和所选择生活方式的不同。

4.家族内部的忠诚问题

家族中的忠诚问题对我们理解家族的紧张和冲突关系至关重要。在夫妻型家族企业中，只有一个家族，夫妻之间无须面对应该对家族系统哪一部分忠诚的两难困境。这种困境在姊妹型家族企业和扩展型家族企业中更为普遍。对前者而言，姊妹型家族企业中的成员可能会在忠诚于原生家族的兄弟姐妹关系还是忠诚于自己的衍生婚姻家族方面左右为难。在扩展型家族企业中，忠诚冲突会更加多样和微妙，因为此时原生家族由多个分支组成，这些分支之间距离或远或近，再加上各个成员的衍生婚姻家族，关系错综复杂。对于姊妹型和扩展型家族企业来说，对家族哪个部分忠诚可能是一个非常复杂的问题。

5.社会经济愿望

夫妻通常都有强烈的社会经济愿望，他们希望维持一个共同家族，并常常要抚养孩子，这是确保公司成功运营的明确动机。这对控制一家年轻公司的夫妻来说尤其如此，因为年轻公司从非正式关系、创始人之间的关系支持以及抵御挫折的能力中获益匪浅。相比之下，兄弟姐妹之间相互依赖程度较低，他们不太可能同居，而且往往有来自家族企业以外的收入来源（例如来自配偶），所以他们不一定有一致的社会经济愿望。一个兄弟姐妹可能想卖掉公司来获取公司价值，而另一个兄弟姐妹可能想继续经营公司。在大家族情况下，成员之间关系往往更疏远，我们可以假设他们也是把公司视为一种逐渐功利化的资产，因此家族成员个人可能与他们期望从公司获得的经济利益（例如股息、股价升值）保持一致。

6.关系属性

夫妻关系的典型特征是亲和力、尊重、支持、忠诚、温暖和爱。相比之下，兄弟姐妹关系往往既包含竞争，也包含温暖，这表明在许多兄弟姐妹关系中存在紧张关系。在大家族中，一个人对家族系统中的不同部分会有不同的情感，例如对父母的情感应该会远远高于远房亲戚。随着家族系统的不断扩大，个人关系通常会变成公平的契约关系，家族成员之间仅通过契约而不是感情相互联系。

毫无疑问，这些描述忽略了这三种类型中的大部分差异，以及文化差异和这些关系属性随时间发生的变化。然而，它们可能有助于说明基本的关系属性及其变化，我们可以将它们与个别情况进行比较。

7.冲突模式

冲突模式是家族企业中家族类型、依赖性、距离、忠诚关注、社会经济愿望和关系属性差异的直接结果。在理论模型中，夫妻型家族企业争斗有限，因为家族关系相当简单，相互依赖、高度接近，较少涉及忠诚问题，有共同愿望。相比之下，姊妹型家族企业的典型特征是企业内部权力的争夺，以及因兄弟姐妹关系不可断而加剧的路径依赖型冲突。在大家族中，对公司权力的争夺更为激烈。然而，不同于夫妻型家族企业，冲突不会那么突出，因为从分散的少数家族股东群体中建立强大的联盟更加困难。在大家族中，家族成员也可能有更多的选择来出售他们的股份，这使得退出冲突更加容易。

以上分析在表10.1中进行了总结。

对家族嵌入的讨论预示着相对应的冲突管理方法。由于夫妻双方倾向于高度依赖对方，违背信任显得尤为有害，对于共同创业的夫妻而言更是如此。信任危机会动摇夫妻型企业的核心根基，那么关系支持、亲密的信息交流和共同谋划的社会经济目标都会出现问题。因此，违背信任可以很容易地将夫妻间的向心力转化为离心力。

姊妹型家族关系中的紧张关系源于他们之间在生意上相互依赖而在私人事务上相互独立，这种冲突必须通过深入讨论和确定共同目标来稳定。因为兄弟姐妹中的某个人可能会试图搭便车，因此应该实施问责制（如预算、报告和基于绩效的薪酬）。此外，每个兄弟姐妹都应该有自己的责任范围。

在扩展型家族中，冲突管理意味着制定措施来避免家族破裂。在这种情况下，预防冲突意味着要给出家族成员留在一起的充分理由。促成这一目标的一个方法是在扩展型家族内部建立持续沟通，并建立治理制度，防止家族解体或家族成员之间的内讧。这可能需要界定共同的价值观和目标，引入股东协议以管理股东的进入和退出机制，并制定关于家族成员参与企业管理的规定（了解更多细节，请参考第 5 章"家族企业治理"）。

10.2　家族社会结构的变动趋势

20 世纪中期，在西方世界的大部分地区，"家族"通常意味着一个核心的两代人群体，父母和孩子共享同一个家族（Aldrich，Cliff，2003）。这种家族形式在 20 世纪下半叶受到了压力。今天，家族的形式更加多样化，传统家族已经被其他形式的伙伴关系和家族所取代。

这些变动趋势对家族构成以及家族成员之间关系有直接影响，反过来又从结构和关系的角度对他们治理公司产生了影响。在下文中，我们探究了围绕家族和家族最重要的社会变动趋势，并试图理清它们对家族企业的影响。在此过程中，我们以 Aldrich 和 Cliff（2003）的重要研究成果为基础，他们探索了家族变动趋势对创业精神的普遍影响。我们局限于讨论在西方世界大多数家族中五个明显的主要趋势：(1)孩子越来越少，家族越来越小；(2)结婚率降低和离婚率提高；(3)未婚生育；(4)家族形式越来越多样化；(5)妇女进入劳动力市场。

1.孩子越来越少，家族越来越小

家族演变的一个重要趋势是世界大部分地区的生育率普遍下降。在经济合作与发展组织（经合组织）的成员国，1960 年每名妇女一生中平均生育 3.23 个孩子，但到 2013 年这个数字下降到 1.68 个（数据来源：经合组织国家家族数据库）[①]。国际生育率差异很大：在经合组织生育率最低的国家中，我们发现 2013 年，韩国和葡萄牙平均每个妇女生 1.2

---

① 考虑到当前特定年龄的生育率，假设育龄期没有女性死亡率，每个妇女一生中平均生育的子女数。

个孩子;而印度和以色列则平均每名妇女生 2.3 个和 3.0 个孩子,处于生育率最高国家行列。

较低的生育率对于我们理解家族企业内部的人际关系以及家族企业本身非常重要,因为这意味着核心家族的平均规模正在缩小。家族规模的缩小对家族企业有多重结构性后果。从接班人角度来看,家族内部潜在的接班人的数量在减少,这使得在近亲中找到一个愿意且有能力接班的人的可能性降低。当所有权传给下一代时,应该不会出现大的所有权分散问题,但与此同时,所有权和管理权由家族内部转移到家族外部的问题就会更加突出。

2.结婚率降低和离婚率提高

正如 Lundberg 和 Pollak(2007)指出的那样,自 1960 年代以来,传统认为只有在婚姻关系确定的情况下才考虑性并生育的观点正变得越来越脱离现实。1960 年,经合组织每1000 名居民平均每年发生 7.8 次结婚或合法同居,到 2012 年,这一数字已降至 4.6 次。在结婚率下降的同时,离婚率从每1000 名居民每年 0.8 次上升到 2.0 次①(数据来源:经合组织国家家族数据库)。离婚率也有国际差异:到 2012 年,智利和爱尔兰的离婚率分别为 0.1% 和 0.6%;相应地,美国、立陶宛和拉脱维亚的离婚率分别为 2.8%、3.5% 和 3.6%,属于高离婚率国家行列。

鉴于这些趋势,Parsons(1943)描述的家族似乎正在成为一个更加开放的系统。新伴侣的到来意味着家族不太可能像紧密团结的部族,在这种部族中,外来者只有在履行了社会和法律规定的安排,如婚姻之后,才成为成员。在现代家族中,衍生家族和婚姻家族的成员资格在结构上不太稳定,因为个人可以在一生中更换伴侣,这意味着新成员可以进入家族,以前的成员可以(部分)离开家族。家族的这种开放性也意味着家族变得更加庞大,过去被称为再婚家庭成员的人也变得越来越普遍。例如,Aldrich 和 Cliff(2003)的报告显示,在 2000 年开始时,美国有 50% 的儿童"将至少在单亲家族度过一段时间,大约三分之一的美国儿童将在成年前生活在再婚或同居的新组合家族之中"。非婚配偶关系的这种趋势也反映在许多西方国家最近对婚姻和家族法的调整中,这些调整在婚姻的形成(例如,同性夫妇之间的婚姻)和解除(例如,向无过错离婚的转变和婚前协议的法律执行)方面给予了更多的灵活性。

对于家族企业来说,这些趋势很重要。例如,来自传统家族网络之外的合作伙伴的出现意味着企业潜在的可利用网络(例如,在获得商业机会和管理人才方面)正在增长。因此,企业应该能够接触到更多现任和前任的"家族"成员,这可能有助于资源调动进程(Aldrich,Cliff,2003)。与此同时,当前家族结构的脆弱性会使家族成员更不愿意在家族内部汇集和转移资源,并且在离婚后人们通常会和不再同居的家族成员失去联系,这意味着"前"家族成员可能不太容易接触到。

3.未婚生育

未婚生育的增加是另一个对家族企业有重要影响的长期趋势。1960 年,在所有经合组织国家中,只有 5.8% 的新生儿母亲在分娩时的婚姻状况不是"已婚"。到 2012 年,这一

---

① 粗离婚率,定义为每年每 1000 人中合法的民事结合或婚姻的数量。

数字上升至 37.9%。同样，国际差异令人震惊：2012 年，智利的未婚生育比例达到 69.6%，而韩国和日本的相应数字分别仅为 2.1% 和 2.2%（数据来源：经合组织国家家族数据库）。

未婚生育的增加以及离婚率的上升改变了儿童的生活安排，孩子们的居住场所以及与他们一起生活的人可能会经历多次转变，因为大多数未婚父母最终会结婚，离婚父母有时会再婚。随着父母之间的多重伴侣关系，家族变得更加开放和复杂。

从家族企业角度来看，未婚生育的增加可能会导致当父母向子女转移资源时出现问题，特别是在父母死后将企业所有权转移给子女时。鉴于父母可能有来自不同伴侣的子女，确定谁是家族企业内部的自然继承人可能会更加困难。因此，我们预计未来针对多重伴侣关系的子女在继承家族企业时的诉讼将会增加。

4.家族形式越来越多样化

上述趋势的直接结果是出现了较小的家族和新的家族形式，特别是越来越多的单身和未婚同居家族。例如，在美国，平均家族规模从 1960 年的 3.4 人下降到 2005 年的 2.6 人（Lundberg，Pollak，2007）。

图 10.2 显示了 2011 年经合组织国家中各种家族形式的分布情况。此外，2011 年，经合组织国家 11～15 岁的儿童中有 74.4% 与双亲生活在一起，14.9% 与单亲生活在一起，8.8% 与重组家族生活在一起（其余 1.9% 以其他家族形式生活）。

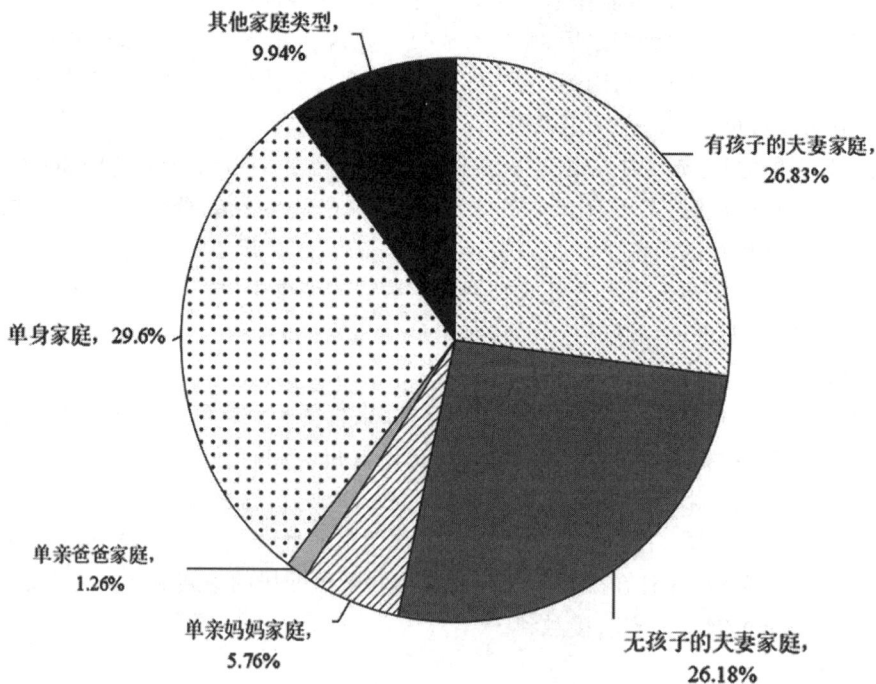

图 10.2　2011 年经合组织国家的家族类型

数据来源：OECD 家族数据库

这些数字背后有三个重要趋势:(1)未婚同居的趋势(在美国,11％的同居者是同性);(2)单身家族的趋势;(3)单亲家族的趋势。Aldrich 和 Cliff(2003)的报告显示,在美国,"已婚育子"的传统家族从 1960 年的 44％下降到 1999 年的 24％。

家族规模较小且不断变化的构成对家族企业的整体影响很难预测。从家族企业角度来看,这些变化会对调动家族资源的能力产生双向影响:一方面,会导致家族企业对人力资本和金融资本的获取受到更多限制,因为家族规模缩小,家族组成发生变化,成员之间的联系减弱;另一方面,考虑到家族规模和家族构成的变化,家族网络应该更加开放,这有助于个人获得非冗余的新颖信息,并发现企业发展机会。

然而,这些家族变动趋势不仅仅是结构性的。由于一个家族中的人们不仅相互了解,拥有温暖和信任,同时也会经历冲突,家族组成的变化很可能会对家族成员关系产生影响。家族成员关系的变化和家族结构变动一样重要,因为家族层面的紧张关系很容易蔓延到企业。此外,在许多西方国家,如果父母分居,孩子通常会和母亲及其家人待在一起,因此我们会看到孩子跟母亲这一边的亲属关系更加紧密。

6.妇女进入劳动力市场

另一个重要趋势是妇女就业率的增长。1960 年,美国妇女就业率为 39.5％,而 2014 年就业率为 63.4％(经合组织劳动力市场统计)①。随着时间的推移,几乎所有经合组织国家的性别工资差距都缩小了,但妇女每小时平均工资仍然比男子低 16％(Lundberg,Pollak,2007)。他们研究认为,这种差距的一半可以用个人特征、工作经历和职业选择来解释,另一半无法言明的原因则来源于劳动力市场的歧视或家族责任中依然存在的性别差异,这种性别歧视仍然争议很大。与 20 世纪 60 年代相比,女性花在家务上的时间少了,但她们仍然承担着大部分的家务。

事实上,妇女在劳动力市场上发挥着更加积极的作用,这也对家族企业产生影响。在一些社会中,依然是由儿子继承企业。随着女性进入劳动力市场,女性接班人有望成为更广泛的选择。

总而言之,这五种趋势对家族企业意味着什么? 这些变化彻底改变了西方家族。家族结构变得更加多样化和不稳定(Lundberg,Pollak,2007),这些趋势很可能会削弱家族成员之间把资源集中的意愿。鉴于 20 世纪 60 年代以来的长期趋势,我们可以假设,随着市场和国家越来越多地补充或取代家族职能,如食物准备、老年支助、儿童抚养、教育和安全保障,家族的经济作用将继续下降。

有趣的是,虽然这些变化削弱了婚姻作为组成家族联盟的工具的作用,但却增加了爱情和友谊作为夫妻型家族企业基础的重要性。此外,随着儿童工具价值的下降——例如,儿童不再被视为廉价劳动力的来源——父母要的孩子越来越少,对每个孩子的投资也越来越多。这反映了所谓的"数量—质量"权衡(Becker,Lewis,1974)。这些变动趋势好的一面是可能会促使家族内部关系质量的提高。

---

① 对于其他国家,没有这种长期数据。

10.3　家族价值观的国际差异

这个世界是一个各种价值体系的混合体，不同文化之间差异很大（也可以参考 Geert Hofstede 的基础著作）。这些价值体系很重要，因为它们对社会中的人际关系有影响，还会影响个人相对于集体的社会地位，尤其是在家族商业背景下，影响家族价值观的主导地位。

1.集体主义对个人主义

社会集体主义的程度是一个重要的文化价值，它会影响家族企业在社会的普遍接受度，尤其会影响家族企业内部的继承关系。集体主义文化，如巴西、菲律宾、巴基斯坦和希腊的文化，是一种偏好紧密联系的社会网络的文化，在这种社会网络中，个人可以期望他们的亲戚、宗族或其他团体照顾他们，以换取无条件的忠诚。相比之下，个人主义文化，如美国文化，强调个人权利、言论自由权，以及实现个人自由和个人目标而不管集体的要求如何。集体主义文化应该更有利于家族企业的出现和持续，尤其是在下一代家族成员对企业的继承上。

2.权力距离的高低

权力距离是指社会中地位较低的个人愿意接受权力分配不平等的程度。权力距离高的社会中，人们更有可能遵从等级制度，不会对等级制度提出质疑。在权力距离低的社会里，个人倾向于平均分配权力。在这样的社会中，人们会对权力不平等提出质疑。

巴基斯坦是一个权力距离很高的社会。Afghan 和 Wiqar（2007）描述了巴基斯坦人的家族价值观，并发现他们的权力距离可以支持以下等级结构：父亲是一家之主，长子比年幼儿子在决策中有更多发言权；孩子们应该尊重和服从父母，不要质疑他们的权威；家族中的长者，如祖父母、外祖父母或曾祖父母，也被认为是明智和有经验的，应该受到尊重和尊敬；兄弟姐妹之间从小就被教导要互相尊重，而不是相互竞争。

在权力距离很高的社会中，下一代家族成员通常不得不通过接管家族企业等方式来彰显父母的成就。

3.家族价值观

当审视直接与家族相关的社会价值观时，价值体系的国际差异尤为显著。根据世界价值观调查数据，图 10.3 比较了一些国家的两种家族价值观：家族在一个人生活中的普遍重要性，以及一个人希望让父母感到自豪的愿望。

图 10.3 突显了家族作为一个社会类别在世界范围内的重要性。有趣的是，不同国家的孩子们想让自己父母骄傲的愿望有显著差异。因此，家族对许多人来说似乎很重要，但这并不意味着人们对于家族的重要性有着相同的看法。例如，科威特人似乎在日常生活中重视家族，而且孩子们也非常希望自己让父母感到自豪。相比之下，新西兰人几乎和科威特人一样重视家族。然而，下一代新西兰人似乎不太看重父母的期望。鉴于个人主义价值观在这个盎格鲁—撒克逊国家盛行，挣脱父母的束缚似乎和重视家族一样重要。

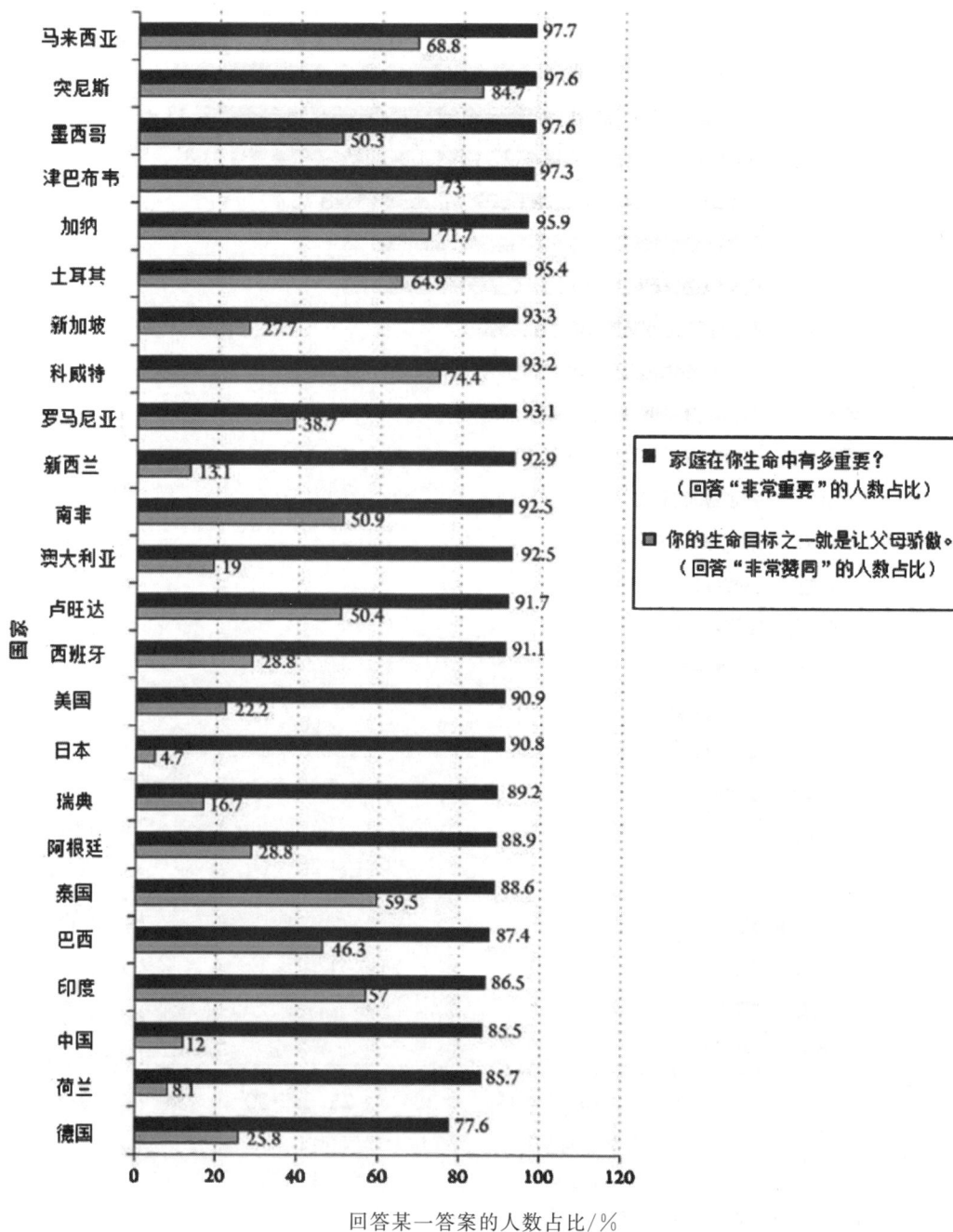

图 10.3 全球不同国家对家族价值观的选择

数据来源：世界价值观调查，数据时间跨度为 2010—2014 年。

深入探究家族价值观国际差异的一种方法是观察性别成见。相对于其他偏见，性别成见很能洞察差异，因为它们指向了那种认为谁是家族企业中"最佳"继承人的根深蒂固的偏好。"世界价值观调查"做了一个人们对"总的来说，男性比女性更适合做企业高管"

这一说法认同程度的调查。图 10.4 显示了完全赞同这一说法的受访者比例。

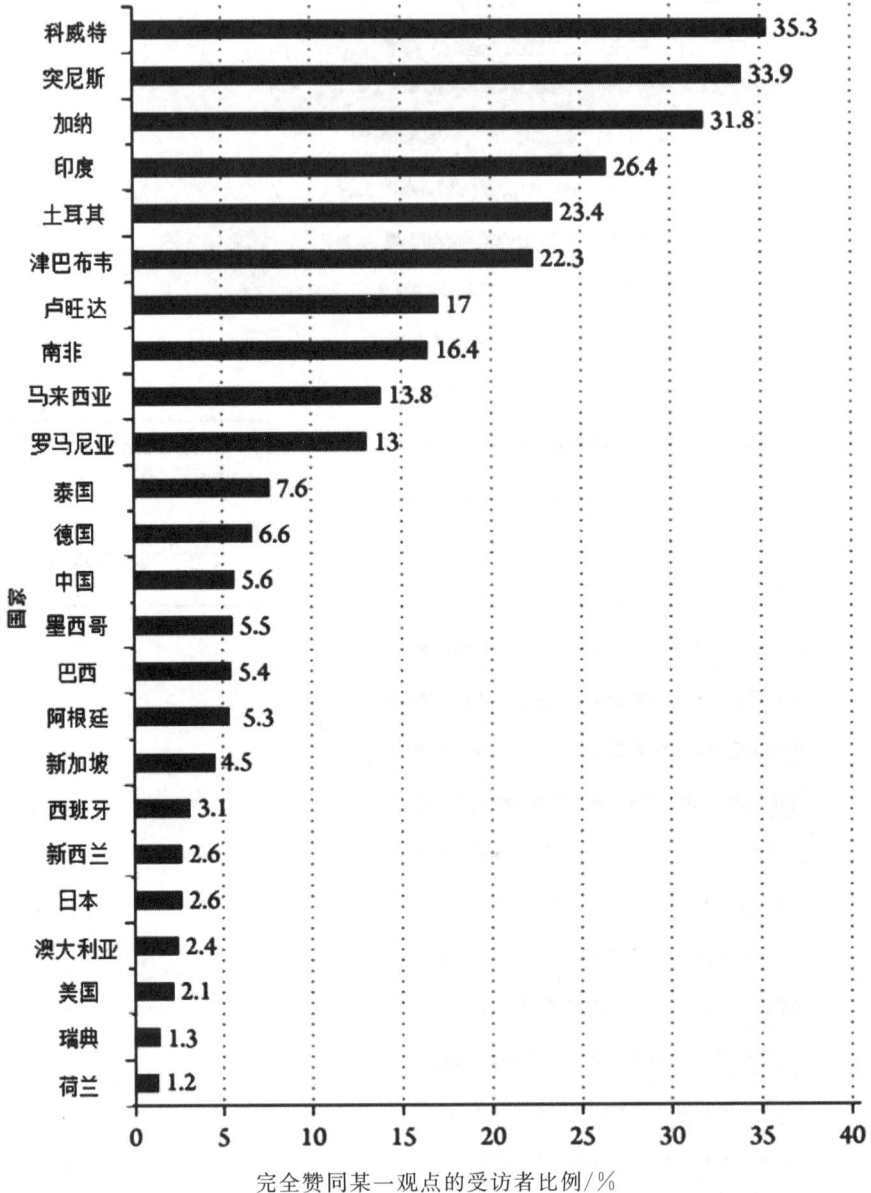

图中数据如下：

国家	比例
科威特	35.3
突尼斯	33.9
加纳	31.8
印度	26.4
土耳其	23.4
津巴布韦	22.3
卢旺达	17
南非	16.4
马来西亚	13.8
罗马尼亚	13
泰国	7.6
德国	6.6
中国	5.6
墨西哥	5.5
巴西	5.4
阿根廷	5.3
新加坡	4.5
西班牙	3.1
新西兰	2.6
日本	2.6
澳大利亚	2.4
美国	2.1
瑞典	1.3
荷兰	1.2

完全赞同某一观点的受访者比例/%

图 10.4　关于男性和女性商业头脑的性别成见

注释：完全赞同"总的来说，男性比女性更适合做企业高管"这一观点的受访者比例。

数据来源：世界价值观调查，数据时间跨度为 2010—2014 年。

　　基于这些结果，人们不禁要问，这种按照性别划分企业家的传统做法，会让榜单上排名第一的国家经济发展损失多少？

　　上述讨论并不试图提供对家族价值观的全面审视，而是通过这一讨论提醒我们，家族企业是在价值体系差异很大的社会中运作的，这些价值体系对家族企业如何运作以及如何代代相传具有重要影响①。

10.4 理解家族企业中人际关系的动态变化：系统观

为了理解家族企业中人际关系的变化——尤其是冲突模式及其可能的解决方案，有必要回顾一下家族企业的三圆模型（见第 2 章）。该模型表明，家族企业是一个由多个子系统组成的系统，最突出的是家族、企业和所有权。家族、企业和所有权的子系统在家族企业中密不可分——每一个子系统对于整个家族企业系统的存在都是不可或缺的（在系统论中，这通常被称为"结构耦合系统"）。

这三个系统的并行存在引起了各种问题，因为这三个系统根据不同的逻辑运行。这些逻辑体现为成员资格（人员进入和退出系统）、沟通方式和渠道、公正原则、决策原则和行为原则的冲突条件。如表 10.2 所示，在成员个性、薪酬货币和时间范围的重要性方面，这三个子系统之间差异也很明显。

表 10.2　家族、企业和所有权系统的逻辑

	家族	企业	所有权
成员资格	出生、伴侣、结婚、抚养、离婚、死亡	申请、聘用、提升、解聘	继承、收购、售卖
沟通方式	亲密交流：非正式的，无所不包的	决策沟通：层次分明的，根据职能职责和战略决策能力有选择性的	法律沟通：正式的，根据股权集中度有选择性的
沟通渠道	口头	战略计划	法律合同
公正原则	平等、需要	公平（基于绩效）	平等、合法
决策原则	资历	经济价值	大多数
行为原则	团结	竞争	权威
个性的重要性	承认个性的所有方面	承认与绩效相关的个性	有股权才会被承认个性
货币补偿	爱情、亲情、认可	绩效	所有权/投票权、股东价值、红利、钱
时间范围	长期（代际）	短期（月）	中期（年）

资料来源：Groth 和 von Schlippe（2012）

例如，在家族系统，平等是通过请求帮助、说声谢谢、关心和原谅来建立，而在所有权系统，平等通常涉及资金转移。在家族的交流中，他们倾向于包容一切、谈论一切，仅仅是为了确认家族成员之间的联系，并相互保证一切正常（von Schlippe, Frank, 2013）。由此可见，在家族环境中，成员个性所涉及的所有方面都很重要。

---

① 　关于家族价值观对一个国家经济增长影响的有趣讨论，请参阅 Bertrand 和 Schoar（2006）的文章。

相比之下，企业系统更具选择性。沟通的目的是让人们了解会产生最高预期经济价值的战略。此外，沟通是正式的，并以战略计划的形式阐明。成员个性的重要性仅仅在于它有利于发现和追求经济上有前途的战略计划。因此，企业系统在沟通主题、有价值的贡献方面比家族系统更具选择性，将问题的沟通提升到与人的交流同样重要的程度。

所有权系统反过来也不太关心决策。相反，它侧重于建立和执行关于谁在公司中拥有地位和权力的具有法律约束力的协议。这促使更正式的沟通方式的产生，例如合同，这些合同通常涵盖个人权利和义务，以及不遵守商定原则的法律后果。

最重要的是，正义的评判原则在三个系统中各不相同。在家族系统中，平等原则占主导地位，这在以团结为导向的关爱团体中很常见。而在企业系统中，公平原则又可称为绩效原则，意指贡献更多的人也应该有更多的发言权。反过来，在所有权系统中，合法性和股东在各自资产类别中的平等待遇占主导地位。

因此，在这三个系统中，对合法行为的界定差异巨大。团结是家族系统的行为指导原则，而在企业系统中对最佳绩效的竞争很重要。所有权系统更加复杂，在这种系统中，权力根深蒂固地存在于各级所有权地位规则中。因此，竞争公正原则、行为准则和期望在家族企业系统中并行存在，这解释了家族企业中人际关系及其变动的复杂性。

10.4.1 处于冲突和模糊环境中的系统

系统理解家族企业的核心在于认识到这样一个事实，即由家族、企业和所有权所构成的结构性耦合系统会从诸多方面导致大型家族企业成员之间产生误解甚至是冲突。由于这三个系统（家族、企业和所有权）并行存在，人们很难认识到在某些情况下哪种行为是合适的。

这一问题在家族企业中变得更加严重，因为家族企业系统中的人无法确切定位自己处于哪个系统。由于我们日常生活中所处的社会背景相对明确，这种模棱两可的情况对个人来说很有挑战性。当我们去工作，我们知道在那里商业逻辑占主导地位；当我们回家时，我们知道它适用于不同的行为规范（环境标识）（Bateson，1972）。作为生活在劳动高度分工社会中的个人，我们通常理解我们所处的世界没有问题：工作、私人生活、爱好等。因此，我们通常很容易理解适用于特定情况的"游戏规则"。

在家族企业中，我们很难定位清晰自己所处的系统，因此，我们很难理解哪种行为是合适的，这就为相互间的误解、对待不公正的看法以及最终的冲突提供了肥沃的土壤。事实上，在许多控制商业的家族中，与商业相关的事情是在家族的餐桌上讨论的。Simon（2002）提供了另一个例子：如果你在公司遇到你的老板和父亲，你无法判断他现在是一个慈爱的父亲还是一个严格的老板；如果在一个角色中，他脸上有红点，而在另一个角色中他脸上有绿点，一切都会容易得多。环境是模糊的，因为人们在特定情况下扮演的角色（例如，家族成员、经理、所有者）是不可察觉或模糊的。墨西哥家族企业的一个极端例子说明了这一困境。在焦点家族公司的董事会上，母亲和儿子都在场。母亲是董事会主席，儿子是首席执行官。会议开始时，母亲问儿子："你刷牙了吗？"这种提问在家族中很正常，但在企业中似乎并不合适。

📚 **案例分析**

根本性的误解

在圣诞节后的一个宁静日子,一对夫妇找到他们的儿子及其未婚妻,并提议:"我们希望你在未来接管我们的酒店,我们已经建立并运营了大约 30 年。"年轻人第一次听到这个消息,非常高兴。四周后,这对年轻人带着一份精心策划的商业计划书回到父母身边。他们向父母概述了战略选择、业务进一步发展的里程碑以及逐步移交控制权的建议,但父母却深受伤害:"你怎么敢这样接近我们?"这反过来又让年轻一代感到困惑,因为他们没有意识到自己犯了一个错误。双方都指责对方"虚假"甚至"不正常",相互间的误解和被伤害的程度一度发展到需要外部加以调节。

双方很明显在不同的语境下进行的沟通:父母在"家族"的意义范围内提出了他们的提议(期望对他们的提议表示感谢和愿意),年轻人是在"商业"领域(看到机会并期望建立商业关系)这样做的。两者都是"正确的",但在不同的逻辑系统中。

资料来源:节选自 von Schlippe 和 Frank(2013)的例子。

因此,一项声明或行动的含义及其适当性取决于在什么语境下理解它。von Schlippe 和 Frank(2013)认为当在不同的(或模糊的)语境下接收到同一个行为信息时,可能会产生混淆和易受冲突的影响,这显然取决于沟通是发生在家族、企业还是所有权的逻辑系统中。在一个系统中,交流可能被认为是正常的,但在另一个系统中可能被认为是疯狂的。

因此,家族、企业和所有权系统的重叠就意味着在不同语境下,沟通和交流可以有不同的解释。

10.4.2 扭曲沟通的挑战

鉴于三个并行存在系统的工作原则大相径庭,混淆、误解以及最终产生严重冲突的可能性是多种多样的。一个人可能以家族成员的身份说话,但另一个人可能以企业经理或所有者的身份接收信息。例如,一位父亲,认为自己充满爱心,可能希望给他的儿子一些关于如何经营公司的建议。然而,儿子可能会把这句话颠覆为父亲对他企业家能力的不尊重。同样,儿子扮演着未来业主经理的角色,可能会告诉父亲,他觉得父亲无法理解最近投资的技术细节;而父亲则可能会把儿子的话理解为不尊重的表现。因此,一个人可以戴三顶帽子,每个系统一顶,说话时戴的帽子并不总是很清楚。扭曲的沟通因而出现了——消息的发送者和接收者相互误解,因为他们不是在同一个系统中工作。在图 10.5 中,当人们不在同一个系统中进行水平沟通,而是在不同系统之间进行对角沟通时,沟通就会产生扭曲,但他们并不清楚。如图 10.5 所示。

如果双方可以澄清彼此交谈时所处的系统,误解是可以避免的。从实践角度来看,这一点很重要,因为当双方意识到他们的对手不是"坏"或"疯",而是从不同的系统角度采取行动时,他们可以增进相互理解(von Schlippe,Frank,2013)。

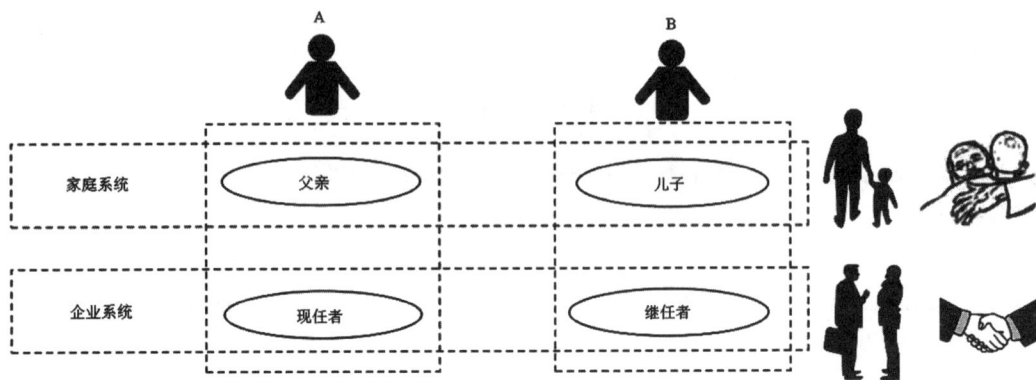

图 10.5　水平与扭曲沟通

总之，系统论提供了一个有用的方法，可以揭示家族企业中人际关系的变化以及产生误解的根本原因。与此同时，它引导我们找到克服相关问题的办法。以下学习要点总结了我们的论点：

(1)对某一陈述或行为含义的解释要根据其所处的系统而变化。

(2)在家族企业中，三个系统环境并行存在：家族环境、企业环境和所有权环境。每个系统都有着不同，有时甚至是对立的特征条件，如成员资格、沟通方式、沟通渠道、公正原则、决策原则、行为原则、货币和时间范围等。

(3)典型的环境标识(例如，在家或在工作)向行为者提供关于系统环境的信号，并引导他们进行适当的解释和动作。

(4)在家族企业中，环境标识有时不存在或模糊不清，因为人们同时是家族成员、管理者和所有者。此外，家族和企业往往在空间和时间上没有明显分隔。

(5)当一项讨论或一项决策结果与预期的隐含规范相一致时，在特定环境中的公正认知与功能性家族关系更有可能被广为接受。

研讨会：让人们意识到让他们产生误解的系统性原因①

澄清"谁在说话"并让家族企业成员意识到相关误解的一个有用方法，是举办一个研讨会，让每位家族成员都参与其中。他们每人都有三把椅子，分别代表家族成员、经理和所有者的角色。当某个家族成员坐在某一把椅子上时，他就有义务担当这一角色，并依角色讨论相应逻辑的应用(例如，语言、论点、公正原则；见表 10.2)。

如果所有研讨会参与者都坐在家族椅子上，因此有义务将家族逻辑应用到他们的论点中，就会出现一种建设性的对话，在对话中人们说着相同的"语言"。当然，椅子可以互换，这样所有研讨会参与者都可以被要求坐在企业或所有权椅子上，然后分别作为经理或所有者进行对话。

可以通过将一个家族成员放在经理椅子上，将另一个家族成员放在家族椅子上来进

---

① 我非常感谢德国威滕大学的阿里斯特·冯·施利普(Arist von Schlippe)教授，他让我意识到了这个高效的研讨会设计。

一步更改设置。此后,试图进行对话的过程会使家族成员意识到在这种情况下产生误解的原因。

10.5 公正认知

家族内部的分歧是一种普遍现象,也是家族生活的正常组成部分,尽管这种分歧产生的冲突程度以及解决分歧的方式可能在不同的家族之间,甚至在同一家族内的不同时间点有很大差异。家族冲突一个特别重要的来源是不同的公正认知,尤其是当感受到不公正时(Fondacaro,Jackson,Luescher,2002)[1],就会助长敌意与愤怒。随着时间的推移,这种愤怒和敌意会造成一种不良的家族氛围,其特点是高度冲突和低凝聚力。反过来,高家族冲突和低家族凝聚力往往会导致家族内外一些有问题的行为出现。

对于家族企业来说,对公正以及对避免不公正的关注尤为重要。正如我们下面讨论的,企业和家族对公平的认知并不相同。此外,在过渡和变革时期,例如当企业由父母传给子女时,关系密切的人变得更加关心公正问题(Fondacaro,Jackson,Luescher,2002)。因此,公正认知是家族企业关系变化重要的触发因素,尤其是在继承时期。为了理解由于感知不公平而导致的家族冲突关系,我们首先需要确认三种公正类型之间的区别[2]:分配公正、过程公正和互动公正。

10.5.1 分配公正

分配公正指的是这样一个事实,即一项决定是否被认为是公平的取决于该决定的结果。从分配角度来看,人们从三个分配原则中选取一个来决定一个解决方案是否公正:公平、平等和需求。

1.公平:企业的公正原则

公平分配原则表明,解决方案是否被视为公平并不主要取决于绝对结果。相反,重要的是一个人的投入和相关产出之间的比例。因此,从公平角度,认为结果是公平的人观点是:结果反映了他们在工作中付出的努力,故而也反映了他们的表现。

尽管这种对公平的理解与商业世界中所普遍关注的看似客观的效率相一致,但在实践中却经常出现问题。只有当一个人有参考值时,才能得出所获得的回报与所进行的投资是否成正比的结论,这个参考值是由他人的投资回报给出的。此外,不同个人之间被视为有价值的投入和产出可能有很大差异。例如,一个忠诚地遵从父母意愿的女儿,遵循某个教育计划,为她在公司里的工作做准备,她可以把她的教育视为一个有价值的贡献,证明她被任命为继任者是合理的(结果)。然而,从另一个人角度来看,一个人完成了一个教

---

① 根据相关研究,我们将"公正"和"公平"作为同义词使用。

② 关于公正层面的深入讨论,请参阅 Colquitt(2001)。

育项目这一事实可能不算是有价值的投入，也许是因为那个人缺乏实践经验。因此，许多贡献可能主观上被定性为投入，例如技能、努力、教育、经验、年龄、性别、种族背景和(在家族企业中)出生顺序。输出也可以有不同的主观维度，就企业而言，我们可以考虑增长、利润、红利、企业文化、客户满意度和创造就业机会。总的来说，公平认知，以及对一个人投入的公平补偿的认知，在实践中经常是一个有争议的话题。

尽管有这些缺点，公正的公平原则在商业领域尤其突出。投入产出相匹配的观点符合效率和资源有效分配的观点。公平理念反映在许多薪酬体系中，薪酬体系通常奖励个人投入的结果。

2.平等与需求:家族的公正原则

根据平等原则的分配公正是基于人与人之间平均分配的结果，而不管投入或需求如何。这一原则往往用意良好，尤其是对那些希望避免在孩子之间产生任何歧视的父母而言。问题是平等原则没有考虑到不同的偏好和需求。

需求分配原则试图解决这个问题，最需要的人得到更多。例如，由于发展问题，一个孩子可能比另一个孩子需要更多的关注和支持。在这种情况下，父母对孩子的关注和支持在家族中被认为是合法的，即使这种支持是以"较少"需要的孩子为代价的。基于需求的资源分配通常是一种妥协，旨在适应个体差异，最终目标是实现平等分配。例如，对遗产的研究表明，平等原则最常被用作默认的公正原则(Drake,Lawrence,2000)。因此，平等原则是家族背景下默认的公正原则。

案例研究

谁应该得到家族企业？游戏中的分配公正原则

三个孩子——安娜(Anne)、鲍勃(Bob)和卡拉(Carla)——都声称对他们父母的企业有所有权，并希望成为下一任业主兼经理，但理由不同。安娜已经获得工商管理硕士学位，并通过家族企业之外的工作证明了她有能力成功领导一个复杂组织。鲍勃需要这个职位，因为他没有一份能给他同等社会地位和收入的工作。卡拉在公司工作了几年，为公司目前的成功做出了贡献。谁应该是继任者？

答案会随所用的公正原则不同而不同。如果我们依据公平原则，有两种解决方案可以采用:(1)安娜得到了公司，因为她从管理公司中获得了最大的利益(功利主义的观点);(2)卡拉得到了公司，因为她贡献最大(亚里士多德的解决方案)。如果我们依据需求原则，继任者将是鲍勃，因为这将减少兄弟姐妹之间的不平等。从平等角度来看，只有三个兄弟姐妹平等地参与公司，公正才能实现。因此，公正原则的多元化导致了完全不同的结果，所有这些结果都是经得起道德检验的。

从这个案例中我们可以学到以下内容:

(1)公正认知以竞争来实现。选择一个公正原则总是可以通过引用另一个公正原则来对它进行道德上的攻击。在家族企业中尤其如此，多重公正原则在家族企业中并行存在。

（2）尽管家族企业中的人通常很快会提出应该依据公平原则，但这一原则并没有起到预期的作用。如果我们只寻找最有利的投入/产出关系，安娜和卡拉都可以继承这个职位。

（3）鉴于不同公正原则，对哪个解决方案是公平解决方案会存在根本误解，选择一个方案而不经过公平的决策过程很可能会导致严重的家族不和。

10.5.2 过程公正

在分配公正的情况下，人们只关心决策的结果。然而，人们通常对自己在产生某种结果的过程中是如何被对待同样关心，甚至更关心。如果人们有机会在产生结果的过程中表达他们的观点和感受，当一个过程在不同时间段针对不同人都可以保持一致而没有偏误，并且信息准确时，他们更有可能认为解决方案是公平的。为了使解决方案过程公正，该过程必须满足五个标准：[①]

（1）不同时间段针对不同的人过程是一致的。

（2）没有偏误——在特定解决方案中没有既得利益。

（3）确保决策过程信息准确。

（4）符合个人或现行的道德标准。

（5）考虑到决策中利益相关者的不同意见。

因此，过程公正意味着人们觉得他们的意见在整个决策过程中得到尊重——从问题的提出到最终的决策。例如，关于继承，家族企业可以在特定的决策过程中界定每个标准的含义。对过程公正认知产生特别威胁的是将重要利益攸关方排除在决策之外。因此，确保过程公正的一个重要因素是确定谁将参与决策过程的哪个部分。此外，如果某方被排除在外，必须给出公开的解释（Van der Heyden，Blondel，Carlock，2005）。

10.5.3 互动公正

互动公正反映了这样一种观点，即敏感性、真实性和正当性可以让人们对不利的结果感觉更好。相互熟悉的人，如家族成员，期望得到礼貌、有尊严和尊重的对待，他们期望做出某项决策的人（如其他家族成员或顾问）避免发表不当和尖刻的评论。此外，在任何决策背景下，尤其是在相互熟悉的人当中，如果人们不诚实，或者决策没有得到彻底和及时的解释，这种情况都是危险的。

案例研究

瑞士三个家族内部继承中的过程公正和互动公正

Nicole Faessler（2014）在研究瑞士三个家族内部继承中的公平时发现，过程公平和互

---

① 更多信息，请参阅 Colquitt 等（2001）。

动公平是避免家族冲突的绝对关键所在。一位家族企业的后辈表示："在某些情况下,情绪高涨……我们必须坐在一起,彻底讨论所有问题,直到一切都解决为止。"

一位继承后没有在家族企业中做事的家族成员强调了沟通的作用："沟通总是至关重要的。你必须说话算数,你必须在一张桌子上把事情说出来,而不是每个人都走开,做自己的事。"一个家族在转型过程中会有很多方面的互动："互动公正时而紧张甚至激烈……这时你需要让大家冷静下来……有时需要进行制止,有时需要大家围桌论道以解决问题。时不时地,对一些事情你还需要保持沉默。"

另一名家族成员提道,尽管他没有亲自参与,但被告知各种财务商议信息他很感激。他觉得自己对正在发生的事和其他家族成员的观点了如指掌,因为他可以向父亲索要任何信息,所以他"知道他想知道的信息"。

这些家族成员还强调,他们喜欢过程中的一些形式,例如会议记录的正式规则以及签署协议的程序等。

一些家族发现,如果能够建立家族传统作为解决冲突的指导原则,将是有益的。例如,一个家族有一个传统,只有在公司工作的家族成员才能获得股份,这一原则可以使成员们免于多次讨论。

10.5.4 家族中过程公正和互动公正的重要性

为了说明过程公正和互动公正相对于分配公正的重要性,我们来看这样一个例子,一个家族企业正在经历所有权的代际转移。由于企业由所有者管理,因此家族会在管理和所有权层面,并最终在家族财富层面来处理继承问题。对于长辈来说,最重要的是找到一个对所有相关方,特别是对所有孩子都公平的解决方案。许多父母都需要维护家族凝聚力和避免家族冲突的解决方案。

在多数情况下,不可能设计出对所有孩子都平等的解决方案(即所有孩子都获得父母同等份额的财富)。企业通常代表家族财富的最大部分,通常不适合在多方(即孩子)之间分割企业所有权,尤其是对于较小的企业。分散所有权会使公司的管理复杂化(例如,由于所有者之间的目标不同),削弱了对所有者—管理者的激励,因为他或她必须与其他所有者共享所创造的价值。此外,鉴于企业的法律形式(如独资),有时候可能无法在法律层面上分割所有权。

因此,从分配角度来看,有关继承的解决方案经常导致财富分配不均,这往往有利于孩子继续家族企业。通常,这种不平等的解决方案是以公平原则为依据进行辩护的,因此,这种辩护的理由是,接管企业的孩子对企业的贡献超过了他或她的兄弟姐妹,或他(她)有适当的教育和经验,或他(她)为企业的运营承担更大风险。从分配角度看,继承通常会采取折中方案,将公平、平等和需求的考虑融为一体。

然而,就违反平等分配原则而言,很多继承尽管可能是不公平的,但如果在过程公正的情况下,它仍然可能会被分配受损方所接受。事实上,在普通人群和家族内部进行的大量研究表明,在公正认知上,过程公正和互动公正比分配公正更重要(Fondacaro, Jackson, Lueschen, 2002)。显然,人们在与群体成员,如亲密的家族成员打交道时,特别注意过程和互动公正。在解决家族内部纠纷,特别是父母和子女之间纠纷的过程中,如何对待家族成员往往比纠纷处理结果更重要。

这一发现对家族企业至关重要。不要只关注分配问题,例如谁将在公司内部获得所有权和管理责任,关键是定义一个满足分配公平标准的决策过程。此外,不尊重他人,有系统地阻止他们发表意见,并把他们排除在信息流之外,肯定会造成不公正的感觉,进而导致愤怒和冲突。

由过程公正或互动公正所造成的不平等结果往往不会影响一个人的反应。只有当出现过程不公正和互动不公正时,才会导致负面反应和对结果的不满。这就引出了图10.6,它总结了决策过程中各利益方可能接受解决方案的程度。

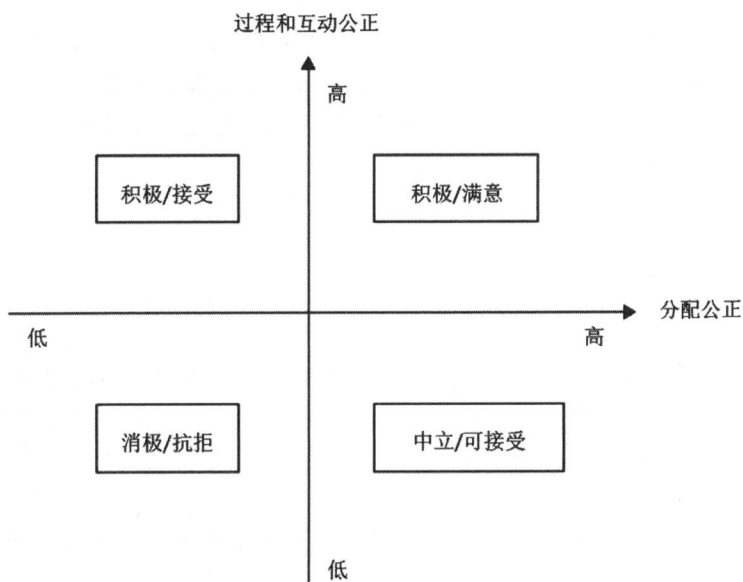

图 10.6　公正与行为反应

资料来源:Faessler(2014)

图10.6包含一些关键信息。如果决策过程和相关方之间的互动是公平的,那么基于分配角度不公平的解决方案仍然是可以接受的。因此,在试图管理冲突时,重点应该是确保过程公正以及人们之间相互尊重的互动,特别是在如果分配结果导致各方受到不平等对待的情况下。

案例研究

家族财富的公平分配

这是一个由有两个儿子的父亲经营的私营家族企业的故事。对于家族企业的公平分配,儿子甲认为:“我在公司工作,并且把它做大,理应得到这家公司。”儿子乙争辩道:“我对这家公司不感兴趣。然而,我希望得到公平对待。因此,我希望得到与哥哥同等价值的东西。"因此，虽然儿子甲的主张符合公平原则，所以也符合商业环境中普遍存在的公正原则，但儿子乙强调平等原则，这在家族环境中十分突出。因此，这两种观点在家族企业背景下都是合理的。

请注意，如果儿子甲和儿子乙不相关，没有父母参与，讨论将会有很大的不同。父母将是公司的卖家，而儿子甲和儿子乙将是潜在的买家。在这种情况下，无论是儿子甲关于其贡献的论点，还是儿子乙关于平等对待的主张，都没有多大合法性。讨论将围绕谁对公司出价最高展开。

还要注意的是，如果家族财富不局限于一家公司，而仅仅是一笔钱，情况会简单得多。然而，此时由于公司代表了家族财富的最大部分，并且是私有的，所以以平等方式分割家族财富是困难的。

在这种情况下，这个家族会试图找到一个折中方案。由于儿子甲对继续经营公司感兴趣，家族决定将公司的大部分股份分配给儿子甲，而儿子乙则获得一小部分股份。他们也考虑过这样方案，即给两个儿子相同的股份，但大儿子有更高投票权，这个方案随后被放弃。

为了补偿家族财富的不平等分配，儿子乙从公司得到一笔贷款，公司将在未来几年偿还这笔贷款。为了尽可能接近家族财富的平等分配，儿子乙还获得一些其他的家族财富，包括金钱和房地产。然而，经过进一步的审查，很明显，儿子甲得到的东西比儿子乙更有价值。

鉴于在家族企业转让时难以寻找公平的解决方案，许多家族采取了最后一招：出售公司。一大笔钱比家族企业更容易分配。尽管这对家族的企业传统来说可能是灾难性的，但这可能是维系家族团结的一种方式。

思考题：

1.作为一名家族企业顾问，你被要求主持家族内部关于家族企业在兄弟之间公平分配的讨论，你会怎么做？

2.你会给这个家族提供什么样的选择，它们具体的优势和劣势是什么？

10.5.5 不公正认知及其后果

不公正或不公平认知是家族企业最大的敌人，这是因为不公平会导致敌意、愤怒、不信任，有时还会导致越轨行为，并且随着时间推移，这可能会造成一种以高度冲突和低凝聚力为特征的不良家族氛围。然而，值得注意的是，如果决策是过程公正和互动公正的，基于分配角度不公平的解决方案仍可能被接受。

对不公平的感知会产生持久的影响，绝不是转瞬即逝的情感。青少年经常可以很容易地指出他们觉得受到不公平对待的情况。人们对这些不公正事件总是记忆犹新，而且它们甚至可能在家族中一代一代地传递下去。相反，以被视为公平的方式解决家族问题可能有助于营造一个以低冲突、高凝聚力、合作、信任、互惠行为和心理健康为特征的家族环境（Fondacaro，Jackson，Luescher，2002）。

不公正认知会导致感觉奖励不足和感觉奖励过高的人情绪产生波动，奖励不足的人容易感到愤怒,而奖励过高的人容易感到内疚。这种情绪激励人们努力减少感知到的不公正(Adams,1965)。因此,报酬过高的人由于内疚将承受着增加自己投入(例如,通过更努力工作)和减少自己成果(例如,限制工资)的压力,报酬过低的人也要承受将减少投入(例如,免费承受报酬过高和工作减少的罪恶感)或增加产出(例如,支付更高工资)的压力。

相比之下,愤怒的报酬不足者可能会寻求镜像策略来解决感知到的不公正。例如,他们可能会减少自己的努力。举个例子,两兄弟从父母手中接管了一个家族企业。其中一个兄弟觉得受到了不公正的待遇,因为他的兄弟被任命为首席执行官时,他只在公司得到了一份次要工作。没有受到重用的这个人可能会保留他投入工作中的努力,可能会觉得自己有权得到更好的待遇,可能还会提醒被任命为首席执行官的兄弟获得的报酬过高,为此担任首席执行官的人必须证明自己值得得到这种良好的待遇,并且必须更加努力地工作。否则,报酬不足的兄弟可以要求报酬过高的兄弟限制他的支出[①]。

总之,公正在家族企业中至关重要,尤其是在代际传承的时候。不公正的认知会导致负面情绪、家族功能下降以及报酬不足和报酬过高的人产生不良行为,这严重限制了公司的有效运作。

拓展阅读

弗雷多效应(The Fredo Effect)

弗雷多(Fredo)是 1972 年美国犯罪电影《教父》中科利昂家族的二儿子,他非常没有安全感,也不是很聪明,被认为是家里三个儿子中最弱的。由于弗雷多被视为家族中的害群之马和失败者,他被剥夺了在企业中的领导角色,并从家族企业的主要业务部门被打发走,去从事一些辅助活动。最后,弗雷多因为在家族企业的继承中被忽略,深受伤害,他打破了组织规范,追求奢华的生活方式,甚至背叛了他的兄弟。

金·艾德斯顿(Kim Eddleston)、弗朗兹·凯勒曼斯(Franz Kellermanns)和罗纳德·基德威尔(Ronald Kidwell)在一组有趣的关于所谓"弗雷多效应"的论文中,提出了许多家族企业必须与"弗雷多"打交道的观点。他们认为,"弗雷多"在家族企业中的存在不仅会导致破坏性的家族氛围,还会对家族企业产生破坏性的影响。为什么弗雷多们这么难阻止?因为父母对这些孩子往往非常慷慨,对他们的信任超出了合理范围。家族对"弗雷多"宽容的一个可能原因是其他家族成员,尤其是父母,对那个孩子感到内疚,所以,他们给孩子不应得的奖励并宠坏他们。"困难在于,继续奖励弗雷多而忽视他们的破坏性行为会导致更多问题,孩子的权利感增加,家族企业的冲突加剧,以及由于弗雷多家族,生产力和团队合作出现更多的问题。"(Kidwell et al.,2013)。弗雷多效应因此可以被看作是一种正义恢复机制的结果,这种机制源自对报酬不足的孩子的内疚。

[①] 我要感谢索尼娅·吉斯林(Sonja Kissling)让我意识到公正恢复机制的重要性及其在家族企业中的治理后果。

10.6　家族企业是冲突的沃土

分歧和冲突在家族中普遍存在，大小家族、贫穷家族和富裕家族都经历过冲突的压力。我们将"冲突"定义为各方之间感知到的不相容或意见不一致（Jehn，Bendersky，2003）。大众媒体充斥着关于家族企业成员之间或多或少陷入公开激烈冲突的故事。因此，我们可能想知道为什么家族企业会成为冲突的沃土。当我们从系统角度讨论家族企业时，当我们探讨家族企业中的公正问题时，我们已经为回答这个问题奠定了一些基础。在本节中，我们将更全面地分析为什么家族企业是冲突的沃土。

1.逻辑冲突的多系统交织

如前所述，家族、企业和所有权系统各有其固有的逻辑，矛盾在于这些逻辑对适当行为做出了相互矛盾的预测。有关更多详细信息，请参考第 10.4 节。

2.环境标识模糊甚至缺失

由于相同的人扮演多种角色（例如，两个兄弟同时也是联合首席执行官），因此人们很难确定以怎样的逻辑来解释某个对话或行为（例如，在家族或商业逻辑中）。在一种逻辑中看起来合适的行为在另一种逻辑中可能看起来不合适。

3.人际关系变化的溢出效应

企业与私人或家族生活之间界限的消失促进了行为从一个系统向另一个系统溢出。在积极情况下，功能行为从家族蔓延到企业，反之亦然。例如，如果能够积极主动解决家族冲突，那也为企业问题的解决提供了基础（Sorenson，1999）。不幸的是，功能失调的行为也会渗透到其他系统中。

4.无法预见的冲突类型

家族中出现任何的心理波动效应都会影响到家族企业，例如兄弟姐妹的竞争、孩子想独立于父母的愿望、婚姻不和以及身份冲突。非家族企业不会受到这些影响。这些类型的冲突极大地扰乱了企业系统，因为它们不能通过常规的标准化企业管理来解决，就像商学院学到的那样。

5.拥有高度非正式权力的人

即使没有高级正式职位的家族成员，也可以因为他们的家族关系而在企业中运用非正式的权力。家族成员行使的权力可能会盖过组织赋予的角色和职位的权力（Sorenson，1999），例如，离开公司的创始人——祖父母、母亲或父亲没有正式的决策权，却可以对企业的高层决策施加影响。

6.内幕信息

家族成员倾向于获得与家族企业相关的内部信息，这些信息为其持有者在组织中提供了一定程度的影响力，可以用来引导机会主义方向的决策。

7.长期和跨领域的持续冲突

关系冲突可能对家族企业特别有害，因为随着时间的推移，同一家族的成员不管是在工作中还是在家族中,抬头不见低头见,他们之间的冲突往往会不断得到强化而持续下去(Eddleston,Kellermanns,2007)。有时,家族冲突甚至会以故事的方式传给后代人,因此具有遗传性。

8.高退出成本

除了配偶,离开家族几乎是不可能的,对家族企业来说尤其如此。从经济角度看,退出家族企业的成本可能很高,因为该公司的股票市场流动性不足,因此退出后股权价值下降。此外,出售和离开家族企业也可能意味着削减家族债券。

因此,家族企业不仅是冲突的沃土,还是让冲突产生巨大破坏力的温床。

10.7 冲突类型

由于人们有自己的世界观,观点不同、互不相容和冲突是社会生活中不可避免的部分。为了理解冲突所具有的破坏性和建设性影响,我们区分了两种类型的冲突:关系冲突和任务冲突。

10.7.1 关系冲突

当个体之间存在人际不相容时,就存在关系冲突。这种类型的冲突往往反映出个性差异以及对非任务问题(比如宗教、政治、时尚)的意见和偏好差异(Jehn,Bendersky,2003)。表现两个人之间关系冲突的例子很多,包括不断争吵、窃笑、嘲笑或因为不喜欢而无法交谈。

关系冲突是一种功能失调的冲突形式,包括情感成分,如烦恼、挫折、个人敌意、与他人的不相容和愤怒。它充满感情色彩,通常包括以愤怒、怨恨和担忧为特征的人际冲突(Eddleston,Kellermanns,2007)。在这种情况下,时间往往花在人际关系方面,而不是技术和决策任务上。此外,关系冲突经常与工作努力相抵触,因为它会降低工作的努力程度,而将注意力转向减少威胁、政治、联合和凝聚力。反过来,关系冲突阻碍了人们集中注意力、创造性行动和处理信息的能力。因此,个人表现和群体表现都受到影响。

关系冲突对公司来说总是不正常的,并且会阻碍企业绩效。然而,这种冲突在家族企业中尤其具有破坏性,因为家族成员之间的关系冲突往往会持续一段时间,并发生在企业的高层决策者之间(见第 10.6 节)。

10.7.2 任务冲突

任务冲突(也称为"认知冲突")是指小组成员之间对正在执行的任务产生分歧,包括观点、想法和意见的分歧。员工通常将这些冲突描述为"工作冲突"、"工作分歧"和"任务问题"(Jehn,Bendersky,2003)。[1] 换句话说,任务冲突代表了对公司适当行为和战略的不同看法,包括对执行任务的适当速度、财务数据的重要性和意义、治理法规的意义以及战略计划和目标的内容和重要性的不同看法。

关系冲突和任务冲突之间最重要的区别是,如果任务冲突能够增加意见数量、防止过早达成共识、增加成员参与或提高决策质量,那么它们就有利于企业绩效(Kellermanns,Eddleston,2004)。总的来说,认知冲突通过增加关于应该执行哪些任务以及应该执行哪些工作和策略的讨论来改善决策过程(Jehn,Bendersky,2003)。Kellermanns 和 Eddleston(2004,2007)在一系列有影响力的研究中指出,任务冲突有助于对问题进行批判性评估,并确保优秀的替代方案不会被忽视,创造性的解决方案也会得到考虑。这对家族企业来说极其重要,因为家族企业往往会让其核心竞争力发展成核心刚性。如果对关键问题有不同看法,但对这些分歧进行公开客观讨论,就可以避免趋同思维,并达成共识。此外,任务冲突可能有助于维护群体的身份和边界,充当安全阀,增强群体内的凝聚力,建立和维持权力平衡,并创建盟友和联盟。通过对即将开始的工作发起参与式讨论,任务冲突也可以促进学习。

拓展阅读

家族企业中关系冲突升级的典型模式和动态变化[2]

三角冲突:在这种冲突模式中,第三方会卷入原本的二人冲突。例如,最初的一方可能选择通过第三方与对方发生冲突,而不是直接与对方说话。与第三方的冲突会对内部各方产生整合效果,然后内部各方会联合起来反对第三方。当两个冲突方(例如,两个兄弟姐妹)中的每一方试图将第三方(例如,母亲)拉拢到他们一边,并试图建立反对另一方的联盟时,也会发生三角冲突。通常,顾问会被当成第三方角色。

投射:投射发生在人们把自己的愿望,比如关于职业选择、能力、行为和态度的愿望,强加给别人的时候。最常见的情况是父母把自己的愿望投射到孩子身上。通常,个人的反应要么是适应并妥协于自身身份的发展,要么是与这些期望以及表达这些期望的人极端不同。

认同和区分:认同可能导致极端的模仿,比如当一个儿子想要像他的父亲一样。鉴于人与人之间的自然差异,这种尝试通常注定要失败。在差异化的情况下,往往会出现相反的行为——人们试图不惜任何代价与众不同。

分裂和联合:通过分裂,人们试图在一个群体(比如一个家族)中制造对立,并形成一种"我们反对他们"的氛围。而极端分裂会同时产生分裂与联合:一方面,人们按照冲突各方的路线分裂;另一方面,一个紧密的联盟形成了,它的动机是战斗。正是分裂所导致的联合会促使群体冲突升级。

---

[1] 第三种类型的冲突是过程冲突,它是关于用来完成任务的手段,而不是关于任务本身的内容或实质(Jehn,Bendersky,2003)。过程冲突对于我们讨论家族企业中的冲突并不那么重要。

[2] 我要感谢圣地亚哥·佩里(Santiago Perry)让我意识到其中的一些模式。

否认：当人们否认时，他们往往不愿意面对事实，否认事实比承认事实更好受。否认是一种目光短浅、脆弱的方式，试图维护某种世界观或群体观念。

妖魔化：关系冲突升级的一个重要组成部分是妖魔化对手，试图文饰对手行为。当妖魔化对方时，人们通常会把对手描绘成愚蠢的、坏的或有病的。

这份清单一点也不完整。例如，可以添加不同程度的攻击性（从讽刺到身体攻击性）。该列表旨在说明典型的冲突模式及其起源。

尽管任务冲突有许多积极方面，但它仍然可能是情绪化的，并在各方之间引起焦虑、紧张、对抗和不适。这是因为一个人对分歧或质疑自己观点的正常反应是不满，而不管对抗的优势如何（Jehn，Bendersky，2003）。因此，重要的是避免淡化任务冲突的负面影响。

任务冲突对团队以及他们为之工作的组织的整体影响似乎是一个程度的问题（Kellermanns，Eddleston，2004）。事实上，只有适度的任务冲突才有利于高层管理团队的绩效。任务冲突程度高的企业往往难以完成任务和实现目标，而任务冲突程度低的企业往往停滞不前，无法制定新的战略。家族企业中适度的任务冲突可能特别重要，因为家族和企业的利益经常会发生冲突，需要同时考虑。

对家族企业来说，区分冲突类型很重要（见表10.3）。关系冲突对家族企业极具破坏性，并且没有明显的积极影响，但任务冲突是家族企业行为中重要且有价值的一部分。只要人们能够对冲突保持客观并以任务为中心，只要他们能够避免任务冲突升级到不可控的程度，他们就应该能够利用建设性冲突文化的优势。

表 10.3　关系冲突与任务冲突

关系冲突	任务冲突
"我们无法忍受对方"	"我们无法就最佳方案达成一致"
消极情绪	消极情绪、积极情绪、无情绪
撤退、冲突、升级、侵略、破坏	与对方辩论
破坏合作、善行和团结	全面讨论可能采取的行动
对团队和组织只有消极的后果	改进团队和组织的决策、创造力和绩效

10.7.3 任务和关系冲突之间的联系

尽管关系冲突和任务冲突之间有着明显的区别，但我们发现这两种冲突类型之间有着重要的联系。例如，开始时可能是建设性的任务冲突，最终可能变成个人仇恨和激烈的关系冲突。或者，关系冲突可能会加剧任务冲突。例如，许多年前的兄弟姐妹之间的关系冲突可能会不时爆发，并干扰公司与任务相关的问题解决。因此，关系冲突可能会阻碍适度任务冲突对企业绩效的积极影响。例如，关系冲突可能会阻止家族成员实施他人关于执行任务或处理业务流程的想法。

值得注意的是，最简单解决冲突的模式是假设人们确实是就事论事（Kaye，1991）。碰巧侵犯彼此权利或威胁彼此利益的陌生人之间产生的争端可能就是如此，但配偶之间、亲属之间或长期商业伙伴之间很少出现这种情况。事实上，任务冲突可能是伪装的关系冲突，反之亦然。

此外，关系冲突和任务冲突可能或多或少是合法的冲突形式，这取决于它们是在家族还是在商业领域。例如，涉及性能争论的任务冲突在业务领域看起来是合法的。然而，在家族领域，由于强调包容和仁慈的关系，同样的论点似乎是错误的。相反，关系冲突可能反映了家族领域的合理误解，但它可能被视为解决商业领域分歧的一种功能失调的方式。因此，在不同环境下，关系冲突或任务冲突都有可能有助于解决分歧，这取决于它们所处的环境。

10.8　冲突动态

冲突是关于某事的，并且发生在某人身上。换句话说，它们有一个主题，并且发生在关系中，这导致了任务冲突和关系冲突之间存在区别。然而，冲突的话题并不总是清晰的。如果人们能够描绘出主题，并对一个非常具体的问题或任务有不同意见，这通常是有用的。在描述了主题之后，辩论不太可能升级，因为对主题的认同程度往往有限，事实讨论成为可能。然而，除了问题和关系之外，冲突还有第三个关键层面——时间。

10.8.1 时间在冲突中的作用

正如 Simon（2012）所指出的，冲突总是发生在现在，但它们通常涉及过去或未来。当我们问"谁应对这种情况负责"，我们一般通过参考过去的事件来重建今天的现实。如果原因在时间上先于结果，那么在事件的时间顺序上可能会产生冲突。人们为事件的时间顺序而争吵，因为他们用过去的理解来使他们今天的行为合法化。在对过去事件的排序和记忆中，人们往往是有选择性的，并不总是因为恶意，而是因为选择性记忆。过去的事对现在发生的冲突影响很大，就像过去犯错的人今天必须付出代价，或过去安分守己的人今天有权获得相应补偿。

由于人们倾向于非常有选择性地记忆，并且主观记住的过去对于人们判断现在的公平行为有重要影响，因此对过去已经发生的事件进行辩论于事无补，既无法解决现在的冲突，也无助于为将来制订坚实的计划。如果非要对过去事件进行辩论，也是应该在没有时间压力的时候进行，因为它们有可能喧宾夺主，并可能导致做出对未来不利的决策。

10.8.2 冲突与企业的生命周期

在企业的生命周期中，冲突问题和冲突关系在不同阶段会发生变化。在创业阶段，任务冲突围绕着风险投资的可行性、资本筹集和家族成员投资资本的意愿等问题。在这个新的风险阶段,关系冲突可能会在创建团队中出现。如果涉及家族成员,冲突可能会围绕着共同期望展开。特别是,当家族成员投资一家新公司时,他们更愿意在有利条件下进行。然而,这种家族资本往往有附加条件——家族成员的持续参与,必须向他们通报公司进展情况,以及他们对新公司作为"他们"风投企业的期望。

在成长阶段,任务冲突通常涉及资源调动,例如雇用谁、采用哪种技术、购买哪种机器以及在哪里建立公司。在成长阶段,工作的要求可能会干扰家族的要求,反之亦然。这会导致压力和负罪感,因为企业的要求和家族的要求都得不到满足。

公司成立后,专业化、权力下放和效率问题会成为焦点,并可能引起任务冲突。关于关系冲突,成长中的高层管理团队的内部合作可能不会像预期的那样和谐。此外,家族成员可能会在私下里就生活方式的选择以及积累财富的使用等问题发生冲突。业主经理也可能会问自己未来会给他们个人带来什么。有些人甚至可能经历中年危机,这可能会导致他们从根本上质疑他们的关系。

在成熟阶段,复兴和持续创新通常会成为充满冲突的问题。最重要的是,从家族企业角度来看,继承占据了中心位置,引发了关于谁应该接管企业、何时接管、以何种角色接管以及在何种条件下接管的问题。就关系冲突而言,下一代的参与构成了一个特殊的挑战,特别是在前后代之间的建设性合作方面。

因此,企业生命周期的每个阶段都有自己的主题和关系动态,有可能导致冲突。对于从业者而言,这种概述可以用来透视他或她自己的经历。创业生涯是一种生活选择,有很多冲突的机会。换言之,冲突是创业生涯中自然的一部分。如上所述,由于冲突可能有积极方面,问题不在于如何不惜任何代价避免冲突,而在于如何接受冲突,将其保持在可控范围内,并充分利用冲突。

10.8.3 冲突升级

冲突有自身的生命周期。在某些情况下,小误会会升级。多种概念模型解释了冲突是如何升级的,通常是指一系列事件,大致如下:从正常的、非冲突的情况开始,一个人感觉被另一个人的行为侵犯了。前者表示他/她不愿意接受这一行为,并要求赔偿。如果他/她得到满意的答复,两人将恢复正常状态。如果他/她没有得到满意的答复,他/她将会发出某种威胁。如果他/她当时没有得到满意的答复,双方将使冲突升级。因此,在冲突升级之前,我们观察到存在多种和解机会,可以使各方回到最初的非冲突状态。

Glasl(1982)描述了冲突升级的九个步骤,从一开始局势的硬化到双方寻求相互毁灭的状态(见图10.7)。

在早期阶段,各方都有机会能够并且也有意愿以一种各方都体面的方式结束冲突。在冲突强度适中的这些阶段,重点是问题和任务,双赢结果是可能的。在后期阶段,冲突变得更加激烈和对抗,双方开始理解只有一方能够作为胜利者退出争端。关系问题会干扰与任务相关的问题,这会破坏与任务相关的讨论的潜在好处。

考虑到在家族企业中导致冲突的原因很多以及难以解决,"两败俱伤"的情况尤其值得注意(参见第10.6节)。在极度对立情况下,只有对方被摧毁,双方才会愿意接受自己

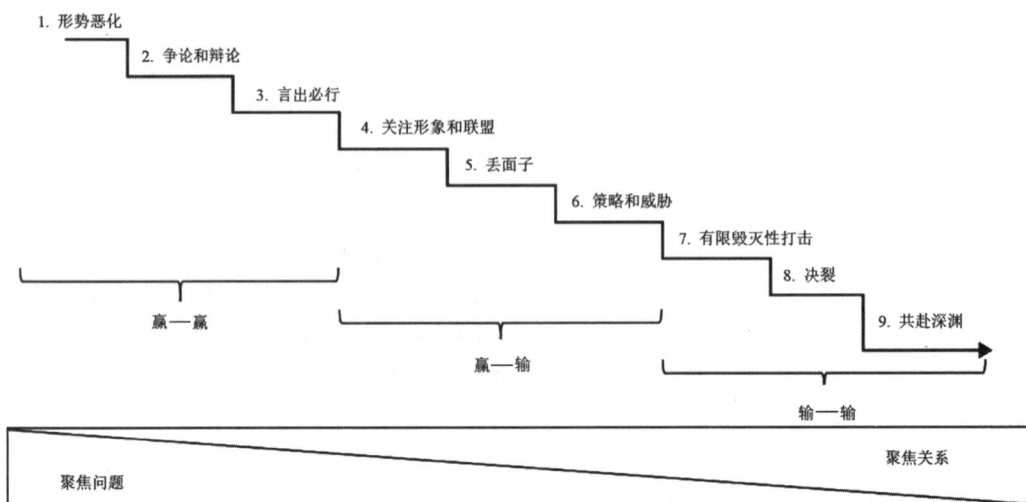

图 10.7　冲突升级模型

资料来源：格拉斯尔（Glasl，1982）

的损失。杀敌一千自损八百，如果可以让对方毁灭，我愿意倾家荡产。冲突各方可能会得出这样的结论：如果他们一起走向毁灭，"虽然什么都没有留下，但最终会伸张正义"。各冲突方都钻入牛角尖以至于全然不顾自身的利益，而只盯着对方的损失。这种冲突主要会在关系冲突中出现——只有当任务的执行足以摧毁另一方时，才会在任务冲突中出现。由于如果家族企业受到打击，冲突升级的威胁是不可避免的，任何冲突缓和战略都必须事先预见到冲突升级的结果，例如预先确定退出管理和所有权职位的机制。

10.9　冲突管理风格

语言的使用和我们的文化背景通常会让我们相信冲突应该得到"解决"。然而，"解决冲突"可能并不是处理冲突的有效方式，因为这个词意味着冲突应该被消除。当冲突具有破坏性时，例如当出现关系冲突时，这个目标可能是合适的。然而，在许多情况下，应该鼓励和利用冲突来改进决策（Cosier，Harvey，1998）。因此，更有用的方式应该是对冲突进行"管理"——以最具建设性方式追求处理冲突的策略。

不管我们是在处理任务冲突还是关系冲突，都有必要区分一个人考虑自己利益的程度和一个人考虑他人利益的程度（Rahim，1983）。这两个层面对于选择适当的冲突管理方式至关重要，它们的结合产生了五种典型的冲突管理方式：整合、通融、支配、回避和妥协（见图 10.8），它们处理家族和企业相关冲突的能力各不相同。

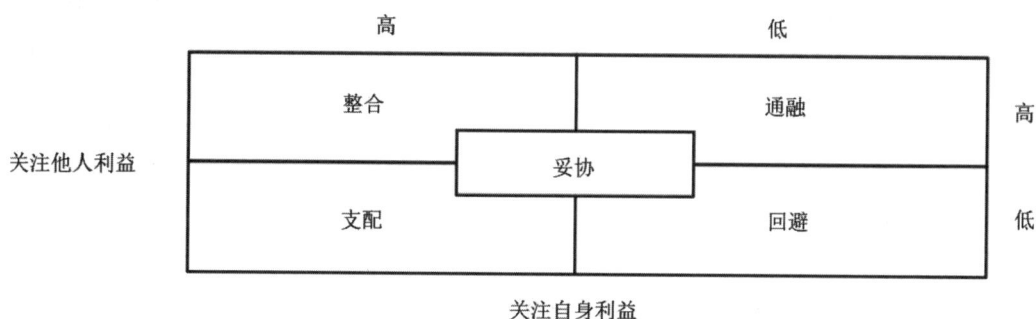

图 10.8　冲突管理风格

资料来源：Rahim(1983)

10.9.1 支配

支配型的冲突管理风格是武断和不合作，它只单方面关注自身利益而忽略其他人利益，故而只会出现一赢一输的结果。在试图解决冲突时，支配型风格不可能解决许多与企业和家族相关的问题，因为理想结果是"赢家通吃"，既会留下赢家，也会留下输家。此外，由于这种冲突管理风格阻碍了其他人实现他们的目标，会导致负面情绪产生，如愤怒、压力和不信任。因此，这种方法不太可能建立关系、容纳不同的利益或产生积极的家族结果（如凝聚力与和谐）。

然而，在家族和/或企业遭受痛苦的极端冲突局势中，支配型风格可能是一种恰当的冲突管理方式。当家族无法做出必要但有争议的决定时，当家族愿意接受权威冲突解决办法可能导致的紧张局势时，甚至当冲突方分道扬镳时，情况就是这样。在权力距离很高的文化背景下，这种父系冲突管理方式应该更容易被接受，例如要求初级家族成员无条件尊重高级家族成员的权力。简单听从命令并执行一项决定可能是会让家族企业起死回生的可靠方式。

当人们选择支配型风格作为他们管理家族企业冲突的方式时，拥有最多票数的所有者通常会保留最终控制权，从而保留权力。因此，在支配型的冲突管理风格下，拥有最多股份的所有者通常会将他或她的偏好强加给其他人。

10.9.2 通融

作为竞争的极端对立面，通融代表着以谦逊的、合作的方式管理冲突的一种尝试。通融是基于对他人的关心而不是对自己的关心，甚至可能包括忽视个人欲望的意愿。在通融的时候，人们愿意做出让步，以便将自己让位于他人利益。Sorenson(1999)在他对家族企业冲突的研究中指出，通融通常包括缓和的语气、和睦相处的意愿、对他人关切的支持和认可。如果各方都乐于助人，良好的关系和凝聚力应该就会出现。这反过来通常有助于冲突的解决。

然而，过多的通融可能会妨碍一些冲突方坚持自己的立场，即使是在重要问题上。例如，一个高度随和的老板可能会牺牲企业的成功来满足家族成员或员工。因此，尽管通融可能是对他人（合理的）关切深表同情的信号，但它通常是权宜之计，不会为双方带来最佳解决方案。换句话说，通融常常阻碍富有成效的讨论和寻找能够兼顾各方利益的创造性替代方案。

10.9.3 回避

回避指的是对自己或他人的立场缺乏兴趣，也指的是未能解决冲突。个人可能否认冲突的存在，或者干脆避免讨论它们。如果采取回避的冲突管理风格，引发冲突的问题可能得不到解决。逃避有多种动机，例如家族必须永远和睦的理想，担心家族不够强大，无法应对冲突，会崩溃，或者希望随着时间的推移一切都会好起来。

当个人需要时间"冷静下来"或某个问题不重要时，回避可能是一种有效的策略。然而，回避会推迟冲突，因此失落感会增加。尽管回避限制了直接面对面的对抗，但它会加剧失落感，并以其他方式蔓延开来。例如，家族成员可能会避免讨论工作中的冲突，但会与配偶发泄他们的感情，从而增加家族中的整体消极情绪（Sorenson，1999）。避免冲突后，冲突会在其他时候再次出现，通常是在家族结构发生变化的时候，比如一个让所有各方团结在一起的年长家族成员去世的时候。

鉴于上述讨论，回避显然不是一种建立关系的策略。过多的回避会使重要的商业和家族问题得不到解决，这可能会加剧紧张局势，限制富有成效的行动。Kaye 和 McCarthy（1996）发现避免冲突的策略与相对较低的家族满意度、较高的兄弟姐妹竞争以及较低的相互信任水平相关。因此，回避无助于产生积极的家族或商业成果。

10.9.4 妥协

达成妥协需要中等程度的自信和合作。这意味着在中等程度上考虑自己和他人的利益，这样就不会有人被视为赢家或输家。为了找到一个可接受的解决方案，双方都向对方让步。妥协反映了一种"有限蛋糕"的处理方式，因为每一方都放弃了一些东西，没有人会感到完全满意。所采用的解决方案是寻找最小公因式的结果。妥协具有"让步以维持和平"的味道，可能是减少关系冲突的一种方式，因为双方都有这样的印象，即他们的关切至少已经得到考虑。总之，妥协可能有助于实现理想的商业和家族成果，但其程度不同于整合，在整合中可以找到一种新的、创造性的解决方案，更充分地满足各方（Rahim，1983）。

10.9.5 整合

整合意味着冲突各方试图整合他们的共同利益，以实现一个共赢的解决方案。因此，这是一种试图充分满足所有相关各方关切的方法。像通融一样，整合意味着相互适应的意愿。然而,这并不意味着屈服于他人的关切。相反,这是对"双赢"解决方案的积极寻求——双方共同寻求一个超越妥协的完全令人满意的解决方案。整合需要参与者的时间和努力,以及良好的人际交往技能,包括开放的沟通、信任和相互支持。整合更有可能发生在相互信任、开放沟通和具有创造力(识别双赢结果)的条件下,以及重视团队合作而非个人主义的文化中。

毫无疑问,整合有助于获得理想的家族结果,包括积极的关系和凝聚力。因为它需要相互分享和开放,它比通融更有可能促进组织学习和适应,因而也更能够提高公司效率(Sorenson,1999)。整合的优势在于,通过坚持自己的立场,同时努力满足他人的需求,可以达成"双赢"的解决方案。因此,它能够产生对家族和企业都有利的成果。

10.9.6 最适合家族企业的冲突管理风格?

虽然上文概述的前四种冲突管理方式有负面影响,但整合为家族和企业带来持久积极影响的可能性最大。对家族企业冲突的多项研究发现,成长性更高、绩效更好的企业更有可能将整合作为其冲突管理风格,这表明整合是家族企业最有成效的冲突管理方式。

有趣的是,Sorenson(1999)发现通融和妥协与积极的家族成果高度相关(Kellermanns,Eddleston,2007)。与此同时,许多采用其中单一种方法的公司都存在绩效不足问题。具有消极企业成果/积极家族成果的企业似乎更重视解决冲突和维持家族关系,因此,他们似乎接受更差的表现来换取家族功能。对于企业和家族来说,最糟糕的结果是回避策略,这再次凸显了公开和真诚沟通的重要性[①]。

有时,家族企业出于隐私考虑,或者因为雇佣调解人意味着自己无法解决问题,所以经营企业的家族将使用调解人视为一种禁忌和承认自身存在弱点。但是,由于整合要求各方在沟通和处理冲突方面具有高度的能力,并且存在冲突升级的风险,因此专业调解人可以帮助保持讨论的建设性,以寻求双赢的解决方案。

10.10　沟通策略

对于我们理解家族企业中的冲突来说,特别关键的一点是观察到并非所有的冲突都是破坏性的。事实上,适度的任务冲突可能有助于家族企业开发出创造性的解决方案以推进业务发展。然而,实际上,任务冲突不太可能让我们晚上睡不着觉,而关系冲突可能会。成功处理关系冲突可能不会直接关系到改善企业的成就。然而,更好的关系使家族更有可能就企业进行建设性的、包容性的对话。因此,和谐的人际关系对企业有间接的积极影响。

下面,我们就关系冲突的管理方法展开讨论。上文讨论了冲突管理风格以及整合为

---

① 有关的更多信息,请参考 Frank 等(2010)。

冲突解决提供的希望,提醒我们公开和真诚沟通的重要性。由于沟通是成功管理关系冲突的关键,因此我们专注于探讨能够在出现关系冲突时提供建设性对话的方法。

10.10.1 随时间移动使用冲突室

在我们对冲突动态的讨论中,我们了解到即使现在发生的冲突,它也经常涉及过去,尤其是过去事件和过去个人行为的时序。从对过去的这种(选择性)解释中,人们推断出他们当前的行为和期望并使之合法化。在冲突中考虑时间因素的一种方法是区分讨论是针对过去、现在、还是未来。我们可以这样问:

- 当提到现在时:发生了什么? 冲突的核心问题是什么?
- 当提到过去时:发生了什么? 哪些过去的事件继续对我们产生影响?
- 当提到未来时:未来会是怎样的? 最好的结果是什么?

类似于工作坊的设计中,不同的房间可以用来代表现在、过去和未来。想在某个房间内解决焦点冲突的人会问:我们现在在哪里? 我们应该从哪里开始讨论?

在一篇关于面对冲突时富有成效的沟通的文章中,Noecker 等(2012)提出将冲突沟通定位在五个不同的房间。除了过去、现在和未来,作者还设定了包括讨论可能性和谈判的房间(见图 10.9)。

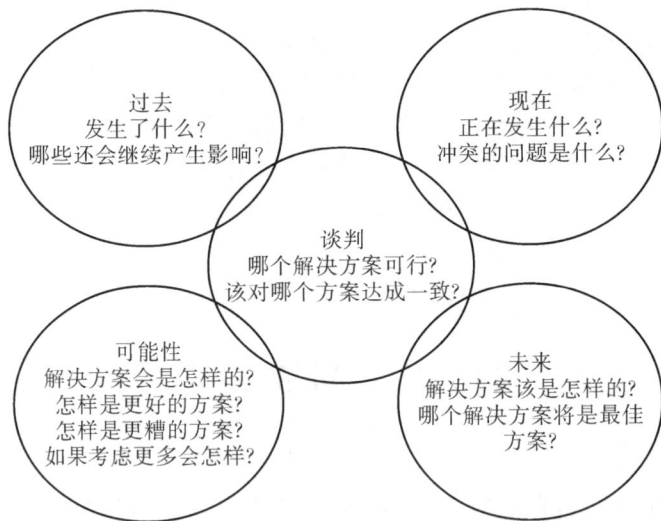

图 10.9　冲突沟通的时间房间

资料来源:Noecker 等(2012)

正如第 10.8.1 节"时间在冲突中的作用"所概述的那样,关于过去的讨论很少富有成效。对过去的解释往往是主观的和选择性的。理想情况下,冲突讨论应该集中在可能性和未来。基于这些考虑,参与者可以找出可接受的解决方案。在可能性房间里,参与者可以讨论:

- 可以做些什么来改善这种情况?

- 什么会让事情变得更糟？
- 假设冲突已经结束：与当前情况相比有什么变化？
- 如果冲突得不到解决会有什么后果？
- 对手的最低目标是什么？为了让对手感觉到某种胜利感，必须取得什么样的成绩？
- 另一个人会如何处理这个问题？
- 我们有什么选择？

在未来室里，参与者还可以讨论以下问题：

- 关于这种情况，我的梦想是什么？
- 最好的结果是什么？
- 最坏的结果是什么？
- 我们将来应该避免哪些行为？

在谈判室，参与者可以尝试整合他们的讨论，并对以下问题做出回答：

- 我们有什么选择？
- 现在朝哪个方向前进？
- 接下来的步骤是什么？

10.10.2 建设性和破坏性沟通的原则

在沟通手册中，你会找到一个能够确保建设性对话的行为清单。特别是当家族成员之间发生冲突时，以下这些行为值得建议（Rosenberg，2012）：[1]

- 每个人都有差不多的发言时间：在任何群体中，尤其是在家长制权力结构的家族中，并不是每个人都习惯于大声说话，或者表达观点和感情，故而有些人在讨论中会被系统地绕过。因此，一个重要的规则是每个人都有相同的发言时间。
- 倾听：倾听意味着一个人尊重并考虑他人的言行。言语是银，沉默是金。倾听的积极信号可以通过用自己的话重新组织对方所说的话以及询问对方的陈述是否被正确理解来加强。
- 沉默等于同意：当情绪高涨，两个人或团体发生冲突时，在冲突中进行站队的第三个人会使冲突升级。在这种情况下，冲突的对称性被打破，不受支持的一方经常觉得受到深深的伤害。困难在于人们应该能够自由表达甚至是有争议的观点，而不伤害对方或尽可能少地伤害对方。解决这一困境的一个方法如下：如果有人表达了一种观点，任何同意的人都可以保持沉默，不必公开表明他/她的同意。此时沉默意味着同意。
- 休息的权利：当情绪高涨，人们被情绪淹没时，每个人都有权要求在讨论中休息。休息是有用的，因为它能够让人们集中精神，重新控制情绪，从而进行建设性的对话。在

345

休息时候,冷静下来,停止消极的想法循环,用积极想法来代替压抑想法,比如,"他现在很沮丧,但不总是这样",或者"他不是真的生我的气,他只是过了糟糕的一天"(Gottman,1994)。

- 直言不讳:以一种能够促进健康讨论而不是产生防御的方式进行沟通。提醒自己注意对方的积极品质,从而抑制消极想法。同情并试着去认识对方的愤怒可能是为了引起你的注意,采取易于接受的身体姿势和开放的面部表情。把自己限定于特定不满,而不是漫无目的地加以批评,例如:试着不去责备对方的评论;说出你的感受;不批评对手的个性;不侮辱、嘲笑或使用讽刺;直接的;不使用读心术(Gottman,1994)。

- 理解:通过站在对方立场看问题来理解他人的情绪。通常简单的情感共鸣就够了,你不必解决这个问题。理解消除了批评、蔑视和辩护。你也可以通过对你的言行负责,并在你犯错时道歉来表达理解(Gottman,1994)。

- 超量学习:Gottman(1994)定义的超量学习是指努力学习公平竞争的技巧,不断练习直到它们成为你的第二天性。你的目标是能够在激烈战斗中使用这些技巧,而不是求助于老旧无效的方法。试着去(重新)发现彼此的乐趣。

正如有建设性沟通原则一样,也存在破坏性沟通原则。Gottman 在他关于持久家族关系的著作中强调了四个极具破坏性的沟通原则,并称这些原则为"启示录四骑士":

- 批评:批评表现为攻击某人的个性或性格——而不是特定的行为——通常带有一些责备成分。批评可以采取无限制的指责或一系列负面评论的形式,它们通常会采用全局性语句来表达,例如"你从来没有"或"你总是"。

- 防御:防御是针对对手行为产生自我保护的反应,表现为否认自己的责任、找借口、对对方感受做出(并回应)负面假设或参与反击。

- 蔑视:蔑视旨在通过厌恶的表情给对方造成心理上的痛苦。它可以通过口头(例如侮辱、辱骂、呻吟或嘲弄)或非口头(例如转动眼睛)来表达。这些行为背后是对对方缺乏尊重。讽刺和冷嘲热讽经常会导致冲突数量和强度的还原,使得这种行为对关系来说很危险,因为人们难以消除这种根深蒂固的敌意。

- 阻碍:阻碍包括通过对对方交流努力的无反应、咕哝回应或退出互动来与对方建立心理或身体上的距离。从身体上讲,人们可能会因此彼此疏远,变得沉默,变得强硬,这样对方就觉得自己在和墙壁说话。

10.10.3 治理并不总是最佳解决方案的原因

管理层对冲突的典型回应是呼吁监管,通常是针对家族、所有权、公司和财富问题的某种治理机制(更多详情,请参阅关于第 5 章"治理")。然而,当人们受到打击并且产生冲突时,可能很难在冲突各方之间建立一个像样的治理结构。即使是用心良苦的提议也会遭到拒绝,并被认为是有意排挤或阴险企图。

事实上,家族企业顾问经常报告说,家族的第一个冲突元是试图通过结构调整来解决情感问题,从而"逃入组织"。家族可能希望重组董事会或重组股东协议,这些是"情感问题的强力解决"。与合作的冲突管理过程相反,这种基于权利的冲突管理(Jehn,

Bendersky,2003)对任务冲突的积极影响和关系冲突的消极影响都有抑制作用。它依靠一些独立、合法的标准(如治理条例、法律、合同或社会规范)来确定一方的权利是否在结束冲突的努力中受到侵犯。合作的冲突管理过程要求争端各方产生解决办法,与此不同,基于权利的冲突管理的目标是根本上压制或结束所有冲突。

在实践中,这种解决方案确实可以结束家族企业中的任务冲突。然而,在干预后继续互动(或希望互动)的家族中,关系动态倾向于还原调整的结构。这种情况通常发生在彼此住得很近的家族成员之间,或者发生在私下交往的父母和子女之间。同样,对公司来说不具有法律约束力但却至关重要的治理条例,例如家族宪章和家族就业政策,也适用于这种情况。

10.11　面对冲突时如何行事

我们对家族企业中冲突的讨论还远未完成,当然有可能扩大冲突管理风格和沟通策略的清单。然而,记住下面两点非常关键:首先,紧张是家族生活中不可避免的一部分;其次,考虑到积极情绪对开放性和创造性的影响,它们可能会分散人们完成任务的注意力。因此,问题不在于谁最擅长避免紧张和负面情绪,而在于谁最擅长管理它们。目标是学习如何管理冲突,并把它作为成长的机会。记住,只有当两个人(或更多人)能够提出不同意见时,他们才比一个人好(Kaye,McCarthy,1996)。因此,我们为如何面对冲突提供了一些实用的建议:[①]

(1)慢点。如果你被卷入冲突,而且你觉得你必须迅速行动,此时请不要做任何事。这为缓和冲突创造了机会,并给你时间仔细考虑恰当的反应。

(2)态度温和,行动坚定。表明你并不是基于个人原因冒犯他人,也不诋毁对手。这是一种从冲突关系中寻求解决的方法。

(3)试着让你的对手在核心利益上有所收获。你因此给了你对手理性和情感的理由来结束冲突。

(4)在你行动之前,想想最坏的情况。如果冲突进一步升级的后果是不可预测的,试着退出冲突。

(5)冒险将积极的动机归因于你的对手,并做好失望的准备。你可能仍然会感到惊讶。

(6)当冲突升级对各方来说代价高昂时,或者当僵局在望且各方都不期望取得最终胜利时,第三方(外部)最有用。

(7)如果你是冲突中的第三方,并且你拥有对其他方的权力,为冲突设定明确的界限。例如,你可以建议如果某一天还没有找到解决方案,你自己做决定。

---

①　感谢与我进行各种互动的学者、家族企业主和顾问,特别是德国威滕－赫尔迪克大学的鲁迪·维默(Rudi Wimmer)和阿里斯特·冯·施利普(Arist von Schlippe)。更多信息请参见 Simon(2012)。

（8）如果你是冲突中的第三方，并且你对其他方没有权力（例如，你是作为顾问被请来的），保持中立，将解决冲突的责任移交给对手。定期与对手讨论他们是否觉得自己在进步，以及需要改进的地方。

（9）你可能有一个解决方案。提出你的想法，询问他们需要的解决方案是否可行。通过引用你见过的其他案例来做到这一点，但是不要执拗于你自己的想法。

（10）寻找可接受的解决方案。冲突解决可能不会以完美的解决方案告终。然而，解决方案必须务实。尝试寻找一个可接受的解决方案，尽管它可能并不完美。

（11）需要当心事态的发展。当事情开始发展和改善时，情况会变得棘手。一句不体贴的话或一个误解的手势可能会导致最初的冲突再次出现。

案例研究

所罗门家族的冲突

当所罗门家族给玛丽·斯宾塞（Mary Spencer）打电话时，她知道这将是一项棘手的工作。一段时间以来，她一直在为所罗门家族提供建议，其中许多讨论都围绕着第三代家族成员参与到企业中来。然而，这个电话是关于第二代人的，第二代人是家族企业的主要所有者，显然他们受到了打击。

所罗门家族控制着一家位于美国中西部的大型工业公司，销售额约为 5 亿美元。家族族长鲁迪·所罗门（Rudi Solomon）开创了这个商业传奇。玛丽接到电话的那个时候，鲁迪已经 75 岁了，他的三个孩子（即第二代）也已经 40 多岁了。很明显，查尔斯（Charles）和迈克（Mike），第二代的两个兄弟，在假期的一次家族聚餐上打了起来。在公司董事会任职的两个人中年龄较大的查尔斯指责迈克利用家族流动财富进行投资却忘记告知兄弟姐妹和他们的父亲。这并不是说投资出了什么问题，但显然迈克忘记告诉其他家族成员关于投资的事情，在两兄弟之间反复出现。

该家族已将其所有的企业投资，包括在母公司的所有权以及对较小公司的进一步投资，都放入一家私人控股公司。这家公司由一名家族主管经营，由父亲和三个孩子按同等比例拥有。它还有一个董事会，由四个所罗门家族的人（父亲和他的三个孩子）和一个担任商业顾问的远亲组成，后者担任董事会主席。这家家族控股公司的董事会每隔几个月开一次会，两个儿子都在这家私人控股公司持股的各公司董事会任职。查尔斯在母公司的董事会任职，第三个孩子苏珊（Susan）是这家私人控股公司的董事会成员，但在其他公司没有任何其他职位。她说："我从未被问到是否想在公司里变得更加活跃。在家族基金会和一些慈善工作中，我可能有更多的事情要做。除此之外，我还有我的私人生活和私人活动。然而，你知道，这其中也存在一个性别问题。作为一个女儿，我从未被纳入公司接班人的范畴之内。"

多年来，迈克对他哥哥的工作态度越来越失望。查尔斯本应积极参与各种投资的董事会，尤其是占家族财富约 70% 的母公司。然而，很明显，查尔斯经常没有为董事会做好充分的准备，错过了一些会议，并且可能对公司的高层管理指手画脚。有一次，一家非核心公司的董事会成员打电话给父亲鲁迪·所罗门，抱怨查尔斯在董事会上的行为。迈克被他哥哥深深困扰着："每当我们在私人控股公司召开董事会时，查尔斯似乎准备不足。更重要的是，每当我和姐姐告诉他我们对他的职业道德不满意时，他就会抓狂。他更喜欢打高尔夫球，无法完成他的各种角色。他是我的兄弟，但我已经到了再也无法忍受他的地步。请记住，这些冲突已经持续多年了！够了。我们的不和告诉我，不能再这样下去了。我想摆脱我哥哥。我的建议是我们给他钱，他可能会得到一些公司和一些钱，但仅此而已。我只是不想继续和他一起工作。"

这位父亲也对最近的冲突升级深感担忧，尽管他已经目睹了紧张局势持续多年。显然，他从来没有脚踏实地，也没有做出任何艰难的决定，比如让他的大儿子离开母公司的董事会。然而，在私下讨论中，鲁迪·所罗门告诉玛丽·斯宾塞，这一步骤本应在冲突升级前几年采取，但不幸的是，这个家族从未解决这个微妙的问题。鲁迪似乎很担心，如果失去了作为母公司董事会成员这个唯一"真正"的工作，他的长子会怎么样，这个职位在公司和当地社会都享有盛誉。

玛丽打电话给家族顾问亨利·罗格尔斯基（Henry Rogolski），他是家族私人控股公司的董事会主席。亨利说："我们都觉得查尔斯不再胜任成为各公司有价值的董事会成员的任务。几年前，我试图向他提供我对形势的评估，我们几乎达成了让他退出母公司董事会的决定。然而，在我们谈话之后，查尔斯去见了他的父亲，显然找到了一种方法来说服他的父亲认为让他退出董事会是不公平的。这里还有一个父子问题。"

玛丽在预备会议上遇到了这三个第二代家族成员，最后有机会与查尔斯直接交谈。他承认局势紧张，但表示："我认为现在没有立即改变任何事情的必要。如果迈克想更独立于家族其他成员，他可以从私人控股公司拿些钱，然后用它做任何他想做的事情。我完全同意。我很乐意在五年左右的时间里把指挥棒移交给母公司的董事会。然而，总的来说，我看不出这里有什么真正的问题。"

在这次预备会议上，迈克再次表达了他的沮丧："我再也不能和我哥哥一起工作了。我想变得更加独立。这很难，但这整件事让我彻夜难眠。它正在变得越来越情绪化——我正受到这个问题的困扰。"

当苏珊听说她的哥哥迈克想将这家私人控股公司分拆时，她说："我部分理解迈克的观点。如果他想继续前进，我宁愿和他一起前进，也不愿和查尔斯一起分享我的财富和所有投资。然而，我必须说，我也对迈克想破坏这里已经建立起来的东西感到失望。"

思考题：

你的任务：站在家族顾问玛丽·斯宾塞的立场上进行思考：

1.这种情况下有什么问题？

2.在这种情况下，你认识到什么类型的冲突？

3.不同的人扮演什么角色？他们的个人目标是什么？

4.玛丽应该如何应对所罗门家族的紧张局势？

思考题

1.夫妻型家族企业、姊妹型家族企业以及扩展型家族企业它们各自典型的关系优势和劣势是什么？

2.为什么夫妻比兄弟姐妹更有能力创业？

3."家族嵌入"这个术语对公司来说意味着什么？

4.西方家族结构中的社会趋势如何影响家族企业的治理？

5.鉴于一个人所处的文化背景，权力距离、个人主义/集体主义、家族价值观和性别成见如何影响对某些类型继承解决方案和家族企业治理的偏好？

6.从系统角度考虑家族企业，关于家族、企业和所有权系统的运作可以学到什么？

7.背景标识在家族企业和非家族企业中以何种方式扮演不同的角色？

8.公平、平等和需求的公正原则有什么不同？

9.为什么公平原则经常导致关于公平待遇的争议？

10.为什么程序正义和互动正义在家族企业中至关重要？

11.为什么家族企业是冲突的沃土？

12.任务冲突和关系冲突有什么区别？

13.任务冲突和关系冲突是如何相互关联的？

14.在冲突局势中，过去、现在和未来是如何相互关联的？ 为什么关于过去的辩论往往无助于解决冲突？

15.冲突升级通常会出现哪些步骤？

16.关于冲突管理方式，支配、通融、回避和妥协的利弊是什么？

17.为什么整合往往是最有希望的冲突管理方式？

18."冲突室"的概念能以何种方式帮助解决冲突？

19.建设性沟通的原则是什么？

20.破坏性沟通的原则是什么？

21.为什么治理机制通常对解决现有的关系冲突没有帮助？

背景阅读

Afghan,N.,and T.Wiqar(2007).*Succession in Family Businesses of Pakistan:Kinship Culture and Islamic Inheritance Law*.Centre for Management and Economic Research,Lahore University of Management Sciences.

Aldrich,H.E.,and J.E.Cliff(2003).The pervasive effects of family on entrepreneurship:Toward a family embeddedness perspective.*Journal of Business Venturing*,18(5):573-596.

Bird,M.,and T.Zellweger(2016).Social embeddedness and family firm growth:comparing spousal and sibling entrepreneurs.Working paper,University of St.Gallen.

Carr,J.C.,and K.M.Hmieleski(2015).Differences in the outcomes of work and family conflict between family - and nonfamily businesses:An examination of business founders.*Entrepreneurship Theory and Practice*,39(6):1413-1432.

Cosier, R. A., and M. Harvey(1998). The hidden strengths in family business: Functional conflict. *Family Business Review*, 11(1):75-79.

Dahl, M. S., M. van Praag and P. Thompson (2014). Entrepreneurial couples. Discussion paper, Tinbergen Institute.

Eddleston, K. A., and F. W. Kellermanns(2007). Destructive and productive family relationships: A stewardship theory perspective. *Journal of Business Venturing*, 22(4):545-565.

Fondacaro, M.R., S.L.Jackson and J.Luescher(2002). Toward the assessment of procedural and distributive justice in resolving family disputes. *Social Justice Research*, 15(4):341-371.

Gordon, G., and N.Nicholson(2010). *Family Wars: Storiesand Insights from Famous Family Business Feuds*. London: Kogan Page Publishers.

Gottman, J.M.(1994). *Why Marriages Succeed or Fail*. New York: Fireside.

Grossmann, S., and A.von Schlippe(2015). Family businesses: Fertile environments for conflict. *Journal of Family Business Management*, 5(2):294-314.

Harvey, M., and R.E.Evans(1994). Family business and multiple levels of conflict. *Family Business Review*, 7(4):331-348.

Jehn, K.A., and C.Bendersky(2003). Intragroup conflict in organizations: A contingency perspective on the conflict-outcome relationship. *Research in Organizational Behavior*, 25:187-242.

Jehn, K. A., and E. A. Mannix (2001). The dynamic nature of conflict: A longitudinal study of intragroup conflict and group performance. *Academy of Management Journal*, 44(2):238-251.

Kaye, K.(1991). Penetrating the cycle of sustained conflict. *Family Business Review*, 4(1):21-44.

Kellermanns, F.W., and K. A. Eddleston (2004). Feuding families: When conflict does a family firm good. *Entrepreneurship Theory and Practice*, 28(3):209-228.

Kellermanns, F.W., and K.A.Eddleston(2007). A family perspective on when conflict benefits family firm performance. *Journal of Business Research*, 60(10):1048-1057.

Kets de Vries, M.F.R.(1993). The dynamics of family controlled firms: The good and the bad news. *Organizational Dynamics*, 21(3):59-71.

Kidwell, R.E., K.A.Eddleston, J.J.Cater and F.W.Kellermanns(2013). How one bad family member can undermine a family firm: Preventing the Fredo effect. *Business Horizons*, 56(1):5-12.

Levinson, H.(1971). Conflicts that plague family businesses. *Harvard Business Review*, 49:90-98.

Lundberg, S., and R.A.Pollak(2007). The American family and family economics. *National Bureau of Economic Research*, Work paperNo.12908.

Olson, P.D., V.S.Zuiker, S. M.Danes, K.Stafford, R.K.Heck and K. A.Duncan(2003). The impact of the family and the business on family business sustainability. *Journal of Business Venturing*, 18(5): 639-666.

Ruef, M.(2010). *The Entrepreneurial Group*. Social Identities, Relations, and Collective Action. Princeton, NJ and Oxford: Princeton University Press.

Sharifian, M., P. D. Jennings and J. E. Jennings (2012). Should women go into business with their family partner. In K.D.Hughes and J.E.Jennings(Eds.), *Global Women's Entrepreneurship Research: Diverse Settings, Questions and Approaches*. Cheltenham, UK and Northampton, MA, USA: Edward Elgar Publishing, 114-134.

Sorenson, R.L.(1999). Conflict management strategies used in successful family businesses. *Family Business Review*, 12(4):133-146.

Van der Heyden，L.，C. Blondel and R. S. Carlock（2005）. Fair process：Striving for justice in family business.*Family Business Review*，18(1)：1-21.

Von Schlippe，A.，and H. Frank（2013）. The theory of social systems as a framework for understanding family businesses.*Family Relations*，62(3)：384-398.

参考文献

Adams, J. S. (1965). Inequity in social exchange. *Advances in Experimental Social Psychology*, 2: 267-299.

Afghan, N., and T. Wiqar (2007). *Succession in Family Businesses of Pakistan: Kinship Culture and Islamic Inheritance Law*. Centre for Management and Economic Research, Lahore University of Management Sciences.

Aguilera, R., and R. Crespi-Cladera (2012). Firm family firms: Current debates of corporate governance in family firms. *Journal of Family Business Strategy*, 3 (2): 63-69.

Ahlers, O., A. Hack and F. W. Kellermanns (2014). 'Stepping into the buyers' shoes': Looking at the value of family firms through the eyes of private equity investors. *Journal of Family Business Strategy*, 5 (4): 384-396.

Albert, S., and D. A. Whetten (1985). Organizational identity. *Research in Organizational Behavior*, 7: 263-295.

Aldrich, H. E., and J. E. Cliff (2003). The pervasive effects of family on entrepreneurship: Toward a family embeddedness perspective. *Journal of Business Venturing*, 18 (5): 573-596.

Amit, R., and B. Villalonga (2013). Financial performance of family firms. In L. Melin, M., Nordqvist and P. Sharma (Eds.), *The SAGE Handbook of Family Business*. London: SAGE Publications, 157-178.

Amit, R., Y. Ding, B. Villalonga and H. Zhang (2015). The role of institutional development in the prevalence and performance of entrepreneur and family-controlled firms. *Journal of Corporate Finance*, 31: 284-305.

Amit, R., H. Liechtenstein, M. J. Prats, T. Millay and L. P. Pendleton (2008). Single Family Offices: Private Wealth Management in the Family Context. *Research report*. Philadelphia, PA: Wharton School.

Anderson, R., and D. Reeb (2003a). Founding-family ownership, corporate diversification, and firm leverage. *Journal of Law and Economics*, 46: 653-684.

Anderson, R. C., and D. M. Reeb (2003b). Founding-family ownership and firm performance: Evidence from the S&P 500. *Journal of Finance*, 58 (3): 1301-1328.

Anderson，R. C.，A. Duru and D. M. Reeb (2012). Investment policy in family controlled firms. *Journal of Banking and Finance*，36 (6)：1744-1758.

Anderson，R. C.，S. A. Mansi and D. M. Reeb (2003). Founding family ownership and the agency cost of debt. *Journal of Financial Economics*，68 (2)：263-285.

Aronoff，C. (2001). Understanding family-business survival statistics. *Supply House Times*，July.

Aronoff，C. E.，S. L. McClure and J. L. Ward (1993). *Family Business Compensation*. New York：Family Business Consulting Group.

Arregle，J. L.，M. A. Hitt，D. G. Sirmon and P. Very (2007). The development of organizational social capital：Attributes of family firms. *Journal of Management Studies*，44 (1)：73-95.

Ashforth，B. E.，and F. A. Mael (1996). Organizational identity and strategy as a context for the individual. *Advances in Strategic Management*，13：19-64.

Astrachan，J. H.，and M. C. Shanker (1996). Myths and realities：Family businesses' contribution to the US economy—A framework for assessing family business statistics. *Family Business Review*，9 (2)：107-123.

Astrachan，J. H.，and M. C. Shanker (2003). Family businesses' contribution to the US economy：A closer look. *Family Business Review*，16 (3)：211-219.

Astrachan，J. H.，S. B. Klein and K. X. Smyrnios (2002). The F-PEC scale of family influence：A proposal for solving the family business definition problem. *Family Business Review*，15 (1)：45-58.

Au，K.，and C. Y. J. Cheng (2011). Creating 'the new' through portfolio entrepreneurship. In P. Sieger，R. Nason，P. Sharma and T. Zellweger (Eds.)，*The Global STEP Booklet*，*Volume I：Evidence-based*，*Practical Insights for Enterprising Families*. Babson College，17-21.

Axelrod，A.，and M. McCollom-Hampton (2013). Five principles of sustainable financial management of family-owned enterprises. Presentation given at Annual Conference of the Family Firm Institute，San Diego.

Balunywa，W.，P. Rosa and D. Nandagire-Ntamu (2013). 50 years of entrepreneurship in Uganda，ten years of the Ugandan global entrepreneurship monitor. Working paper，University of Edinburgh.

Banalieva，E.，K. Eddleston and T. Zellweger (2015). When do family firms have an advantage in transitioning economies? Toward a dynamic institution-based view. *Strategic Management Journal*，36 (9)：1358-1377.

Barney，J. (1991). Firm resources and sustained competitive advantage. *Journal of Management*，17 (1)：99-120.

Bassanini A.，T. Breda，E. Caroli and A. Rebérioux (2013). Working in family firms：Paid less but more secure? Evidence from French matched employer-employee data.

Industrial and Labor Relations Review, 66 (2): 433-466.

Bateson, G. (1972). *Steps to an Ecology of Mind: Collected Essays in Anthropology, Psychiatry, Evolution, and Epistemology*. Chicago, IL: University of Chicago Press.

Becker, G. S., and H. G. Lewis (1974). Interaction between quantity and quality of children. In T..W. Schultz (Ed.), *Economics of the Family: Marriage, Children, and Human Capital*. Chicago, IL: University of Chicago Press, 81-90.

Beckert, J. (2008). *Inherited Wealth*. Princeton, NJ: Princeton University Press.

Belloc, F. (2013). Law, finance, and innovation. *Cambridge Journal of Economics*, 37 (4): 863-888.

Bengtson, V. L. (1993). Is the 'contract across generations' changing? Effects of population aging on obligations and expectations across age groups. In V. L. Bengtson and W. A. Achenbaum (Eds.), *The Changing Contract across Generations*. New York: Aldine de Gruyer, 3-23.

Bennedsen, M., K. M. Nielsen, F. Perez-Gonzalez and D. Wolfenzon (2007). Inside the family firm: The role of families in succession decisions and performance. *Quarterly Journal of Economics*, 122 (2): 647-691.

Berle, A., and G. Means (1932). *The Modern Corporation and Private Property*. New York: Macmillan.

Berrone, P., C. Cruz, L. R. Gomez-Mejia and M. Larraza-Kintana (2010). Socioemotional wealth and corporate responses to institutional pressures: Do family-controlled firms pollute less? *Administrative Science Quarterly*, 55 (1): 82-113.

Berrone, P., C. C. Cruz and L. R. Gomez-Mejia (2012). Socioemotional wealth in family firms: A.review and agenda for future research. *Family Business Review*, 25 (3): 258-279.

Bertrand, M. and A. Schoar (2006). The role of family in family firms. *Journal of Economic Perspectives*, 20 (2): 73-96.

Bertrand, M., S. Johnson, K. Samphantharak and A. Schoar (2003). Mixing family with business: A study of Thai business groups and the families behind them. *Journal of Financial Economics*, 88 (3): 466-498.

Binz, C., and J. C. Schmid (2012). From family firm identity to the family firm brand. *In 12th Annual IFERA World Family Business Research Conference*, Bordeaux, France.

Binz, C., J. Hair, T. Pieper and A. Baldauf (2013). Exploring the effect of distinct family firm reputation on consumers' preferences. *Journal of Family Business Strategy*, 4 (1): 3-11.

Bird, M., and T. Zellweger (2016). Social embeddedness and family firm growth: comparing spousal and sibling entrepreneurs. Working paper, University of St. Gallen.

Bitler, M. P., T. J. Moskowitz and A. Vissing-Jorgensen (2005). Testing agency theory with entrepreneur effort and wealth. *Journal of Finance*, 60 (2): 539-576.

Boston Consulting Group (2013). *Global Wealth: Maintaining Momentum in a Complex World*. Boston, MA: Boston Consulting Group.

Bourdieu, P. (1996). On the family as a realized category. *Theory, Culture and Society*, 13 (3): 19-26.

Brown, K. W., and R. M. Ryan (2003). The benefits of being present: Mindfulness and its role in psychological well-being. *Journal of Personality and Social Psychology*, 84 (4): 822-848.

Cabrera-Suarez, K., P. De Saa-Perez and D. Garcia-Almeida (2001). The succession process from a resource-and knowledge-based view of the family firm. *Family Business Review*, 14 (1): 37-48.

Cameron, K. S. (1986). Effectiveness as paradox: Consensus and conflict in conceptions of organizational effectiveness. *Management Science*, 32 (5): 539-553.

Carlock, R. S., and J. L. Ward (2010). *When Family Businesses Are Best: The Parallel Planning Process for Family Harmony and Business Success*. Basingstoke, UK: Palgrave Macmillan.

Carney, M. (2005). Corporate governance and competitive advantage in family-controlled firms. *Entrepreneurship Theory and Practice*, 29 (3): 249-265.

Carney, M., E. R. Gedajlovic, P. Heugens, M. Van Essen and J. Van Oosterhout (2011). Business group affiliation, performance, context, and strategy: A meta-analysis. *Academy of Management Journal*, 54 (3): 437-460.

Carney, M., E. Gedajlovic and V. Strike (2014). Dead money: Inheritance law and the longevity of family firms. *Entrepreneurship Theory and Practice*, 38 (6): 1261-1283.

Carney, M., M. Van Essen, E. Gedajlovic and P. Heugens (2015). What do we know about private family firms: A meta-analytic review. *Entrepreneurship Theory and Practice*, 39 (3): 513-544.

Carney, R. W., and T. B. Child (2013). Changes to the ownership and control of East Asian corporations between 1996 and 2008: The primacy of politics. *Journal of Financial Economics*, 107 (2): 494-513.

Carr, J. C., and K. M. Hmieleski (2015). Differences in the outcomes of work and family conflict between family-and nonfamily businesses: An examination of business founders. *Entrepreneurship Theory and Practice*, 39 (6): 1413-1432.

Chemla, G., M. A. Habib and A. Ljungqvist (2007). An analysis of shareholder agreements. *Journal of the European Economic Association*, 5 (1): 93-121.

Chrisman, J., and P. Patel (2012). Variations in R&D investments of family and nonfamily firms: Behavioral agency and myopic loss aversion perspectives. *Academy of*

Management Journal, 55 (4): 976-997.

Chrisman, J. J., E. Memili and K. Misra (2014). Nonfamily managers, family firms, and the winner's curse: The influence of noneconomic goals and bounded rationality. *Entrepreneurship Theory and Practice*, 38 (5): 1103-1127.

Christen, A., F. Halter, N. Kammerlander, D. Künzi, D. Merki and T. Zellweger (2013). *Success factors for Swiss SMEs: Company succession in practice*. Credit Suisse and University of St. Gallen, Zurich.

Christensen, C. M. (1997). *The Innovator's Dilemma*. Cambridge, MA: Harvard University Press.

Chua, J. H., J. J. Chrisman and A. De Massis (2015). A closer look at socioemotional wealth: Its flows, stocks, and prospects for moving forward. *Entrepreneurship Theory and Practice*, 39 (2): 173-182.

Chua, J. H., J. J. Chrisman and P. Sharma (1999). Defining the family business by behavior. *Entrepreneurship Theory and Practice*, 23 (4): 19-39.

Chua, J. H., J. J. Chrisman and P. Sharma (2003). Succession and nonsuccession concerns of family firms and agency relationship with nonfamily managers. *Family Business Review*, 16 (2): 89-107.

Claessens, S., S. Djankov, J. P. H. Fan and L. H. P. Lang (2002). Disentangling the incentive and entrenchment effects of large shareholdings. *Journal of Finance*, LVII (6): 2741-2771.

Claessens, S., S. Djankov and L. H. P. Lang (2000). The separation of ownership and control in East Asian corporations. *Journal of Financial Economics*, 58: 81-112.

Colli, A. (2003). *The History of Family Business*, 1850—2000. Cambridge: Cambridge University Press.

Colquitt, J. A. (2001). On the dimensionality of organizational justice: A construct validation of a measure. *Journal of Applied Psychology*, 86 (3): 386-400.

Colquitt, J. A., D. E. Conlon, M. J. Wesson, C. O. Porter and K. Y. Ng (2001). Justice at the millennium: A meta-analytic review of 25 years of organizational justice research. *Journal of Applied Psychology*, 86 (3): 425-445.

Corbetta, G., and C. Salvato (2004). Self-serving or self-actualizing? Models of man and agency costs in different types of family firms: A commentary on 'Comparing the Agency Costs of Family and Non-family Firms: Conceptual Issues and Exploratory Evidence'. *Entrepreneurship Theory and Practice*, 28 (4): 355-362.

Cosier, R. A., and M. Harvey (1998). The hidden strengths in family business: Functional conflict. *Family Business Review*, 11 (1): 75-79.

Craig, J., C. Dibbrell and P. S. Davis (2008). Leveraging family-based brand identity to enhance firm competitiveness and performance in family businesses. *Journal of Small Business Management*, 46 (3): 351-371.

Croci, E., J. A. Doukas and H. Gonenc (2011). Family control and financing decisions. *European Financial Management*, 17 (5): 860-897.

Cyert, R. M., and J. G. March (1963). *A Behavioral Theory of the Firm*. Englewood Cliffs, NJ: Prentice－Hall.

Dahl, M. S., M. van Praag and P. Thompson (2014). *Entrepreneurial couples*. Discussion paper, Tinbergen Institute.

Dalton, D. R., M. A. Hitt, S. T. Certo and C. M. Dalton (2007). The fundamental agency problem and its mitigation: Independence, equity, and the market for corporate control. *Academy of Management Annals*, 1: 1-64.

Danes, S. M., and E. A. Morgan (2004). Family business-owning couples: An EFT view into their unique conflict culture. *Contemporary Family Therapy*, 26 (3): 241-260.

De Massis, A., J. H. Chua and J. J. Chrisman (2008). Factors preventing intra-family succession. *Family Business Review*, 21 (2): 183-199.

Deci, E. L., and R. M. Ryan (2000). The 'what' and 'why' of goal pursuits: Human needs and the self－determination of behavior. *Psychological Inquiry*, 11 (4): 227-268.

Deephouse, D. L., and P. Jaskiewicz (2013). Do family firms have better reputations than non-family firms? An integration of socioemotional wealth and social identity theories. *Journal of Management Studies*, 50 (3): 337-360.

Dehlen, T., T. Zellweger, N. Kammerlander and F. Halter (2012). The role of information asymmetry in the choice of entrepreneurial exit routes. *Journal of Business Venturing*, 29 (2): 193-209.

DeMott, D. (1988). Directors' duties in management buyouts and leveraged recapitalizations. *Ohio State Law Journal*, 49: 517-557.

DiMaggio, P., and W. W. Powell (1983). The iron cage revisited: Collective rationality and institutional isomorphism in organizational fields. *American Sociological Review*, 48 (2): 147-160.

Drake, D. G., and J. A. Lawrence (2000). Equality and distributions of inheritance in families. *Social Justice Research*, 13 (3): 271-290.

Duran, P., N. Kammerlander, M. Van Essen and T. Zellweger (2016). Doing more with less: Innovation input and output in family firms. *Academy of Management Journal*, 59 (4): 1224-1264.

Dyer, W., and D. Whetten (2006). Family firms and social responsibility: Preliminary evidence from the S&P 500. *Entrepreneurship Theory and Practice*, 30 (6): 785-802.

Eddleston, K. A., and F. W. Kellermanns (2007). Destructive and productive family relationships: A stewardship theory perspective. *Journal of Business Venturing*, 22

(4): 545-565.

Ellul, A., M. Pagano and F. Panunzi (2010). Inheritance law and investment in family firms. *American Economic Review*, 100: 2414-2450.

Faccio, M., and L. Lang (2002). The ultimate ownership of Western European corporations. *Journal of Financial Economics*, 65 (3): 365-395.

Faessler, N. (2014). *Fairness in transgenerational family business transitions*. Unpublished master's thesis, University of St. Gallen.

Fama, E. F., and M. C. Jensen (1983). Separation of ownership and control. *Journal of Law and Economics*, 26 (2): 301-325.

Farjoun, M. (2010). Beyond dualism: Stability and change as a duality. *Academy of Management Review*, 35 (2): 202-225.

Feldman, E. R., R. R. Amit and B. Villalonga (2016). Corporate divestitures and family control. *Strategic Management Journal*, 37 (3): 429-446.

Feldman, M. S., and B. T. Pentland (2003). Reconceptualizing organizational routines as a source of flexibility and change. *Administrative Science Quarterly*, 48 (1): 94-118.

Fine, C. H. (1998). *Clockspeed: Winning Industry Control in the Age of Temporary Advantage*. New York: Perseus Books.

Fischetti, M. (2000). *Financial Management for Your Family Company*. *Philadelphia*, PA: Family Business Publishing.

Flanagan, J., S. Hamilton, D. Lincoln, A. Nichols, L. Ottum and J. Weber (2011). *Taking Care of Business: Case Examples of Separating Personal Wealth Management from the Family Business*. London: Family Office Exchange (FOX).

Flören, R. (1998). The significance of family business in the Netherlands. *Family Business Review*, 11 (2): 121-134

Flören, R. (2002). *Family business in the Netherlands. Crown Princes in the Clay: An Empirical Study on the Tackling of Succession Challenges in Dutch Family Farms*. Breukelen, the Netherlands: Nyenrode University, Chapter 1.

Flören, R., L. Uhlaner and M. Berent-Braun (2010). *Family Business in the Netherlands: Characteristics and Success Factors*. A Report for the Ministry of Economic Affairs. Breukelen, the Netherlands: Centre for Entrepreneurship, Universtity of Nyenrode.

Fondacaro, M. R., S. L. Jackson and J. Luescher (2002). Toward the assessment of procedural and distributive justice in resolving family disputes. *Social Justice Research*, 15 (4): 341-371.

Frank, H., C. Korunka, M. Lueger, L. Nose and D. Suchy (2010). *Erfolgsfaktoren. sterreichischer Familienunternehmen*. Das Zusammenspiel von Familie und Unternehmen in Entscheidungs-und Konsens-bzw. Konfliktprozessen [Success Factors of Austrian Family Firms. The Interplay of Family and Business in Decision-Making and Conflict Processes]. Forschungsinstitut für Familienunternehmen an der WU Wien.

Franks, J., C. Mayer, P. Volpin and H. F. Wagner (2012). The life cycle of family ownership: International evidence. *Review of Financial Studies*, 25 (6): 1675-1712.

Frey, U., F. Halter, T. Zellweger and S. Klein (2004). *Family Business in Switzerland: Significance and Structure*. IFERA, Copenhagen.

Gedajlovic, E. R., and M. Carney (2010). Markets, hierachies and families: Toward a transaction cost theory of the family firm. *Entrepreneurship Theory and Practice*, 34 (6): 1145-1172.

Gedajlovic, E., M. Carney, J. Chrisman and F. Kellermanns (2011). The adolescence of family firm research: Taking stock and planning for the future. *Journal of Management*, 38 (4): 1010-1037.

Glasl, F. (1982). The process of conflict escalation and roles of third parties. In G. B. J. Bomers and R. B. Peterson (Eds.), *Conflict Management and Industrial Relations*. Dordrecht: Springer, 119-140.

Gomez-Mejia, L. R., C. Cruz, P. Berrone and J. De Castro (2011). The bind that ties: Socioemotional wealth preservation in family firms. *Academy of Management Annals*, 5 (1): 653-707.

Gomez-Mejia, L. R., K. T. Haynes, M. Nunez-Nickel, K. J .L. Jacobson and J. Moyano-Fuentes (2007). Socioemotional wealth and business risks in family-controlled firms: Evidence from Spanish olive oil mills. *Administrative Science Quarterly*, 52 (1): 106-137.

Gomez-Mejia, L., M. Larraza-Kintana and M. Makri (2003). The determinants of executive compensation in family—controlled public corporations. *Academy of Management Journal*, 46 (2): 226-237.

Gomez-Mejia, L. R., M. Makri and M. L. Kintana (2010). Diversification decisions in family—controlled firms. *Journal of Management Studies*, 47 (2): 223-252.

Gomez-Mejia, L. R., P. C. Patel and T. M. Zellweger (2015). In the horns of the dilemma socioemotional wealth, financial wealth, and acquisitions in family firms. *Journal of Management*, forthcoming.

Gordon, G., and N. Nicholson (2010). *Family Wars: Stories and Insights from Famous Family Business Feuds*. London: Kogan Page Publishers.

Gottman, J. M. (1994). *Why Marriages Succeed or Fail*. New York: Fireside.

Graebner, M. E., and K. M. Eisenhardt (2004). The seller's side of the story: Acquisition as courtship and governance as syndicate in entrepreneurial firms. *Administrative Science Quarterly*, 49 (3): 366-403.

Greenhaus, J. H., and N. J. Beutell (1985). Sources of conflict between work and family roles. *Academy of Management Review*, 10 (1): 76-88.

Groth, T., and A. von Schlippe (2012). Die Form der Unternehmerfamilie—Paradoxiebew.ltigung zwischen Entscheidung und Bindung [The form of the business family—managing the paradox between decision—making and relationships]. *Familiendynamik im Focus*, 37: 2-14.

Habbershon, T. G., and M. L. Williams (1999). A resource—based framework for assessing the strategic advantages of family firms. *Family Business Review*, 12 (1): 1-25.

Halter, F., and R. Schroeder (2010). *Unternehmensnachfolge in Theorie und Praxis: das St. Galler Nachfolge Modell* [Firm Succession in Theory and Practice: The St. Galler Succession Model]. Bern: Haupt.

Handler, W. C. (1990). Succession in family firms: A mutual role adjustment between entrepreneur and next generation family members. *Entrepreneurship Theory and Practice*, 15 (1): 37-51.

Hartley, B. B., and G. Griffith (2009). *Family Wealth Transition Planning: Advising Families with Small Businesses*. New York: Bloomberg Press.

Hill, C. W. L., and F. T. Rothaermel (2003). The performance of incumbent firms in the face of radical technological innovation. *Academy of Management Review*, 28: 257-274.

Hitt, M. A., R. D. Ireland, S. M. Camp and D. L. Sexton (2001). Strategic entrepreneurship: Entrepreneurial strategies for wealth creation. *Strategic Management Journal*, 22 (6-7): 479-491.

Hofstede, G. (2011). Dimensionalizing cultures: The Hofstede model in context. *Online Readings in Psychology and Culture*, 2(1).

Holy, L. (1996). *Anthropological Perspectives on Kinship*. London: Pluto.

Hoy, F., and T. G. Verser (1994). Emerging business, emerging field: Entrepreneurship and the family firm. *Entrepreneurship Theory and Practice*, 19 (1): 9-23.

Hughes, J. E. (2004). *Family Wealth-Keeping It in the Family*. New York: Bloomberg Press.

Institute for Family Business (2011). *The UK Family Business Sector*. Oxford Economics.

Jaskiewicz, P., J. G. Combs and S. B. Rau (2015). Entrepreneurial legacy: Toward a theory of how some family firms nurture transgenerational entrepreneurship. *Journal of Business Venturing*, 30 (1): 29-49.

Jehn, K. A., and C. Bendersky (2003). Intragroup conflict in organizations: A contingency perspective on the conflict-outcome relationship. *Research in Organizational Behavior*, 25: 187-242.

Kammerlander, N., and M. Ganter (2015). An attention-based view of family firm adaptation to discontinuous technological change: Exploring the role of family CEOs' non-economic goals. *Journal of Product Innovation Management*, 32 (3): 361-383.

Kammerlander, N., P. Sieger, W. Voordeckers and T. Zellweger (2015). Value creation in family firms: A model of fit. *Journal of Family Business Strategy*, 6 (2): 63-72.

Kaye, K. (1991). Penetrating the cycle of sustained conflict. *Family Business Review*, 4 (1): 21-44.

Kaye, K., and C. McCarthy (1996). Healthy disagreements. *Family Business*, Autumn: 71-72.

Kellermanns, F. W., and K. A. Eddleston (2004). Feuding families: When conflict does a family firm good. *Entrepreneurship Theory and Practice*, 28 (3): 209-228.

Kellermanns, F. W., and K. A. Eddleston (2007). A family perspective on when conflict benefits family firm performance. *Journal of Business Research*, 60 (10): 1048-1057.

Kellermanns, F., K. Eddleston and T. Zellweger (2012). Extending the socioemotional wealth perspective: A look at the dark side. *Entrepreneurship Theory and Practice*, 36 (6): 1175-1182.

Khanna, T., and K. Palepu (2000). Is group affiliation profitable in emerging markets? An analysis of diversified Indian business groups. *Journal of Finance*, 55: 867-891.

Khanna, T., and J. W. Rivkin (2001). Estimating the performance effects of business groups in emerging markets. *Strategic Management Journal*, 22 (1): 45-74.

Khanna, T., and Y. Yafeh (2007). Business groups in emerging markets: Paragons or parasites? *Journal of Economic Literature*, 45 (2): 331-372.

Kidwell, R. E., K. A. Eddleston, J. J. Cater and F. W. Kellermanns (2013). How one bad family member can undermine a family firm: Preventing the Fredo effect. *Business Horizons*, 56 (1): 5-12.

Klein, S. (2000). Family businesses in Germany: Significance and structure. *Family Business Review*, 13: 157-181.

Koeberle-Schmid, A., D. Kenyon-Rouvinez and E. J. Poza (2014). *Governance in Family Enterprises*. New York: Palgrave Macmillan.

Koenig, A., N. Kammerlander and A. Enders (2013). The family innovator's dilemma: How family influence affects the adoption of discontinuous technologies by incumbent firms. *Academy of Management Review*, 38 (3): 418-441.

Kohli, M., and H. Künemund (2003). Intergenerational transfers in the family: What motivates giving. In V. L. Bengtson and A. Lowestein (Eds.), *Global Aging and*

Challenges to Families. Piscataway, NJ: Aldine Transaction, 123-142.

Kormann, H. (2008). *Beiräte in der Verantwortung: Aufsicht und Rat in Familienunternehmen*. [The Responsibility of Advisory Committees: Oversight and Advice in Family Businesses]. Heidelberg: Springer-Verlag.

Koropp, C., F. W. Kellermanns, D. Grichnik and L. Stanley (2014). Financial decision making in family firms: An adaptation of the theory of planned behavior. *Family Business Review*, 27 (4): 307-327.

KPMG (2013a). *Family Business Survey* 2013: *Performers*, *Resilient*, *Adaptable*, *Sustainable*. Melbourne: Family Business Australia.

KPMG (2013b). *CII's Family Business Network* (India chapter). New Delhi: Confederation of Indian Industry.

KPMG (2014). KPMG European family business tax monitor: Comparing the impact of tax regimes on family businesses. KPMG.

La Porta, R., F. Lopez-De-Silanes and A. Shleifer (1999). Corporate ownership around the world. *Journal of Finance*, 54: 471-517.

Landes, D. (2008). *Dynasties: Fortune and Misfortune in the World's Great Family Businesses*. London: Penguin.

Le Breton-Miller, I., D. Miller and L. P. Steier (2004). Toward an integrative model of effective FOB succession. *Entrepreneurship Theory and Practice*, 28 (4): 305-328.

Lee, J. (2006). Impact of family relationships on attitudes for the second generation in family businesses. *Family Business Review*, 19 (3): 175-191.

Leonetti, J. M. (2008). *Exiting Your Business*, *Protecting Your Wealth*. Hoboken, NJ: Wiley.

Lumpkin, G. T., and G. G. Dess (1996). Clarifying the entrepreneurial orientation construct and linking it to performance. *Academy of Management Review*, 21 (1): 135-172.

Lumpkin, G. T., W. Martin and M. Vaughn (2008). Family orientation: Individual—level influences on family firm outcomes. Family Business Review, 21 (2): 127-138.

Lundberg, S., and R. A. Pollak (2007). The American family and family economics. National Bureau of Economic Research, Work paper No. 12908.

Luo, X., and C. N. Chung (2005). Keeping it all in the family: The role of particularistic relationships in business group performance during institutional transition. *Administrative Science Quarterly*, 50 (3): 404-439.

Mandl, I. (2008). *Overview of Family Business Relevant Issues: Final Report*. Conducted on behalf of the European Commission, Enterprise and Industry Directorate-General: KMU Forschung Austria.

March, J. G. (1991). Exploration and exploitation in organizational learning. *Organiza-*

tion Science, 1 (1): 71-87.

Masulis, R., P. Kien Pham and J. Zein (2011). Family business groups around the world: Financing advantages, control motivations, and organizational choices. *Review of Financial Studies*, 24 (1): 3556-3600.

Matthews, C. H., D. P. Vasudevan, S. L. Barton and R. Apana (1994). Capital structure decision making in privately held firms: Beyond the finance paradigm. *Family Business Review*, 7 (4): 349-367.

Meyer, J. W., and B. Rowan (1977). Institutionalized organizations: Formal structure as myth and ceremony. *American Journal of Sociology*, 83 (2): 340-363.

Michiels, A., W. Voordeckers, N. Lybaert and T. Steijvers (2015). Dividends and family governance practices in private family firms. *Small Business Economics*, 44 (2): 299-314.

Miller, D., and P. H. Friesen (1980). Momentum and revolution in organizational adaptation. *Academy of Management Journal*, 23 (4): 591-614.

Miller, D., and I. Le Breton-Miller (2005). *Managing for the Long Run: Lessons in Competitive Advantage from Great Family Businesses*. Boston, MA: Harvard Business School Press.

Miller, D., and I. Le Breton-Miller (2014). Deconstructing socioemotional wealth. *Entrepreneurship Theory and Practice*, 38 (4): 713-720.

Miller, D., I. Le Breton-Miller and R. H. Lester (2013). Family firm governance, strategic conformity and performance: Institutional versus strategic perspectives. *Organization Science*, 24 (1) 189-209.

Miller, D., I. Le Breton-Miller, R. H. Lester and A. A. Cannella (2007). Are family firms really superior performers? *Journal of Corporate Finance*, 13: 829-858.

Miller, D., J. Lee, S. Chang and I. Le Breton-Miller (2009). Filling the institutional void: The social behavior and performance of family versus non-family technology firms in emerging markets. *Journal of International Business Studies*, 40 (5): 802-817.

Montemerlo, D., and J. Ward (2010). *The Family Constitution: Agreements to Secure and Perpetuate Your Family and Your Business*. New York: Palgrave Macmillan.

Morck, R., and B. Yeung (2003). Agency problems in large family business groups. *Entrepreneurship Theory and Practice*, 27 (4): 367-382.

Morck, R. K., D. Wolfenzon and B. Yeung (2005). Corporate governance, economic entrenchment, and growth. *Journal of Economic Literature*, 43 (3): 655-720.

Naldi, L., M. Nordqvist, K. Sj.berg and J. Wiklund (2007). Entrepreneurial orientation, risk taking, and performance in family firms. *Family Business Review*, 20 (1): 33-47.

Niemann, N. (2009). *The Next Move for Business Owners*. Omaha, NE: Briefback

Business Institute.

Noecker, K., H. Molter, A. von Schlippe and T. Rüsen (2012). Wie kann ein Gespr.ch zu einem Spaziergang werden? [How a talk can become a walk]. *Familiendynamik*, (1): 50-52.

Nordqvist, M., and T. Zellweger (2010). *Transgenerational Entrepreneurship: Exploring Growth and Performance in Family Firms across Generations*. Cheltenham, UK and Northampton, MA, USA: Edward Elgar Publishing.

North, D. C. (1990). *Institutions, Institutional Change and Economic Performance*. Cambridge: Cambridge University Press.

Ocasio, W. (1997). Towards an attention-based view of the firm. *Strategic Management Journal*, 18 (S1): 187-206.

Ohle, M.-P. (2012). *The role of the CFO in large family firms*. Unpublished doctoral dissertation, University of St. Gallen.

Parsons, T. (1943). The kinship system of the contemporary United States. *American Anthropologist*, 45 (1): 22-38.

Peng, M. W., and Y. Jiang (2010). Institutions behind family ownership and control in large firms. *Journal of Management Studies*, 47 (2): 253-273.

Pierce, J. L., T. Kostova and K. T. Dirks (2001). Toward a theory of psychological ownership in organizations. *Academy of Management Review*, 26 (2): 298-310.

Piketty, T. (2014). *Capital in the 21st Century*. Cambridge: Harvard University Press.

Pindado, J., I. Requejo and C. de la Torre (2012). Do family firms use dividend policy as a governance mechanism? Evidence from the Euro zone. *Corporate Governance: An International Review*, 20 (5): 413-431.

Porter, M. E. (1979). The structure within industries and companies' performance. *Review of Economics and Statistics*, 61 (2): 214-227.

Poza, E. J. (2013). *Family Business*. Mason, OH: Cengage Learning.

Poza, E. J., and M. S. Daugherty (2014). *Family Business*. Mason, OH: Southwest Cengage Learning.

Rahim, M. A. (1983). A measure of styles of handling interpersonal conflict. *Academy of Management Journal*, 26 (2): 368-376.

Ramachandran, K., and N. Bhatnagar (2012). *Challenges faced by family businesses in India*. Indian School of Business, Hyderabad.

Ravasi, D., and M. Schultz (2006). Responding to organizational identity threats: Exploring the role of organizational culture. *Academy of Management Journal*, 49 (3): 433-458.

Raven, P., and D. H. B. Welsh (2006). Family business in the Middle East: An exploratory study of retail management in Kuwait and Lebanon. *Family Business Review*, 19 (1): 29-48.

Richards, M. M., T. M. Zellweger and J. P. Gond (2016). Maintaining moral legitimacy through words and worlds: An explanation of firms' investment in sustainability certification. *Journal of Management Studies*, forthcoming.

Romano, C. A., G. A. Tanewski and K. X. Smyrnios (2001). Capital structure decision making: A model for family business. *Journal of Business Venturing*, 16 (3): 285-310.

Rosa, P. (2014). The emergence of African family businesses and their contribution to economy and society: An overview. Working paper, University of Edinburgh.

Rosenberg, M. B. (2012). *Gewaltfreie Kommunikation: Eine Sprache des Lebens* [Nonviolent communication: A language of life]. Paderborn: Junfermann Verlag.

Rosplock, K. (2013). *The Complete Family Office Handbook: A Guide for Affluent Families and the Advisors Who Serve Them*. New York: Bloomberg Financial.

Ruef, M. (2010). *The Entrepreneurial Group. Social Identities, Relations, and Collective Action*. Princeton, NJ and Oxford: Princeton University Press.

Schulze, W. S., and K. W. Kellermanns (2015). Reifying socioemotional wealth. *Entrepreneurship Theory and Practice*, 39 (3): 447-459.

Schulze, W., and T. Zellweger (2016). On the agency costs of owner-management: The problem of holdup. Working paper, University of Utah and University of St. Gallen.

Schulze, W., M. Lubatkin, R. Dino and A. Buchholtz (2001). Agency relationships in family firms: Theory and evidence. *Organization Science*, 12 (2): 99-116.

Schuman, S., S. Stutz and J. Ward (2010). *Family Business as Paradox*. New York: Palgrave Macmillan.

Schumpeter, J. A. (1934). *The Theory of Economic Development: An Inquiry into Profits, Capital, Credit, Interest, and the Business Cycle*. New Brunswick, NJ: Transaction Publishers.

Scott, R. W. (1995). *Institutions and Organizations*. Thousand Oaks, CA: Sage.

Sharifian, M., P. D. Jennings and J. E. Jennings (2012). Should women go into business with their family partner. In K. D. Hughes and J. E. Jennings (Eds.), *Global Women's Entrepreneurship Research: Diverse Settings, Questions and Approaches*. Cheltenham, UK and Northampton, MA, USA: Edward Elgar Publishing, 114-134.

Sharma, P., and P. G. Irving (2005). Four bases of family business successor commitment: Antecedents and consequences. *Entrepreneurship Theory and Practice*, 29 (1): 13-33.

Shepherd, D. A., A. Zacharakis and R. A. Baron (2003). VCs' decision processes: Evidence suggesting more experience may not always be better. *Journal of Business Venturing*, 18 (3): 381-401.

Sieger, P., T. Zellweger and K. Aquino (2013). Turning agents into psychological principals: Aligning interests of non-owners through psychological ownership. *Journal of Management Studies*, 50 (3): 361-388.

Sieger, P., T. Zellweger, R. Nason and E. Clinton (2011). Portfolio entrepreneurship in family firms: A resource-based perspective. *Strategic Entrepreneurship Journal*, 5 (4): 327-351.

Simon, F. B. (2002). *Die Familie des Familienunternehmens: Ein System zwischen Gefühl und Gesch*.ft. Heidelberg: Carl-Auer.

Simon, F. B. (2012). *Einführung in die Systemtheorie des Konflikts*. [Introduction to the Systems Theory of Conflict]. Heidelberg: Carl-Auer.

Simon, F. B., R. Wimmer, T. Groth and J. Baumhauer (2005). *Mehr-Generationen-Familienunternehmen: Erfolgsgeheimnisse von Oetker, Merck, Haniel ua* [Multi-generation Family Firms: Secrets of Success from Oetker, Merck, Haniel and Others]. Heidelberg: Carl—Auer.

Sirmon, D. G., and M. A. Hitt (2003). Managing resources: Linking unique resources, management, and wealth creation in family firms. *Entrepreneurship Theory and Practice*, 27 (4): 339-358.

Sirmon, D. G., M. A. Hitt, R. D. Ireland and B. A. Gilbert (2011). Resource orchestration to create competitive advantage breadth, depth, and life cycle effects. *Journal of Management*, 37 (5): 1390-1412.

Sitkoff, R. H. (2004). An agency costs theory of trust law. *Cornell Law Review*, 69: 621-684.

Smith, W. K., and M. W. Lewis (2011). Toward a theory of paradox: A dynamic equilibrium model of organizing. *Academy of Management Review*, 36 (2): 381-403.

Sorenson, R. L. (1999). Conflict management strategies used in successful family businesses. Family Business Review, 12 (4): 133-146.

Sraer, D., and D. Thesmar (2007). Performance and behavior of family firms: Evidence from the French stock market. *Journal of the European Economic Association*, 5 (4): 709-751.

Steijvers, T., and W. Voordeckers (2009). Private family ownership and the agency costs of debt. *Family Business Review*, 22 (4): 333-346.

Stewart, A., and M. A. Hitt (2010). The yin and yang of kinship and business: Complementary or contradictory forces? (And can we really say?) *Advances in Entrepreneurship, Firm Emergence and Growth*, 12: 243-276.

Strebulaev, I. A., and B. Yang (2013). The mystery of zero-leverage firms. Journal of Financial Economics, 109 (1): 1-23.

Strike, V. M. (2013). The most trusted advisor and the subtle advice process in family firms. *Family Business Review*, 26 (3): 293-313.

Sundaramurthy, C., and G. E. Kreiner (2008). Governing by managing identity boundaries: The case of family businesses. *Entrepreneurship Theory and Practice*, 32 (3): 415-436.

Sundaramurthy, C., and M. Lewis (2003). Control and collaboration: Paradoxes of governance. *Academy of Management Review*, 28 (3): 397-415.

Tagiuri, R., and J. Davis (1996). Bivalent attributes of the family firm. *Family Business Review*, 9 (2): 199-208.

Thomas, J. B., S. M. Clark and D. A. Gioia (1993). Strategic sensemaking and organizational performance: Linkages among scanning, interpretation, action, and outcomes. *Academy of Management Journal*, 36 (2): 239-270.

Thornton, P. H., W. Ocasio and M. Lounsbury (2012). *The Institutional Logics Perspective: A New Approach to Culture, Structure, and Process*. Oxford: Oxford University Press.

Tsoutsoura, M. (2009). *The Effect of Succession Taxes on Family Firm Investment: Evidence from a Natural Experiment*. New York: Columbia University.

Van der Heyden, L., C. Blondel and R. S. Carlock (2005). Fair process: Striving for justice in family business. *Family Business Review*, 18 (1): 1-21.

Van Dyne, L., and J. L. Pierce (2004). Psychological ownership and feelings of possession: Three field studies predicting employee attitudes and organizational citizenship behavior. *Journal of Organizational Behavior*, 25 (4): 439-459.

Van Essen, M., M. Carney, E. R. Gedajlovic and P. P. Heugens (2015). How does family control influence firm strategy and performance? A meta-analysis of US publicly listed firms. *Corporate Governance: An International Review*, 23 (1): 3-24.

Verbeke, A., and L. Kano (2010). Transaction cost economics (TCE) and the family firm. *Entrepreneurship Theory and Practice*, 34 (6): 1173-1182.

Villalonga, B., and R. Amit (2006). How do family ownership, control and management affect firm value? *Journal of Financial Economics*, 80 (2): 385-417.

Villalonga, B., and R. Amit (2010). Family control of firms and industries. *Financial Management*, 39 (3): 863-904.

Von Schlippe, A., and H. Frank (2013). The theory of social systems as a framework for understanding family businesses. *Family Relations*, 62 (3): 384-398.

Wagner, D., J. H. Block, D. Miller, C. Schwens and G. Xi (2015). A meta-analysis of the financial performance of family firms: Another attempt. *Journal of Family Business Strategy*, 6 (1): 3-13.

Ward, J. (1987). *Keeping the Family Business Healthy*. San Francisco, CA: Jossey-Bass.

Ward, J., and C. Aronoff (2010). *Family Business Governance: Maximizing Family and Business Potential*. New York: Palgrave Macmillan.

Wennberg, K., J. Wiklund, K. Hellerstedt and M. Nordqvist (2012). Implications of intra family and external ownership transfer of family firms: Short-term and long-term performance differences. *Strategic Entrepreneurship Journal*, 5 (4): 352-372.

Westhead, P., and M. Cowling (1998). Family firm research: The need for a methodological rethink. *Entrepreneurship Theory and Practice*, 23 (1): 31-56.

Whiteside, M. F., and F. H. Brown (1991). Drawbacks of a dual systems approach to family firms: Can we expand our thinking? *Family Business Review*, 4 (4): 383-395.

Willers, M. (2011). *The Significance of Family Firms Across Industries*. Unpublished master's thesis, University of St. Gallen.

Williamson, O. E. (1985). *The Economic Institutions of Capitalism*. New York: The Free Press.

Yates, R. E. (1998). *The Kikkoman Chronicles: A Global Company with a Japanese Soul*. New York: McGraw—Hill.

Zellweger, T. M. (2007). Time horizon, costs of equity capital, and generic investment strategies of firms. *Family Business Review*, 20 (1): 1-15.

Zellweger, T. (2013). Toward a paradox perspective of family firms: The moderating role of collective mindfulness of controlling families. In L. Melin, M. Nordqvist and P. Sharma (Eds.), *The SAGE Handbook of Family Business*. Thousand Oaks, CA: SAGE Publications, 648-655.

Zellweger, T. M., and J. H. Astrachan (2008). On the emotional value of owning a firm. *Family Business Review*, 21 (4): 347-363.

Zellweger, T., and U. Fueglistaller (2007). Die volkswirtschaftliche Bedeutung der Familienunternehmen in der Schweiz [The economic significance of family firms in Switzerland]. *Schweizer Arbeitgeber*, (15): 30-33.

Zellweger, T., and N. Kammerlander (2014). Family business groups in Deutschland. Working paper, University of St. Gallen.

Zellweger, T., and N. Kammerlander (2015). Family, wealth, and governance: An agency account. *Entrepreneurship Theory and Practice*, 39 (6): 1281-1303.

Zellweger, T., K. Eddleston and F. W. Kellermanns (2010). Exploring the concept of familiness: Introducing family firm identity. *Journal of Family Business Strategy*, 1 (1): 54-63.

Zellweger, T., F. Kellermanns, J. Chrisman and J. Chua (2012). Family control and family firm valuation by family CEOs: The importance of intentions for transgenerational control. *Organization Science*, 23 (3): 851-868.

Zellweger, T., R. Nason and M. Nordqvist (2012). From longevity of firms to transgenerational entrepreneurship of families. *Family Business Review*, 25 (2): 136-155.

Zellweger，T.，R. Nason，M. Nordqvist and C. Brush（2013）. Why do family firms strive for non-financial goals? An organizational identity perspective. *Entrepreneurship Theory and Practice*，37（2）：229-248.

Zellweger，T.，M. Richards，P. Sieger and P. Patel（forthcoming）. How much am I expected to pay for my parents' firm? An institutional logics perspective on family discounts. *Entrepreneurship Theory and Practice*.

Zellweger，T.，P. Sieger and P. Englisch（2012）. Coming home or breaking free? Career choice intentions of the next generation in family businesses. Ernst & Young.

Zellweger，T.，P. Sieger and F. Halter（2011）. Should I stay or should I go? Career choice intentions of students with family business background. *Journal of Business Venturing*，26（5）：521-536.

附　录①

---

① 附录中页码为原英文版图书页码，以方便读者查阅原版图书。